イスラーム 文明と国家の形成

小杉 泰

学術選書 054

諸文明の起源 4

KYOTO UNIVERSITY PRESS

京都大学学術出版会

口絵1●巡礼者があふれるカアバ聖殿――「カアバ」とは立方体を意味する。マッカ（メッカ）にある石造の聖殿は、預言者イブラーヒーム（旧約聖書のアブラハム）によって唯一神を崇拝するために建立されたとされる。ムハンマドが生まれた頃のマッカは多神教を奉じ、周囲に360体の偶像が置かれていた。イスラームは純粋な一神教への回帰を訴え、ムハンマド時代末期には唯一神アッラーのみに帰属する聖所となり、今日に至っている（提供：A. A. Ammar氏。以下口絵iii頁まで）

口絵 2 ●マディーナ・モスク（預言者モスク）模型――緑のドームの下が、ムハンマドの墓廟となっている。ムハンマド時代にはモスクに隣接して建てられた妻たちの部屋があり、ムハンマドは妻アーイシャの部屋で没した。第 1・2 代正統カリフも、ムハンマドの傍らに埋葬された。ウマイヤ朝時代の拡張で、墓廟はモスク内部に取り込まれた。

口絵 3 ●墓廟に近いモスク入り口――アラビア語で「アッラーの御名によって、アッラーの使徒〔ムハンマド〕に祝福と平安あれ」と書かれている。

口絵４●マディーナ郊外のウフド山――ムハンマド時代の主要な戦いの１つがここでおこなわれた。アラビア半島の山は多くが、このように樹木のない岩山である。
口絵５●現在のクバー・モスク――マッカから移住してヤスリブ（後のマディーナ）の町に着いたムハンマドは、この地に最初のモスクを建てた。ナツメヤシはマディーナの代表的な農産物で、当時のモスクは、ナツメヤシの木を柱に用いた。

口絵6●ウマイヤ・モスクの内庭――ウマイヤ朝は、シリアの古都ダマスカスを首都とし、初めて巨大で壮麗な中央モスクを建設した。この場所には、かつてローマ時代の神殿、ついでキリスト教のカテドラルがあった。モスクにミナレット（尖塔）が付属するようになったのは、このモスクが嚆矢（筆者撮影）。

口絵7●ウマイヤ・モスクのドーム内部――流麗な書体で、アッラー、ムハンマド、正統４代カリフ、ムハンマドの２人の孫の名が記され、後の10世紀に確立したスンナ派的な教条を表現している（本書第９章参照）。

イスラーム　文明と国家の形成◉目　次

口絵

目次　ii

はじめに　ix

はじめに

イスラーム文明について、本書ではその形成期を中心に、その特質を考えていきたい。時代的に言えば、七世紀前半に宗教としてのイスラームが成立し、その共同体と国家が誕生してから、およそ三世紀に及ぶ時代が対象となる。

最初に、宗教としてのイスラームが確立したのは、ムハンマドが預言者となのって活動した西暦六一〇年頃から六三二年までの間であった。その後に弟子たちが正統カリフ国家を樹立すると、その軍勢はアラビア半島を出て、東西へ向かった。征服事業は次のウマイヤ朝期にも継続し、この「大征服」によって、わずか一世紀ほどの間に、中央アジアから大西洋岸に及ぶ広大な版図が成立した。この領域の中で、先行文明を吸収して新しい文明が形成された。その形成期について、本書は論じる。

イスラーム文明そのものは、さらに何世紀にもわたって栄えた。かつては、それを「イスラーム文明」と呼ぶのかどうか、誕生した科学は「アラビア科学」なのか「イスラーム科学」なのかをめぐる議論がなされた。本書は、現在の国際的な研究動向をも勘案して、イスラーム文明と呼ぶべき固有の文明圏が成立したという立場を取っている。かつて「アラビア科学」という特徴付けがなされた一つの理由は、これらの諸科学の媒体言語がアラビア語であったことによる。実際には、科学者たちの多くは非アラブ人であったから、当時の世界語としてアラビア語が用いられたことは、ラテン語が中世ヨーロッパの諸科学の媒体言語であったのと比すべきである。しかし、一二世紀以降のイスラーム文明が、ペルシア語やトルコ語、ウルドゥー語を含めて、はるかに多様な言語で表現されたことを考えれば、本書が扱う時代とそれに続く時期は、確かに「アラビア・イスラーム文明」と呼びたくなる側面を持っている。

この文明圏では、先行する諸文明から、哲学や諸科学、あるいは実践的な技術を継受するとともに、それらを包摂する独自の枠組みを生み出し、その中で独自の知見を次々と加えていった。特に八世紀半ばに始まるアッバース朝期は、この点からきわめて重要であろう。天文学、数学、光学、工学、医学、植物学、薬理学、農学などの基礎が置かれ、それらのイスラーム科学の発展はおよそ一五世紀まで続いた。この時代においては、西欧はイスラーム文明圏から非常に熱心に学んだ。たとえば、古代ギリシアの文明の遺産はイスラーム文明圏において継承され、発展された。それが西欧にもたらされて、ルネサンスにも大きな貢献をしたことは、今日では周知のこととなっている。知の伝達の径路は、アンダルス（イスラーム時代のイベリア半島）、シチリア、十字軍などであった。

なお、イスラーム文明が旧世界の文明と科学の最先端を切り拓いていたことを考えれば、西欧の人びとがイスラーム文明の「弟子」であったことは当然であり、恥ずべきことではない。むしろ、近代に入って西欧が世界制覇を遂げてから、ギリシア文明をヨーロッパ文明の源泉として、前近代のイスラーム文明を抜きに、いきなり継承がなされたかのような文明史を描くようになったのは、人類の知の認識にとって大きな禍根を残した。そのようなヨーロッパ中心的な史観の問題点もオリエンタリズムの功罪も、日本ではよく理解されているが、欧米の思想的な動向を見ると、昨今のイスラーム世界との摩擦もあって、より客観的な歴史認識や相互理解に向っていると言い切れないのは、残念なことである。

とはいえ、本書はその問題を扱うものではないし、そのことに気を取られるわけにもいかないので、できるだけ公平かつ平明な目で、七〜一〇世紀のイスラーム文明（および国家の問題）を論じていくことにしたい。イスラーム文明やイスラーム科学をめぐって、近年は欧米でも優れた研究が次々と出されているので、それらの成果も取り入れながら議論を進めたい。

前近代のイスラーム圏と西欧の関係について一言だけ付け加えておくならば、一六世紀には、西欧の科学が勃興し始めていたが、文化の伝播という観点から見ると、コーヒーとカフェ文化の伝来、西欧におけるその熱烈な受容に示されるように、東（イスラーム圏）から文物が西欧に流れる図式はまだ続いていた。科学や技術における東西の差異の決定的な転換点は、一七世紀に起きたと考えられる。一五世紀半ばにコンスタンチノープルを陥落させて以降も西欧を圧迫していたオスマン朝は、この世紀の間に軍事的にも劣勢に立つようになった。一五二九年の第一次ウィーン包囲がスレイマン大帝指揮下のオスマン朝軍の圧倒的な優位の下に展開されたとすれば、一六八三年の第二次包囲の失敗は退潮の始まりであった。その後の一六九九年のカルロヴィッツ条約では、それまで領土を拡張する一方であったオスマン朝が、はじめて恒久的に領土を失った。

一七世紀以前にはイスラーム文明が栄えていたとすれば、その後は決定的な凋落期とされることが多い。そのような単線的な「衰退」論は過ちであるという指摘はなされているが、少なくともイスラーム圏が独自の文明的諸物を生産する側から、近代的な西洋文明の受容者になったことは疑いを入れない。

しかし、問題は一七世紀から二〇世紀にかけて、イスラーム文明が衰退したという点ではない。西洋列強が世界を制覇し、その近代文明が人類の住むほとんどの土地を席巻する中で、他のすべての文明は劣位に置かれた。西洋以外の地域は近代文明の受容と吸収によって、自らの政治・経済的な地位を確保せざるをえなくなった。そのような中で、私たちを驚かせたのはむしろ、その後、西洋化・近代化の流れに逆行するようなイスラーム文明復興への動きが生じたことであった。

本書は現代におけるイスラーム復興を考察するものではない。しかし、現代においてこのような現象が生じること自体が、歴史的なイスラーム文明に対する理解と評価に影響を及ぼしている。一九〜二〇世紀に欧米で発達したイスラーム研究は、イスラーム文明のかつての栄光と近代における没落を前提として――三木亘の表現を借りれば、『イスラムもむかしはよかった、(いまはダメ)』という、暗黙の差別主義の前提」[ワット 1984:148](訳者・三木亘による解説)に立って――おこなわれていた。

現代的な視点を歴史の中に投影することは、その時代を当時の文脈と内容に即して理解するためには、かえって「歪み」を生じる危険性を孕んでいる。歴史に対する私たちの理解は、私たちが持っている現代的な問題意識から乖離することもできないが、植民地支配とその遺産に影響された前時代の「歪み」を、新しい問題意識から見直し、修正することも必要であろう。

端的に言って、イスラーム文明を過ぎ去った文明の一つ、形成・発展・衰退のサイクルを終わって歴史的に検証することができるだけの対象と見るのと、そのサイクルが未完のものと見るのとでは大きな違いが生まれる。文明の科学・技術の面を見れば、近代文明の優位が不可逆的に証明されているように見えても、政治・経済を含む社会運営の技術体系としての側面においては、イスラームが現代でも十分に大きな力を持っていることがわかる。

もちろん、歴史的なイスラーム文明と、今日的なイスラーム文明復興のスローガンや運動を、二つの全く次元の異なる問題ととらえることも可能である。実際、二つは大きく違っている。端的な例をあげれば、イスラーム金融がある。聖典クルアーンにおいて「リバー（利子）」が禁じられている点はイスラームの特徴として両者に通底しているとしても、前近代に存在したイスラーム経済（イスラーム圏の経済）と、一九七〇年代以降に「無利子金融」を掲げて勃興したイスラーム銀行とは、銀行システムの有無（およびその前提として存在する世界経済）という点で、文脈も機能も決定的に異なっている（小杉・長岡［2010］参照）。

同じように、一九七〇年代以降に現実の問題として再登場した「イスラーム国家」も、歴史的なイスラーム王朝とは全く異なる問題群を生み出した。イスラーム王朝には現代的な意味での憲法はなかったし、イスラーム王朝の史的な事実から、現代の「ネイション・ステート」がイスラーム国家たりうるかという全く新しい課題を考察することはできないであろう。

しかし、二〇世紀半ばまでは、現代世界において、聖典が禁じるリバー（利子）を排除した銀行システムが経済的に成立すること、あるいは、法学者が解釈するイスラーム法の優位を掲げた革命国家（イラン）が実在しうることなどは、全くの想定外のことであった。前近代のイスラーム文明と現代における文明復興の試みを別なものだとしても、かつての文明的遺産がこのように活用されうるとしたら、その文明を単に過去のものとする理解が不十分であったことは疑いを入れないであろう。

イスラーム文明の解釈をめぐるそのような問題については、最後の章であらためて考えてみたい。ここでは、最近のイスラーム文明の研究と本書の背後に、そのような現代的な研究史の文脈があることだけ指摘しておきたい。

本書の内容は、六一〇年頃から六三二年までのムハンマド時代にイスラームが誕生し、宗教・社会・国家のレベルでその原型を確立し、その後三〇〇年ほどでイスラーム文明が形成された過程を論じるものである。「文明」を、本書では「技術体系／テクノロジー」によって特徴付けられるものと考えたい。この場合の技術体系はかなり広義にとらえ、「科学・技術」と結びついた、いわば理系の技術体系と、社会運営の技術体系の両者を含めて考察したい。言うまでもなく、前者も社会の中で展開される以上、それを可能ならしめる優れた後者があってこそ発展しうる。

科学・技術と社会運営の両者において技術体系が発展する時、そこには認識論的な基盤がなければならない。それを世界観・人間観・社会観と言いかえることもできるが、その中には、宗教としてのイスラームに由来するものも含まれる一方、西アジアの乾燥オアシス地帯で継承されてきた要素がイスラームの名の下に繰り込まれた要素も含まれるであろう。

その中でも特に注目したいのは、遊牧文化が持つ技術体系である。農耕が農業技術およびそれに立脚する社会と結びついているのと同様に、遊牧（遊動牧畜）には牧畜技術とそれに立脚して遊動する社会が結びついている。人類の文明は、基本的に定住・農耕に立脚しており、それを前提とする文明論では、遊牧文化は文明の外に位置づけられている。遊牧民がしばしば「野蛮」として描かれてきたのは、定住文明あるいは農耕民と都市住民のバイアスによるものであろう。実際、遊牧民の移動性と軍事力は、多くの文明にとって脅威であった。

イスラーム文明は、遊牧文化を自らの文明の要素として取り込んだ点で、特性を持っている。このように言うと、イスラームは「砂漠の宗教」という古い偏見が思い起こされるかもしれないが、そのような環境決定論をここで取り出そうとしているわけではない。イスラームはマッカ（メッカ）という商業都市で誕生した宗教であり、そのことがイスラームの基本的性格と深く結びついていることは、今日では常識となっている。本書で論じたいのは、定住・農耕・都市という文明の要素に加えて、遊牧文化が異質・劣性のものとしてではなく、イスラーム文明に取り込まれた、という点である。さらに言えば、マッカが国際商業に長けていたのは、ラクダ遊牧文化が提供する移動・運搬の技術によるものであった。都市も、定住・農耕地を背景とする場合と、乾燥オアシス地域でのネットワークを前提とする場合では、違いがある。このことは、第3章で詳しく検討したい。

社会運営の技術体系を見る場合、その中でもとりわけ、統治と政治が大きな意味を持っている。イスラーム国家の形成、その独自性についての検討も欠かせないであろう。イスラーム国家の独自のあり方の中には、ウンマ（イスラーム共同体）と国家の関係、ウンマの法としてのイスラーム法の位置づけなども含まれる。

イスラーム法は、統治に関わる諸側面のみならず、イスラーム社会のすべての面を包摂する性質を持つに至るが、それだけではなく、イスラーム的な諸制度を生み出す基盤となった。その点についても、本書では焦点を当てていきたい。

まずは、七世紀から一〇世紀の間に何が起きたのか、その見取り図を示し、次いで、それをどのように解析すべきなのか、どのような新しい文明論的な解釈がそこでありうるのか、順に考察を進めたい。

イスラーム——文明と国家の形成

第1章　イスラーム圏の地理的・空間的拡大

イスラーム文明の形成期に何がおこったのかについて、第1・2章では、前提となる事実を概括的に把握することにしたい。便宜上、イスラーム圏の拡大とそこにおける国家・社会システム・知的体系の展開を二つに分けて、概観を得るものとして、本章では地理的・空間的拡大を見る。次章では、時系列的な展開として、国家・法・文明の形成について概観する。

1　アラビア半島

イスラームはアラビア半島で始まった。そのことには、いかなる疑いも存在しない。アラブ人も、イスラームの誕生まではアラビア半島と、その周辺の地域にしか居住していなかった。

アラビア半島は、アジアの西端において北西部が大陸と地続きで、インド洋に向かって——地図で見ると南東に向かって斜めに——張り出している。三方は海に囲まれ、北東側がペルシア湾[1]、東南側はインド洋（あるいはその一部としてのアラビア海）、南西側は紅海となっている。ペルシア湾の入り口と紅海の入り口はそれぞれ、狭隘なホルムズ海峡、バーブ・アル＝マンダブ海峡となっている（図1）。

ちなみに、ペルシア湾は比較的浅く、紅海は深い海溝となっている。そのため、紅海は海中の生態も多様で、そこに生きている種も豊富である。ペルシア湾には、「バハレーン」（al-Bahrayn 二つの海）と言われる地域がある。今日では、バハレーン島が知られているが、古くは半島側の沿岸部がバハレーンと呼ばれていた。「二つの海」の由来は塩水と真水の意で、このあたりの海底から真水が湧き出ているため、陸地まで行かなくても、船から潜水して飲料水を得ることができたことに起源がある。

インド洋側は大洋であり、季節風（モンスーン）を利用して渡る船旅を除けば、半島を外界から切り離す役割を果たしている。

このように三方の海によって半島の境界がはっきりしているが、半島の北東部はシリア、イラクへと地続きであり、どのあたりを境界とみなすかはそれほど明確ではない。半島部は乾燥地域である西アジアの中でも生態条件が厳しく、半島の住民は食糧が乏しくなると半島の外へ向かって移動する傾

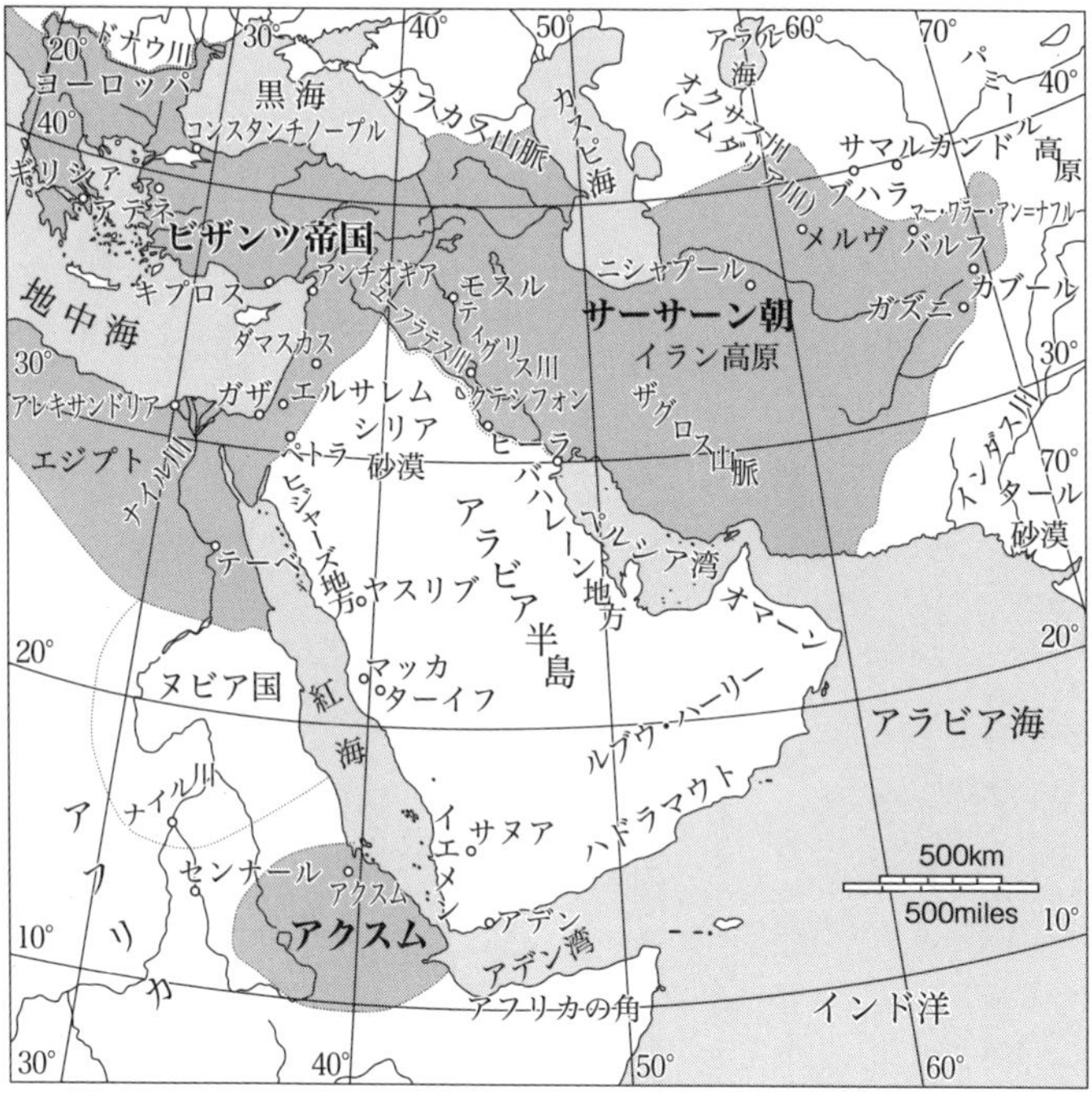

図１●イスラーム以前の西アジア・地中海地域

向があった。したがって、半島と半島の外に広がる諸部族を見るならば、地理的にくっきりとした境界線を引けるわけではない。山脈や川のような自然境界はない。とはいえ、伝統的な地理観では、乾燥域として連続性のあるシリア砂漠までを含めるのが通常である(2)[Hoyland 2008:105]。

西アジアから北アフリカに広がる地域は、おおむね乾燥地域である。そのことは、降雨量の希少性、緑地のなさ、沙漠の広がりによって一目瞭然であろう。イスラームが生まれたアラビア半島のアラビア沙漠、エジプトからモーリタニアに至る北アフリカのサハラ沙漠、イラン中央部のイラン沙漠、イランからインド亜大陸に至るタール沙漠などが広がっている。いずれも雨が全く降らない極沙漠、年間降雨量が二五〇ミリ以下の沙漠で、緯度一五〜三五度に位置する亜熱帯沙漠に区分される[赤木 1994:8-29；赤木 1990:9]。

なお、沙漠は日本では「砂漠」と書かれることが多いが、表面を構成するのは岩石・礫・砂などの種類があり、日本人は砂丘の連なる「砂砂漠」を想像しがちであるが、地球全体を見るとそれは五分の一にすぎない[篠田 2009:65]。「沙漠」と表記する場合、「沙」も「漠」も水の希少性を示している。本書では以下、沙漠の語を用いる(3)。

しかし、乾燥しているだけであれば、人は容易に住むことができない。居住が可能となるのは、水源があるからである。水源があって居住が可能となり、さらにその水源の規模と性質によって、農耕が可能であるか遊牧が主とならざるをえないかなど、生業が規定される。そこで水源を「オアシス」

によって代表させ、このような地域を生態環境的に「乾燥オアシス地帯」と呼びたい。

イスラーム文明論に重要な貢献をなした著で、加藤博は、「砂漠オアシス複合体」という概念を提示している——「中東イスラム世界の生態的環境を一言で述べるならば、規模、形態、植生を異にする『砂漠オアシス複合体』が点々と立地する空間であると言える。そして、『砂漠オアシス複合体』での大きな規模の集落、それが都市であり、都市を拠点に複数の『砂漠オアシス複合体』を結びつけていたのが商人であった。ここに、『砂漠オアシス商業システム』とでも呼べる、商人の活動を介して形成される経済システムが形成された」［加藤 1995:39］。

この提起は、地域の「生態環境」について考えていた筆者にとって非常に啓発的であった(4)。ただ、経済史を専門とする加藤は「オアシスを中心とした人間の生活空間」［加藤 1995:38］を「砂漠オアシス複合体」を名付けている。筆者は地域研究の視座から見ているため、地域全体を「乾燥オアシス地帯」と特徴づけることにした。比較文明論の立場からも、このような見方をした方が適用性が高まると思われる。

乾燥地域での水源の重要性について、加藤は、農地面積を水量で示す事例が多く見られることをあげ、「われわれモンスーン気候のもとで生活している人間には考えられないことであるが、水が土地、種子、畜力、労働力とならんで農業の重要な生産要素となっている」［加藤 1995:25］と鋭く指摘している。「オアシスを、水の稀少な世界において水を確保できる空間」と定義するならば、砂漠を突っ切って流れる大河も、小河川や一定以上の降雨量をもつ地域なども広い意味でオアシスと言える［加藤 1995:39］という点には全面的に賛成である。

水源の種類は、オアシス、ワーディー（涸れ谷）、地下水などである。オアシスは、「沙漠の中にある淡水と植生とが恒常的にみられる場所」［鷹木 2009;38］である。地下の被圧帯水層にある地下水が自噴していると「泉性オアシス」と呼ばれる［赤木 1990:29］。通常はこれが典型的な「オアシス」のように思われるが、沙漠の周辺に他の水源がある場合には、このほかにも降雨・降雪の水を利用した「山麓オアシス」、河川の水を利用した「外来河川オアシス」、井戸やカナートから引いた水やダムなどを利用した「人工オアシス」などが成立しうる［鷹木 2009:38］。

アラビア語の「ワーディー」は欧米語にも入り、日本語では「ワジ」とされることが多く「水無川（間欠河川）」と訳される［篠田 2009:85-86］。ただし、日本で「水無川」と言えば一年中水流がないが、乾燥地帯では、わずかながら降雨がある季節にだけ水流が現れる。「沙漠地域のワジは、普通一年に数度～数年に一度の頻度で起こる豪雨のあとでのみ流出が生じる。豪雨の初めには雨水は土壌中に浸透するが、豪雨が続けばすぐに降雨強度が浸透能を超え、その超過分が表面流出となってワジを流れ始める。その結果、鉄砲水が起きる」［北村 2009:192］のである。たとえば、マッカもワーディーの谷間に位置しており、まれではあるが、洪水に見舞われた記録が残されている。

沙漠の中を流れるエジプトのナイル川、イラクのティグリス川、ユーフラテス川、あるいはより小さなヨルダン川などの河川も、水源という意味で広義の「オアシス」に含めたい。ナイル川に典型的に示されているように、この乾燥地域での河川は、支流や水路が網の目のように広がって農耕地帯を作るアジアの情景とは異なり、水源が遠方（ナイル川はアフリカ内陸の山地、ティグリス川・ユーフラテス川はトルコ、ヨルダン川はレバノン、シリア）にある外来河川であり、沙漠の中に突如として水流が現れて居住と農耕を可能にするという点で、「オアシス」の総称に含めるのにふさわしい。

もっとも、最終的に海に流れ出す直前の下流域では、ナイル・デルタのような広大な「面」をなす農耕地や、ティグリス川・ユーフラテス川の広大な湿地帯も見られる。(6) オアシスでも、シリアの古都ダマスカスを支えてきたグータのような巨大なオアシスもある。(7) しかし、これらの地域ですら、マクロに見れば、茫漠と広がる乾燥地域の中のごく一部にすぎない。

乾燥オアシス地帯の意義については、第3章で論じることにして、イスラーム生誕期のアラビア半島に戻ろう。

ムハンマドが属するクライシュ族は、五世紀後半に、それまでのマッカ住人であったフザーア族を駆逐して、マッカの住人となった（図2）。「クライシュ」とは、ムハンマドから数えて一一代前の祖先フィフルを指す（その父ナダルとする説もある）[Muʾnis 2002:69-73]。本来であれば、部族名は「クライシュの子孫たち（バヌー・クライシュ）」となりそうなものであるが、クライシュ族だけはただ「クライシュ」と呼ばれていた。マッカを占拠し分散していた一族を集めたのは、クライシュから六代目

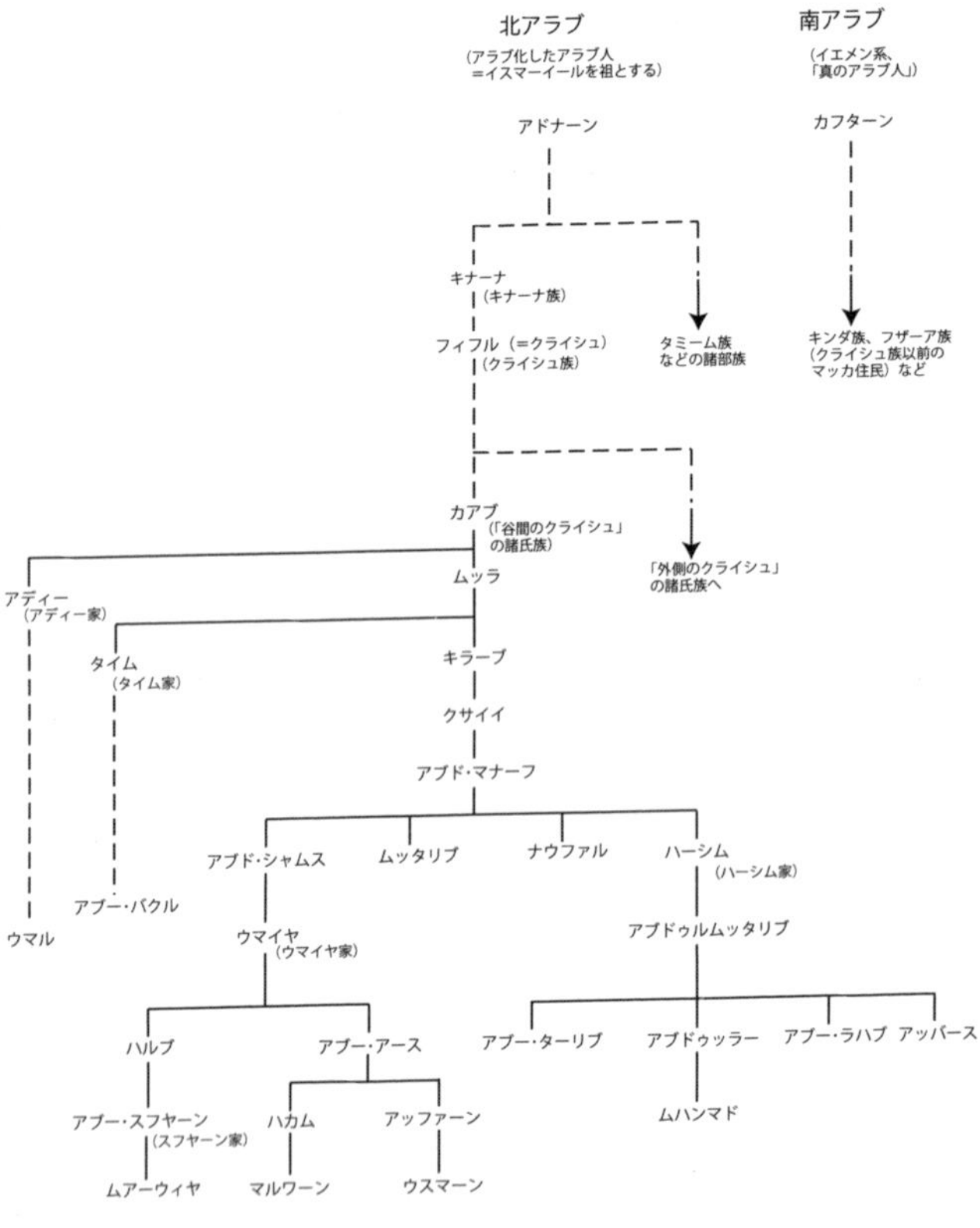

図 2●アラブ人の系譜とクライシュ族
クライシュ族の中では、「谷間のクライシュ」の諸支族が有力であった。
なお、支族を「〜家」と呼ぶのは日本での慣例による。
出典：『岩波イスラーム辞典』付録の系図、嶋田［1977:11-14］などを基に、著者作成

（ムハンマドからさかのぼれば五代目）にあたるクサイイであった。マッカには、人間が居住できる程度の水源はあったが、農耕が可能となるほどではなかった。そのためもあって、彼らは商業に従事するようになった。ムハンマドの曾祖父のハーシムが才を発揮し、隊商路の安全の確保に成功したとされる。

マッカは、紅海に面したヒジャーズ地方のなかほどに位置している。海から少し内陸に入ったところに隊商路があり、南東に向かえばイエメン、北西に向かえばシリアを経由して地中海沿岸に至る。イエメンはインド洋に面しており、すでにモンスーン（季節風）を利用して南アジアと交易をおこなう方法が開発されていた。モンスーンは、アラビア語の「マウスィム」（mawsim 季節）が語源である。

マッカ商人たちは、インド洋交易によってイエメンにもたらされる商品を地中海へと運び、地中海地域の産品をイエメンへ（つまりはインド洋交易へ）と運ぶ隊商を確立した。彼らは、比較的温暖な冬にイエメンへと隊商を送り、夏の季節には北の地中海へ向けて隊商を送っていた。これは単に旅の便宜のためではなく、季節風貿易の都合にも合っていた（なお、モンスーンを利用する貿易船は風向が一致しないため、紅海ルートには直接入らなかった［家島 1991:94］）。

言うまでもなく、西アジアにおける貿易路は、国際的に見るといわゆるシルクロードの西端に位置している。本来の貿易ルートは、アジア大陸の中の交易路を通り、ペルシア湾の北側でイランからイラクを通ってシリアに抜けるものであった。ところが、マッカ商人が勃興する頃は、サーサーン朝ペルシアとビザンツ帝国の争いが激化した。「二帝国の政治的・経済的関係は急激に悪化し、五〇二―五〇六年、五二七―五六一年、五七二―五九一年、六〇二―六二九年には北シリアの境域地帯の支配をめぐって長期的な対立と紛争状態に陥り、境域市場における国際貿易の活動は、混乱を招いて停止せざるを得なくなった」[家島 1991:62]。そこに、新しいヒジャーズ・ルートが勃興する契機があった。

マッカ商人の繁栄は、イスラームが登場する社会的背景をなしている。イスラームは、商業を肯定する一方で、富者の奢りを批判し、貧富の差を是正することを訴えることになる。その前提としてのマッカの経済的な発展は、ながらく学界の通説となっていた。かつて、マッカの交易はローカルなものにすぎなかったのではないかという新説が出されたことがある [Crone 1987] が、通説とまではならなかった。重要なことは、マッカが商人都市であったこと、しかも国際貿易がそこで展開されていたことであろう。そのことを抜きにして、当時は辺境であったマッカのローカルな水準をはるかに超えて、非常に広い視野を持つ宗教が誕生したことは説明がつかないであろう。

マッカは同時に、カアバ聖殿を擁する巡礼地であった。アラビア半島に住むアラブ諸部族の宗教は、多くの偶像を崇拝する多神教であった。したがって、カアバ聖殿も当時は、多神教の中心地である。巡礼に人々が訪れることは、半島内での交易を促進するものであり、マッカから遠くないターイフ近郊にあるウカーズの市などがとりわけ大きな定期市として知られていた。

2 宗教と国際関係

当時の宗教地図を考えると、宗教は主要な国家と結びついており、当然ながら国際関係にも反映していた。ビザンツ帝国は言うまでもなくキリスト教国であり、ビザンツ皇帝とコンスタンチノープル大主教によって率いられていた。サーサーン朝ペルシアでは、ゾロアスター教が国教となっていた。アラビア半島の南側に位置するアフリカ側には、この二大国ほどの強国ではないものの、エチオピアにキリスト教国のアクスムがあった。ちなみに、アクスムの教会はエジプトの系統、すなわち、聖マルコが創建したとされるアレキサンドリア教会（コプト・キリスト教）の流れを汲むものである。

アラビア半島に三つの国家から、宗教的な影響も及んだ（図3）。西北からはキリスト教、東北からはゾロアスター教が伝播していた。アラビア半島の北側のシリアには、イスラームが勃興する頃まで、ビザンツ帝国に従属するガッサーン朝があった（五世紀末〜七世紀初め）。その東側のイラクにはラフム朝があり、ササン朝ペルシアに従属し、六世紀前半に最盛期を迎えていた。アクスムからは紅海を渡ってイエメンが征服され、サヌアの町にカテドラルが建てられた。六世紀中頃、イエメンのエチオピア兵たちが本国から独立して、アブラハという者が王となった。彼は、アラビア半島の多神教の中心であるマッカ攻略を立案した。

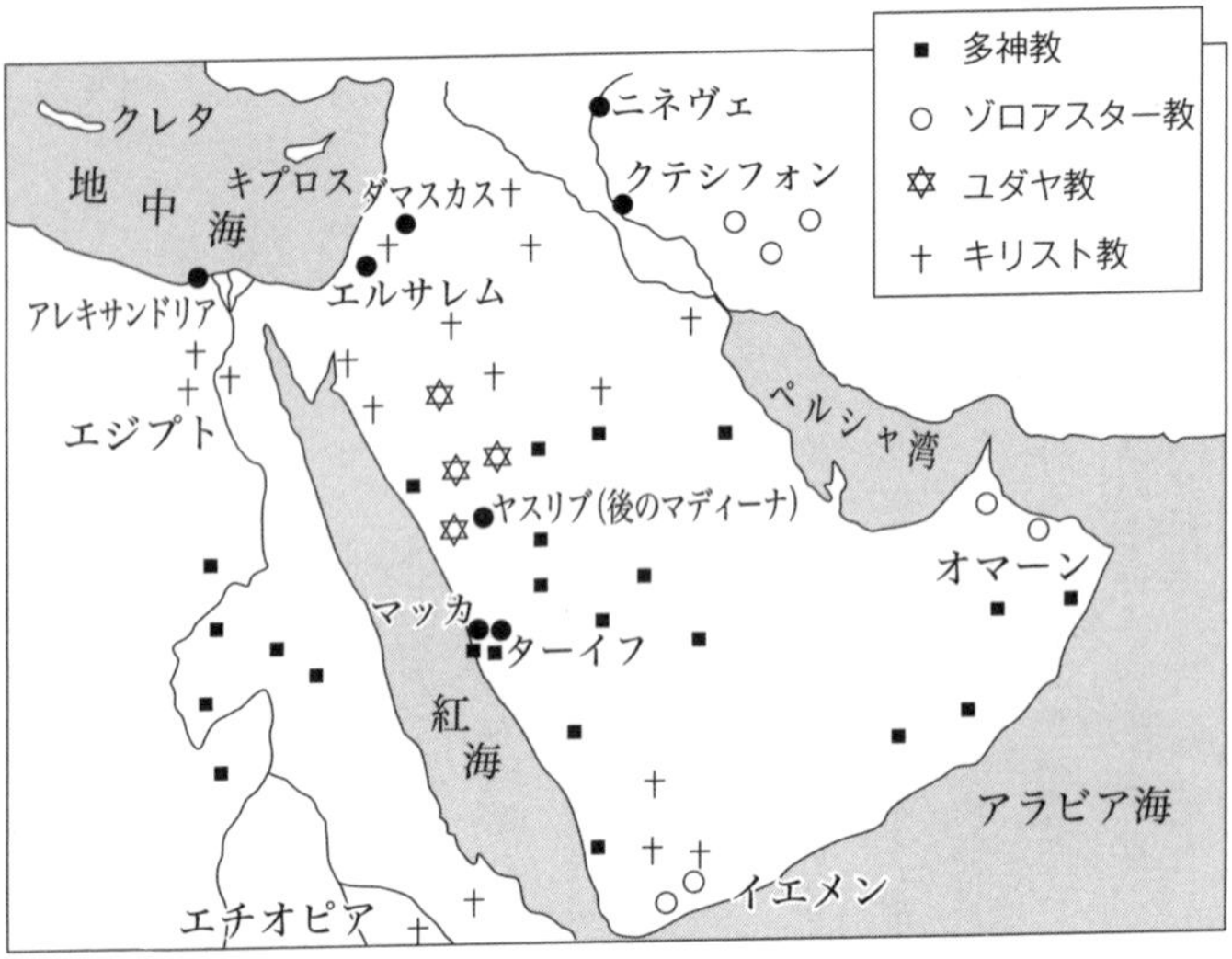

図 3 ●イスラーム以前のアラビア半島の宗教
出典：Isma'īl R. al Fārūqī and Lois L. al Fārūlqī（1986）*The Cultural Atlas of Islam*, Macmillan and Collier Macmillan, p.16 の地図を基に作成。

イエメンを発ったエチオピア系の軍隊は、「兵器」としてアフリカ象を先頭に立てていた。それを見たマッカの人びとが驚愕したことは想像に難くない。当時の暦には、紀元がなく年数を数える基準がなかったため、大事件のあった年を「〜の年」と呼び、「それから何年」「その何年前」と表現する習慣があった。イエメン軍が来襲した年が「象の年」と呼ばれたのは、年の名付けに使うほど強い印象を与えたからであろう。

ムハンマドが誕生したのは象の年だったとされている。これは六七〇年ないしはその翌年と同定されている。イエメン軍来襲の際のマッカの指導者は、ムハンマドの祖父アブドゥルムッタリブであった。イエメン軍はおそらくは疫病によって自ら撤退し、マッカとその宗教は守られた。

ムハンマドは、四〇歳の時に唯一絶対の神の啓示を受けて、預言者として覚醒したとされる。西暦六一〇年頃である。新しい宗教の布教は困難をきわめた。イスラームは一神教であり、マッカの多神教と合わないだけではなく、血統や人種を超えた人間平等の思想は、当時の部族主義や富裕な商人が支配する体制と対立するものであった。マッカの住人はすべてクライシュ族であったから、新しい宗教はクライシュ族内部に対立を持ち込んだ(8)。イスラーム教徒を「ムスリム」すなわち「帰依する者」と言うが、彼らは唯一神アッラーのみへの帰依を唱え、旧来の伝統に反対した。有力な指導者たちはムハンマドの主張を認めず、ムスリムたちを迫害した。耐えきれなくなったムハンマドは、弟子たちを連れて、支援者が見つかった北方の町マディーナに移住した。この六二二年のヒジュラ（移住）は通例「聖遷」と訳されている。

これによって、マッカという一都市の出来事に過ぎなかったイスラームは、いっきにアラビア半島全域を巻き込むものとなった。マディーナに新生のイスラーム共同体（ウンマ）が生まれたため、マッカ勢は同盟する諸部族を動員して、彼らにとっての禍根を断とうとした。この対立は、一方にマディーナとその同盟者、他方にマッカとその同盟者が拮抗する時期を経て、六三〇年のマディーナ軍によるマッカ無血開城にいたった。ムハンマドは、六三二年の没時までに、アラビア半島のほぼ全域を支配下に置いた。

アラビア半島は、それまで半島全体を統一するような国家を持たなかった。ラフム朝の王であったイムルウルカイスは詩人としても名をなし、イスラーム以前のアラブ人としては最も著名な一人である。彼は西暦三二八年と同定される碑文の中で「全アラブの王」と称したことが知られている［Dignas and Winter 2007:168］。やや誇大と言うべきかもしれないが、アラブ人を一つのものと主張した最初の事例にあたる。五〜六世紀にラフム朝、ガッサーン朝と対抗したキンダ朝もあったが、遊牧部族の連合体と考えられ、その支配領域も流動的であった。マッカのクライシュ族も、王を持たず、国家体制も持っていなかった。

当時のアラビア半島が、サーサーン朝ペルシアやビザンツ帝国と比べて辺境であった証左として、文明的な意味で空白地帯にあっただけではなく、広域を支配する国家がなく高度に分化した統治機構を持っていなかったことも、その要素の一つにあげられる。わずかに、二つの大国に従属する小国家（ラフム朝、ガッサーン朝）や、比較的広域を支配した部族連合的な支配者（キンダ朝）が見られたにすぎない。イスラーム国家が成立した時、統治機構や支配の方法を継承するべき先行国家は、アラビア半島の中にはなかった。

その一方で、イスラーム国家はその後すぐに半島の外へと拡大していくため、ムハンマド晩年のアラビア半島は、半島を統一したものの、半島を固有の領土とする領域国家を作ったとは言えないであろう。ムハンマドが創成した国家を継承し、東西への征服事業をおこなったのは、正統カリフ国家であった。「カリフ」とは何か、カリフ制の特質は何であるかについては、本書の中心課題の一つであるイスラーム国家論の一環として、第4・5章で詳述したい。

四代にわたる「正統カリフ」としてムハンマドを後継したのは、いずれもムハンマドの高弟たちである（160頁の図10参照）。四人ともマッカ時代の初期からムハンマドに従い、マディーナでのイスラーム社会の形成にも深く関わった。ムハンマドとの関係の深さも、第一代のアブー・バクル、第二代のウマルはそれぞれ娘がムハンマドの妻となって舅にあたり、第三代のウスマーンはムハンマドの娘を二人も（一人目の死後にもう一人）妻としていたことに、よく示されている。第四代のアリーはもともと年若い従弟であり、ムハンマドと彼の最初の妻ハディージャによって実子同然に育てられた。成人前にイスラームに加わったとされ、長じてからは、ムハンマドの末娘と結婚した。四人ともムハンマドに非常に近しい人物であったことは疑いを入れない。

もっとも、この四人とムハンマドの関係を見て、ムハンマドの血縁者が権力を継承したとみることは正しくない。正統カリフ国家は血族的な支配ではなかった。ムハンマドが四人と結んだ姻戚関係は、彼を補佐する高弟たちとの関係を強化する目的だったと見る方が合理的であろう。わずかに第四代のアリーは厳密な意味でもムハンマドの近親者と言えるが、彼以前に三人の高弟たちの長老支配があったことを思えば、選択の基準は血族か否かではなかったことが判然とする。

3 大征服と版図の拡大

アブー・バクルの治世はわずか二年であり、その期間はムハンマド没の知らせにイスラームからの離反を図った諸部族の制圧に費やされた。第二代のウマルの一〇年の治世の間に、「大征服」が始まった。イスラーム軍は、シリア、イラク、ペルシア（イラン）、エジプトなどを次々とその版図に加えていった。

シリアのビザンツ支配を打ち破ったのは、六三六年のヤルムークの戦いであった。ビザンツ側は、アラブ遊牧民の略奪集団を相手にしている程度の認識だったようであるが、実際のイスラーム軍は組織化された軍団であった。彼らは籠城戦を好むビザンツ軍を巧みに会戦に引き出し、短期間で決着をつけた［太田 2009:24］。尚樹敬太郎『ビザンツ帝国史』はビザンツ側の事情を「ヤルムークの敗戦でシリアを撤退したイラクリオス〔皇帝〕は、彼の帝国再建の大事業が、思いがけぬ敵によってもろく崩れていくのを眼前にして、しばらくコンスタンティノープルの対岸のイエリアで休養し、心身共に傷つけられて都に帰還した」［尚樹 1999:337-8］と述べている。六三八年にはエルサレムも開城し、六四三年にはエジプトも征服された。穀倉地帯のシリア、エジプトは永久にビザンツ領から失われた。

ビザンツ帝国敗退の原因は、サーサーン朝との長年の戦争による国力消耗、キリスト教の教義をめぐる宗教紛争でこれらの地域の住民との間に溝ができていたこと、(9) 軍事力的には対等であったが、軍の統一に欠けていたこと、シリアではセム系の住民が多くアラブ人を受け入れる素地があったこと、エジプトでは大土地所有者層が形成され独立勢力となっていたことなどがあげられる［尚樹 1999:338］。特にシリアは、六一三年からサーサーン朝の手中に落ち、ビザンツ帝国はそれを奪回したばかりで、支配が安定していなかった。

ビザンツ帝国とサーサーン朝ペルシア帝国の長年の戦争（六〇三～六二八年）は両国を疲弊させた。両者の戦いには宗教的な側面と地域的な覇権の争いの側面があったが、イスラームは両方の面において新しい主役として登場したことになる。長期にわたる戦いによって両帝国の国力が非常に低下していたことが、新興のイスラーム軍に有利に働いた。ペルシアを見るならば「サーサーン朝では後継者争いが激化し、ほとんど無政府状態になっていたところに、アラビア半島からイスラーム軍が到来した」のであった。「後六一三年に、アラビア半島に影響力を持っていた緩衝国、ヒーラを都とするラフム朝を滅ぼしたため、アラブの侵攻をまともに受けることになってしまったことも王朝弱体化の一因であろう」［春田 1998:85］。

イスラーム軍は全戦全勝だったわけではない。サーサーン朝との戦線では、六三四／五年の「橋の戦い」でペルシア軍の象部隊に遭遇し、壊滅的な敗走をしている。しかし、その後の再編を経ると、イスラーム軍は六三七年七月、カーディスィーヤの戦いでペルシア軍を撃破し、二ヶ月後には首都クテシフォン（アラビア語ではマダーイン）を陥落させ、さらに六四二年のニハーワンドの戦いでペルシア軍を壊滅させた。これ以降は組織的な抵抗はなく、一五年で旧サーサーン朝領域の大半はイスラーム側の支配下に入った。皇帝ヤズデギルドも六五一年に討たれた［稲葉 1995:84-94］。

このような領土の急速な拡大は、輝かしい戦果とともに、社会矛盾を生んだ。宗教的な同胞原理に基づく都市国家から、多様な言語、宗教、民族を包摂する「帝国」への変容は容易ではなく、第三代のウスマーンの治世は混乱の時代となった。このカリフは、自分が属するウマイヤ家の者たちを要職に就け、中央集権化によって政治的安定を図ろうとしたが、この政策は他の高弟たちからはイスラームの原則に反する門閥政治との批判を受け、さらに支配の安定性が失われることになった。

彼の治世は、エジプトやイラクからの叛徒に殺害されて終わりを遂げた。続く第四代アリーの治世は、内乱とそれを懸命に鎮圧しようとする苦闘によって彩られた。特に、ズバイル、タルハ、そしてムハンマド晩年の愛妻であったアーイシャによる反乱は、生き残っていた高弟たちが争ったという点できわめて深刻な紛争であった。アリーはこの反乱の制圧に成功するが、次にシリア総督であったムアーウィヤと戦うことになった。

この時点で特筆すべきことは、マディーナからクーファへの遷都であろう。アジア大陸から奥まっているアラビア半島はもともと、西アジアから北アフリカに広がる地域を統治するには不便である。また、ヒジャーズ地方は大きな軍隊を養うだけの農業力を持っていない。ズバイルたちはイラクに行って、クーファと並ぶ軍営都市バスラを拠点とし、ムアーウィヤはシリアの都ダマスカスを拠点としたから、これらと対抗するためにアリーが豊かなイラクの都クーファに首都を移したのは、理の当然であった。

ウスマーンからアリーの治世は、戦線拡大が一段落した後に内政の混乱が続いたため、征服事業はいったん停止した。再開されるのは、正統カリフ国家が終焉してからである。クーファを拠点としたアリーは、バスラの反乱軍は容易に打ち破ったが、対ムアーウィヤ戦にはてこずった。しかも、ムアーウィヤと一時停戦して調定に応じると、それが大義の裏切りにあたるとしてアリーを見限る分派が生まれた。アリーは分派を制圧しながら、ムアーウィヤと戦わざるをえなかったが、分派の刺客によってアリーが暗殺され、正統カリフ時代は終わりを告げた。ムアーウィヤは、新たにウマイヤ朝を樹立した。ウマイヤ朝期は大征服の大きな進展によって、特徴づけられる。

図4に明らかなように、ムハンマドはアラビア半島のみを支配し、今日「中東」と呼ばれる一帯は、正統カリフ時代に版図に加えられた。ヤルムークの戦い（六三六年）に始まる一連の戦いで、ビザンツ帝国はシリアから北アフリカを失うことになり、サーサーン朝ペルシアはカーディスィーヤの戦い（六三七年）で大敗してから、わずか一五年のうちに滅びることになった。第一次内乱期にはいったん版図の拡大が停止したが、ウマイヤ朝（六六一～七五〇年）の成立でイスラーム国家の統一が回復すると、特に第六代カリフ・ワリード（在位七〇五～七一五年）の治世の下で、北アフリカから西へ向かう征服事業は一気に進んだ。中央アジア、インドなど東へも遠征がおこなわれた。

特筆すべきは、北アフリカ中央部（今日のチュニジア）におけるカイラワーンの建都、大西洋岸に至るマグリブ地方（今日のアルジェリア、モロッコ）の征服、ヨーロッパ側のイベリア半島への侵攻であろう。北アフリカの中では、チュニジア、モロッコは、それ以降イスラーム王朝が次々と興亡する地となった。ヨーロッパ側では、一五世紀まで続くイスラーム時代のアンダルス地方は「文明の架け橋」となり、たとえば、イスラーム世界の東方で受容されたギリシア哲学やその発展形としてのイスラーム哲学がここからヨーロッパに渡り、スコラ哲学などに深甚な影響を与えた。

ウマイヤ朝時代に、イランでのイスラーム支配も進んだが、西への拡大と比べると、東の戦線拡大は相対的に緩やかであった。ウマイヤ朝の首都はシリアのダマスカスであり、ここは東西交通の要衝

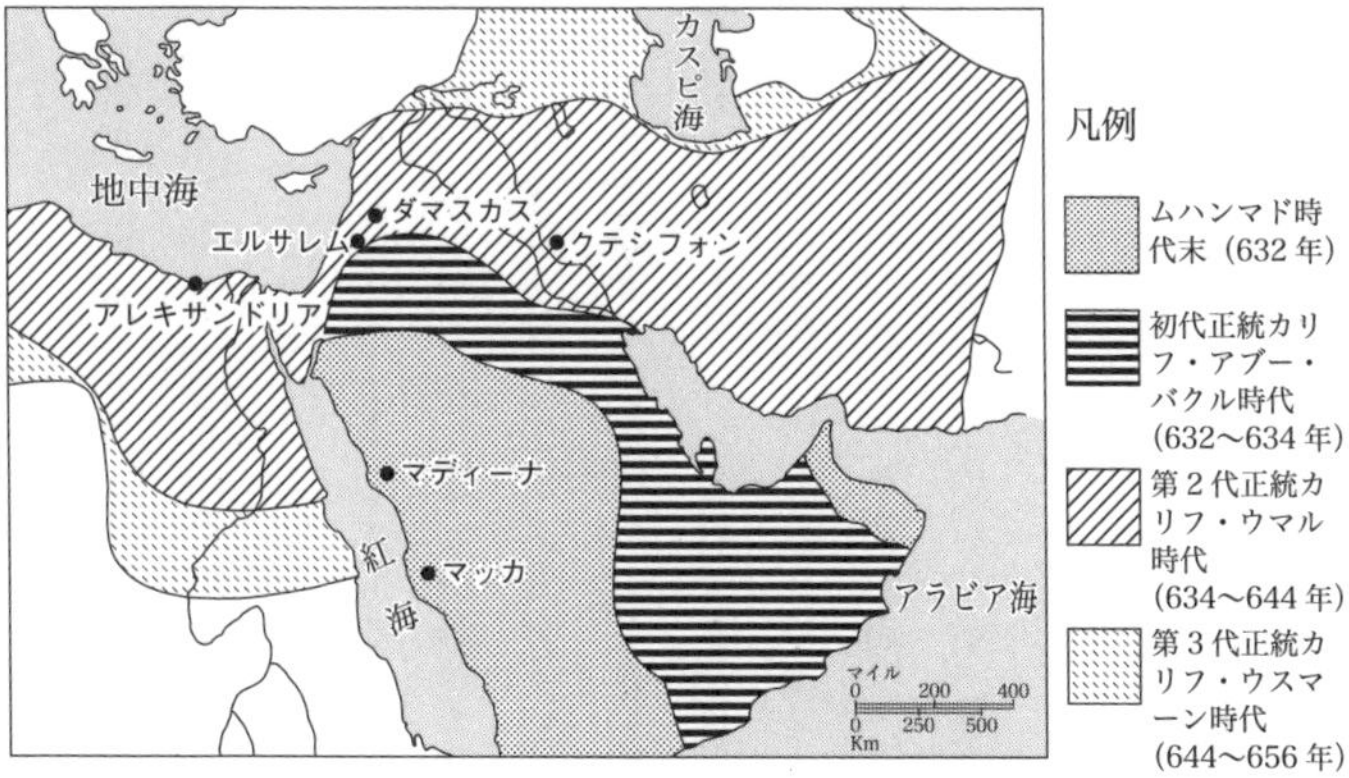

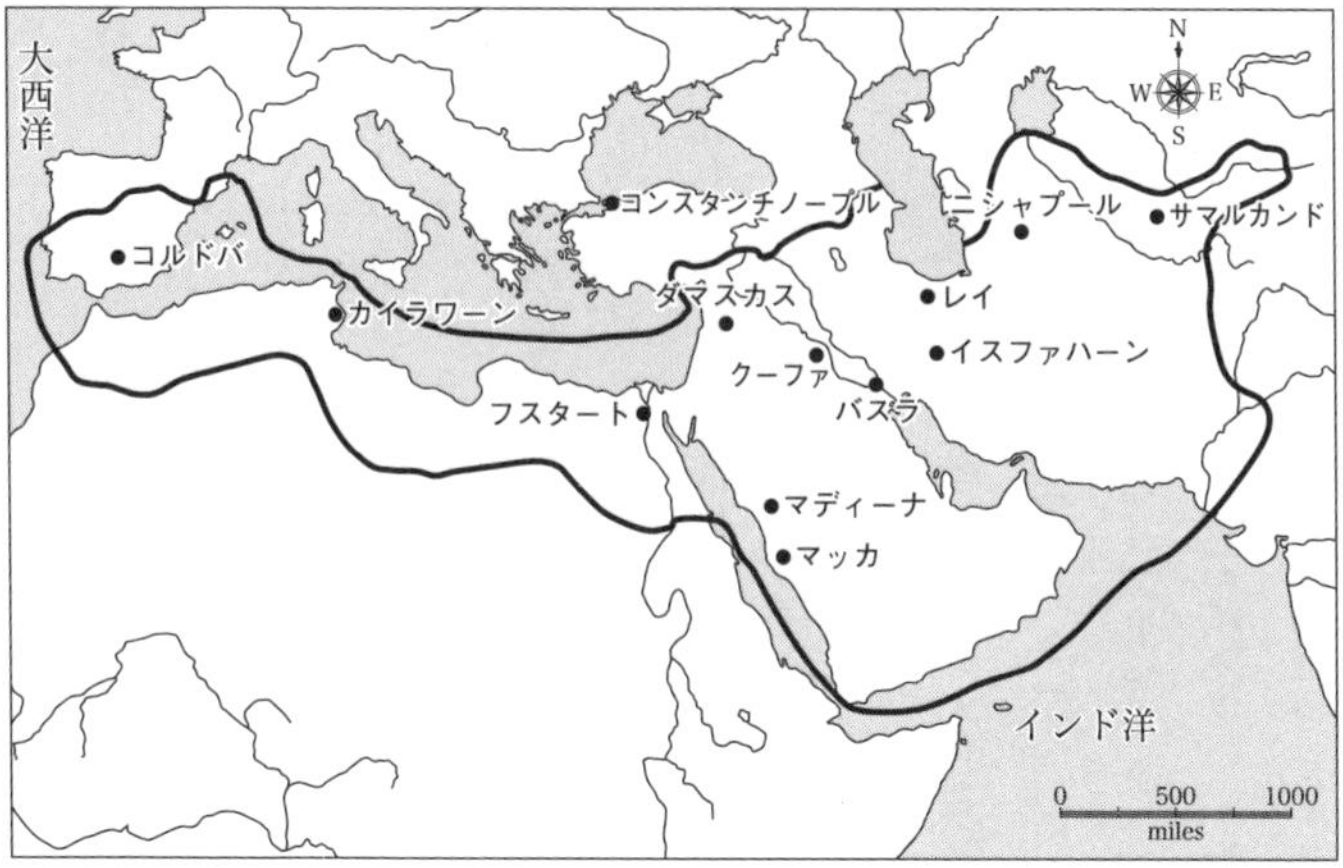

図4●イスラームの大征服による版図の拡大
（上）正統カリフ時代
出典：I. R. al Fārūqī and L. L. al Fārūqī.（1986）*The Cultural Atlas of Islam*, Macmillan and Collier Macmillan, p.212 の地図を基に作成。
（下）西暦 750 年のイスラーム帝国の版図
出典：Hugh Kennedy.（2007）*The Great Arab Conquests: How the Spread of Islam Changed the World We Live In,* Da Capo Press, p.xii-xiii の地図を基に作成。

にあたっており、広大な帝国の統治に適していた。

東部での拡大は、ウマイヤ朝末期からアッバース朝初期にかけて、大きなものがあった。七五一年にはタラス河畔（今日のクルグズスタン）の戦いで、唐軍と対戦するまでになった。ムハンマドの没後から一三〇年ほどの間に、東は中央アジアで中国と接し西は西欧のイベリア半島までが、イスラーム王朝の版図となった。大征服の規模、その後も継続するイスラーム圏の確立などを考えると、人類史上の一大事であったことがわかる。

ウマイヤ朝では、アラブ人を支配者として、帝国の各地域が自立性を持った連合的な統治がなされた。都市国家から大帝国へと変容したことを考えると、現実的な支配に転じ、それなりの成果を収めたと言える。しかし、それでも最初から内在している脆弱性に新しい社会的矛盾も加わって、末期には第三次内乱が起こった上、ウマイヤ朝に不満を持つ諸勢力を糾合した「アッバース朝革命」によって打倒された。ウマイヤ朝の治世は一世紀にわずかに及ばない。

アッバース朝を生み出した革命勢力は、ホラーサーン（今日のイラン東部からアフガニスタン、トルクメニスタンにまたがる）で決起し、イラクからシリアに進撃し、ウマイヤ朝を一気に破壊した。ウマイヤ朝の人びとは多くが斃されたが、わずかに生き残ったアブドゥッラフマーン一世（在位七五六〜七八八年）がはるか西方に逃れ、ヨーロッパに入ってアンダルスに後ウマイヤ朝を建てることになる。

アッバース朝成立直後に、中央アジアのタラス河畔で行われた会戦で、イスラーム軍は高仙芝に率いられた唐軍をさんざんに打ち破り、この地域における支配権を確立した。巷間流布してきた説では、イスラーム軍が捕虜とした唐軍兵士の中に製紙法を知る者がおり、紙がイスラーム世界に伝わったとされる。その頃までに製紙法がすでにサマルカンドまで伝わっていたとも言われるが、タラス河畔の戦いが直接の契機であってもなくても、この頃の中国文明圏との接触によってイスラーム世界に紙というテクノロジーが導入され、イスラーム文明の基盤の一つを生み出した。これについては、第7章2でさらに触れたい。

ここまでの「大征服」によって、イスラーム文明の中核地帯が形成された。版図が最大に達したのは、いつであろうか。ウマイヤ朝は二つの大規模な内乱と数多くの小さな反乱を経験しているが、六九二年までの第二次内乱を終息させたアブドゥルマリクによって、版図の再統合がおこなわれた。その息子ワリードの時代にウマイヤ朝の最大版図が実現したとすると、イスラーム史を通して、単一のカリフによって統治されていた領域としては最大級であろう（図4）。アッバース朝は、中央アジアの征服事業の進展で、東方に向かって版図を拡大した。単一のイスラーム王朝がすべての版図を覆っていたという点において、これが最大時と言えるであろう。アンダルスで後ウマイヤ朝が成立するとヨーロッパ側の領土には支配が及ばなくなった。

ホジソンは、このような中核地帯を「ナイル川からオクソス川までの地域」と表現している［Hodgson 1974:Vol.1, 60-61］。ナイル川はもちろんエジプトを成立せしめている世界最長の川である。ラテン語でいうオクソス川は中央アジア最大のアム川のことで、アラブ人はそれ以北の地域を「マー・ワラー・アン＝ナフル（Mā warā' al-Nahr）」すなわち「川向うの地」と呼び習わしてきた。ナイル川からアム川に至る間の地域に、アラビア半島を含めて、ウマイヤ朝期、アッバース朝期の版図の主要部分が包摂されている。本書が扱う三世紀間の重要な現象の多くが「ナイル川からオクソス川まで」の間で起きた、ということもできるであろう。この表現に含まれる地域は、いわゆる「中東」よりも東側に広がっており、中央アジアが含まれる点が重要である。(10)

アッバース朝は、王朝を開いてからまもなく、イラクに新都バグダードを建設した。外壁の直径が二・三五キロに及ぶ円形都城がチグリス川西岸に設計され、七六二年に着工し、七六六年に完成した［清水 2002］。名称は「マディーナ・アッサラーム」すなわち「平和の都市／平安の都」であった。ウマイヤ朝のダマスカスから見ると、七五〇キロほど東方に寄ったところであり、両者の間にはシリア沙漠が広がっている。これは、アッバース朝の支持基盤がイランからイラクにかけての地域にあったことと、東方の領土が拡大したことによるであろう。バグダードは、ティグリス川とユーフラテス川が最も接近するあたりに位置しており、河川・運河による交通の便もよく、広大な領土に展開された道路ネットワークの中心、さらにその外に広がる国際貿易路の結節点として賑わうことになった。

正統カリフ時代からウマイヤ朝までの一二〇年間、さらにアッバース朝初期の一世紀半から二世紀の期間は、イスラーム世界の確立と拡張の時期であり、宗教としてのイスラームの体系化の時期であり、イスラーム文明の基盤が形成された時期である。特にイスラーム文明の観点からは、ウマイヤ朝からアッバース朝への円滑な権力の移行、アッバース朝初期の安定は、基盤形成という意味できわめて重要であった。その後のイスラーム世界は政治的な分裂の時代に入るが、イスラーム法やイスラーム文明は国家の領域を超えて発展するものとなった。

アッバース朝は、九世紀から次第に地方王朝が独立する時代を迎える。北アフリカのアグラブ朝、イラン東部のターヒル朝、中央アジアのサーマーン朝などである。地方王朝は、名目的にはバグダードに座するカリフの任命を受け、その宗主権を認めていた。その意味では、単独のカリフがイスラーム世界を統一している（統一の象徴として機能している）ことになるが、それも一〇世紀に入ると破られる。

北アフリカのチュニジアに、アッバース朝に対抗するファーティマ朝カリフ国家が樹立されたからである。ファーティマ朝はさらに軍を東に送り、エジプトを征服しここに新都カイロを建てた。エジプトに拠点を移したファーティマ朝は、バグダードのカリフを直接的に脅かす存在となった。

さらに、アンダルスの後ウマイヤ朝もこれを機に、カリフを名乗るようになった。後ウマイヤ朝はウマイヤ朝を後継するだけに、単独のカリフを戴くカリフ制を尊重していたが、ファーティマ朝がカリフを名乗ることでそれに意味がなくなると、自らもウマイヤ朝カリフの後継者としての主張を始めたのである。政治理論はどこでも政治の実態を追認する傾向があるが、カリフ制の理論も大きな転換点を迎えるようになった。

しかし、帝国が広大な版図の統一を保てず、次第に分国化することは、イスラーム世界の外でも起きた。統治のレベルにおける分裂があったとしても、文明の内実を形成する活動が進行しうることも、ここだけの特徴ではない。一〇世紀までの形成期を受けて、政治的な分裂期には、むしろ境界を超えてイスラーム文明が成熟し、広がっていくことになる。

4 文明の重心点

ここまで、イスラームがアラビア半島で生まれてから、一世紀半の間に東は中央アジアから、西は大西洋岸に及ぶ広大な版図へと拡大した様子を見てきた。イスラーム世界そのものの拡大はその後も進むが、本書が扱う時代における地理的な空間は、およそこのような範囲である。

これらの地域は、総体として「乾燥オアシス地帯」に属する。イスラームが熱帯雨林やサバンナ地帯に入るのは、この領域の外側に広がった時である。乾燥オアシス地帯は、沙漠などの中に水源があって都市と農耕が展開すること、乾燥・半乾燥の地域では遊牧民が居住し、活動していることが特徴である。

このような地域では、水源はまんべんなく広がっているわけではなく、特定の地域にしか存在しない。そのような地域は古くから農耕が栄え、多くの人口を養うことができ、都市が発展し、王朝が興亡してきた。そのような地域を「文明の重心点」と呼んでみたい。

アラビア半島の中には、そのような地域はない。農業力という点では、かろうじてイエメンがあげられる。半島の東南の角にあたるイエメンは、険しい山地と沿岸部と内陸部の低地からなる。山地で天水農業ができることは、半島の中では例外的である。また、内陸部では、ワジの地下を流れる伏流を利用した農業が可能であった。有名な古代イエメンのマアリブ・ダムは地下の伏流の合流点に作られ、巨大な貯水湖を生み出した。これを用いた灌漑農業は、大きな人口を養うことができた(11)。ダムは何度も修復がなされたが、イスラームが興る直前に起きた最終的な決壊によって、多くの人口が北方へ流れ出したとされている。イエメンは、大きな農業力、王朝の成立などで半島の中では例外的な存在となっているが、かといってイエメンを超える広域的な王朝が定期的に成立したわけではない。

半島を出て、最初の「文明の重心点」はダマスカスのあたりであろう。この都市は、歴史が始まって以来ずっと人口が集住しているという点において、「最古の都」とされる。人類の農耕の始まりはシリアを中心とする地域にあるとされる［ベルウッド 2008:67-74］から、それも何ら不思議なことではない。ダマスカスを取り囲むように位置する豊かなオアシスは「グータ」と呼ばれる。水源はアンチ・レバノン山地から流れ出るバルダー川で、その農業力が古都を支えてきた。

シリアから東に向かうと、肥沃なメソポタミアである。トルコからシリアを経由して流れるユーフラテス川、トルコから直接イラクに入るティグリス川が古代メソポタミア文明を支えたことは、あらためて述べるまでもない。

メソポタミアとは「両河地方」を意味し、イスラーム時代になってからも史料でも「両河の国（Bilād al-Rāfidayn）」「二つの川の間の地方（mā bayna al-nahrayn）」と呼ばれる。アラビア語では「イラク（al-ʻIrāq）」の名でも知られ、現在の地名／国名となっている。古代についてはイラク地方の上流域がアッシリアとして知られ、下流域がバビロニアと呼ばれる。ただし、アッシュルの地で大領域国家が栄え、前一千年紀にアッシリア帝国が成立したのに対して、バビロニアはこの地でその名の国が長く支配したわけではなく、バビロンの遺跡に由来する通称である。バビロニアはさらにシュメール、アッカドと南北に分かれる。いずれも超歴史的に用いることのできる名称ではない［前川 1998:4-5］。シュメールで人類最古の都市文明が生まれ、前三〇〇〇年頃に「粘土板による文字記録システム」が発明された［前川 1998:12］。古代の文字を記した粘土板は、羊皮紙やパピルスが使われる前の重要な記録媒体である。

イスラームの大征服の直前は、メソポタミアの高い農業生産力がサーサーン朝を支えていた［前川 1998:26］。ティグリス川・ユーフラテス川の下流域の肥沃な沖積平野は、アラビア語で「サワード（Sawād）」と呼ばれる。「黒い土地」の意であるが、この場合の黒は濃緑色を意味し、土地の豊かさを表現している。「イスラーム初期の地理書におけるメソポタミア南部（サワード）の税収は他地域を圧倒する額であり、それはサーサーン朝時代でもそれほど変わりなかったと推測できる」[春田 1998:65]。また、両河に挟まれた上流域は「ジャズィーラ(Jazīra 島)」と呼ばれる。現在のイラク北西部、シリア東北部、トルコ南端に相当するが、ここも豊かな水があり、地力が高く、アッバース朝時代にはバグダードの繁栄を支えるものとなった。

さらに東へ向かうとイランである。現在の「中東」に相当する領域、ないしは前述の「ナイル川からオクサス川までの地域」を最初に統一したのは、「史上初の世界帝国」となったアケメネス朝ペルシア(古代ペルシア語の原音ではハハーマニシュ朝)である[川瀬 2004:288]。アレクサンドロス大王がこの王朝を滅ぼした後にはセレウコス朝の支配が及んだが、アルシャク朝(パルティア、アルサケス朝)が樹立され、イスラーム直前まではサーサーン朝ペルシアも長らく栄えた。イスラーム時代に入ってからも、ターヒル朝、サッファール朝、サファヴィー朝など数多くの王朝がこの地に成立している。イランに「文明の重心点」があると考えるのは、ごく自然であろう。ただし、イランの扱いは、少し注意を要する。サーサーン朝の首都がクテシフォン(現イラクのマダーイン)であったことに示されるように、ペルシアの領域はしばしばイラクを含み、王朝はここを中心地としていたからである。今日のイラク・イランの国境(シャット・アル＝アラブ川(12))は、歴史的には必ずしも帝国や王朝、あるいは文化圏の境界ではなかった。

今度は出発点に戻って、アラビア半島から西に向かうことにしよう。半島を出てシリア、ヨルダンを抜けてアフリカ大陸に入ると、まず出会うのはエジプトである。ヘロドトス以来、「ナイルの賜物」という表現が有名であるが、実際、東西を沙漠に挟まれたエジプトでは、水源としてのナイル川がなければ、農耕も都市も、古代から連綿と続く国家もありえなかった。エジプトは地理的に見ると、上エジプト（細長いナイル渓谷）と下エジプト（広がるナイル・デルタ）を合わせたものであり、その結節点に首都が置かれることが多い。イスラームの大征服直前のビザンツ時代には地中海の港湾都市アレキサンドリアが首都であったが、イスラーム軍は上下エジプトの結節点にミスル（軍営都市）を設けた。正統カリフ時代・ウマイヤ朝時代のフスタート、アッバース朝時代のアスカル、カターイウ、ファーティマ朝が建設したカイロは、いずれもナイル川がデルタに展開する直前の東岸に建設された。(13)

エジプトから地中海岸を西に進んでチュニジアに至るまで三千キロほどあるが、その間には「文明の重心点」はない。ここは今日のリビアにあたるが、時にその一部に地方王朝が誕生することはあっても、広域の王朝が持続的に建設されることはなかった。それに対してチュニジアは、今日でこそ小国と思われているが、疑いもなく「文明の重心点」の一つであろう。古代カルタゴの地であり、ローマ時代のアフリカ州であり、ウマイヤ朝・アッバース朝時代においては北アフリカ統治の中心であり、アッバース朝カリフ権力が弱まると、この地ではすぐにアグラブ朝（八〇〇～九〇九年）が独立した。後には、この地方王朝を倒して、ファーティマ朝カリフが誕生した。後の時代にも、ハフス朝（一二二九～一五七四年。首都チュニス）、ムラード朝（一六三一～一七〇二年）、フサイン朝（一七〇五～一九五七年）などが栄えた。

チュニジアから西に行くと、現在のアルジェリアを過ぎて、モロッコに至る。管見では、アルジェリアは歴史的に見ると「文明の重心点」とまでは言えない。一部の地域を版図とする独立王朝はあったが、それよりも、チュニジアまたはモロッコの王朝の支配が及んでいる時期の方が長く、地域的な一体性は弱い。モロッコは、次々と独自のイスラーム王朝が現れた地域として、よく知られている。アッバース朝期のイドリース朝（七八九〜九八五年。首都フェス）、ムラービト朝（一〇五六〜一一四七年。首都としてマラケシュを建設）、ムワッヒド朝（一一三〇〜一二六九年。首都はムラービト朝を倒してからマラケシュ）、などである。アッバース朝滅亡後の時代でも、マリーン朝（一二六九〜一四六五年。首都フェス）、サアド朝（一五四九〜一六五九年。首都マラケシュ）、現代のモロッコ王国まで続くアラウィー朝（一六六四／六八年成立）などがあり、連続的に多くの王朝を生み出してきた。

ウマイヤ朝からアッバース朝にかけての「大征服」の結果、このような広大な地域と複数の文明の重心点がイスラームの名の下に統治されることになった。そして、そこに含まれていた先行する諸文明の遺産を継承し、いわば「文明のるつぼ」のようにそれらを統合し、新しい文明を生み出すことになったのである。

第2章 文明的な展開

ここまで、地理的・空間的な拡大が、七〜一〇世紀においてどのように展開したのかを見てきた。続いて、文明的な展開がどのようにおこったのかを、以上の地理的な布置図を前提として時系列的に追ってみよう。

1 宗教としてのイスラーム

イスラームは誕生した当時、文明ではなかった。そもそもアラビア半島には、古代からの文明の重心点はなかったし、イスラーム時代に入ってからも、マディーナが首都であった三〇年余を除けば、ここが政治権力の中心となったことはない。

ムハンマドが布教を始めた頃のマッカは、クライシュ族という単独の部族が支配する地で、それ以外の者もクライシュ族に取り込まれて暮らしていた。ゆるやかな部族内政治はあったであろう。しかし、強力な支配機構はなかった。ムハンマドにイスラームの布教を断念させるための宥和策として一度、クライシュ族の指導者たちが「望むなら、巨万の富を与えよう。王にしてもよい」と提案したことが知られているが、王権について彼らが十分理解していたとは考えにくい。

アラビア半島全体を見ても、諸部族が特定の国家を持たずに暮らしていた。国際関係論的な表現をすれば、部族はそれぞれが「独立したアクター」であり、部族内の制御はそれぞれに行われていたにせよ、部族を超越する法規範はなかった。わずかにあったのは、「聖なる四か月」には戦闘をしてはならない、という取決めくらいであった。これは市の立つ季節を意味し、互いの生存を守るルールになっていた。

部族が互いに縛られない独立アクターである以上、安全保障の仕組みは、部族が互いに自分たちの支配域を侵すことを認めず、構成員に危害が加えられれば、部族全体が血の復讐（血讐）をおこなうという点だけにあった。しかし、血讐のリスクはある程度は抑止力として働くが、いったん事件がおこると、報復の連鎖が起こり、血讐合戦が続くということも大いにありえた。

実際に、後にイスラーム共同体が作られるマディーナは、血讐合戦の末に社会秩序が維持しきれなくなり、イスラームに入信した者たちがムハンマドを指導者として招くことになった。当時はまだ、マディーナの中でムスリムは少数であったから、それ以外の者たちさえもこの提案に賛同したことは、中央権力を持たない部族的な社会が血讐合戦でどれほどの危機に陥ったのかをよく示している。

ムハンマドの説いたイスラームは、部族や血統の原理を捨て、「イスラームの紐帯」という思想・信条を基礎とした同胞概念をもたらした。マディーナに建設された最初のイスラーム共同体(ウンマ)とそれに立脚する国家(ムハンマドの統治権)は、唯一神を信じることを誓った人間の共同体が「神の啓示」(聖典)がもたらす法に従う、という原理に従うものであった。マッカであれマディーナであれ、その周辺の部族であれ、これはこの地域の住民にとって全く新規な原理であった。かろうじて、一神教とそれに立脚する法という原理について知っていたのは、マディーナに住んでいたユダヤ教徒と考えられる。しかし、ユダヤ教自体が「イスラエルの民」の民族宗教であった上に、マディーナでは、彼らも「部族」を単位として暮らしていたから、ユダヤ教の歴史的知識は別として、政治・社会的な実態はアラブ諸部族から見て決定的に違うものではなかった。

部族を超越する普遍的な原理による社会秩序・法秩序をもたらした点で、イスラームは画期をなしている。宗教、社会規範、法秩序、統治原理などの点で、イスラームがマディーナで確立されたことは疑いを入れない。聖典であるクルアーンも、ムハンマド時代に内容が確立していた[小杉 2009:37-50]。

しかし、この時点では、全体としてみてイスラームは文明ではなかった。イスラームは、アラビア半島を出て先行文明の地域を征服していく過程で、文明になったのである。なぜ、それが可能となったのか、辺境で生まれた新宗教が文明を制御する原理を提供しえたのか、という点は大きな疑問であろう。本書は、それに可能な限り、答えを提出していきたい。

2 文明の定義をめぐって

イスラームがどこから文明になるかを検討し、イスラーム文明の形成過程を論じる以上、「文明」の定義を述べておく必要がある。言うまでもなく、この定義は簡単なことではない。文明とは何かをめぐっては、文明論者の数だけ定義があると言うべきかもしれない。比較文明学は、文明を人類史的により広い視野から論じるものであるが、この分野の中でも多様な定義があるし、仮に比較文明学の視点からの定義が確立されていたとしても、この特定の学問領域が「文明」の定義を独占することもできないであろう。

文明の定義がむずかしい一つの理由は、議論によっては「文化」と混同される点にある。そのような混同を生む定義を用いると、議論が錯綜しかねない。そのため、文明の有効な定義の仕方の一つは、文化と文明をきちんと差異化して定義することと考えられる。特に、本書は、イスラーム文明の構成要素として「遊牧文化」を組み込んで考えようとしているから、この作業は非常に重要である。

日本における比較文明学の礎石を置いた伊東俊太郎は、その著『比較文明』の冒頭で、「文化」と「文明」の関係について、西欧から日本には二つの系統の考え方がもたらされたと論じている。一つは、文明を文化が「ある高みにまで発展して、広範囲に組織化され制度化されたもの」とみなす用法であり、もう一つが、文明と文化を対立的に見る用法であり、後者では「精神文化」と「物質文明」というような使い分けがなされる[伊東 1985:13]。

伊東は、人類の文明史が五つの革命を経て発展してきたとして、現在は第六の革命が——近代文明の危機を乗り越えるために——必要とされているという立場を取っている(14)。五つとは、人類革命、農業革命、都市革命、精神革命、科学革命である。五段階は、いずれも文化の展開・発展を示すが、都市革命以降が文明の段階であるという[伊東 1985:15]。したがって、文化と文明は、対立するというよりも連続的なものとして、定義されている。

連続性と共通性に着目しつつ、差異性をはっきりさせるように、地理学と地域研究の立場から、さらに定義を明確にしたのが、次の応地利明による提起であろう。筆者は、この定義に賛同したい。

応地はまず、「文化と文明は一対の重なりあう円、しかも共通集合部分の大きい円にたとえることができる。そのため文化と文明は、類似した言葉として、極端な場合には互換的に使用されることすらある」[応地 2009:397]と、両者の識別がむずかしい実態を指摘している。従来の日本での用法は、「文化は精神、文明は技術」という二元論が最大公約数的な理解である。だからこそ、江戸時代の「和魂漢才」やそれを明治期に言いかえた「和魂洋才」というような表現が可能となる。しかし、その一方で「文化と文明を同義」とする考え方もある。「キリスト教文明」というような表現は、キリスト教という精神と文明という技術を相補的・循環的なものとするから、文化と文明を同義とするのに近い。これは一元論である[応地 2009:398]。応地は、精神と技術を分ける二元論に対しては、文化も文明も精神と技術の両方を内包するゆえに反対し、文化と文明を互換的とする一元論に対しては、そうではなくて両者は別個の概念であるという。

そこで提案されているのは、文化とは「ある場所を生存場とする人間集団が、その場所の生態系に適応していくなかで胚胎し整序される精神と技術にまたがる生活様式の体系」であり、文明とはそのような文化の中でごく少数のものが「他の生態系＝他文化領域に進出・侵入する力を獲得した文化」である[応地 2009:400-401]。文化を、生態系とそこにおける人間集団の生存と結びつけている点は、重要な指摘であろう。この定義に依拠するならば、文化と文明の関係は合理的に整理されうる。生態系に基盤を置く、あるいはその生態系の境界の中で展開している文化が、それを超えるような性質を獲得すると文明となる。応地は、普遍という語では語っていないが、文化が地域性を超えるような性質は、超域性≒普遍性として理解することができる。

本書の主張の一つは、イスラーム文明が「遊牧文化」を取り込んでいる点において独自性を持つ、という点にある。応地の定義を用いれば、イスラーム文明が遊牧文化を取り込んだことも整合的に説明できると思われる。それはイスラームが、アラビア半島の遊牧文化をそれが生まれた生態系を超えて適用可能なものとして再定義して、文明の要素として用いることができたからである。なぜ、遊牧文化が問題なのであろうか。

従来の文明論では、定住・農耕・都市を前提とした文明の概念が採用されてきた。ユーラシアの東西の端で成立した文明圏は、いずれも定住・農耕・都市による文明の発展を経験してきた。それが西洋的な用法での「civilization」であるにせよ、漢語的な「文明」であるにせよ、定住・農耕・都市は自明の前提とされている。この両者に強い影響を受けてきた現代日本から見て、この前提を否定する必要は特に感じられない。

問題は、定住・農耕・都市を内在化させた「文明」の定義そのものよりも、そこに遊牧民を文明の対立物として「野蛮」とみなす見方が了解されていることにある。実際に、西欧と東アジアの文明圏にとって、遊牧民は「脅威」であったから、彼らが文明を破壊する野蛮とみなすことには十分な理由がある。日本から見れば、遊牧民は歴史的にもほとんど接触のない存在であり、それについて特に異を唱える必要はなかった。

しかし、遊牧民または遊牧文化に対する誤解ないしはバイアスが、西欧におけるイスラーム研究、イスラーム文明研究を曇らせてきたことは疑いを入れないであろう。日本でも、遊牧文化に対する認識は、中国か欧米を経由した知識が基本であったから、そのバイアスを知らずに受け入れてきた。遊牧文化が文明と対立するものであるならば、それを取り込んだイスラーム文明とは「文明」の定義に外れるものであるか、あるいは「野蛮」を取り込んだものということにならざるをえない。

理解社会学をうち立てたマックス・ウェーバーにとってさえ「イスラームは、単に特定の社会階層と土地の軍事的征服に依拠したその成功とについての戦士の宗教」［ターナー 1994:48］であった。彼自身がイスラーム研究者でなかった以上、そのような認識に結びつく研究成果なりデータを提供した当時の東洋学者がまず批判されるべきかもしれないが、イスラームを「遊牧の戦士」の宗教とするウェーバーの解釈には、明らかに遊牧文化に対するバイアスが反映している。

応地の定義にしたがって、文化が一定の地域——共通の生態系に規定されている人間集団の生存場——において成立するものだとすれば、その文化が特定地域を超えるような力を得たものが文明である、という考え方を本書では採用した。言いかえると、文化とはそれぞれの地域に固有のものであり、その文化が地域を超える普遍性を獲得すると文明となる。

そうであるならば、地域を超える普遍的な要素とは何であろうか。上の定義では、文化も文明も、精神と技術の両次元にかかわる要素から構成されているから、より精神的なものを文化として、文明を精神性の違いを超えて理解し合える物質的・技術的なものと考える必要はない。文化も、「精神と技術にまたがる生活様式の体系」である。ただし、文化には地域的な固有性がある。この精神と技術にまたがる生活様式の体系が地域を超えて広がる時、それは文明である。要するに、文化と文明の違いは、地域性と超域性、あるいは固有性と普遍性の違いである。

比較文明学においては、文明の要素として、技術の普遍性が重視されることが多い。先に引用した伊東［1985］は、文明的な次元において、人類史は五つの革命があったとする。そのうち、精神革命は主として宗教を扱っているが、人間革命、農業革命、都市革命、科学革命はほとんどがテクノロジーにかかわっている。言語の獲得や道具の発明、農耕技術の成立、都市化とそれを支える建築等の技術、そして近代科学および科学技術（科学に立脚する技術）の成立まで、文明史的な転機は技術および技術体系（テクノロジー）によって規定されている。

比較文明学におけるアーノルド・トインビーの貢献は言うまでもないが、文明の多系史観を唱えた村上泰亮は、トインビーが「歴史研究の単位」として「文明」をとりあげたことには賛成しつつも、異なる社会を空間的・地域的に弁別することは容易であるが、時間的な区別はそれほど容易ではない、と批判している。トインビーは「何らかの同質性＝異質性の規準を使って、文明を時間的に区切っている」が、その規準が曖昧だという［村上 1998:60-64］。村上は、大きな技術革新が文明を分ける規準であるべきと主張する。トインビーが用いた「親子関係」（親文明と子文明の関係）という比喩を用いて、「親から生まれた子が突然変異体《ミュータント》であるかぎりにおいて、先行社会と後続社会を異文明とすべき」という［村上 1998:63-64］。

村上は、そのような文明の起点となるような大革新を「文明創発的革新」と呼ぶ。また、異文明の接触によって生じる変化は「文明間接触」と呼ばれる。これは、しばしば「創発的革新に比すべき大変化」をもたらす。同一文明内で自律的に生じる変化は「文明内進化」とされる［村上 1998:66-67］。村上は「進化」は表現の便宜で、衰退なり退化の局面も含まれるとしているが、「進化」の語感は単系的発展論を想起させるので、筆者としては「文明内革新」と呼ぶ方がいいように思われる。

村上が言う革新は、基本的に生産技術の革新である。しかし、「大革新の歴史的な時系列が、生産技術上のものと社会組織上のものと二通りあり、二つの時系列は互いに交錯し合う」［村上 1998:66］としている。本書では、両方とも、技術体系としてとらえたい。

「技術」の語を、現代風に言えば「理工系」の技術（≒生産技術）だけに限定する必要はないように思われる。農耕にしても、単に植物をドメスティケイトする技術だけが問題ではなく、狩猟時代にはなかったようなやり方で一定の場所に集住して暮らすことも、社会的な仕組み、社会運営の技術と結びついている。そうであるならば、技術体系を、科学・技術にかかわる技術体系と、社会運営の技術体系に分けて考えることができる。一般に「テクノロジー」というカタカナ語は前者を意味することが多いので、両者を区別するために、科学・技術にかかわる「テクノロジー」と「社会運営の技術体系」と呼ぶことにしたい。以下では、単にテクノロジーと言う場合は、科学・技術にかかわる技術とその体系を指す。

先に文化の定義として「精神と技術にまたがる生活様式の体系」を採用したが、「精神」が世界観や認識論的な体系に関わるとすれば、「技術」は生産技術や社会組織や統治の技術など、二つの技術体系にわたって考えることができる。そのような精神と技術を合わせた体系が、超域的で普遍的な性格を持つに至ると「文明」となり、他地域に進出ないしは侵出する。文化が地域を超える文明となるには、村上の言う「文明創発的革新」が必要である。イスラーム文明の成立には、疑いもなく文明創発的革新が起こった。(15)

しかし、アラビア半島においては、まだ文明の基盤をなす精神と社会運営の技術における創発的革新である。科学・技術にかかわるテクノロジーについては、アラビア半島ではまだその段階に至っていない。文明の基盤をなす精神は、宗教（宗教としてのイスラーム、イスラーム教）と同一視して論じることが可能であろう。また、社会運営の技術についても、アラビア半島内でも創発的革新の萌芽は見えていたが、すでに文化を超えて文明の水準に達していたとは言いきれない。

つまり、それまでのジャーヒリーヤ時代（イスラーム以前）とは異なるイスラーム文化が成立していたが、その普遍性はまだ歴史の試錬を受けていなかった。科学・技術にかかわるテクノロジーについては、その後の大征服から生じた大がかりな「文明間接触」によって、「創発的革新」にも匹敵する変化が生じたと見ることができる。

本章の冒頭で、「イスラームは誕生した当時、文明ではなかった」と述べたのは、以上のような意味である。そうであれば、イスラーム文明の形成を時系列的に考えるならば、まずアラビア半島での宗教の成立、ウンマ（社会と国家）の形成、大征服の過程とそこにおける先行文明との接触、イスラーム文明圏（固有の文明が形成される場）の成立、という順に見ることができる。

3 版図に加わった先行文明

ムハンマド時代から正統カリフ時代にかけての首都マディーナでは、共同体が成立し、国家が成立し、法体系の原則が確立された。その後の三世紀ほどの間に体系化されるイスラームと比べて言えば、原型としてのイスラーム、原理としてのイスラーム、と呼ぶこともできる。一〇世紀までに「信条・学知・法の体系としてのイスラーム」が成立して、おおむね私たちが「イスラーム」と呼ぶようなイスラームが姿を現したとすれば、七世紀の時点では、未だ体系化されていない「未分化のイスラーム」があった。

イスラーム国家も、ムハンマド的な国家は後に理念化されていく原型ないしはモデルであり、時間的にも一〇年と短かったから、それほど明晰な統治形態が示されたわけではない。具体的な内容は正統カリフ時代、ウマイヤ朝、アッバース朝（特にその前期）を通じて実体化され、整備された。

正統カリフ時代からウマイヤ朝にかけて版図が広がるにつれ、先行する文明が次々とイスラームの支配下に加わった。それとともに、さまざまなテクノロジーがイスラーム社会にも手に入るようになった。アラビア半島から溢れ出た人びとが吸収したテクノロジーは、さまざまな分野に及んだ。

天文学を専門とする科学史家のアフマド・ダッラールによれば、「七世紀におけるイスラームの登場以前、そしてその勃興から一世紀余り、アラブ人は科学を持っていなかった」[Dallal 2010:10]。科学文化が成立したのは、イスラームが登場してから一世紀を過ぎてからである。数学はさらに遅く、「ヒジュラ暦の最初の二世紀において、数学史を画するような出来事は、何も起こらなかった」[ラーシェド 2004:10-11n]。ムハンマド時代であれ正統カリフ時代であれ、マディーナが首都であった時代はほとんど科学と縁がなかったであろう。

第6章の「イスラーム化」の節で詳述するが、先行する文明の科学や技術の吸収は、二つの経路を通じてなされた。一つは、大征服で支配者となったアラブ人の子孫たちが科学や技術を学ぶという経路である。もう一つは被支配地の人びととその子孫がイスラームに改宗して、あるいは宗教的には保護されたマイノリティ宗教にとどまったままで、新しい文明に貢献していく、という経路である。

大征服の時代に版図に加わった諸地域には、おおまかに言って、メソポタミア文明（シュメール文明、バビロニア文明、アッカド文明、アッシリア文明など）、ペルシア文明、エジプト文明、ギリシア文明（古代ギリシア文明とヘレニズム文明）、ローマ文明などとその継承者たちがいた。

イスラームという新しい宗教に拠ったアラブ人たちは、膨大な文明的な資産を擁する地域を押さえたのであった。これはイスラームなしには、ありえないことであった。仮にイスラームなしで、アラビア半島の遊牧民がその機動力と軍事力で周辺を征服する事態がおこったと仮定しても、その場合は彼らは征服地の文明に同化することはできても、独自の文明を築くことはできなかったに違いない。

イスラーム文明とは、いわばイスラームの文化的な「覇権」が広域に及ぶから生まれる。先に文化・文明の定義をする中で、ある生態系の中で成立している「文化」が地域を超えて覇権を及ぼしうる場合に、地域の境界を超える文明となる、ということを論じた。イスラームなしに、アラビア半島の文化が外へ出て行っても、それが他地域に侵出する力は限られていたことであろう。端的に言って、アラビア語はイスラームが誕生するまでは、正書法すら持っていなかった。その点だけから言っても、文明の言語たりえなかったであろう。

大征服でアラブ人ムスリムたちは支配者となったが、文明の観点から言えば、それらを学び、吸収する側であった。先行文明から学ぶ際に、技術や方法をそのまま取り入れた場合、取り入れた後にアラブ化またはイスラーム化をおこなった場合、先行する技術を参考にしながら、独自のやり方を生み出す場合など、いくつかのパターンを認めることができる。

いくつかの事例を見てみよう。

《暦法》　イスラーム暦は純粋太陰暦で、ムハンマド時代から用いられていたが、紀元が定められていなかった。それ以前は、大きな出来事が起きた時を起点として「〇〇の後何年」「〇〇からさかのぼること何年」というような表現が使われていたに過ぎない。第二代カリフ・ウマルの代に、行政機構が整備され始めた際、カリフからの指令を伝える書簡に日時がないと不便であるという指摘がなされた。ビザンツ帝国あるいはサーサーン朝ペルシアのように、公文書に「日付」を記入しよう、という提案がなされた。どちらかの暦法を採用する案も出たが、イスラーム国家の独自性を確保するために、ヒジュラ（聖遷）を紀元として定められた。

啓示の始まり（＝宗教としてのイスラームの始まり）、ムハンマドの没年（＝宗教としてのイスラームの完成）などの案も出たが、ウマルがヒジュラ案を採用し、ヒジュラのおこなわれた年（西暦六二二年）のムハッラム月一日が紀元とされたという［al-Qurashī 1995:75-78; ʻArābī 2008:10-11］。宗教としてのイスラームよりも、イスラーム共同体と国家が樹立された年をもって紀元としたところに、「政教一元論」と表現されるイスラームの特徴がよく示されている。

ちなみに、ヒジュラ暦は、ヒジュラ（聖遷／移住）の日を一年の始まりとしたわけではない。太陰暦がすでに使われていただけではなく、全員の移住にはそれなりに時間がかかったため、どれかの日を「移住の日」と選べるものではなかった。しかし、太陰暦では、月数そのものはクルアーンによって「十二ヶ月」【悔悟章三六節】(16) と定められていたが、月名は数字ではなく固有名詞であり、ムハッラム月を一年の最初の月としたのは、紀元を定めた時であった。

《**モスク建築**》 イスラームの礼拝所であるモスクは、マディーナにおいて初めて建設された。ムハンマドが移住後に最初に礼拝をおこなったのは、マディーナ郊外のクバーの地であるため、クバー・モスクが最初のモスクとされることもある（口絵iii頁参照）。しかし、クバーの地で建物をすぐに建てたわけではない。まもなく、いわゆる「預言者モスク」が建てられ、ここがマディーナの中心となった。このモスクがイスラームにおける礼拝所の原型となった。

最初の建物は、ごく素朴な造りであった。おおむね方形の建物で、大きさは三〇×三五メートルほどであった［Muṣṭafā 1981:55］。土地に生えていたナツメヤシの樹はそのまま柱に使い、一部はナツメヤシの葉で屋根を葺いた。中庭は青天井であった。礼拝の方角は、ヒジュラ直後は北方のエルサレムを向いていたが、一年半ほどして、逆の南方のマッカの方角に変更になった。礼拝の方角を「キブラ」といい、キブラ側の壁面中央にはキブラであることが示されていた。イマーム（導師）はその前に立ち、会衆たちはその背後に横列を作って並ぶ。預言者モスクでは、遠征で不在というような理由がない限り、ムハンマドがイマームを務めた。キブラの脇には、三段の小さな台が置かれ、ムハンマドは二段目に立って説教をおこない、腰を下ろすときは最上段に座ったとされる。要するに、素朴な建物であった。

後の時代になると、キブラを示すミフラーブ（壁龕）が作られ、説教壇（ミンバル[17]）はモスクのど

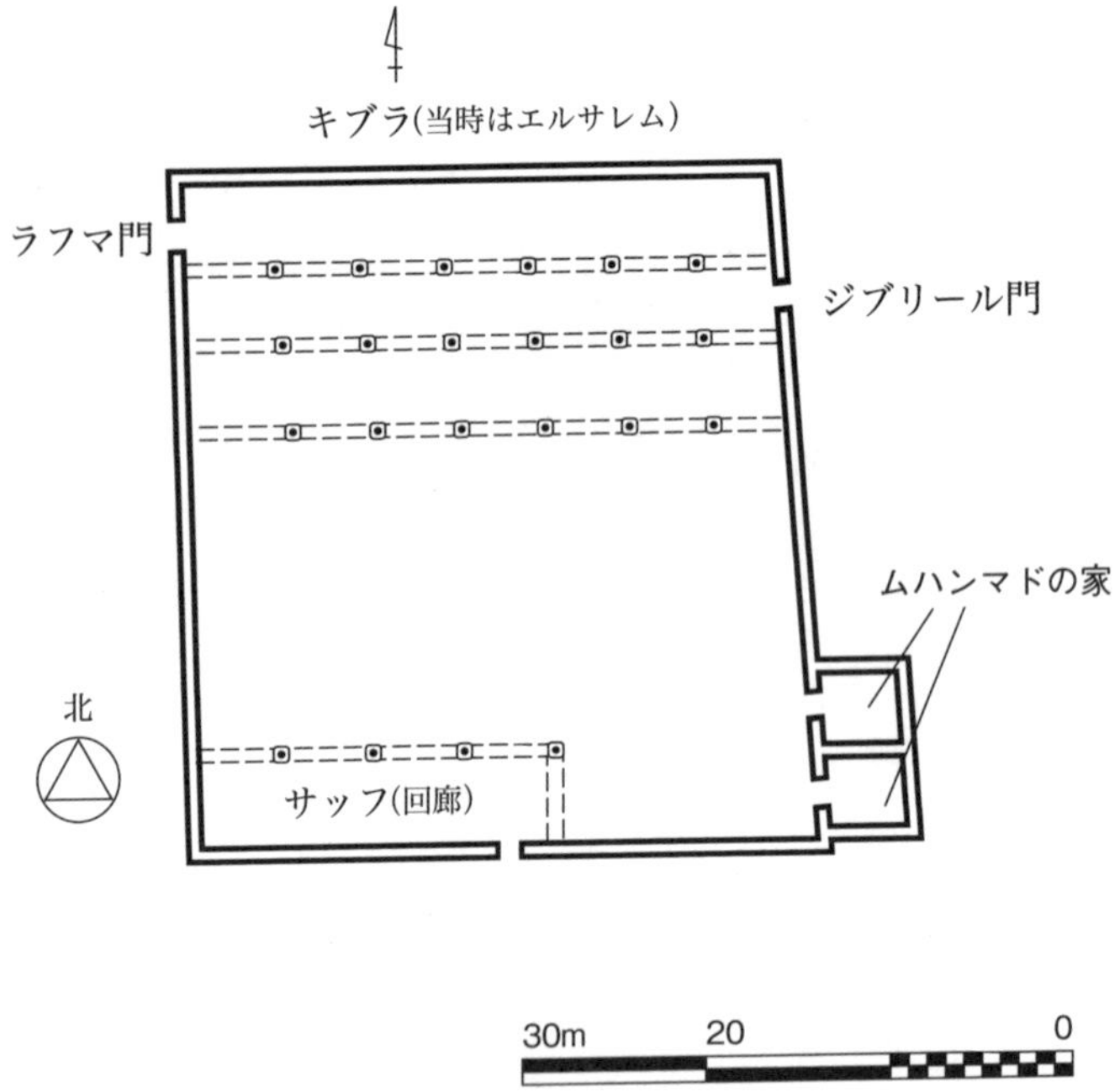

図 5 ●623 年のマディーナ・モスクの平面図（史料に基づく再構成）
出典：Muṣṭafā［1981:56］から作成。

図6●ウマイヤ・モスクの正面入り口から内庭、礼拝ホールへの正面入り口を望む——美しいモザイクは、ビザンツ美術を継承している。イスラームは、西アジア・地中海地域の先行する文明から科学や技術を継承し、独自の文明をうち立てた（筆者撮影）。

こからでも説教者が見えるほど高いものとなった。方形の敷地、青天井の中庭、屋根のある礼拝室などは、多くのモスク建築に継承された。しかし、巨大なモスクが建造されるようになったのは、ウマイヤ朝時代である。特に、首都ダマスカスの中央には、かつてのカテドラルの跡地にウマイヤ・モスクが建てられ、ビザンツ様式の美しいモザイクがその壁面を飾った。大規模な建築をおこなう技術が、ビザンツのものであることは論を待たない。モスク付属の塔（ミナレット）が付けられたのも、この時であった。塔の上から、アザーン（礼拝の呼びかけ）をするための装置であったが、塔の起源はキリスト教会に附属する塔に求められる。後には、ミナレットはドームと並んでモスク建築の標準的な付属物とされるようになり、マディーナの預言者モスクにも付けられるようになった。

ウマイヤ朝時代に建てられた北アフリカのモスクは、いずれも、ウマイヤ・モスクの例にならって、角柱形が採用されている。(18) カリフ・ワリード（七〇五～一五年）の時代には、同じ基本形を持つモスクが主要都市に建てられ、新しいイスラーム文化が版図の全域に強い印象を与えたのである［Howard-Johnston 2010:513］。

《貨幣の鋳造》 サーサーン朝ペルシアを倒して、その版図を継承し、またビザンツ帝国からシリア、エジプト、北アフリカを継承したイスラーム国家は、両地域で流通していた貨幣を、しばらくの間、そのまま用いた。サーサーン朝ペルシアの貨幣はドラクマ銀貨であり、ビザンツ帝国の貨幣はソリドゥス（ノミスマ）金貨であった。

図 7●ウマイヤ朝コイン

上の 2 枚はアラブ・ビザンツ風のソリドゥス金貨で、皇帝のような統治者立像が描かれている。ウマイヤ朝第 5 代カリフ・アブドゥルマリクの治下に、ダマスカスで造れたと考えられる。下の 2 枚は、同じアブドゥルマリクの治下に通貨改革の後で、ヒジュラ暦 77 年（西暦 696/7 年）に造られたディナール金貨。最初のイスラーム金貨で、左写真にはアラビア文字で「アッラーのほかに神なし」「ムハンマドはアッラーの使徒なり」と刻字されている。出典：Khalili［2005:154］

ちなみに、マッカでは商取引に金塊、銀塊を用いていた[医王 2008]。金の重量を「ミスカール(mithqāl)」で量っていたが、これは当時のソリドゥス金貨と等価であった。後のディナール金貨とはわずかに重量が異なっている[Fākhūrī and Khawwām 2002:198-201]。

ウマイヤ朝が独自の貨幣の鋳造に踏み切ったのは、第五代カリフ、アブドゥルマリクの治下であった。ここで初めて、アラビア語で「ラー・イラーハ・イッラッラー(アッラーのほかに神なし)」と刻印された金貨、銀貨が作られた。造幣技術は先行する帝国から継承したものである。

通常はこれ以降のイスラーム王朝の貨幣を「イスラーム貨幣(sikka Islāmiya, Islamic coins)」と呼ぶ。正貨を鋳造する権限は国家が独占するものであり、統治者名を刻んだ金貨、銀貨の流通は国家の正統性を証明し、それを広く知らしめる上で、きわめて大きな役割を果たす。それ以前の貨幣は君主の図像を刻み、王朝の栄光を示すものであったが、「新しいディナールとディルハムは、千年以上も続いた図像の伝統を完全に断ち切った」[Howard-Johnston 2010:507]。

もちろん、貴金属としての金、銀、あるいはそれが持つ交換価値について、イスラーム的・非イスラーム的の区別ができるわけではない。しかし、貨幣は単なる貴金属ではなく、それを鋳造する公権力の正当性を誇示するとともに、経済システムを支える基盤を提供する。貨幣制度を整備し、度量衡を確立することは、国家の安定のためにも、経済・社会の円滑な運営のためにも必要不可欠なことであった。ウマイヤ朝は、その確立に成功した。

また、金・銀の二つの通貨の併用によって「それまでの金本位のビザンツ地中海経済圏、銀本位のイラン以東、中国にまで繋がる東イスラム経済圏、さらにカロリング朝以降、銀本位を採用したヨーロッパ経済圏を結びつけることになった」[加藤 1995:62]。このことはやがて、アッバース朝の広域的な貿易ネットワークとバグダードの繁栄につながっていく（第6章5参照）。

《官庁と行政語》 第二代カリフ・ウマルの代に、行政を司る官庁となる「ディーワーン（dīwān）」が始まった。もともとは、ディーワーンは「帳簿」を指し、それから転じて帳簿を管理する官庁を意味するようになった。ディーワーンの起源は、サーサーン朝の制度を取り入れたものと考えられている。ウマイヤ朝時代に入り、多くのディーワーンが作られた。アッバース朝に入ってからも、行政機構の複雑化にともなって、いくつものディーワーンが創設されたり、改廃がおこなわれた。

イスラーム国家が行政制度のあり方を先行する帝国から学んだことは、疑いを入れない。その一方で、具体的なディーワーンの業務内容と形態は、イスラーム国家と社会の固有の要請に応じるものであった。そのことは、最初の「帳簿」が戦士たちに俸給としてアター（現金）・リズク（現物）を支給するためのものであったことが、よく物語っている。ウマルの代に始まった大征服がこれを必要とした。

なお、戦士に現金で俸給を支払う制度は、現物で徴収した租税を市場で現金化することができなければ成り立たない。商業都市マッカに起源を持つ市場システムとその管理能力が、このような制度が有効に機能する背景にあったであろう。

《灌漑》 科学・技術を取り入れた例として、農業技術の中から灌漑をとりあげよう。サーサーン朝時代のイラン、イラクでは、すでに地下水路を通じて灌漑をおこなう「カナート」が普及していた。イランは三方を山岳に囲まれ、その中央部は四分の三以上が沙漠・半砂漠地となっている。また大きな河川もない。しかし、山岳地帯の積雪が雪溶け水となって、地表水または伏流水となって、乾期の大地を潤す水源となる［原 1997:3］。このような地域で農業をおこなうためには、カナートによる灌漑が非常に有効であった。

カナートないしはカナートに相当する技術（北アフリカのフォガラなど）の起源は、まだ学術的に最終的には確定されていないようである［小堀 1996:74-75, 80, 91-92］。岡崎正孝によれば、起源はわからないが、イランからアッシリアに伝播して、前七〇〇年代に用いられていたことが粘土板の記載から確認できる［岡崎 1988:46-47］。

この地を征服したムスリムたちは、その技術を会得し、新たに得た広大な版図の中でその技術を広めた。遠く、アンダルス（イベリア半島）でも、灌漑技術が広がり、当時は革新的な装置であった水車も普及した。カナート技術の利用が、ウラマーの「イスラーム的服装」を体現する白木綿の衣服の普及と結びついていることについては、第6章6で詳述する。カナート技術は今日のアラビア半島やモロッコでも使われ続けている［奥野 1995; 大島・西牧・堀田 2005］。

《農業》 農業技術では、先行する文明から技術を吸収するとともに、非常に多くの技術革新がなされた。イスラーム文明は熱帯から温帯に至る広域を一体化させたが、そこでおこなわれた農業革命の一つの特徴は、湿潤な熱帯の農作物を、灌漑技術によって通年水を供給することによって乾燥・半乾燥地域でも栽培可能にしたことであった。カナートの技術を広めることは、作物の多様化とその伝播をもたらした。

イスラーム圏から地中海の北側に伝わった品種も多く、そのことは西欧語に入った農産物の名称にもよく示されている。たとえば、ルッズ↓ライス（米）、リームーン↓レモン、ナランジュ↓オレンジなどは、私たちの日常でもなじみ深い単語となっている。農業技術の発展については、第7章5でも検討することにしよう。

4 独自の文明形成

先行文明の遺産を継承するだけであれば、必ずしも新しい文明の誕生にはつながらない。科学・技術的なテクノロジーを継承するにしても、社会運営の技術体系を取り込むにしても、独自の文明が形成されるためには、技術や文化の諸要素を統合しうる認識論的な基盤や世界観・社会観が必要である。

イスラームがそれを供給した。この場合のイスラームとは、宗教としてのイスラーム、社会運営の技術を体現するイスラーム法のことである。この二つは、ムスリムたちがアラビア半島から出て行く前に、原型がはっきりと確立されていた。とはいえ、多くの面でそれらは未分化であった。具体的な細目において、その内容が検討され、体系化され、明確な形を取るのは、アラビア半島の外で自分たちとは異質な社会、異質な人びと、異質な制度や習慣と出会う過程を通じてであった。

しかし、そのような変成過程において、イスラーム的な原理が失われることなく、むしろ地域的・歴史的文脈の中でイスラーム的なるものが明確な形をとることによって、独自の文明圏を築いたことは注目に値する。なぜ、それが可能だったのであろうか。

この問いは、本書が答えるべき中核的な問いをなしている。この問いの重要性をくりかえし述べたいと思う。なぜなら、人類史の中で遊牧民が文明地帯を征服することは何度も起きているが、通常は征服者が被征服地の文明を吸収し、それに同化していく。「文明化する」とは多くの場合、先進文明から文明を受け取り、それに同化することにほかならない。イスラームの場合のように、先行文明の遺産を新しい世界観・社会観に奉仕せしめるように役立てていくことは、非常に珍しい。したがって、「後進的なアラビア半島の民」がなぜ独自の文明を築くことができたのか、という問いは既成の答えを持っていない。

長年にわたって筆者なりに考えてきたことを、ここでは六つにまとめて述べたい。

《徹底した一神教と人間の平等性》　第一は、イスラームが徹底した一神教で、人間界に対して超越的で絶対的な唯一神を「主」とすることで、その「しもべ」たる人類が普遍的な平等主義によって扱われる、という点である。これは、アッバース朝時代に花開くイスラーム的なコスモポリタニズムへとつながった。ペルシア人もギリシア人も、いったん改宗したならば、同じムスリムとして扱われ、能力をおおいに発揮できるような社会が現出した。

イスラームは先行文明を吸収したと言っても、アラビア半島からやってきた人びとが一夜にして文明を学んだわけではない。実際には、被征服地の人びとがイスラームに改宗することによって、イスラーム文明の主体的な担い手になった面が大きい。「西アジアの人々が、自分たちの文化伝統をそのまま保持しつつイスラーム教徒となり、その文化伝統をイスラームに馴染ませていく過程」［清水 2006:19］が、そこにあった。そのような統合を可能にするような人類的な普遍主義が、イスラームの理念には認められる。

さらに、なぜ、当時の文明の「辺境」で生まれたイスラームがそのような普遍主義を持ったのかを問うならば、これは難問である。マッカが商業都市だったから、という回答はある程度の説得性を持っているが、マッカ自体もその周辺もほぼ純粋なアラブ諸部族の社会であったから、社会的な背景からは多民族的な普遍主義を予見することはできない。ムハンマドの高弟の中に、サルマーン・ファーリスィー（「ペルシア人」サルマーン）やエチオピア出身のビラールなどもいたから、多民族的な要素が皆無だったわけではないが、全体から見れば例外であろう。シリアやイエメンとの通商はあったが、これもアラブ文化圏のとのつきあいが主であった。

ただ、はっきりしているのは、このような社会的背景からイスラームが民族的な偏向性を持つようになっていたならば、人類的な普遍主義や平等主義は容易に実現しなかったということであろう。ウマイヤ朝は巨大な帝国を経営するためにアラブ人優先策を採ったが、それはイスラームが民族的な偏向性を持っていたことを意味しない。アラブ人優位はあくまでウマイヤ朝の支配のための政策であり、実際にはその政策とイスラーム的な平等主義との矛盾が生じて、崩壊の一因となった。

《商業的な合理性》 イスラームが文明の原理として提供した第二の要素は、商業都市で生まれたことを背景とする合理主義である。イスラームが商業活動と非常に親和性のある教えであることは、比較的よく知られている。宗教がしばしば、禁欲的で厭世的な傾向を帯びるという通念から言えば、聖俗を分けず、世を捨てることも勧めず、商業や利益追求を肯定するイスラームは、宗教として珍しい性格を持っている。しかし、宗教が商業を肯定するという言い方は、なお一面的であると思われる。宗教と商業（ないしは、より広く経済）との関係は、イスラームにおいてより深く、互いに結び合っている。

筆者はこれを「教経統合論」と名付けてきた。宗教と経済が統合されているような社会観という意味である。なぜならば、クルアーンは商業的・経済的な論理によって、信仰を説明し、その意義を説得しているからである。

何よりも、信仰的な価値体系の中核に位置している唯一神アッラーへの信仰が、「商売（ティジャーラ tijāra）」として語られ、称揚されている。たとえば、「アッラーの啓典を読み、礼拝を確立し、われが恵みとして与えたものから密かにあるいは公然と施す者は、失敗のない商売を願っている（のと同じである）」【創造主章二九節】、「信仰する者たちよ、汝らに痛哭の罰から逃れる商売を示そうか。それは汝らがアッラーとその使徒を信じ、財産と生命をもってアッラーの道に奮闘することである」【戦列章一〇～一一節】とされる。前者は、啓典の信仰・礼拝・喜捨が「必ず成功する商売」であるといい、後者は、剣のジハード（聖戦）[19]が「救済を生む商売」であると断言している。

また、信仰は売買にたとえられる。「まことにアッラーは信徒たちから彼ら自身とその財産を、彼らに楽園を与えるかわりに、買ったのである」【雌牛章一一一節】、「彼ら〔不信者〕は導きで迷妄を買い、赦しで罰を買った」【雌牛章一七五節】など。この場合は「買った（イシュタラー ishtarā）」は、物品を購入するときの「買った」と全く同じ語彙である。

このような譬えには商行為への肯定的態度が全面的に示されているが、それにとどまらないであろう。商行為を肯定した上で、それを譬えとして、信仰がよい商行為と同じようによいことであると説得しているのであるから。「よき商売」「よき貸し付け」としての信仰が語られるところに、教経統合論の基礎をなす認識のあり方が示されている。

当時から、カアバ聖殿はアラビア半島全域から巡礼者を集め、それによって定期市が繁栄していた。マッカの商人たちは市場になじんでいたが、厳密な経済的な倫理はまだ確立していなかったようである。クルアーンは、それを確立させるものであった──「災いあれ、計量をごまかす者たち。彼らは、人々から計って受け取るときは十分に取り、人々に渡すために計るときは量を減らしている」【計量をごまかす者章一～三節】。クルアーンにおけるリバー（ribā 利子または高利）の禁止【雌牛章二七五～二七九、イムラーン家章一三〇節など】もよく知られているが、その理由として等価交換の原則や不労所得の禁止が背景にある［小杉・長岡 2010:19-28］。

このように、イスラームは商業や市場経済が持っている合理性を、信仰箇条の基盤に据えている。このことは、国際的な貿易を推進する帝国を生み出すだけではなく、そこにおいて合理的な社会制度を生み出す契機も提供したと見ることができる。

《多宗教の包摂》 版図の中の諸宗教を認め、その成員を文明形成に参加せしめることができたことも重要なポイントであろう。このイスラーム以外の宗教を包摂する仕組みも、市場的な合理性を前提としていると思われる。イスラーム帝国は版図内の諸宗教を「保護された宗教」として温存する制度（ズィンマ＝保護のシステム）を持っていた。「右手に剣、左手にコーラン」という西洋で流布したイメージが歴史的な根拠のない偏見であったことは、今日ではよく知られている。人頭税という代価に対して保護・自治という商品を売る商人というメタファーの方が、イスラーム帝国の実態をはるかによく示している。

なお、「保護と自治を売る」という点では、これは商業的な合理性を体現しているが、他宗教を包摂する共存の仕組みは、第一にあげた人類的な普遍主義のもう一つの側面でもある。上では、ムスリムの間で平等主義が働くことをあげたが、唯一神が人類すべての神であるという教義は、イスラームを信じても信じなくても、人間はすべて神に創造された「アーダムの子ら」であるという人間観を含んでいる［小杉 1987:68-72］。実際に、イスラーム文明とは、ムスリムが創り上げた文明というより、イスラーム帝国の傘下で多様な民族・宗教に帰属する人びとが参画した文明である。特に初期においては、彼らの貢献が大きかった。たとえば八～一〇世紀におけるギリシア文化の翻訳作業（第7章3で詳述）にも、最大の功労者とされるフナイン・イブン・イスハーク（八七七年没）を含め多くのキリスト教徒やサービア教徒[20]などが参加していた。その意味で、宗教共存の仕組みも独自文明形成の重要な要素であった。

《アラビア語》 独自文明を築く力が生まれた原因として、第四にあげたいのは、アラビア語の役割である。イスラームがアラブ人の宗教で、アラブ的な民族性を称えるものであれば、逆説的であるが、アラビア語がイスラーム文明の言語となることはできなかったに違いない。その場合には「後進的なアラブ人」たちは、支配者であるにもかかわらず、自分たちの宗教を表現するために当時の文明語であるギリシア語なりパフラヴィー語（中世ペルシア語）を採用せざるをえなかった可能性が高い。実際、ウマイヤ朝前期の行政語は主としてこの二つの外国語だったから、これは架空の議論ではない。

しかし、イスラームはクルアーンを絶対的な唯一神からの啓示とし、それがアラビア語でアラブ人の預言者に下ったものとして、聖典はアラビア語でなければならないとした。アラビア語は、いわば聖なる言語となった。そして、これによって逆に、アラビア語はアラブ人の独占物ではなくなった。支配下の非アラブ人たちは、アラビア語を身につけることによってアラブ化し、自分たちがイスラーム帝国の主人公として参加するのみならず、アラビア語を文明語にすることに貢献することができたのである。

第8章で、イスラーム法学派の形成について述べるが、イスラームの教えの中核をなす学知においてすら、多くのアラブ化したペルシア人たちが主要な役割を果たした。アラビア語を母語として、この言語で知的活動をするならばアラブ人である、ないしはアラブ人と同等であるという認識は、イスラームが作り出した。もともとのアラビア半島の文化では、部族的な系譜をもってアラブ人としての純粋さを測る傾向が強かった。アラビア語が民族的言語であり続けたならば、実際におこったような世界語への発展はありえなかったであろう。

イスラーム以前のアラビア語は美しい詩的言語であったし、寛大さや勇敢さなどの美徳を雄弁に語る能力を持っていたが、クルアーンが登場するまで、超越的な神やその宇宙を語る能力はなかった。イスラームによって、アラビア語は普遍的な宗教的真理を語りうる言語となった。また、クルアーンが第三代正統カリフの下で書物の形に編纂されるまで、アラビア語の書物は存在しなかった。したがって、イスラームとともに、アラビア語の書物文化が始まった。ウマイヤ朝中期には、行政言語のアラビア語化が進められた。サーサーン朝ペルシアやビザンツ帝国から継承した行政制度はすでに体得されていたから、そのアラビア語化によってアラビア語は複雑な帝国を運営する行政言語となった。アッバース朝によって、世界貿易ネットワークが完成すると、イスラーム法における商業・経済関係の法規定の整備と合わさって、アラビア語は国際貿易の契約や実務を司る能力を整えた。八〜一〇世紀のギリシア語などからの哲学・科学文献の大量の翻訳時代を経て、イスラーム科学が成立すると、哲学、形而上学から数学、天文学、化学などに至るまで、抽象的な概念も分析的な記述も自由におこないうる科学的な言語となった。

アラビア語を聖なる言語としたのはイスラームの教義であったが、それを出発点として、アラビア語が新しい文明の媒体となったことは、この文明が独自の様相を得ることに大きな役割を果たした。言語は、それを使う人間の認識と思考様式を司る最も大きな要素である。言語と文明が相互に影響し合いながら発展する過程として、アラビア語とイスラーム文明の関係は非常に興味深い例となっている。

ちなみに、本書が扱っている時代はアラビア語が国家・社会・文明の主たる媒体であったが、その後、さらに東西に広がったイスラーム文明はそうではない。ペルシア語はアラビア語の影響を受けて、サーサーン朝時代とは異なる言語に生まれ変わり、九世紀半ばには独自のペルシア語圏を形成した［縄田 1998:27-28］。宮廷や知識人の言語として使われた範囲を考えると、ペルシア語はイスラーム圏第二の共通語と言える。一例をあげると、ペルシア文学最大の神秘主義詩人と言われるルーミー（一二〇七〜七三年）が活躍したのは、セルジューク朝の都であったコンヤ（現トルコ、アナトリア中部）である。もっと後世の例をあげれば、南アジアのイスラーム帝国であったムガル朝（一五二六〜一八五八年）の宮廷言語はペルシア語であった。

それ以外にも、一二世紀以降のイスラーム文明圏では、オスマン・トルコ語、チュルク諸語、ウルドゥー語、マレー語などさまざまな言語が用いられた。いずれも、アラビア文字を採用し、アラビア語から多くの語彙を得ている。[21] アラビア文字・アラビア語のこのような影響は、七〜一〇世紀におけるイスラーム文明の形成とアラビア語の発展を抜きにしては、考えられないであろう。[22]

《イスラーム法》 イスラーム文明の独自の形成を助けた第五の要素として、イスラーム法があげられる。イスラーム法は、法学者の解釈を通して法規定が定められる点で、「法曹法」ないしは「学説法」のカテゴリーに含まれる［真田 2000］。学説法はローマ時代などに他の例も見られるが、前近代のみならず現代にまで学説法が効力を有しているという点では、非常に珍しい例である。ちなみに、人類史的に法を俯瞰するならば、ローマ法が最大の時空間を占有している。特に、ローマ法から近代の欧米法が成立し、アジアやアフリカでもそれを継受した法が広がっていることを考えると、歴史的な広がりも空間的な広がりも膨大である。それに次ぐ時空間を持つのは、イスラーム法ではないだろうか。七世紀に始まり、八世紀には中央アジアから大西洋に至る空間に広がり、さらに地理的には適用地域が広がり続け、近代における後退期はあるものの、現代でも各国の制定法と並行して、人類の五分の一以上を占める信徒たちに影響を及ぼしている。

イスラーム法は、半ば不文法であり、専門家の解釈や学説によって、個別の法規定が発現する。大征服の結果、アラビア半島の外で、それまで見たこともないような事物に出会った時、人びとは法学者にその可否を問うた。たとえば、クルアーンは「ハムル(khamr 葡萄酒)」の飲用を禁止している【食卓章九〇〜九一節】。葡萄以外の原料から作られた酒はどうであろうか。法学者たちは、「酩酊」という禁止の理由が共通していることを見て、他の原料から作られた酒も禁止されていると判断した。それによって、酩酊させるものを飲むことは禁止、と法規定が定められた。(23) この点は、二〇世紀において、コーラのような新奇な飲料がイスラーム圏に初めて輸入された時も同じである。イスラームの教えを気にする人びと、あるいは食品輸入に関わる省庁の担当者が、法学者の判断を訊ねた。

このように、イスラーム法には「問題解決型の法」という側面がある。個別に問題が生じるたびに、可否を求める・解答を用意する、という側面である。他方で、個別の解釈を要するこのシステムでは、条文化された体系的な法制がなされないことを意味している。そのため、イスラーム法の全体像をつかむことは容易でない。しかし、聖典クルアーンという典拠の統一性があるゆえに、マクロなレベルでの統一性は、常に確保されてきた。さらに第二の法源となるハディース（預言者言行録）についても、イスラーム法学の体系化とハディース集の確立によって共通認識が九〜一〇世紀までに確立した。そのようなマクロな統一性と、時代・地域の事情や個別の解釈によって生じる多様性が合わさって、多様な問題に対応しうるような柔軟な構造が生まれた。

イスラーム法の発展については、法学派の成立と合わせて、第8章でさらに細かく考えてみたい。いずれにしても、統一性と多様性を包摂するイスラーム法の一体性が、イスラーム文明の骨格を担っているのである。

また、問題解決型という点と並んで、制度生成の機能にも着目したい。イスラーム帝国の税制にしても、裁判制度にしても、国際貿易のための商慣行の制御や商事紛争の解決方法にしても、イスラーム法の法規定の整備という形で推進された。つまり、イスラーム法における問題解決の方法は、それに対応する制度を生み出す。

もちろん、法学者たちの解釈＝学説が自動的に制度を生み出すわけではない。イスラームの教えを体現するために、統治者や社会が新しい制度を生み出すこともあれば、その地に古くからある既存の制度をイスラーム法に適合するよう調整することもあれば、逆に社会に現実として存在する制度をイスラーム法の拡張によって取り込むことも起こる。いずれにしても、イスラーム社会があるということは、イスラーム法が契機を提供したり制御したりする社会的な諸制度がそこで機能しているという

ことである。(24)

たとえば、イスラーム都市があるならば、そこには金曜の集団礼拝を実現するための中央モスクが建設され、モスクに近接してスーク(市場、バーザール)が作られ、街区の広さや家屋、店舗のあり方をイスラーム法の規定が制御し、市場での活動をムフタスィブ(市場監督官)が監視する。違法建築を取り締まる裁判官は、その執行の担当者を配下に置いている。モスクやスークなどの公共施設は、ワクフ(寄進)財産によって運営され、ワクフ財産にはワクフ財産規定によってこれを運営する管理者が任命される。このような制度の発展、整備は、イスラーム法の精緻化と結び合わさって展開した。

ベシーム・S・ハキームの『イスラーム都市——アラブのまちづくりの原理』[ハキーム 1990]は、このようなイスラーム都市とそのインフラの整備にあたって、イスラーム法の規定がガイドラインとして実際に機能していたことを、具体的に示している。

《ウンマ》 最後に、第六の要素として、ウンマ(イスラーム共同体)をあげたい。ウンマはイスラーム文明に固有の概念である。これは、イスラームに帰属する成員をすべて包摂する世界共同体としてイメージされる。その存在は、聖典クルアーンの章句によって明示されている——「このウンマは汝らのウンマ、単一のウンマである。そして、われは汝らの主である。われを畏れよ」【諸預言者章九二節】。その意味では教義の一部であるが、同時に、理念的かつ現実的に実在しているものと理解され、その実在を確信し、その実在を前提としてイスラーム社会を運営することは、ムスリムたちにとって至上命題の一つとなった。そのため、その実在を脅かすような事象はその成員たちに著しい脅威を与える。具体的に言えば、正統カリフ時代末期の第一次内乱は、その典型である。ウンマの成員たち（しかもムハンマドの高弟たちというウンマの最上の選良たち）が争う事態は、聖典の「単一のウンマ」を脅かし、それを脅かすことによってイスラーム社会の基盤を脅かした。

このウンマ概念については、次章以降に、マディーナ時代における成立、史的展開、国家との関係などを含めて、詳しく論じることにしたい。ここで確認しておきたいのは、このウンマが、上に述べた五つの要素、すなわち、唯一神信仰と普遍的な平等主義、教経統合論に代表される合理性、諸宗教を包摂する共存の仕組み、聖なる共通言語としてのアラビア語、統一性と多様性を包摂するイスラーム法という要素を容れている容器であり、それらの要素を実現する主体となっていることである。

言いかえると、宗教としてのイスラームを受け入れることで成立した共同体がウンマであり、そのウンマによって実施され、ウンマを制御する法がイスラーム法であり、ウンマの文明がイスラーム文明なのである。そして、筆者の説では、ウンマにはさらに歴史的に、市場の合理性をもってその内部で思想を流通させ選択する機能が生まれた。それについては、第9章で詳しく述べる。

第3章 文明の形――イスラーム的特質

イスラーム文明の固有性の一つは、都市や定住・農耕という要素に加えて、遊牧文化を融合したことにある。このことはすでに何度か言及した。そろそろ、その意味するところを具体的に論じることにしよう。

このような大きな議論をするにあたっては、三項連関のまとめ方も含めて、かなり単純化した類型と強い一般化によって論を進めざるをえない。本章では、イスラーム文明の特徴というような大がかりな命題に対しては、大胆な一般化を試みていきたい。

1 乾燥オアシス地帯と遊牧文化(バダーワ)

これから乾燥地域の生態環境と「遊牧文化(バダーワ badāwa)」について論じる。筆者の問題認識として、私たちが持つ文明認識には、定住・農耕を前提とするバイアスがあり、遊牧文化が正しく理解されていないと長らく考えてきた。そのバイアスは文明の定義に関して瞥見したように、ユーラシアの東西の端(東アジア、西欧)での文明の型が私たちの思考を縛っているところに起因する。古代の都市文明の成立にも、遊牧民が触媒として大きな役割を担ったと思われるし、前近代の世界では遊牧民族の持つ移動性や軍事力は、人類史を動かす大きな要因であった。ところが、産業革命以降において定住文明が遊牧民を軍事的に圧倒するようになると、遊牧民の存在はほとんど忘れられ、人類史における その役割についても過小評価されるようになった。[25] 遊牧民は都市を作らず、文書をほとんど残さないため、定住文明が自分たちの言い分を史料として多く書き残す――遊牧民は常に「他者」と書かれ、私たちの研究はそれに影響を受ける――という史料上の制約も影響している。

前章で検討したように、文明を技術体系としてとらえるならば、定住と農耕に立脚する文明を「文明」と呼び、農耕と並行して成立した技術体系としての牧畜を軽視し、遊牧民を「野蛮」とするのは、定住文明的な偏見であろう。杉山正明はモンゴル文明の事例から、「農耕をせず、都市に暮らさず、定住生活をいとなまない遊牧民は、西欧を中心とする近代国家の枠組みのなかでは、もっともマージナル化してとらえられる存在」であり、より大きなユーラシア世界の視座からは、彼らの再評価による世界史の再構築が必要であるという提起をしている［杉山 2011:21-53］。これは、イスラーム文明を再評価しようとする筆者の立場からもおおいに首肯できる。

農業革命[26]、都市革命、精神革命と続く比較文明論の図式の中で、農業のテクノロジーと並ぶ牧畜のテクノロジーが軽視されていることは明らかであろう。もちろん、農耕社会においては、牧畜を二次的なテクノロジーとして農業の下位に置くことが可能である。しかし、牧畜技術の開発によって可能となった遊牧生活という、定住・農耕と対照的な生活・生業様態にも十分目を向けるべきではないだろうか。遊牧は「遊動的牧畜」［松井 2001:11］であり、その限りでは牧畜の下位カテゴリーとみなしうるが、遊動性そのものが牧畜に従属されえない大きな要素であろう。特に乾燥オアシス地帯においては、遊牧は定住・農耕地域とは異なる決定的な重要性を持っている。遊牧は、牧畜の技術を基盤とするが、生態への適応や社会運営についてさらに上位の技術体系を包摂するものであり、農業に立脚する定住文明と対置させるべきものであろう。

西南アジアからオリエントにおいて、古くにムギ類の栽培化とヒツジ・ヤギの家畜化が並行する「ドメスティケイション」として成立したと考えられる。これは「人間が、野生の動・植物から、それまでには存在しなかった家畜や栽培植物をつくりだした」ことを指す。松井健は、その起源をめぐる論議が長らく遺跡に残されている植物・動物の考古学的研究に依存してきたことから、西南アジアでの豊富な民族誌的研究の成果を導入して、ドメスティケイションにおける人間の役割という全く新しい視角を導入している。そして、野生と栽培・栽植、野生と家畜の二分法を修正して、中間的な「セミ・ドメスティケイション」という概念を提起している。ドメスティケイトされていなくとも、人間が長期的に利用している状態がセミ・ドメスティケイションである。西南アジアの乾燥地帯での長年の調査に基づく松井の議論は、野生動物を群のまま家畜化することがありえたことを示している［松井 1989］。

ドメスティケイションの結果、現代に至るまで人間の食はもっぱら栽培植物と家畜によっている。オリエントではさらに、遊牧民は家畜を提供するのみならず、都市を結んで都市化にも寄与してきた。古代オリエントにおける遊牧民と都市の政治・経済関係については、谷泰『神・人・家畜――牧畜文化と聖書世界』（特に「Ⅳ　都市と牧人集団」）［谷 1997］が詳しく論じているが、筆者は遊牧民がいてこそ都市形成の契機が生じたという説を支持したい。

藤井純夫は考古学的な調査から、イラクからシリアにかけての「肥沃な三日月地帯」の外側（南側の乾燥地帯）でムギによる農耕化がおき、ヒツジの家畜化が進み、さらに一〇〇〇～二〇〇〇年かかって遊牧化が進んだという見通しを示している。遊牧化には、「一方では、乳製品重視体制へのシフト、ロバ・ラクダなどの運搬用家畜の獲得（外側世界の問題）、他方では、市場および家畜群委託元としての都市の成立（内側世界の変質）――こうした内外の諸条件が整備されねばならなかった」［藤井 1998:118］。

遊牧化がなぜ生じたのかについては、前六〇〇〇年紀以降の気候の乾燥化によって遊牧的適応が始まったという説が有力である。藤井は、適応だけではなく、定住農耕民の間でも「遊動化への自由度が保たれていた」集団は積極的に遊牧化したのではないか、と提起している［藤井 2001:275-277］。現在のところ、中東での証拠に立脚するこのような見方が広く支持されているようである。

その一方で、農耕に続いて牧畜の技術が生まれたのではなく、むしろ狩猟民が遊牧民となったとする考え方も、日本では、今西錦司の学的系譜を引いて有力な学説として存在している。上述の松井健の研究も、その系譜上に位置づけられる。国際的にも、アラビア半島のような周辺的乾燥地域では、農耕と遊牧の技術は並行的に――前者から後者が派生したのではなく――生じたとの見方がある。[27]

西アフリカの乾燥地域を長年研究してきた嶋田義仁は、文明形成について「乾燥地域には移動を妨げる森や河川などが存在しないうえに、長距離の交易を支えるラクダやウマ、ロバなどの運搬・移動手段としての大型家畜が存在し、同時にこれら大型家畜は広域空間の政治秩序を維持する、あるいはこれを拡大する、優れた軍事・戦闘手段としても機能した」と述べている。「ただしすべての乾燥地域に運搬・移動手段、軍事手段となりうる大型家畜がいたわけではない」。「〔大型家畜の存在によって〕特権的だったのが、アフロ・ユーラシア大陸中央部に横たわる乾燥地域である」［嶋田 2009:111-112］。

ここで言われている「アフロ・ユーラシア大陸中央部」は、本書が主題としている中央アジアから西アジア、北アフリカとつらなる乾燥地域に相当する。

嶋田は、「近代以前の世界の物流の中心は、このアフロ・ユーラシア内陸乾燥地であり、そのような経済的基礎の上に成立したこの地域の文明を、アフロ・ユーラシア内陸乾燥文明と呼んでよい」として、そのような乾燥地が「文明形成のエンジン」であるとしている［嶋田 2009:113-114］。

農耕革命の後に乾燥化に対応して遊牧の技術が発展したにしても、狩猟採集生活から農耕・遊牧への移行が並行的な性質を持っていたにしても、いずれにせよ、乾燥地域において遊牧（遊動的牧畜）が重要なテクノロジーであったことは疑いを入れない。遊牧は、乾燥化が起きても人間が生きていくことのできる方法であり、生業形態である。

西アジアや北アフリカの沙漠は、有史以来ずっとあったわけではない。岩壁画などが示すところでは、サハラ沙漠やアラビア半島の沙漠も八〇〇〇年前には緑が茂っていたという。エジプトは周囲の沙漠と耕地があるナイル河畔でくっきりとわかれているが、実は河畔に二段または三段の段丘があって、沙漠に向かって外側の方が古い段丘になっている。一番高い台地の上からは先史時代の遺物が出て、当時は自然降雨もあったことがわかる［小堀 1973:48-50］。したがって現在は沙漠であるところも、最初から乾燥・極乾燥地域だったのではなく、乾燥化の結果このようになったのである。アラビア半島にも、緑の時代はあった。前八～四〇〇〇年は湿潤期で、その頃はキリン、サイ、ワニなどもいたという。これらの地域の乾燥化はその後に起きた［Hoyland 2008:111］。乾燥地の植物はしばしばトゲを持つ。ウシ、ヒツジはそのような植物を食べることができない。ヤギはそれを食べることができるため、乾燥地でもかなり対応力がある。さらに、ラクダの耐久力、持久力は圧倒的である。ラクダは人間が家畜化した動物の中で最大の大きさを持ち、運搬力にも優れている。

遊牧民は、ウマ、トナカイ、ヤク、ウシ、ヒツジ・ヤギ、ラクダなど家畜によって区分される［松井 2001:19-24］。西アジアから北アフリカは、ヒツジ・ヤギとラクダ遊牧民の存在によって特徴づけられる（図8）。シルクロードが中央アジアを抜けて西アジアから地中海に至るルートを発展させたのは、彼らの存在と無縁ではないであろう。一般的に、西アジアにおける商業の発展を考えた場合に、遊牧民、とりわけラクダ遊牧民の存在は大きいと思われる。

ラクダが家畜となったのは、いつ頃からであろうか。ヒツジ、ヤギなどと比べると家畜化が遅かったようである。その家畜化は乾燥化と並行して起きたようであるが、厳密な時代はまだ確定されていない。東地中海のレバント地方南部で前一三〜二世紀に発掘された巨大な貯水用の器は八〇〜一二〇キロもあり、ラクダでなければ容易に運搬できないため、ラクダがすでに家畜化されていた間接的な証拠とされる。もう少し確実な痕跡として、シリア、アッシリアでラクダに乗っていた図像が前九世紀に現れる［Hoyland 2008:110］。

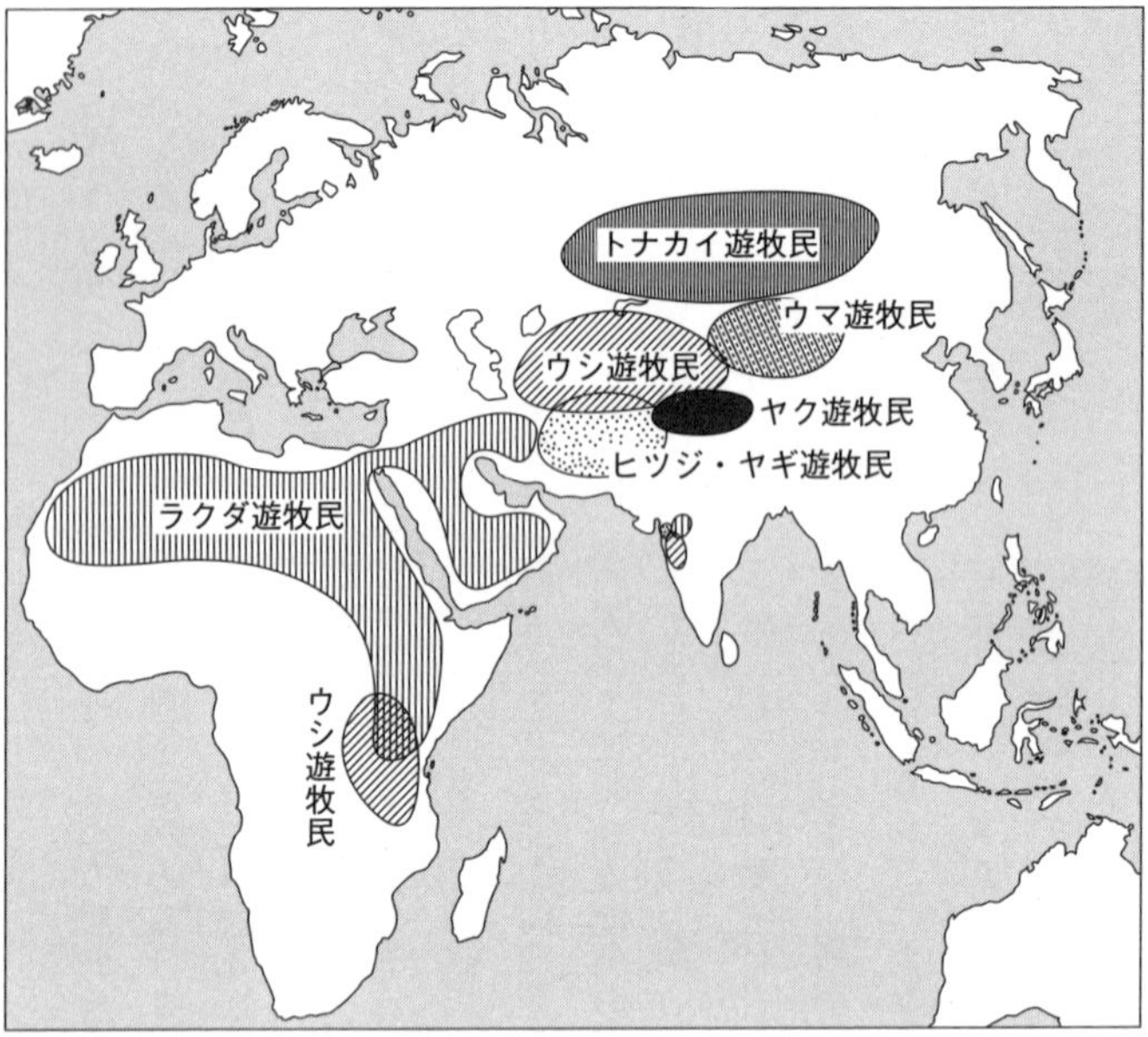

図 8 ●家畜による遊牧民の類型と分布（概念図）
出典：松井［2001:20］

ラクダが運ぶことのできる重量は、立って歩く時に載せうる最大量ではなく、荷物を載せたまま立ち上がることができる荷重の限界に規定されている。遊牧民のラクダは最大一五〇キロ、短距離であれば三〇〇キロまでの荷物を運ぶことができるという［Gauthier-Pilters and Dagg 1981:109-110］。

乾燥地帯におけるラクダの重要性は、他の家畜と比べて、水分が乏しくて生きられる点にある。サハラ沙漠の事例では、涼しい季節には、植物に含まれる水分だけで十分なため、ラクダは水を与えても飲まないという。気温が三〇〜三五度でも一〇〜一五日間は水を飲まずにいられるが、四〇度を超えるとさすがに頻繁に水を飲むようになる。ラクダが暑さに強い理由の一つは、気温に合わせて体温が変わるからである。ある事例では、水が乏しい季節に、朝の涼しい時間帯には腸内の体温が三四・二度、午後には四〇・七度だったことが報告されている。暑さを体内に吸収し外気との温度差を減らして発汗を抑制するのである［Gauthier-Pilters and Dagg 1981:50, 71-72］。

2　アラビア半島の遊牧文化

次にアラビア半島の遊牧文化について考えてみよう。すでに何度か言及したように、アラビア半島は中央アジアから北アフリカにかけて広がる乾燥地域の中にある。半島の四分の一を占める「ルブウ・

ハーリー（al-Rubʻ al-Khālī 空漠の四分の一）」沙漠などはその名の通り、人も動物も生息することができない「空漠」の極乾燥地域である。その北側には、ネフド沙漠、ダフネー沙漠が連なり、さらに北方のシリア沙漠までつながっている。このあたりは多少の降雨があり、オアシスもある。半島中央部はネジュド地方と呼ばれ、一八世紀以降はリヤドのサウド家が建国運動をおこない、二〇世紀に入ってからマッカ、マディーナを含むヒジャーズ地方を版図に収めた。生態環境が厳酷な半島中央部から広域の王朝が生まれることは珍しい。

半島の中で人が居住可能で、活動がおこなわれているのは、主としてオアシスやワーディーがある場所である。半島南東部のイエメンのように天水農業が可能な場所は例外であった。オアシス都市を結ぶ交通路は、各地での定期市、宗教的な巡礼、隊商などのネットワークを生み出した。それらの点と線を包摂する広い空間が、遊牧民たちの領域と言うことができる。

イスラームが誕生する頃の遊牧民とその後の時代の遊牧民がどれほどの共通性を持っているかは、いちがいには言えないが、共通性を示す史料的な手がかりはある。アラブ民族誌に詳しい堀内勝は、遊牧生活に関わるアラビア語の語彙と前近代におけるアラブ詩と彼らのことを伝える文学を史料として、『砂漠の文化――アラブ遊牧民の世界』を著した。それによれば、アラビア語には「砂漠」を表す言葉だけで少なくとも九〇以上ある。含意されている特徴は、砂、水の欠如、平坦性、広大さ、不毛性、荒寥性、危険性、道がないこと、蜃気楼、風などである。たとえば、「カフル（qafr）」は不毛性・

荒寥性に関わるが、それは「人に見捨てられた」の意味にもなるし、「我ら一行は何某部族のもとに旅装を解いた、そしてカフルに夜を過ごした」と言えば、「カフル」は客としてのもてなしを受けなかったことを含意する［堀内 1979:24-28］。

沙漠には、道がないことも多い。沙漠の語彙の中には、「道なき沙漠」「人を迷わせる沙漠」を表す語もある（それぞれ一語で、修飾された語ではない）。ウマイヤ朝時代の詩人ルウバ（七六三年没）はそのような沙漠を「その道の不明たること、大地の形状さながらに空のそれの如し」と表現したという［堀内 1979:28-29］。空のごとく道がない場所を移動することは、日本のような生態環境からは想像がつきにくい。道なき沙漠では道標が必要で、石を積んだ道しるべを作ったり、特徴的な地形を目印とした。ハディース（預言者言行録）にも「まことにイスラームは、道を明るくするものの如く、〔人生の道の〕道しるべとも明かりともなれるものなり」とあり、その中の「道しるべ（suwwa、複数は suwan）」は小高くなったところに石を積み上げたものを指している［堀内 1979:180-181］。

道と言えば、イスラーム法を表す「シャリーア（Sharīʿa）」の語は、原義は「水場に至る道」を意味する。道なき不毛の沙漠において「水場に至る道」が人間の生存にどれほど不可欠であるかは、言うまでもないであろう。法を表すこの語にも、乾燥地域の生活が色濃く影を落としている。

沙漠は乾燥しているだけではなく、日中は気温が上昇する。夜の方が移動しやすいため、旅は夜と結びついている。「夜旅」だけを表す語彙もいくつもある。夜旅に出発する「日暮れ時の旅出」を示す語彙もある。夜通し旅を続ければ、夜の終わりは疲労の時間帯となるから、「旅に、特に夜明け前の夜旅に耐えよ」という言い回しは、苦しい時に耐え忍ぶようにとの意味でも使われるという〔堀内 1979:169-171〕。

堀内には、膨大な史資料と現地調査に基づいて、アラブ遊牧民のひとコブラクダの全貌を明らかにした労作もある。それによると、ラクダを夜旅に用いるのみならず、放牧についても夜間放牧が一般的であったために、ラクダは「夜の娘達」と呼ばれる。しかし、「ラクダが昼間より夜間行動を好むわけではなく、人間が己の暑さしのぎに、勝手にそう利用しており、勝手に命名したにすぎない」〔堀内 1986:10-11〕という指摘は面白い。ただ、家畜化されて以降早くから野生のラクダというものは存在せず、ラクダは一貫して人間（遊牧民）の都合に奉仕してきた。

夜の旅は月とも結びつきが深いため、アラビア語には月を動詞化して「月夜の明るい晩に夜旅する」ことを意味する単語もある。夜旅や夜間放牧などのためもあって、アラブの遊牧民は夜を三分割する〔堀内 1979:171-173〕。このことを理解していないと、クルアーンにある「汝の主はたしかに、汝が夜のほとんど三分の二を、〔時には〕半分を〔また時には〕三分の一を〔礼拝に〕立っていることを知っている」【衣をかぶる者章二〇節】の意味は判然としないであろう。

遊牧文化の中では、男性の理想像は「ムルーア（murū'a）」に集約される。堀内はこの語を「ますらおぶり」と訳しているが、男性性、男らしさということであろう。それを構成する三つの柱は、ハマーサ（ḥamāsa 勇気）、ワファー（wafā' 誠実さ）[28]、カラム（karam 寛大さ）で、イスラーム以降はこれにタクワー（taqwā 敬虔さ）が加わった［堀内 1979:106］。ハマーサは苦境を自ら克服する気概、戦闘における戦いぶり、助けを求められた時の責任感、弱者への率先した救済、ワファーは約束を（口約束でも）履行し、嘘をつかず、言行ともに信頼に足ること、カラムはどんな事態に至っても鷹揚であり、誰に対しても偏見を持たず、困窮者に対して物惜しみせずに物を与えたり、労力を提供することなどを含んでいる［堀内 1979:106］。同様のことは、「部族的な連帯は、ほかの遊牧民の美徳である寛大さ（カラム）、もてなし（ダイフ）、名誉（イルド）などとあいまって、部族の中で比較的富裕で力を持つ個人が比較的貧しく弱い者に対して責任感を持つものとした」［Weiss and Green 1985:45］とも表現されている。

ここで目を引くのは、勇気に「弱者への率先した救済」が含まれていることである。弱者救済は日本語の語彙でも美徳であろうが、勇気の範疇には含まれない。ワファー（誠実さ）では、たとえ口約束であっても履行することが求められる。イスラーム誕生前後は無文字が通常であったから、口頭での約束を重んじることは当然と思われるが、この立場はイスラーム契約法にも引き継がれている。文書化が推奨されているものの、法的には口頭でも合意、契約は成立し、当事者はそれに拘束される。

堀内は「寛大さは数ある徳義の中でも、アラブ的性格を一際きわ立たせている」［堀内 1979:109］と述べているが、筆者も同感である。ただし、筆者は、そのような遊牧文化の美徳がイスラームに取り込まれることによって、普遍化され文明の一部となった——社会運営の技術の一部となった——から継続性を持ったと考える。堀内は、その継続性を各時代の文学史料から描き出している。イスラーム以前の寛大さの権化の一人は、ハリム・イブン・シナーンというズブヤーン族の族長であったが、何十年にわたる敵部族との血なまぐさい戦いを、実に気前のよい代償金の支払いで終わらせたことで知られる。彼の名が歴史に残ったのはズハイルという詩人が詩でその寛大さを称讃し続けたからだったという［堀内 1979:109-110］。これは、遊牧社会におけるメディアとしての詩の機能をも示している。

客人としてよく遇し、「相伴者《ジャリース》」として親しくつき合い、絶えず足りないものを満たす配慮も寛大さの要件である。ウマイヤ朝初期に活躍した詩人アル・カウカーウは、人びとの貴賤にかかわらず奉仕してくれる人物であったため、「アル・カウカーウと同席する物には、何の厄災も起こることは無い」という諺が生まれたという［堀内 1979:112-113］。

遊牧文化の具体例についての紹介はここまでとしよう。堀内の重要な貢献は、古典的なアラビア語の語彙から人間集団の識別指標を弁別したことにある。「アラブ（ʻArab）」は、二つの対立概念を持つ。一つは非アラブを指す「アジャム（ʻajam）」であり、もう一つは「アアラーブ（aʻrāb）」で、これは「牧草や水を求めて遊牧する沙漠のアラブ」を指す。それだけではなく、これを「アラブの中のアラブ」という「アラブ古来の慣習の純粋性をも強調する意味」にとるならば、「アラブ」は「アジャムと混じり、純粋性を失った」「都市や村の定住アラブ」を指す。これらの三語はいずれも言語の純粋性を尺度としている［堀内 1979:33-35］。

「アジャム」には非アラブ、外国人という含意もあるが、その代表はペルシア人と考えられる。ハディースに、人間の平等性が「アラブがアジャムより優れているということも、アジャムがアラブより優れているということも、〔肌が〕赤い者が黒い者より優れているということも、赤い者が黒い者より優れているということも一切ない。ただ、〔当人の〕篤信による以外は」［イブン・ハンバル『ムスナド』］と表現されているのは、このような人間の範疇を前提としている。

アアラーブも含意としては遊牧民を指すが、もっとはっきりとした「バダウィー（badawī）」という語彙／概念がある。欧米語の「ベドウィン」の語源であり、原義は「砂の子」を意味する。それに対して「ハダリー（ḥaḍarī 定住民）」は、「都市、町、村等の耕作地や居住地に住む者」「土地に結びついた者」であり、バダウィーからのバイアスで見れば「土地に縛られた者、大地の奴隷」の含意を持つ［堀内 1979:36］。この二つの人びとは、住居も全く異なっている。遊牧民は「ワバルの民」と表現されるが、ワバル（wabar）はラクダの毛であり、転じてテントに住む者たちを指す。対語は「マダルの民」である。マダル（madar）は土や粘土のひと塊の意であるから、定住民が「屋壁の民」であることを示している。この二つは人間の基本的な二類型であるから、ワバルとマダルを合わせると全人類を指すことになる［堀内 1979:37-39］。

遊牧民を区分する語彙として、アフル・バイール（ahl baʻīr ラクダの民）とアフル・ガナム（ahl ghanam 羊の民）がある。バイールはラクダの総称の一つであるが、ガナムはヒツジ、ヤギのことであるが、ウシも含めることができる。この区分は、家畜の種類によって移動距離が違うことによる。ラクダの民は、沙漠の奥深く入ることができ、行動範囲が広い［堀内 1979:38-39］。

3　文明と遊牧文化の差異

前節では、堀内勝の研究に依拠して、アラビア半島のバダーワについて瞥見した。アラビア半島においては、この「バダーワ＝遊牧文化」と「ハダーラ＝定住文化／定住文明」が対置される。西欧や東アジアで展開してきた文明は、農耕と都市に基盤を置いて、遊牧民を「野蛮な文明の破壊者」として敵視した。このため、文明と野蛮はとりもなおさず、定住文明と遊牧民との二項対立につながっている。さらに、それらの文明圏の中では、農村と都市の間での二項対立も見られたであろう。アラビア半島では、全く異なる布置図があった。

アラビア語で表現される文明を意味する語彙を見てみよう。まず、定住・農耕に立脚する「ハダーラ（ḥadāra）」、次に蓄積や発展、建築に結びついた「ウムラーン（ʻumrān）」、そして都市化・都市性を意味する「マダニーヤ（madanīya）」（または「タマッドゥン（tamaddun）」）である。三つの語彙は互いに重なり合う。

定住・農耕に由来するハダーラは、私たちになじみのある文明観であろう。建築・繁栄を示す基本語から派生したウムラーンは「農業を通じて栄え、人口が増加し、諸産業を成功」せしめるような基盤［al-Bustānī 1992:751］を指し、定住と農耕の要素が含まれている。現代語では、欧米語で言うcivilizationとの対応関係もあって、ハダーラの語が最も広く用いられている。マダニーヤは都市(madīna)なるものの本性や属性を意味する。ハダーラは都市性を意味するマダニーヤを包摂する［Yāghī 1997:16-17］という考え方もある。

二〇世紀の文明論で大きな貢献をなしたアーノルド・トインビー（一九七五年没）は、イブン・ハルドゥーン（一四〇六年没）が唱えた文明循環論から大きな影響を受けている。イブン・ハルドゥーンは社会の歴史に対してそれまでになかったような科学的考察を加えたため、「社会学の父」とされる。彼は、「ウムラーン」を包括的な文明を表す語彙、つまり人間の生活様式を表す語として用いている。高度に洗練された文明は、「ハダーラ」とされる［加藤 1995:210-213］。この用法はイブン・ハルドゥーン独自のものである。

ハダーラは定住・農耕の意味で、バダーワと明確な対語になっている。バダーワが牧畜を生業とする遊牧民の暮らしや文化、世界観、生業観を意味することは上述した。そこには野蛮や破壊という意味はない。実際問題として、オリエントでも遊牧民はしばしば定住文明の略奪者であり破壊者であったが、バダーワの側から見れば、そのことは本質的な要素ではない。(29) バダーワはそれ自体として独立

文明の特徴	遊牧性の特徴
定住する	定住しない（一定の領域を移動する。場合によっては非常に広域にわたる）
農耕する	農耕しない（一部だけ農耕する場合がある）
余剰生産物を生み、蓄積する	生産物の蓄積をしない
恒常的な住居を建てる	住居の基本はテント、絨毯
財産を蓄積する	財産は移動可能なモノに限られる
支配者が現れ、社会が階層化する	平等が基本、族長は同位者のリーダー
都市を生む	都市や集落を作らない
成長・発展する＝ゆえに時に拘束される	成長・発展しない＝時を超える
言語は時代性を強く反映する	言語は時代を超える
水（≒農耕）はそれを支配する者が独占	水（≒生存維持）には共有財の側面

	背景地	特　徴
遊　牧　性	アラビア半島全体	遊牧生活を基盤とする。自由を尊び、拘束を嫌う。系譜に依拠する集団原理。
都　市　性	マッカ	商業都市。商業と商人文化の発展。遊牧的な移動能力を活用したキャラバン貿易。居住可能な水源。
農耕性（農民性）	マディーナ	農業都市。土地への執着、土着性の強さ。農耕可能な水源。

表1（上）●文明（ハダーラ、ウムラーン、マダニーヤ／タマッドゥン）と遊牧性（バダーワ）
表2（下）●イスラーム初期に三項が生じた背景
出典：表１・表２とも著者作成。

した生活の大系を指しているのである。

通常使われている文明の意味でも、本書の定義によっても、バダーワを「遊牧文明」と呼ぶことはできないので、本書では「遊牧文化」と訳してきた。遊牧文化は、アラビア語の「文明」に付随する三つの要素、すなわち定住・農耕、蓄積・発展・建築、都市化のいずれにも対抗する。遊牧民は、土地に縛られた生活を軽蔑し、自由を重視する。(30) 彼らにとって最大の財産は家畜であるが、それ以外は物質的に非常に乏しい。じゅうたんを家屋の床としてテントで暮らす者たちは、運べる範囲での財産しか持たないから、過剰な財産を蓄えたり建造物を建てたりしない。当然ながら、都市を生み出すこともない。

他方、彼らは自由と平等を尊ぶ。いわゆる族長さえも、同格者の中の優れた者、指導者に過ぎず、重要な事項は合議によって決定されるものであった [Weiss and Green 1985:50-51]。家畜以外の持ち運べる「財産」の中で、最大のものは言語である。特に、イスラーム以前のアラビア半島の社会は「詩人の時代」と言われ、優れた言語能力を示す詩人たちによって、彼らの文化や価値体系、部族の矜持や誇りが表現されていた。蓄積せず、建築しないことは、逆に時に縛られないことを意味する。発展をしないのであれば、衰退もしない。ある意味で時を超える性質がそこにある。

アラビア語における文明の諸要素と、それに対比されるバダーワの特徴を並べると、表1のようになる。

4 農耕・都市・遊牧文化の三項連関

言うまでもなく、定住文明の中では、都市と農村は異なるものである。それが合わせて「ハダーラ」と一括されうるのは、バダーワに対置すれば共通性を持つからである。人間が「ワバル（ラクダ毛）の民」と「マダル（屋壁）の民」に分かれるのであれば、後者の住まいが都市の高層住宅であるか農村の土の家かは問題ではない。しかし、都市と農村の違いをも考慮に入れるのであれば、私たちの前には三つの項目がある。すなわち、都市、農耕、遊牧文化である。

従来型の定住文明の理解では、内部において都市と農村が対置される一方、定住民と遊牧民の関係は「文明」と「野蛮」として対比された。これは二重の二項対立から成っている。これに対して、文明―野蛮、都市―農村という二項対立の組み合わせではないものを、三項が互いに結びついた「三項連関」と呼びたい。イスラーム文明は、都市、農耕／農村、遊牧文化――あるいはより抽象化して、都市性、農耕性（農民性）、遊牧性と呼ぶこともできる――という三項をつなげている。

なぜ、三項連関が生じたのか、ということは、イスラームの成立期の生態環境的な基本条件から説明することも可能であろう。前述のように、イスラームは、乾燥オアシス地帯のアラビア半島において、マッカとマディーナという二つの町で生まれ育った。

まず、開祖ムハンマドが生まれたマッカは、商業都市であった。ムハンマド自身が属する支族ハーシム家を含めて、マッカの支配者にして住人のクライシュ族は、商業によって生活を立てていた。資本を持ち、キャラバン貿易に投資をする商人（タージル）であれ、その商業に従事するなりキャラバンの防衛の任に就いて報酬を得る者であれ、商業が基本産業であり、その倫理観が社会を規制していた。

クライシュ族は、マッカの先住者を征圧して、五世紀にこの町の定住者となった。古くは遊牧生活をしていたと考えられる。したがって、彼らの価値体系にはバダーワの要素も濃厚に残っていた。マッカがいつ頃から居住可能となったかは判然としない[31]が、水源が発見されて定住が始まって以来、一度も水源が農耕を可能にするほどの水量を生み出したとの記録はない。マッカは人間が居住することができる程度のオアシスであるが、農耕には適さず、クライシュ族が商業を生業としたのはそのためであった。

他方、イスラーム共同体が確立されたマディーナは、農業が可能となる水源を有していた。マディーナの住民も多くが農民であり、ナツメヤシや小麦の生産が主産業であった。マディーナに移住した以降に、ムハンマドがナツメヤシの人工受粉をやめるように忠告したところ生産量が落ちた、というハディース（預言者言行録）が残っている。これについて、ムハンマドは「汝らの世事については汝らの方がよく知っている」［ムスリム『真正集』］と結論づけたとされる。このハディースは、法学において、預言者といえども世俗に関する事項に関する指示は絶対的ではない——法源として必ずしも採用する必要はない——とする典拠となっている。別な観点から見れば、預言者か一般信徒かという問題とは別に、マッカ出身者は商業に詳しく、牧畜にもある程度通じていたが、農業については疎かったという事情をこのハディースは示している。

とはいえ、マディーナを根拠地とし、その住民を弟子としたことによって、ムハンマド時代後期のイスラームは農業社会にも通じるものとなった。イスラームの二聖都は、生態環境と生業の観点から見れば、商業都市と農村部の都市と位置づけることができる。

そして、二つの都市は、広大なバダーワの地域に囲まれていた。両都市の住民は、周辺の遊牧部族と関係を取り結んで暮らしていた。同盟や友好関係だけではなく、実際に血縁関係も持っていた。相互の依存関係を示す例として、リダーア（riḍāʿa 乳母制度）をあげることができる。ムハンマドも当時のマッカの習慣に従って、幼児の時期に遊牧部族に里子に出されていた。乳母ハリーマは二年間彼を預かったという。この制度はイスラームにも踏襲され、イスラーム全域に通念として広がることになった［堀内 1979:145-147］。ちなみに、同じ女性から母乳を得た子ども同士は「乳兄弟」として、血縁上の兄弟と同じようにイスラーム法上は結婚できない。

部族的な系譜意識、構成員の平等性や指導者としての族長、旅人の保護やもてなし、と言った文化的な共通性は、三者に共有されるものであった。イスラームが都市的な宗教であり、最初の信徒集団の核が商業民と農民だったとしても、バダーワに対しては親和性が高く、蔑視や偏見も持っていなかった。

三項連関の背景を、表2にまとめた。

5 二つの都市と三項連関

次に、二つの都市の重要性について見て、さらに三項連関によって、どのような特徴をイスラーム文明が持ったのかを考えてみよう。

マッカは、アラビア半島の隊商路の中で、きわめて有利な場所にあった。インド洋貿易の上陸地点から北方の地中海に至る「高原キャラバン・ルートのほぼ中央部に位置したキャラバン運輸の要地」[家島 1991:95] だったからである。ここはかろうじて居住可能な程度の水源を持つ町で、農業には適さなかった。このためもあって、五世紀後半にマッカに移り住んだクライシュ族は商業を生業として、半島内の交易およびインド洋と地中海を結ぶ隊商貿易に従事していた。マッカには、半島の諸部族の敬意を集めるカアバ聖殿があり、当時の多神教の巡礼地となっていた。これを利用した定期市も、重要な商業活動であった。

クライシュ族は商業の才能と経験に恵まれ、成功を収めていた。クライシュ族の取引は、非常に規模が大きいものも含んでいた。一例をあげれば、マディーナにイスラーム共同体が確立した直後、シリアから帰還する隊商が、ラクダ一〇〇〇頭に五万ディナールの荷財を載せていたという記録がある［医王 2004:9-10］。上述のようにラクダは一頭につき一五〇キロ程度の積荷を積めるから、ざっと見積もって一〇〇〇頭で一五〇トンということになる。水、食糧もあるだろうから、積荷は商品だけではないとしても、膨大な量である。記録には香料以外の品名がないが、医王秀行は「すぐに現金化できる奢侈品とみなすべき」［医王 2004:9-10］と述べている。一ディルハムの投資で一ディルハムの利益が出た［医王 2004:10］というから、隊商貿易は途中での危険も高くハイリスク・ハイリターンとはいえ、利益率百パーセントという効率のよい貿易であった。

クライシュ族は「バダーワ」の価値観を遊牧民とある程度共有していたであろう。その点は、農業主体のマディーナの民についても言える。部族的系譜、詩的言語などもその一部である。ただし、土地に縛られることを嫌い、他者に支配されることを嫌う遊牧民の気質はなかった。その意味では、彼らは「アラブ」であって、「アアラーブ」ではない。他方、土地に縛られない遊牧民は忠誠心が薄いとされる。

規模がどれほど小さくとも、マッカが商業都市であったことは重要である。イスラームは「都市の宗教」として始まった。かつて西欧では、そして西欧の影響下に日本でも、イスラームを「砂漠の宗教」「遊牧民の宗教」とみなす考え方があったが、今日ではそれが間違いであることは広く知られている。日本において、イスラームが都市的宗教であることが広く知られるようになったのは、「イスラームの都市性」研究プロジェクト（一九八八〜九一年）を契機とするものであった。[32]

イスラームには、都市社会の生活や倫理が濃厚に反映している。クルアーンが、商業的な論理によって神への信仰を「儲かる商売」として説いていることは、前章で触れた。イスラームは唯一神の絶対性を説くが、信仰の可否については対等な二者（神と人間）が交渉を経て信仰という契約を結ぶと前提されており、そこには商業的な合理性が内包されている。「宗教に強制があってはならない」【雌牛章二五六節】という章句は、信仰の自由やイスラームの寛容性を示すものとして引用されることも多いが、原義はそうではないであろう。むしろ、契約が有効性を持つためには契約当事者の自由な判断と決定が確保されなければならない、という商業的な原理が働いていると見るべきと思われる。

個人が絶対神と一対一の関係を取り結ぶ考え方がアラビア半島の部族社会で誕生した背景として、商業を基盤とする都市を抜きには考えられない。イスラーム以前の多神教は部族的であり（部族ごとに偶像神を有していた）、信条において個の自立を認めるものではなかった。ムハンマドに反対する守旧派の議論が「我らは父祖伝来の道に従う」【雌牛章一七〇節】であったことは、それをよく物語っている。都市性や商業倫理があったからこそ、後に文明の基盤を提供する原理が生じたであろうことは、想像に難くない。

ムハンマドはマッカでの迫害が厳しくなると、故郷での布教に見切りをつけて、移住地を探した。まもなく、北方に四百キロほど離れたヤスリブの町でイスラームに帰依する者が増え、またムハンマドを指導者として受け入れる地盤ができた。ムハンマドは弟子たちを旅立たせ、自らも新しい町に移住した。西暦六二二年のいわゆるヒジュラ（聖遷）であり、これによって、イスラームが独立の共同体と国家を持つようになった。町の名も「マディーナ」と変えられた。

故郷マッカでは宗教的・倫理的な原理は形成されたが、あくまで抑圧されたマイノリティであったため、社会的な原理には至らなかった。その点で、マディーナで社会生活を律する原則が確立され、政治や軍事の運営についても明確な原理が樹立されたことは重要である。実際問題として、その後世界に広がるイスラームは、マディーナの共同体を原型とするものである。「マッカ的なイスラーム」とは、純粋な一神教の信仰にとどまるものであり、イスラームの社会や国家を論じるのであれば、それは「マディーナ的なイスラーム」と言うべきであろう。

マディーナの重要性は、ここが農業の町だったことにもよる。上に触れたように、マッカで商業が発展した理由の一つは、農業を営むだけの水源がこの町にないためであった。それに対して、マディーナは豊富な水源があり、ナツメヤシや小麦などを産していた（ナツメヤシは、現在でもマディーナの主産品であり続けている）。マディーナでの信徒たちは、多くが農民であった。農業や土地所有を律する原初的な原理は、ここで形成された。

近代以前における文明の基礎を農業革命、都市革命に見るならば、イスラームがマッカとマディーナで誕生し成長したことは、そこで文明と適合的な原理が生まれたことを部分的に説明してくれる。ここが、やがてイスラームの二聖都として重きをなすことも、十分理解できるであろう。しかし、これだけでは、イスラームが独自の文明原理を持つに至った説明は十分ではない。バダーワの貢献は何だったであろうか。

イスラームの倫理の中には、バダーワの美徳を直接反映したものも多く見受けられる。たとえば、遠方から来たよそ者をもてなすホスピタリティは、乾燥地において移動する者たちが互いに水や食物を供給しなければ生きていけない、という現実に立脚するものであろう。旅人に宿、飲食、保護を供給する倫理は、イスラームの中に取り込まれ、「旅人の権利」と呼ばれる。旅の重視は、信徒の第三の義務(いわゆる義務の五行の一つ)であるザカート(喜捨)の配分対象に、寡婦・孤児・貧者と並んで旅人が含まれていることや、後のイスラーム帝国において隊商宿を公的に保証する制度が発展したことにも、よく示されている。

杉山は中央ユーラシアについて「遊牧民の存在によって、点在する大小のオアシスがむすびつけられた。それればかりではなく、『文明圏』とされた農耕地域も、じつは相互に孤立することをまぬがれた。遊牧民という、面と移動の中に生きる人びとによって、中央ユーラシアは一つの『世界』となりえたといっていい」[杉山 2011:35]と言っている。このメカニズムをイスラーム文明は内在化させたと見

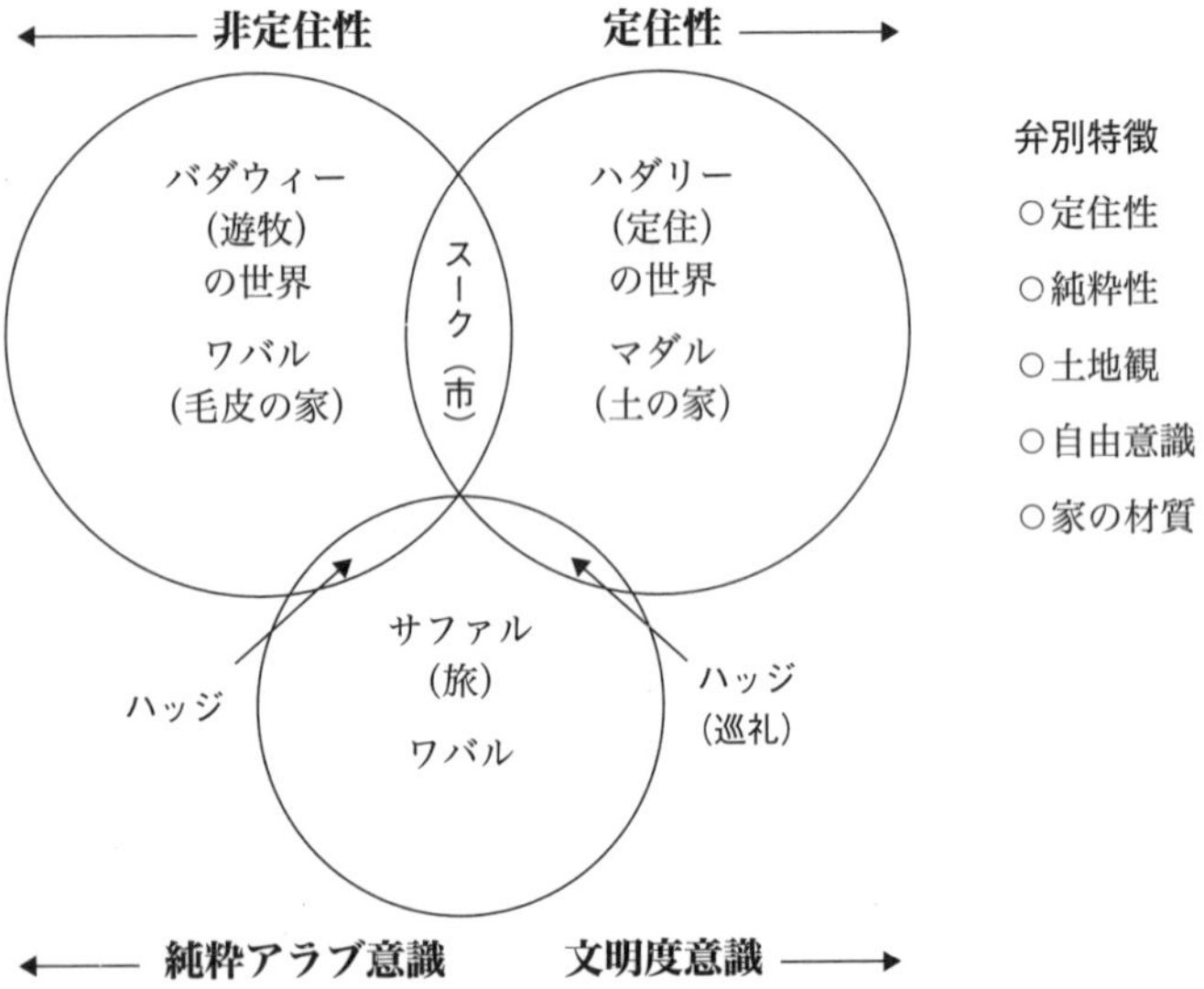

図 9●定着性からみたアラブの概念
出典：堀内［1979:39］

ることも可能であろう。

三項連関を示すイスラーム文明の特徴として「旅」の重視があげられる。旅（サファル）は、遊牧民も定住民もおこなう。その意味では、両者に共通すると同時に、両者の生活スタイルとは別のカテゴリーとすることができる。図9には、それが図式化されている。バダーワが全体を覆っている世界では、遊牧民も定住民も、旅をよくおこなった。そのような旅を重視する世界観は、知識探求の旅を美徳とみなすウラマーのネットワークを後に作り出した［湯川 2009］。

もちろん、旅はどこの文明圏にもあるのではないか、と問いが発されるかもしれない。しかし、イスラームは旅を宗教上の義務として制度化している点に特徴がある。すなわち、信徒の基本義務としての五行の一つ、マッカ巡礼である。クルアーンには「人びとには、アッラーのために館〔カアバ聖殿〕への巡礼が課される、できる者には」【イムラーン家章九七節】と義務が明示されている。費用もかかり遠方からでは困難が伴うため、「できる者には」という条件がついているものの、成人信徒全員が一生に一度は果たすべき義務である。年に一度の巡礼月に、イスラーム世界の隅々から信徒たちがアラビア半島の乾燥地帯を訪れ、カアバ聖殿を周回し、アラファの野で祈りを捧げる。巡礼の際には現代でも、[33] 男性は縫い目のない白布二枚を身にまとい、サンダル履きで（他の衣服、靴は許されていない）、テントに泊まり、荒野を歩く。現代でも、南アジアの都会から来た人もアフリカや東南アジアから来た農民も、みな同じように、あたかもバダーワの民であるかのような旅をする。

巡礼は、イスラーム文明にとって、少なくとも三つの大きな役割を果たしてきた。第一に、ウンマに属する諸民族が一同に会することで、コスモポリタンなウンマを可視的なものとして現出し、同胞の一体感を作り出す。第二に、国際的な人的交流で、商品の流通を作り出す。巡礼者は、路銀をかせぐために道中、可能な限り商売をおこなうのが通例であったし、巡礼地には市場が立つ。第三は、知識と情報の流通である。

歴史を見ればわかるように、イスラーム文明は遊牧的な背景を持つ諸民族を主要なアクターとして取り込みながら、発展を続けた。そこにも三項連関を基礎としていることの貢献を見るべきであろう。本書が対象とする時代には、アラビア半島の遊牧民を戦士として動員して「大征服」をおこなった。その後も、遊牧民族のイスラーム化と彼らによるイスラーム王朝の建設は、セルジューク朝を初めとするトルコ系諸王朝、イランをシーア派化したサファヴィー朝など枚挙にいとまないであろう。一三世紀半ばにアッバース朝と首都バグダードを壊滅させたモンゴル軍にしても、彼らがイランに樹立したイル・ハーン朝はしばらくするとイスラーム王朝となった。

一つ留意すべきことは、遊牧文化を「取り込む」ということは、文明の原理、生態に適した生業管理の技術や社会運営の技術体系として取り込むことを意味するものの、遊牧民の暮らしを必ずしも奨励するわけではない点である。遊牧民の存在は偏見なく容認され、イスラーム世界の原風景の一部として、その後拡張した版図でも彼らの存在は自然のものとしてとらえられたかもしれない。他方、自由を尊ぶ遊牧民が統治者にとって制御しにくい存在であることは、よく知られていた。ムハンマド時代にも、遊牧部族たちがイスラームに加わった後、マディーナに移住することが奨励されていた。それはマディーナ都市国家を強化し、軍事力を高める効果ももたらしたが、同時に遊牧民の定住政策でもあった。

6　聖典のバダーワ的性格

イスラームの内的論理として組み込まれたバダーワ的な性格の最大のものは、聖典クルアーンであろう。七世紀のアラビア半島の遊牧文化において、持ち運べる最良の財産は詩的言語であった。美しく、雄弁で、豊かな言語表現というものが、非常に高く評価されていた。当時のアラビア語が形態論的にハンムラビ法典（前一八世紀の古代バビロニア）と類比しうるものであったとの言語学者の見解もあるが、まさにそれはバダーワの言語が「時を超える」性格を持っていることを示唆している[Burckhardt 1976:40-41]。「時を超える言語」とそれに立脚する法体系は、他の文明圏と際だった違いを示す特徴となっている。

聖典クルアーンは、ムハンマドが伝えたアラビア語の章句そのものだけが聖典であり、それを他の言語に翻訳すれば、それは聖典の解釈の一種に過ぎないとされている。いつの時代でもクルアーンはアラビア語で朗誦され、イスラーム世界中どこでも聖典を読む時は、非アラブ人であろうともアラビア語で読む。その内容と文体は、ムハンマドの時代に確立されたものであるから七世紀のアラビア語である。それは教義上「神の啓示」として、人間の限界を超越した言葉であると考えられている。したがって、アラビア語の最高傑作はクルアーンとされる。アラビア語の文法史は、このクルアーンを主たる原型として体系化された。現代においてすら、クルアーンが至上のアラビア語であるという認識は、アラブ人の間で宗教心の有無を問わず共有されている。

言いかえると、「時を超える言語」というバダーワ的性格はイスラームの中にビルトインされて、七世紀のアラビア語が時を超えて、一四世紀にわたって——ついには二一世紀に至るまで——運ばれてきた。歴史を通じて現代に至るまで、イスラーム思想では「七世紀の原初に回帰する」ことの重要性がしばしば強調されるが、発展や進歩よりも、変わらぬ原初性（すなわち聖典の言葉）を尊ぶ発想も、定住文明よりもバダーワ的性格によるように思われる。

クルアーンには、ムハンマドにもたらされた啓示が社会と生活を律する「法」を内包していることが明示的に語られている。たとえば、「そしてわれ〔アッラー〕は汝を諸事についてシャリーアの上に置いた。それゆえそれに従いなさい」【跪く章一八節】と述べられている。アラビア語での「シャリーア」は、通常「イスラーム法」と訳されるが、それはクルアーンに含まれている法規定、それを補足するムハンマドの言行に立脚している。ムハンマドの言行録を「ハディース」と呼ぶが、この語の原義は「語り」であり、ここにも口承による典拠というバダーワ的な特徴を看守することができる（ハディースについては第8章4で詳しく論じる）。

七世紀以降、イスラームは地理的拡大にともなって、ムハンマド時代のアラビア半島にはなかった事物や現象に出会い続けてきた。クルアーンとハディースの内容はすべて、ムハンマド時代のアラビア半島の事例であるから、これを典拠として、実際の事例に対する法規定を考えるのは法学者たちの解釈行為となった。イスラーム法は現代に至るまで、典拠と解釈の営為の総体として存在している。イスラーム法は、法学者が当面する問題毎に解決策を編み出す点で「問題解決型の法」であるが、逆に言えば必ずしも体系性ないしは体系的な一貫性を一義的に追究するものではない。一貫性はクルアーンという聖典の統合性によって確保されている、というのが前提である。

このようなイスラーム法の特徴は、原初的な言語を維持することで「時代を超える」というバダーワ的な性格に依存しつつ、解釈によって法規定とその運用が柔軟になされるという、具体的に「時代を超える」方法によって、長らく維持されてきたと言えるであろう。

以上に論じたところから、イスラーム文明が三項連関に立脚した独自の文明を築く過程で、乾燥オアシス地帯に適合的な技術体系をも形成したことの一端に触れることができた。宗教としてのイスラームが、社会経済的には、商業性を基盤として、農耕性、遊牧性＝移動性を加味した倫理思想を提供し、それが巨大なイスラーム帝国の成立および商業ネットワークの形成と相まって、その運営・管理を可能ならしめるような科学・技術の体系や、社会運営の技術体系を作り出した。

法学者たちも人びとも、自然環境、生態、生業などの諸条件を考慮に入れて「問題解決型」の解釈をしてきたであろうし、そこでは、定住文明が遊牧民を排除するのとは対照的に、農耕性、都市性、遊牧性などの人間のさまざまな営みが勘案されていたと考えられる。イスラームは、もとより遊牧民の宗教ではなく、農民にも都市民にも、海を往く漁民にも冒険商人にも受け入れられ、洋の東西に広がった。(34)

第4章　共同体と国家の形成

これまでの三章では、空間的・地理的観点からの領域の拡大、そして文明形成の時系列的な展開、新しい文明の質的な固有性・独自性について概観した。本章では、イスラーム国家の形成を検討したい。「共同体と国家」と題したのは、イスラーム国家の形成はウンマ（共同体）の成立を前提としているからであり、このウンマの概念こそがイスラーム国家を特徴づける最も重要な要素と思われるからである。

ムハンマド時代には、ウンマの統治権はウンマと分化せずに一体的に運用されていた。やがて、ウンマと国家が分岐するようになり、その関係性が現実の上でも政治理論にとっても大きな問題となる。理念的にはイスラーム国家の存在理由はウンマに由来し、その正当性（レジティマシー）はウンマに依拠している。権力の認証論はウンマの指導権または「ウンマの法」としてのイスラーム法に依拠するのが基本であり、そこから離れる場合は、その離れ方が特徴の第一となる。その意味で、イスラーム国家の特質は、ウンマの存在と意味を補助線としてこそ解析しうる。それが筆者の立場である。

ところが、欧米での研究は、西洋型の国家を前提とするあまり、この点を理解することができないできた。近年でも、イスラーム国家において政教の分離がアッバース朝初期に生じたか否かをめぐって議論が続いているのは、その証左であろう［Crone 1980; Zaman 1997; Lapidus 2002］。研究者が自文化に拘束されるのはある程度やむをえないが、欧米のイスラーム政治研究がいつまでも西洋的な「教会と国家」の二元論から逃れられないのには、多文明への複眼的なアプローチが求められる現代の研究姿勢として疑問を感じることが多い。ここでは、イスラームの固有の文脈に沿って議論を進めていきたい。

1　国家なき部族社会からウンマ原理へ

マッカにクライシュ族が住んでいたこと、彼らが商業に従事していたことは、すでに述べた。ムハンマドが属する支族であったハーシム家も例外ではなく、隊商貿易をおこなっていた。ムハンマドは誕生前に父親を亡くし、母親も六歳の時に亡くなったため、家長であった祖父アブドゥルムッタリブ、次いでその跡を継いだ伯父の保護を受けていた。成人する前のムハンマドが、伯父の隊商に同行してシリアを訪れたこともあったようである。

この当時のマッカ社会は、他のアラブ諸部族と同様に「部族主義」を原理として組織されていた。部族主義とは、部族的な紐帯に第一義的な価値を置く考え方である。部族主義の廃絶と人間の平等性を訴えたイスラームから見れば、部族主義は人間を血統によって差別する悪しき原理であろう。また、今日では、近代的な国民概念などから見て、部族主義は後進的な観念とみなされる。さらに付言すれば、アフリカでの植民地遺制によってアフリカのエスニック集団が「部族」とされてきたことの反省から、アフリカ研究では「部族」の語は避けられることが多い。部族や部族主義は、否定的な含意の強い語彙と言える［大塚 1993;1998］。

これに対して、イスラーム研究やアラブ研究では、今日でもアラビア半島の人びとが自ら「部族（カビーラ qabīla）」という概念を用いていることを根拠に、部族および部族主義を現地での社会的実体を持つ概念として——外部から見た差別的な呼称としてではなく——用いている。イスラームが部族主義を否定した点から言えば、今日のアラビア半島のムスリムが部族的な系譜を誇っていること(35)は矛盾のように思われる。実際、それがイスラームの教えに反するという批判もなされるが、七世紀でもそれに続く数世紀でも、部族は全面否定されたわけではない。初期イスラームは、部族を最上位に置く人間観を否定されるべき部族主義とみなしたが、イスラームを上位に置いたうえでの部族的な——あるいは系譜的な——出自の認識は否定しなかった。下位のアイデンティティ単位としての部族は、イスラームの支配下でも生き残ったのである。

七世紀の「部族」と現代の「部族」が共通項で括りうるものであるか否かについては、学術的な議論もなされてきた。言うまでもなく、イスラーム以前・イスラーム時代・近現代では（あるいはもっと細かく時代を区切っても）、部族の意味は全く異なっている。それは、部族以外の人間集団が何であるか大きく変化している点を見ても明らかであろう。しかし、系譜的な出自を持って自他を語る点においては、時代的な差異にもかかわらず、明らかな共通性が見られる。歴史の中での部族を理解しようとする時、安易な同一視を戒めつつも、今日のアラビア半島に見られる部族のあり方を「手がかり」にすることはある程度有効性が見いだされる。

アラビア語の一般名詞「カビーラ」、あるいはカビーラの下位単位としての「バトゥン（baṭn）」「ファハズ（faḫdh）」などの語で表現される「部族」とは何であろうか。通常は「同一の祖先を共有する集団」と定義される。部族名が「バヌー／バニー（Banū／Banī）〜」、すなわち「〜の子孫」という形をしていることが多いことも、それを直截に示している。どの時点での祖先をもって語るかは、名を語るほどの祖先がいつ出たか（出たと思うか）に依存するため、部族名は統一的な基準でつけられるものではない。

「何某の子孫」と称している集団が、本当に「何某」の血を引く人びとであるのか、という疑問は当然のものであろう。初期イスラーム研究の第一人者である後藤明（晃）は、部族とは血統を同じくする人びとというよりは、系譜を整理をするための集団、つまり同じ系譜（系譜意識）を共有する集団として措定されたものであると、早くから指摘していた［後藤 1980;1991］。いわば、部族とは擬制（フィクション）ということになる。アラブ・イスラーム社会に詳しい社会人類学者の大塚和夫は、人類学の立場から、「部族」ないしは「クラン」というものがそもそも社会的な構成物であるという点に注意を促していた［大塚 1992］。

アラブの系譜体系を詳細に研究した高野太輔は、アッバース朝中期に成立した「アラブ系譜学」が、すべてのアラブ人をカフターンまたはアドナーンの子孫（南アラブ系と北アラブ系）のどちらかに属するものとして整備したことを明らかにしている［高野 2008］。「アラブを二分する巨大グループの区別は、恐らく南北アラブ間の歴史的・文化的な差異に起源を持つと推測される。すなわち、南アラビアのイエメン地方とその周辺を故地とし、サバ、ヒムヤル、ハドラマウトなどの国家を建設した『南アラブ』と、中・北部アラビアを居住地とし、無数の社会集団が融合・分裂を繰り返していた『北アラブ』との区別である」「個々の系譜集団がどちらの種族に属するかという問題は、政治的な事情を反映しながら、初期イスラム時代を通じて常に流動的であった」［高野 2008:30］。

ちなみに、クライシュ族とされる人びとも、他所から来て「メッカ社会に溶け込んでいた、クライシュ族に属さない人」を多数含んでいた。後藤明は人口のおよそ半分がそうであったと推定している

［後藤 1980:87］。別な論考では、後藤は「ムハンマドの時代の『クライシュ』とは、〔父祖の〕ナドルやフィフルにさかのぼる系譜意識をもち、クサイユの時代にメッカに定着したという歴史意識をもつ人々を中心に、それ以外の人々を寛大に受け入れていた、メッカの住民の総称である」［後藤 2004:126］としている。マッカは商業都市であり、クライシュ族は商人の一族であったから、彼らが「部族」の境界を比較的ゆるやかに理解していたことは十分に理解できる。実際、初期イスラーム史料には、クライシュ族とともに、彼らのハリーフ（同盟者）たちが数多く登場する。

系譜と系譜学の意味については、この後も必要に応じて触れていくことにする。ここで確認しておくべきことは、七〜一〇世紀のアラブ人にとって、系譜や系譜に基づく帰属意識は社会的な意味を持っていたということである。さらに、ウンマの指導権をめぐる争いでは、クライシュ族への帰属やその内部における氏族の系譜が大きな問題となる。人間は思想的生き物であり、擬制（フィクション）も社会的に意味を持つ限り、大きな役割を果たすのである。

ムハンマド時代に戻ろう。当時の部族主義は、偶像崇拝の多神教とも結びついていた。この時代は「ジャーヒリーヤ時代（al-Jahiliya 無明時代）」と呼ばれる。この呼称はイスラーム側から見た名称——唯一神の信仰を知らない時代を意味する——であるが、広く使われているので、以下ではこの呼称を用いる。その時代には、部族ごとの偶像があり、いわば部族の守護神として機能していた。偶像には、自然の樹木、石などを崇拝する場合、あるいはギリシアから輸入された彫像を偶像とする場合などがあった。また、木材を彫刻して家庭用の偶像を作る者もいたようである［Lecker 2005:25-29］。

イスラーム時代以降は、それ以前の偶像崇拝について乏しい情報しか伝わっていないが、その中でも詳しい一書を著したイブン・カルビー（八二一／二年没）は、偶像崇拝そのものの起源として二つの説を述べている。一つは、旅する者がカアバ聖殿から石を持ち出し、旅先でそれを聖殿の代わりに置いて周回の行をおこなったという説、もう一つは、マッカのかつての支配者フザーア族の者が、戦傷の湯治に出かけた際にその地で偶像崇拝を見て、偶像を譲り受けて持ち帰ったという説である［イブン・アル＝カルビィー 1974:169-171］。部族・地域毎の偶像の起源はそれぞれの事情があるものの、大別してみれば、カアバ聖殿の一神教が偶像崇拝に堕落したという内発説と、偶像を他所から移入したという外発説と言える。両方の面があったことであろう。

イスラームは部族主義、偶像崇拝、多神教のいずれをも否定した。クライシュ族が直ちに新しい宗旨に乗り換えるならば対立は生じなかったが、実際にはクライシュ族の多くは唯一神信仰に賛成しなかった。宗教問題は、マッカの社会・経済システムの否定を含んでいたから、保守的な人びとはイスラームに反対した。ムハンマドがもたらした宗教は、クライシュ族の内部に対立を生み出したのである。

ちなみに、クライシュ族は北アラブの系譜に属する。その祖であるアドナーンはイスマーイールの子孫である。イスマーイールとは、旧約聖書の族長アブラハム（アラビア語でイブラーヒーム）の息子イシュマエルのことで、彼は父親とともにマッカに来て、カアバ聖殿を建てた。父親が去った後も、ここに住み着いてアラブ部族の女性と結婚し、北アラブの祖先となったとされる。ムハンマドは、イブラーヒームと息子イスマーイールの純粋な一神教を復興すると主張した。それによれば、多神教の方が後からもたらされた要素である。

クライシュ族の指導者たちは、系譜意識ではイスマーイールの子孫ではあるが、多神教と偶像崇拝を連綿と続く「父祖の道」としてこれに固執した。それは宗教問題だけではなく、マッカの社会的・経済的な体制維持と結びついていた。

マッカの住人は主としてクライシュ族であったが、その中には、ハリーフ（同盟者）と呼ばれて保護を受ける他部族・他地域出身者もいた。そのような者は、クライシュ族そのものの構成員に比べて立場が弱く、イスラームに改宗すると迫害にあった。クライシュ族の中でも、弱小の氏族の出身者は圧迫を受けた。迫害の激しさに、ムハンマドは二度にわたって立場の弱い者たちを、紅海をわたってキリスト教国アクスムへと避難させたこともある。

ムハンマドは、故郷マッカで約一三年の布教をおこなった。迫害に耐えがたくなると、援助者のいる新天地を探し、北方のヤスリブの町に移住先を見つけた。移住の時点で、マッカで獲得された信徒は二、三〇〇人に過ぎなかった。ヤスリブは彼らの移住後、「預言者の町」略して「マディーナ（町）」と呼ばれるようになった。ここでは、クライシュ族出身の「移住者」とマディーナ在住の「援助者」

がイスラームに立脚する共同体を形成した。

2 「マディーナ憲章」再考――最近の研究動向から

新しく誕生した共同体はどのようなものであったか、その姿を伝える盟約の文書が残されている。これは一般に「マディーナ憲章」と呼ばれている。ヒジュラからほどなくして、マディーナの指導権をともかくも握ったムハンマドが、マッカから移住した弟子たち、マディーナでイスラームに加わった者たち、マディーナ在住のユダヤ教徒などと結んだ文書である。

文書自体には、特定の名前はない。文書の前書きにあたる部分には「これは、預言者ムハンマドよりの、〔マッカの〕クライシュ族〔出身者〕とヤスリブ〔在住〕の信徒およびムスリムたち、並びに彼らに従って、彼らと提携し彼らと共に戦う者たちの間の〔関係を律する〕文書（キターブ）である」とだけ記されている。ヤスリブはマディーナの古名で、ムハンマドの移住後「預言者の町」「アッラーの使徒の町」と呼ばれるようになった。さらに略して、定冠詞を付けた単なる「マディーナ（都市・町）」がこの都市の名称となり、今日に至っている。[36] ここでヤスリブという古い名称が使われているのは、移住直後であることを物語っている。

この「文書」を、現代では「マディーナ憲章」(英語ではThe Constitution of Medina、アラビア語ではWathīqa al-Madīna)と呼びならわす慣例となっている。それは、この憲章によってマディーナに「ウンマ」が設立されると同時に、アッラーとムハンマドの裁定権が確立されたからである。

この文書がなぜ重要なのかを考えてみよう。ムハンマド時代の史料として、最も確実なものがクルアーンであることはよく知られている。クルアーンは神や宇宙、人間、社会などについて多くのことを語っており、思想研究にとっては全編すべてが分析の対象となる。ところが「事実史」の史料として用いようとすると、何が起きたかが明示されている箇所は非常に少ない。日付が一切ないこともさることながら、固有名詞が極端に少ないことも歴史的な史料として用いようとする際の困難である。(37)

他方、ムハンマドの事績について書かれたスィーラ(sīra、伝記)文学は、初期の口頭伝承が最終的に記録されたのが九世紀前半であるため、ムハンマド時代の史料としての価値について、特に欧米の歴史研究者の間では議論がなされてきた。その中にあって、例外的にマディーナ憲章だけは、マディーナ時代の文書がきちんと伝わったものとして高く評価されてきた。二〇世紀半ばに社会学的方法を用いてムハンマド時代を分析した英国の碩学W・ワットは、マディーナ憲章について、「この文書はムハンマドの移住後の初期のマディーナの政治情勢を示す」[ワット 1970:109]と積極的に評価していた。憲章にはユダヤ教徒も参加していたから、最初期のイスラーム国家においてムハンマドがユダヤ教徒に信教の自由を保証した、という事実は、欧米の研究者の目を引くものであった。

スィーラ文学は、もともとは、古典的にはマガーズィー（maghāzī 戦記）文学と呼ばれるものと重複している［Jones 1983:344-346］。マガーズィー文学は、ムハンマドの事績について戦役を中心に記述したものである。初期のスィーラ文学、マガーズィー文学を見ると、現在に伝わっているものの中で、最も古くかつ信憑性の高いものとされているのは、イブン・ヒシャーム（ヒジュラ暦二一三または二一八年／西暦八三三年没）がイブン・イスハーク（一五一／七六七年没）から伝えている『アッラーの使徒ムハンマド伝』（または『預言者伝』）［Ibn Hishām 1858-60;Ibn Hishām n.d.］、ワーキディー（七四七～八二三年）の『マガーズィーの書』［al-Wāqidī 1966］、その弟子にあたるイブン・サアド（七八四頃～八四五年）の『タバカート・クブラー（伝記集成）』［Ibn Saʻd 1968］である。しかしこの中で、イブン・イスハークのみがマディーナ憲章の本文を記録している。

ムハンマドの事績を記録したものとして、ハディース（預言者言行録）もあるが、ハディースの内容は一般に短く、一つ一つのハディースが独立しており、その記述はスィーラ文学や広義の歴史書などと比べて断片的である。ハディース集の中には、マディーナ憲章の全体を記載したものはなく、さまざまの主題の下に、憲章の一部分または憲章に関する言及が収録されているのみで、憲章の全体を再構成することはできない。歴史書も、最初期のタバリー（八三九～九二三年）の『諸使徒と諸王の歴史』［al-Ṭabarī 1987］を含めて、マディーナ憲章を収録したものはない。

ところが、意外なところに、憲章が埋められている。それは、アブー・ウバイド（一二四／八三九年没)『財の書』である。アブー・ウバイドはヘラート(現アフガニスタン)で生まれ、クーファ、バスラ、バグダードなどでクルアーン、ハディース、文法学、法学などを修め、長らく裁判官も務めたが、著作はほとんど残っていない。『財の書』は、彼の著作の中で唯一現存する法学書である[Gottschalk 1960]。この書は、イスラーム国家が管理すべき地租やザカートについて詳細な記述をしている。マディーナ憲章は、和平条約によって版図に吸収された土地を扱う章に含まれている[Abū ʻUbayd 1981:192-197;Abū ʻUbayd 2003:200-205]。同書にとっては、マディーナ憲章の政治的な意義は関心外で、中で言及されている「血の代償」や、当時はまだ啓典の民からジズヤ(人頭税)が徴収されていなかったという点が主な関心の対象となっていた。

現存するマディーナ憲章はこの二つである。全体において近似しており、別系統の史料の存在はマディーナ憲章の実在を裏付けているが、二つのバージョンにはいくつか違いも存在する。比較的最近出された研究書[Lecker 2004]で、マイケル・レッカーは異なる伝承の違いを含めて、両者を詳細に比較している。史料批判という点からは、過去半世紀の間に、必要な作業は終わったと見ることができる。

このような理由で、ムハンマド時代に誕生した「ウンマ」とは何かを考える上で、これ以上に有益な史料はない。イスラーム世界では、この文書が最初のイスラーム国家の「憲法」にあたるという認識が強いが、レッカーは、むしろ「ウンマ盟約(ʻahd al-umma)」が適切と提起している[Lecker 2004:2]。

国家以上にウンマが重要である、という本書の立論から言えば、これには賛成できる。レッカーの論考は、必ずしも新しい創見に立脚しているわけではないが、マディーナ憲章だけを一冊の研究書にまとめ、各条文を非常に丁寧に論じている点が評価に値する。

筆者はすでに、この憲章をイスラームにおける「共存の原理」が最初に明記されたものとして、かなり詳しい考察をおこなったことがある［小杉 1986］。最近も、アルジョマンドが同じように宗教共存の原理という観点から、憲法論的な憲章の分析をおこなっている［Arjomand 2009］。しかし、細かな条文の解釈を見ると、かなり根本的なところで筆者と見解が違っていることがわかる。

かつて筆者が憲章を論じた時は、それまでの研究の多くが、憲章をいくつの文書を接合したものであるとみなしていた。この点と、憲章を伝えている主要な二つの史料の編纂者がそのことを知らずにいたとみなしている点を批判して、筆者は新しい解釈を提案した。ワットの段階的発展（追加・修正・削除）による接合説、R・B・サージャントの複数文書接合説、すなわち、異なる背景を内包する八つの文書がそのまま接合されているとの説［Serjeant 1978:1-42］に対しては強い批判をおこなった。六〇年代に出されたサージャントの説はその後かなり受け入れられ、その後のイスラーム史の研究書では、「全体としてマディーナ憲章として知られる諸合意」［Kennedy 1986:34］、「一群の文書」［Donner 1981:54］といった表記がなされていたからである。

筆者が注目したのは、イブン・ヒシャームの『預言者伝』の中で憲章は移住直後に成立した単一の文書と見なされている点である。歴史家のイブン・カシール（一三七三年没）も、明らかにイブン・イスハークに依拠して（多少の語句の違いは存在する）、その歴史書『始まりと終わり』に憲章の全文を単一の文書として記載している［Ibn Kathīr 1932:224-226］。いずれも時期的にはヒジュラ暦一年の出来事の中に含めている。

筆者がかつて唱えたのは、憲章がある時期の連続的な一連の作業によって成立したとみる説であった。ムハンマドに従うムスリムたちは憲章にただちに合意したとしても、ムハンマドとユダヤ教徒との間では交渉も行なわれたであろうし、憲章の全体がただ一日のうちに合意されたと想像すべき理由は何もない。イスラーム史研究者のM・A・シャアバーンも「彼〔ムハンマド〕のマディーナへの移動に先立つ、そして最終的にはいわゆる『マディーナ憲章』において頂点に達する、長く困難な交渉」［Shaban 1971:11］と説得的に述べている。交渉、合意、文書化といった手順が個別の集団との間で行なわれていく場合にしても、それらの総体が一つの目標を実現するためのものであれば、それが単一の行動（「神の使徒は文書を述した」）としてとらえられることは何の不思議もない。

新生の都市国家を規定する枠組として原則的な規範を定めたものが憲章であり、そこには文書として有機的な一体性が認められる。レッカーの新著も、ワットやサージャントの説などを否定して、内容上これは二つの文書である、としている。つまり、ウンマの盟約およびユダヤ教徒との安全保障の契約とする。アルジョマンドは、後段をさらに細分する説を出しているが、全体としては二文書説には反対していない。筆者も一体の憲章との説ではあるが、内容的に二つに分かれることはもともと認めていたので、レッカーの説には特に反対はない。

さて、もともとの原文には条項に番号が振られているわけではない。どこで区切っていくかは解釈そのものにかかわってくるが、憲章はおおむね五〇前後の条項から成る。サージャントは通し番号は振っていない——八文書接合説であるから通し番号には意味がない——ものの、総計四九の条項に区分していた。ワットはヴェンズィンクに従って四七条に区分している［Watt 1956:221-225］。筆者がかつて邦訳した際は、M・ハミードゥッラーの編書［Hamīdullāh 1985:57-64］を底本とし、同一番号を二つに分けている場合も含めて、四七条とした。アフザルル・ラフマンの英訳では、五二条とされている［Rahman 1981:822-824］。レッカーは、種々のバージョンを細かく校訂したため、おおむね文の区切り毎に分けて、六四条としている。

今回はレッカーの研究を踏まえて、以前の訳を若干改訂した（レッカーの区分に従った条項番号を用いる）。またイブン・ヒシャーム版の邦訳が、初期イスラームの専門家たちの長年の精密な作業を経て公刊された［イブン・イスハーク 2011:Vol.2, 30-35］ので、これも確認のために参照した(38)。マディーナ憲章そのものの評価については、大きな修正はない。ただし、以前検討した際には、それが後のイスラーム国家の原型となるという観点から考察した。本章では、そもそもヒジュラ直後にどのようなウンマが構築されたのかに焦点をあてたい。ムハンマド時代にはウンマと国家は、後の時代のようには明確に分化していないため、ウンマとその統治権として理解する方が適切であろう。

すでに述べたように「マディーナ憲章」という名称は、今日における通称である。文書そのものは、これを単に「書（キターブ kitāb）」あるいは「文書（サヒーファ ṣaḥīfa）」と呼んでいる。『預言者伝』には、その前書きとして、「神の使徒は、移住者と援助者の間〔の関係〕について書を述し、その中でユダヤ教徒と友誼を結び、彼らと協定し、彼らをその宗教と財産において地位保全し、彼らの権利と義務を定めた」[Ibn Hishām 1858-60:341] と背景説明がなされている。

時期的に見ると、ヒジュラ（移住）直後であると考えられる。ムハンマド時代は、前半一三年間のマッカ期と後半一〇年間のマディーナ期に分けられる。マッカ期は、いわば平和的布教期であり、マッカを支配するクライシュ族がイスラーム勢力を圧迫し続けた結果、ムハンマドと彼に従う者たちはヒジュラ（聖遷）をおこなって、マディーナに移住することになる。これによって、マディーナにおいてイスラーム共同体と国家が成立し、マッカとの間の武力的対立の時代に入る。移住した時点でのマディーナの住民は、（a）マッカから移住して来た者（ムハージルーン Muhājirūn ＝移住者）、（b）マディーナでムハンマドと移住者を迎えたムスリムたち（アンサール Anṣār ＝援助者）、（c）マディーナのユダヤ教徒、（d）マディーナの多神教徒の四者であった。このうちの（a）～（c）の三者の間の関係を明文的に規定し、（d）についても間接的に規定したものがマディーナ憲章である。

そして、憲章の成立（のための一連の作業）は、ヒジュラ暦一年において、移住からバドルの戦に至る間であったと考えられる。

当時のマディーナのユダヤ教徒は、三大部族、すなわちカイヌカー氏族、ナディール氏族、クライザ氏族と、その他の弱少部族であった。憲章には、これら三大部族の名前が見られず、一つの論争点となっていた。筆者もかつては、この点について詳細な検討をおこなった。レッカーは、彼らが憲章の契約当事者でなかったから名前がないのは当然としている。そうであれば、もはや争点とするには当たらない。

3 マディーナ憲章が描くウンマと統治権

次に、憲章の内容を要約的に検討してみよう。第一条では、文書の性格を規定している。

(一) これは、預言者ムハンマドよりの、〔マッカの〕クライシュ族〔出身者〕とヤスリブ〔在住〕の信徒およびムスリムたち、ならびに彼らに従って、彼らと提携し彼らと共に戦う者たちの間の〔関係を律する〕文書(キターブ)である。

アブー・ウバイド版では「預言者ムハンマド、アッラーの使徒」とさらに明示されているが、どちらの版にしても、彼を神に遣わされた「預言者」と認める者たちとの盟約が書かれていることが明らかであろう。マッカから移住した者たちは、クライシュ族の迫害の中でムハンマドに従って来た者であったし、マディーナでの信徒たちは、ムハンマドを新しい指導者として受け入れる決断をしたからこそ、彼を招いたのであった。この憲章が作られる段階では、ムハンマドの指導権ははっきりしていた。ただし、彼に従う者はまだマディーナの多数派ではなかった。イスラームの権威が隆盛するのは、バドルの戦いで、マッカからの三倍の大軍を迎え撃って奇跡的な勝利を得てからである。

続いて、最初に、ウンマ条項が来る。

〔二〕彼らは、〔他の〕人々とは異なる一つの共同体（ウンマ）である。

ウンマは、イスラームへの帰依、すなわち宗教的紐帯を基盤とする共同体である。血統、系譜を紐帯とする部族的な原理を否定するものであった。レッカーはここでの「ウンマ」の語義は曖昧であるとして、英語でも people と訳している［Lecker 2004:88-91］。つまり、レッカーはクルアーンの章句に登場するウンマの意味に解することに反対している。この点について、レッカーの立論は語彙の検討は詳細であるものの、それほど説得性も整合性もない。

ここでウンマが樹立されたと考えないのであれば、その後のマディーナの政治的展開は説明がつかないであろう。まもなく、マッカの軍勢と正面からの軍事衝突が生じる。バドルの戦いではマディーナ軍が三倍の敵に勝利することになるが、当時の情勢は勝利を予期することは全くできなかった。この憲章によって、死を賭してもムハンマドに従う共同体としてのウンマが成立していたと見る方が、バドルの戦いへの出陣は理解しやすい。

ウンマが樹立されながらも、なお、第三条からは、部族的な単位が登場し、互いに助け合うことが強調される。

（三）クライシュ族の移住者（ムハージルーン）は、彼らの慣習に従って、互いの間で「血の代償」を履行し、捕虜〔となった者〕について、信徒間の〔あるべき〕善行と公正〔な分担〕によって〔身代金を支払って〕身請けする。

（四）アウフ氏族は、彼らの慣習に従って、互いの間で従前からの「血の代償」を履行し、〔氏族内の〕血族集団（ターイファ）が、捕虜〔となった者〕について、信徒間の〔あるべき〕善行と公正〔な分担〕によって〔身代金を支払って〕身請けする。

（五〜一一）ハーリス氏族は…（以下、同様の規定が、七氏族について続く）。

（一二）信徒たちは、彼らの間の困窮者を放置せず、身代金あるいは血の代償において、その者に対して善行を施すものとする。

ここから、マッカからの移住者が一つのグループとなっていることがわかる。それは、彼らがクライシュ族出身だというだけではなく、異郷にあって困苦の生活をしていることにも拠っている。マディーナ在住のムスリムたちは「アンサール（援助者）」と総称されるが、実際の生活はそれぞれの部族を単位としていた。マディーナにはハズラジュとアウスという二つの部族連合があり、両者の間で長年抗争があった。彼らはムハンマドに、その抗争を乗り越えさせてくれる指導者として期待した。ちなみに、彼らは出自から言えば、南アラブ系に属する。

確かに部族名が明記されたこのような条項を見ると、ウンマがどこまで部族主義を超越する共同体であったかは判然としない印象を与える。ハズラジュとアウスという既存の部族単位としての氏族（バトゥン baṭn）ではなく、この憲章に具体名をあげられた「ターイファ（ṭā'ifa）」に再編しているところを評価すべきだという見解もあるが、「ヒジャーズ地方の部族的特徴を温存した」［Baydūn 1983:105-106］ことも疑いを入れない。実際に、部族主義の克服は一朝一夕には成就しない。この憲章はウンマ樹立当初のものであり、ムスリムたちの生命をかけた一体性が高まっていくのは、この後バドルの戦い、ウフドの戦い、塹壕の戦いなど、マディーナの共同体の命運をかけた戦いを通じてのことであった。

イスラーム以前のアラビア半島では、部族は安全保障上の単位であった。他部族から攻撃を受ければ防衛し、成員が他部族の者を傷つけた場合などには、連帯して代償金を支払うなど、部族がその成員を保護する。この憲章では、そこに「信徒間の善行と公正」という原則を付け加えた。

さらに、ムスリムの間で争うことを禁じ、敵に対しては結束することを求めている。

（一三）信徒は、他の信徒に敵対して、後者の被保護者（マウラー）と同盟してはならない。

（一四）敬虔なる信徒たちは、信徒の中の反乱する者、あるいは信徒たちの間に、不正、罪の行為、敵対行為、堕落を広めようとする者に対して、戦わなければならない。彼らは、そのような者に対して、たとえそれが自分たちの中の誰かの子弟であったとしても、結束して戦わなければならない。

（一五）信徒は、不信者のために他の信徒を殺してはならないし、また他の信徒に敵対する不信者を援助してはならない。

ウンマが安全保障の共同体であることは、次のように宣言される。

（一六）神の保護（ズィンマ）はひとつであり、最も〔地位の〕低い者が与える保護も彼ら〔全員〕を〔保護の連帯責任において〕拘束する。

（一七）信徒たちは、〔他の〕人々とは別に、互いの間で保護し協力し合う。

（一九）信徒たちの和平はひとつであり、神のための戦いにおいて、信徒は他の信徒を差しおいて和平を結んではならない。〔和平が結ばれる時は〕全員にとって平等で公正でなくてはならない。

（二〇）我々と共に〔出撃する〕遠征隊は、交互に〔責務を〕おこなう。

（二一）信徒たちは、連衡して、神のために流された血のために、復讐をおこなう。

これらの条項で軍事と和平が明確に規定されていることに注目する必要がある。宗教共同体としてのウンマは、狭義の宗教にとどまることなく、常に軍事と平和をめぐる法規定を持っていた。また、マディーナとその一帯は、安全が保証されるハラム（ḥaram 禁域、聖域）であることが宣言される。

（四九）ヤスリブの谷は、本憲章（サヒーファ）の民にとって、〔安全が保障され〕不可侵である。

この条項は後半のユダヤ教徒との安全保障の契約の部分にあるため、適用範囲はより広いであろう。ハラム（ḥaram）は「〔侵犯行為が〕禁じられた区域」という意味であり、日本語では「禁域」と訳すのが適当であろう。より一般的な語としては「聖域」とすることもできる。ハラムの概念は、イスラーム以前からアラビア半島では認められていた。多神教の時代も、カアバ聖殿はハラムとされていた。マディーナがハラムと宣言されたのは、この時が最初であろう。

マッカのクライシュ族とは、すでに敵対関係に入っていた。移住に際して、ムハンマドはやっとのことで暗殺の危険を逃れ、追討隊をかわしてマディーナに到着した。マディーナには、この憲章に参加していない多神教徒も数多くいたが、彼らに対する政策も明示されている（彼らは憲章参加者ではなかったが、次の条項は彼らに対する政策を述べている）。

（二三）多神教徒が〔マッカの〕クライシュ族の財産や人身を保護下におくことは認められない。また、〔多神教徒が〕信徒に敵対して〔クライシュ族のために〕介入することも許されない。

ムハンマドの司法権、裁定権も明確に述べられている。

（二四）〔罪なき〕信徒を殺害したことが明らかな〔証拠がある〕場合、加害者には被害者の遺族が〔血の代償に〕合意した場合を除いて、同態報復刑〔死罪〕が与えられる。信徒たちは全員で加害者に立ち向かい、〔報復刑の〕執行以外の行動は許されない。

（二五）本文書（サヒーファ）に述べられている事に合意し、神と終末の日を信ずる信徒には、罪人を助け、あるいは庇護することは許されない。罪人を助け、あるいは庇護した者には、復活の日に神の不興と怒りが下り、悔悟も謝罪も受け入れられないであろう。

（二六）汝らの間で何事であれ対立が生じた場合には、その裁決は神とムハンマドに委ねられなければならない。

第二五条の「罪人（ムフディス muḥdith）」を、レッカーは「殺害者」を意味するとしている。新しい邦訳では「悪人」とした上で、「原義は『何らかの新しいことをなす者』。ムハンマドの信仰のあり方に異議を申し立てる者をさす」［イブン・イスハーク 2011:Vol.2, 586］と訳註を付している。優れた解釈であろう。

第二四条の内容は、注目に値する。というのも、オリエント／中東ではハンムラビ法典の時代から、そして旧約聖書の規定を通して「目には目を、歯には歯を」という同態報復刑の原則が知られているが、イスラームはそれに根本的な修正を加えた。「加害者には被害者の遺族が〔血の代償に〕合意した場合を除いて」とあるように、遺族が合意するならば金銭的な補償で代替することができるという原理が導入されたのである。これは殺人以外の傷害罪についても同じである。(39)

これらの条項から、ウンマはすでに国家機能を包摂しつつあったことがわかる。しかし、行政権はまだ含まれていない。徴税も、当時は行われなかった。戦費の負担も、アドホックに必要に応じておこなわれていた。ちなみに、この後に生じる戦役の際も、ムスリム軍の武具や軍馬は富裕な信徒たちからの喜捨によって購入されていた。

ユダヤ教徒の諸部族については、一八条にあるほか、二七条以降に続く。二六条までがウンマの盟約であるとすると、二七条以降は、ユダヤ教徒との安全保障の契約と考えられる。

（一八）ユダヤ教徒の中から我々に従う者には援助と対等〔の扱い〕が与えられ、不正に扱われることも、その敵に援助が与えられることもない。
〔二七〕ユダヤ教徒は、戦いに参加し続ける限りは、信徒たちと共に、戦費を負担しなければならない。

次の条項は、解釈上の難題を含んでいる。

〔二八〕アウフ氏族のユダヤ教徒は、信徒たちと共に共同体（ウンマ）である。ユダヤ教徒には彼らの宗教があり、ムスリムたちには彼らの宗教がある。彼らが庇護する者と彼ら自身〔にこれは適用される〕。ただし、不正をなし、罪を犯す者は別である。彼〔罪を犯す者〕は、ただ自らと自らの一家を破滅させるのみである。
〔二九〕ナッジャール氏族のユダヤ教徒は、アウフ氏族のユダヤ教徒と同等の扱いを受ける。
〔三〇～三九〕ハーリス氏族のユダヤ教徒は……（以下、前項と同様の規定が七氏族、およびユダヤ教徒が庇護する者や同盟者について続く）。

第二条では、ムスリムたちがウンマを構成する、と明言されていた。「彼らは、〔他の〕人々とは異なる一つの共同体（ウンマ）である」となっていた。この場合の「彼ら」は第一条で、「クライシュ族〔出身者〕とヤスリブ〔在住〕の信徒およびムスリムたち、ならびに彼らに従って、彼らと提携し彼らと共に戦う者たち」とあり、基本的にムハンマドに従って移住した人びとと彼らを受け入れたムスリムたちである。「提携し共に戦う者たち」と付随的に言及されているのは独立した主体ではなく、ムスリムの諸部族の中でまだ改宗していない人びとを指すと考えられる。その後のマディーナにおいて、彼らはムスリムとなった。

このムスリムたちのウンマ条項とは別に、この第二八条には、ユダヤ教徒たちが「信徒と共にウンマである」とある（原文は動詞のない「名詞文」を用いた平叙文）。イスラームとユダヤ教は同じ共同体をなすのであろうか。「共に（ma'a）」の部分について、アブー・ウバイド版では「〜から（min）」となっている。その場合、「信徒たちから〔別の〕ウンマである」と解釈できる。そうであればウンマは二つあり、それぞれが自分の宗教を持つ、という続く文章とは整合的である。レッカーは、マイナーなバージョンを集めて校訂する過程で、ここは「ウンマ（umma）」ではなく「アムナ（amna 安全）」の語を採用すべきとしている。そうであれば、「信徒たちから安全である」となる。

レッカーの説は、にわかには賛成しがたい。なぜなら、イブン・ヒシャーム版もアブー・ウバイド版も主要なバージョンは「ウンマ」と明記しているからである。そうであれば、ユダヤ教徒が同じウンマではありえないと考えるならば、アブー・ウバイド版の「信徒たちから〔別の〕ウンマである」を採用する方が校訂作業としては確実であろう。しかし、その場合には、なぜこの文書が他者（ユダヤ教徒）について「ウンマ」であると規定しなければならないのか、疑問が生じる。自己規定は第二条だけで十分であろう。ユダヤ教徒の側も、新参の他者に「別のウンマ」であると言ってもらう必要があるとは思われない。「信徒たちと共に共同体（ウンマ）である」が正文であった可能性は少なくない。

ウンマをイスラームだけの共同体と考えるならば矛盾するようであるが、後のイスラーム国家を考えた場合、保護されたマイノリティ宗教はその中に包摂されるものであった。ウンマを、宗教的な紐帯による共同体としての側面だけから考えるのか、国家的な実体を持つ存在として考えるのかによって、両義性が認められる。第二条と第二八条では、「ウンマ」の用法が二つのやや異なる方向性を示している可能性がある。

ヒジュラ直後の段階でのウンマ構想は、友好的なユダヤ教徒の部族が、ムスリムたちが構成するウンマに宗教は異なる集団として付随的に参加するという形であったかもしれない。主要なユダヤ教の三部族が敵対行動によってマディーナから駆逐されるのは、もっと後のことである。憲章に参加した小さなユダヤ教徒の部族との関係を、そこから逆算して類推することはできない。少数派宗教の随伴を認めるとすれば、ウンマには二つの用法があることになるが、憲章は宗教共同体ないしは人間集団としてのウンマと同時に、マディーナを版図とする都市共同体・都市国家を想定している面を持っていた。

いずれにしても、契約を結んだユダヤ教の諸部族は、同盟者として扱われ、その限りではムハンマドの指揮下に入った。軍事権、司法権についても、同様である。

（四〇）彼らの中の何人も、ムハンマドの許可なしに出征することは許されない。

（四一〜四三）〔前項にかかわらず〕何人も、〔他の者から〕与えられた傷害の復讐を行なうことを妨げられることはない。〔他人を〕殺害する者は、自らと自らの一家を殺す者に他ならない。ただし、不正を行なった者に対する場合は例外である。神はこれら〔の条項〕の最も誠実な履行者を受け入れ給う（レッカーは「神は最も誠実な履行を保証する」と訳している）。

（四四〜四七）ユダヤ教徒は自分たち〔の分〕の戦費を負担し、ムスリムたちは自分たちの戦費を負担しなければならない。彼らは互いに、本憲章の民に対して戦いをしかける者に対抗して協力し合わなければならない。そして、彼らの間では、忠告と協議がなされなければならない。誠実は〔協定の〕違約を妨げる。
（五二）本憲章の民の間で、悪影響の〔広がる〕恐れがある対立や紛争が生じた場合には、その裁決は神および神の使徒ムハンマドに委ねられなければならない。
（五三）神は、本憲章について〔違約を〕最も恐れ〔執行に〕最も誠実な者をめで給う。
前述のユダヤ教徒との「ウンマ」条項をどう判断するかという問題はあるが、それについては保留して、これらの条項の政治的な含意だけをみるならば、これらはムハンマドの統治権を確立し、イスラーム国家の原型を示していると考えられる。従来もありえたような部族連合の盟約とどれほど違うかは、第五二条の裁決権の内実による。裁決がムハンマドよりも前に神（＝啓示）に委ねられるという内容を見れば、これは部族連合とは全く質を異にするものであろう。

クライシュ族やその他の敵に対する条項も、共同防衛の責任も非常に明確である。

（五四）〔マッカの〕クライシュ族および彼らを援助する者には、保護を与えてはならない。

（五五）彼ら〔本文書の民〕は、ヤスリブを攻撃する者に対して、互いに協力〔して防衛の戦いを〕しなければならない。

（五六）彼ら〔ユダヤ教徒〕は、和平を結び、それを維持することを求められた場合、それに応じなければならない。彼らが同様のことを〔ムスリムに〕求めた場合も、ムスリムたちは、イスラームのための戦いの場合を除いて、それに応じなければならない。すべての者は、自分たちの〔戦費〕分担を負う。

最後に、憲章が不義を排すると同時に、憲章に参加するもしないも、当人たちの自由であることが宣言される。

（六一）本文書（キターブ）は、不正者および罪人について介入〔を行なって彼らを保護することは〕しない。

（六二）〔マディーナにおいては〕不正を行なう者や罪を犯す者は別として、出て行く者も安全であり、留まる者も安全である。

（六三）神は、善をなし〔罪を〕恐れる者の保護者であり、神の使徒ムハンマドも〔同様で〕ある。

（六四）彼ら〔ユダヤ教徒〕の中で本文書に最もふさわしい者は、最も正しく誠意ある者である。

以上に概観してきたところから、マディーナに樹立された共同体、およびそこに内包されている統治権の性格が浮かび上がってくる。次のようにまとめることができる。

（1）ムスリムたちは、「単一の共同体（ウンマ）」（二条）と規定される。そのための「血の債務」の解消の単位は氏族とされているものの、それは宗教的結合を前提としている（三〜一一条）。宗教的結合は、血縁的結合に優先する（一三・一四条）。

（2）ユダヤ教徒は、信教の自由を保持し、安全が保障される（一八、二八〜三九条）。

（3）マディーナは、全員にとって安全地帯（ハラム＝聖域）と宣言される。

（4）ムスリムとユダヤ教徒は異なる宗教を持ちながら、一つのウンマを構成するか、あるいはユダヤ教徒は別なウンマながらもムスリムのウンマに付随される（二八条）。マディーナ内部での安全（四九・六二条）と外部からの防衛（一九・二七・四四条、四五条）が義務付けられる。

（5）ムスリムは対外関係において統一され（一六条・一九条）、ムスリムとユダヤ教徒の間でも、対外関係において協調が行なわれる（四六条）。
（6）この新生ウンマ／都市国家においては、神とムハンマドの権威が優越的に認められる（二六・五二条）。ただし、この場合、ムスリムに対する権威は無条件的（「何事であれ」二六条）であるのに対して、憲章の民全体に対しては、自治を認め、限定的（「悪影響の恐れがある対立や紛争が生じた場合」五二条）である。ユダヤ教徒もこの統治権に従うことが、一定程度前提とされる（一八・四〇条）。
（7）安全保障（ズィンマ dhimma、ジワール jiwār）の提供は重視される（一六・一七条）が、共同体ないしは憲章参加者の敵には安全が保障されない（二二条・四五条）。
（8）共同体の安寧を乱し犯罪をおかす者は処罰される（一四・二五・四一条）。
（9）戦費については、ムスリムもユダヤ教徒も負担する（二七・四四・五六条）。
（10）憲章への参加は、ムスリムは全員がムハンマドと盟約を結んで参加しているが、ユダヤ教徒（およびその他の者）は自由意思による。参加する以上は、誰もがイスラームの権威（神＝啓示とムハンマド）に服さなければならない。

以上の点から、有機的な統合性を持つ一群の原則が浮かび上ってくる。憲章を合意の基礎としてマディーナに成立するウンマは、全住民を組織するが、成員の基本的区分は宗教共同体を前提とする。

各共同体は、統治権に服さなければならないが、そうである限りは安全が保障され、信教の自由も保障される。対外関係は統一され、成員は防衛の義務を負う。全体を規制するものはムハンマドの権威（ムハンマドを通した神の権威とムハンマド自身の権威）であり、その権威は承認されなければならない。ウンマの成立は、「ヤスリブの谷」を領土とする都市国家を同時に樹立せしめるものであった。

アルジョマンドは、憲章の憲法的な性格について「憲章の目的は（国家ではなく）政治的共同体を創出することであった。ムハンマドにとって主要な憲法的問題は、国家の形成ではなく、宗教的問題の解決であった」［Arjomand 2009:556］と述べているが、全面的には同意できない。統治権については明確に含まれている上、アルジョマンドのいう政治的共同体は多宗教的な共同体を意味しているからである。「憲章の永続的な効果と意義は、これによってムスリムによる宗教共存の古典的なモデルの礎石が置かれたことにある」［Arjomand 2009:556］という点も、「共存」の意味とその仕組みが問題であろう。

アルジョマンドの議論の最大の問題は、第一条にある「信徒およびムスリムたち」の信徒を「憲章を守る者」の意に――サージャントの説に依拠しつつ――解しているところである。彼は原語のmu'minīn は「イーマーン（imān 信仰）」ではなく、「アマーン（amān 安全）」と結びついた語であると主張する。そうであれば、第二八条も、「アウフ氏族のユダヤ教徒は、憲章を守る者と共に共同体（ウンマ）である」と解され、上で言及したような第一・二八条間の齟齬はなくなる。その場合のウンマは、ムスリムもユダヤ教徒も含む「憲章締結者の共同体」ということになる。アルジョマンドは、後に「憲章を守る者」が「信徒」の意味に転じたのだとして、「預言者の死後、ウンマの語が再び使われるようになった時には、マディーナでの統一された政治共同体を意味するのではなく、信徒たちの共同体を意味するようになった」［Arjomand 2009:571］と述べている。

言いかえると、アルジョマンドはいったん成立したマディーナ憲章による多宗教の政治的共同体としてのウンマが失われて、後にウンマはイスラームだけの共同体という別の意味で復活したと主張している。この断絶説も、muʾminin を「憲章を守る者」の意味に解釈する説も、いささか強引な解釈であるように思われる。

4　クルアーンにおける「ウンマ」

マディーナ憲章によって樹立されたウンマは、クルアーンの章句の中でいくつかの特徴づけをなされている。それらの章句から、ウンマの原型的なイメージが明確に伝わってくる。その意味において章句の中には、マディーナ憲章と同様にイスラーム共同体・国家の「原型」が包含されている。後の法学者やウラマーは、そこからウンマの役割と意義を論じ、ウンマ論を精緻化した。

クルアーンの中には、ウンマの単数形（umma）が四九回、複数形（ウマム umam）が一一回登場する。語義は、集まっている人々、一定の時間、特定の信条など多義にわたるが、特にきわだっているのは、共通性を有する人間の集団を指す用法である。「民」「人びと」「共同体」、場合によっては「民族」などの訳語があてうる。単数形のうち四三回、複数形のうち一〇回がマッカ期の用例である。これらの多くは、イスラームに先行する時代における人間集団をウンマと呼んでいる。「いかなるウンマ〔民〕であれ、警告者が来なかったことはない」【創造者章二四節】、「もしアッラーがお望みであったなら、汝ら〔人類〕を一つのウンマ〔民〕としたであろう」【蜜蜂章九三節】というような一般論の場合のほか、イブラーヒーム（アブラハム）一人について「イブラーヒームはアッラーに従うウンマ〔模範〕であった」【蜜蜂章一二〇節】とする珍しい用法もある。クライシュ族がムハンマドを認めないことに関連して、以前の民たちも同じであったとの言及もある――「アッラーにかけて、われ〔アッラー〕は汝以前の諸ウンマにも〔使徒を〕遣わした」【蜜蜂章六三節】、「汝らが〔使徒を〕虚偽だと言っても、汝ら以前の諸ウンマも〔同様に〕虚偽だと言ったのである。使徒に課せられているのは、ただ明白に伝えることである」【蜘蛛章一八節】。

マディーナ期に入ると、ムハンマドを筆頭とするイスラームのウンマについて、次のように述べられている。

それ〔イスラーム以前の人びと〕は過ぎ去ったウンマである。彼らには彼らが獲得したものがあり、汝ら〔ムスリム〕には汝らの獲得したものがある。彼らの行いについて、汝らが問われることは決してない。〔マディーナの〕人びとの中の愚かな者たちは言うであろう、「なぜ、彼ら〔ムスリム〕はそれまで従っていたキブラ（礼拝の方角）を変えたのであろうか」と。言うがよい、「アッラーにこそ東方も西方もすべて帰属する。かれ〔アッラー〕はお望みの者を直き道へとお導きになる」。かくのごとく、われ〔アッラー〕は汝らを中道のウンマとした。それによって汝らが人びと〔すべて〕に対して証人となり、汝らに対して使徒〔ムハンマド〕が証人となるように。われがこれまで汝が従っていたキブラを定めたのは、使徒に従う者ときびすを返す者とを見分けるためである。【雌牛章一四一～一四三節】

ここで言及されているキブラ（礼拝の方角）の変更は、エルサレムからマッカへの変更である。ムハンマドたちはマディーナへの移住後、北方のエルサレムに向かって礼拝を捧げていた。それはマディーナ住民、特にユダヤ教徒に対して、イスラームがセム的一神教の系譜を継承していることを示すものであった。しかし、およそ一年半後、キブラはマッカの方向（マディーナから見て南方）に変更された。

それに対して疑問を呈する「愚かな者たち」とは誰か。最も早くに集成された啓典解釈学（タフスィール）の書『クルアーン章句解釈に関する全解明』［al-Ṭabarī 1968］において、タバリー（八三九〜九二三年）は、語義を伝える伝承を並べている。それによれば、愚かな者たちとは「ユダヤ教徒」「偽善者（ムハンマドに面従腹背する者）」である［al-Ṭabarī 1968:Vol.2, 1-2］。また、エルサレムに向かって礼拝していた期間については、一七か月、一六か月、九または一〇か月という伝承を紹介し、マイナーな説として一三か月も収録している。「それまで従っていたキブラ（礼拝の方角）」がエルサレム（アラビア語ではバイト・アル＝マクディス）を指していることには異論がない。ユダヤ教徒の中には、「元のキブラに戻せば、信じるのに」と申し入れた者もあったという［al-Ṭabarī 1968:Vol.2, 2-4］。

「中道の」と訳した「ワサト（wasaṭ）」は、直訳すれば「中央の」「中間の」であるが、タバリーによれば、その解釈として「選良」「公正」の意味が伝えられている。章句にある「証人」とは、それぞれが神の命令を守ったかどうかを証言する者と解される。諸預言者は、天使ジブリールが啓示を伝えたかについて証言する。また、彼ら自身がそれぞれのウンマ（民）に啓示を伝達したかが問われる。本人たちが、確かに伝えたと申し述べると、各ウンマが証言を求められる。人びとがまちまちの答えをすると、ムハンマドのウンマ（ムスリムたち）が証言を求められ、「確かに彼ら〔諸預言者〕は教えを伝達しました」と答える。人びとが「その場にいなかったのに、なぜわかるのか」と問いただすと、ムスリムたちは「私たちは啓示によってそのことを知った」と告げるという［al-Ṭabarī 1968:Vol.2, 6-8］。

タバリーは、キブラの変更でマディーナの人びとの間で動揺が生じたという伝承も伝えている。「ある時はこうしろ、別な時はこうしろと、どうなっているのか」と苦言が呈されたという［al-Ṭabarī 1968:Vol.2, 12］。章句の最後に「使徒に従う者ときびすを返す者とを見分ける」とあるのは、マディーナ住民の態度が二つに分かれたことを示しているであろう。

さらに、クルアーンでは、ウンマの使命が次のように明示されている。

汝らは〔一つの〕ウンマとして、善を呼びかけ、善行を命じ、悪行を禁じるようでありなさい。これらの者たちは、成功する者たちである。【イムラーン家章一〇四節】

汝らは、人びとのために生み出された最良のウンマである。汝らは善行を命じ、悪行を禁じ、アッラーを信仰する。啓典の民も信仰するならば、彼らのためにその方がよかったであろうに。彼らの中には信仰者もあるが、多くの者は罪深き者である。【イムラーン家章一一〇節】

前者は「ウンマとして、かくあれ」という命令であり、後者はウンマのあり方についての言明による称揚ないしは規範の提示である。両者に共通しているのは「善行（マアルーフ maʿrūf）を命じ、悪行（ムンカル munkar）を禁じる」ことである。二つの節を比べると、さらに前者には「善（khayr）を呼びかける」ことが付加され、後者にはアッラーへの信仰が加えられている。タバリーの伝えるところでは、この場合の「善」はイスラームを指す。そうであれば、後者の節の神への信仰と隔たりはない。善行も、神と啓示を信じることが最大の善行であり、その否定が最大の悪行であると解される

[al-Ṭabarī 1968:Vol 4, 38]。後のイスラーム法では、「善行を命じ、悪行を禁じる」の二項は社会倫理の基本原則とされるようになり、善行・悪行も広範囲の社会行為に解されるが、タバリーの記述からは、マディーナ期初期にはもっと狭義であったことがうかがわれる。

「人びとのために生み出された最良のウンマ」は、ムスリム全体を指すように思われるが、タバリーは、マッカから移住した者たち、すなわちムスリムの選良たちを指す、という解釈があったことを紹介している[al-Ṭabarī 1968:Vol.4, 43-46]。他方、「啓典の民」はユダヤ教徒、キリスト教徒を指す。「彼らの中には信仰者もある」とあるのは、ムハンマドを信じた者がいることを明示している。

ただし、信じた結果、彼らがイスラームのウンマの一員となったのか、ユダヤ教徒・キリスト教徒のままにウンマに統合されるのかは、章句のテクストだけでは判別がつかない。前節でマディーナ憲章の中の「ウンマ」をめぐって提起した問題は、これらの章句からは解答を得られない。この問題は、歴史的な展開の中で明確となっていくことであろう。

5 宗教と民族の共存

先のマディーナ憲章の規定から明らかなように、ムスリムたちは「〔他の〕人々とは異なる一つの共同体」とされた。ここにイスラームを紐帯とする「ウンマ」が成立した。イスラームが生み出した概念装置の中で、これほど強力で、大きな影響を及ぼしたものはないであろう。ウンマの中でムスリムたちは平等とされ、その思想はウマイヤ朝期を通じて、新しい改宗者たちの間にも広がった。アラブ優位政策を採ったウマイヤ朝が倒されたのは、この平等原理とアラブ優位政策の矛盾が大きな要因であったと考えられる。さらにウンマを基盤として、アッバース朝中期までに広域的な「イスラーム世界」が成立することになった。

その一方で、下位の人間集団としての部族的な紐帯は、決定的には否定されなかった。ウンマが部族主義を否定したことは確かであるが、明らかな部族主義（部族意識の優先、部族的紐帯による対立）でないのであれば、自らの系譜的な意識を維持することは許された。言いかえると、イスラームのウンマ的な普遍主義が、当時のマッカ、マディーナ憲章の社会的現実の範囲内に収められたとみなすことも可能である。そのような妥協的な要素も認めうるが、筆者はより積極的な面も認められると考える。

それについて、三つの側面を指摘することができる。第一に、イスラームが家族的な紐帯を重視することである。アラビア語で「スィラ・アッ＝ラヒム（ṣila al-raḥm）」という概念がある。直訳すれば「子宮のつながり」であるが、母胎を通してのつながりであるから、血縁を指す。ハディースでは「ラヒム（子宮）」は神の「慈悲（ラフマ raḥma）」と同根であり、「〔子宮の〕つながりを断つ者は、〔まっすぐには］楽園に入らない」［ブハーリー『真正集』］とある。クルアーンでは「親に対する善行（iḥsān bi-l-wālidayn）」【家畜章一五一・夜の旅章二三節】も推奨されている。[40] そこには、自分が親から生まれたことを認めることは、神によって創造されたことを認めることにつながる、という前提が看取されるが、血縁者を重視する価値を推奨するならば、血縁関係を「部族」的に理解する人びとに部族意識を捨てさせることはできない。

第二は、系譜意識は、ムハンマドの預言者性にとって重要な要素という点である。ムハンマド（およびクライシュ族ならびに北アラブ系のすべての部族）がアブラハムとイシュマエル（イブラーヒームとイスマーイール）の子孫であることは、彼らの純粋な一神教へ回帰するものとしてのイスラームの正当化の根拠となっている。この系譜意識を肯定しながら、他の部族が持つ系譜意識を否定することはできないであろう。

第三は、ムハンマドの子孫へつながる系譜の重視である。クルアーンに「アッラーがお望みになるのは、お家の者たちよ、汝らから穢れを取り除き、汝らをどこまでも清浄になさることである」【部族連合章三三節】とある。この「お家の人」が彼の妻たちを指すのか、血族の子孫を指すのか、あるいはそうだとしてどこまで含まれるのかは、後のシーア派の主張などもあってさまざまな解釈が存在する。どの解釈を取るにしても、イスラーム史の中にはムハンマドの子孫を尊ぶ事例が枚挙にいとまないであろう［新井 2002; 森本 2002, 2010］。

この三つの要素は全体として、イスラームの平等主義とは別に、「部族」的な意識を許容する側面があることを示している。つまり、ウンマの原理は、イスラームの紐帯を一義的に考えるのであれば、その下位の種々の集団意識を許容していることになる。あるいは、血統や言語や民族性による差異を廃絶しきれない人間の属性として認めた上で、何よりもウンマへの忠誠を要求する原理である、と言うこともできる。

部族的なアイデンティティはアラブ人の特色であり、最初の征服地にいた非セム系のペルシア人やエジプト人、ギリシア人などは部族的ではなかった。彼らの場合、ウンマの下位に来るアイデンティティが民族的、言語的、ないしはエスニックなものであった。クルアーン的な表現を使うならば、「お人びとよ、われ〔アッラー〕は汝らを男女から創り、汝らを諸部族と諸民族となした、互いに知り合うようにと」【部屋章一三節】という章句から、アラブ人が諸部族であるとすれば、これらの人びとは「諸民族」であった。実際九世紀に、イスラームに改宗したペルシア人の書記階層の間で民族文化の復興を志向する運動が生まれた時、この「諸民族（シュウーブ shuʻūb）」の語から——部族的なアラブ人とは違うという矜持をもって——「シュウービーヤ運動」と呼ばれた（この運動については、第7章4で触れる）。

ウンマは、イスラームの領域が拡大するにつれて、さまざまな民族や言語集団を包摂するようになった。当初は、ムハンマド時代とその直後の正統カリフ時代には、ウンマの下位の単位は主として部族であったが、版図の地理的な拡大の結果、ウンマとは、同質的な構成員から成るのではなく、上位のウンマと下位のエスニックな集団が複合しているものとなった。民族や部族を、今日的なエスニシティーの語で総括するならば、ウンマとは実際には「ウンマ＝エスニシティー複合体」である。

これは、一面では、ウンマの統合力を高めたであろう。しかし、さらにその後のイスラーム世界の歴史を考えると、ウンマ＝イスラーム意識の下位に部族性や民族性を許容するという仕組みは、部族性、民族性を温存する働きをしたように思われる。そうであれば、ウンマの紐帯が弱まれば、民族的な対立が表面に出ざるをえない。

ともあれ、それは後の時代のことである。ここでは、本書が対象とする時代には、マディーナでウンマ＝部族複合体が形成され、それが広域的なイスラームの広がりとイスラーム的な同胞性や平等性の原理が社会的に浸透する過程で、ウンマ＝エスニシティー複合体へと拡張することになる、と確認するにとどめよう。

マディーナ憲章は、複数の宗教を認める構造をもっていた。後に晩年のムハンマドは、タブーク遠征などの際に、支配下に入ったユダヤ教徒、キリスト教徒に、ジズヤ（人頭税）を課して、彼らに信教の自由と自治を認めた［嶋田 1977:38-41］。これは、憲章で「ズィンマ（保護）」と明記されている原理によって制度化され、保護された宗教――より厳密に言えば、保護された宗教共同体――は「ズィンマの民（被保護民 Ahl al-Dhimma）」と呼ばれるに至る。

総じて言えば、マディーナ憲章で示された原理は、その後具体的な制度化が進み、宗教共存の仕組みを作っていくことになった。そこにおいて重要なことは、人間の識別は常に、宗教を第一義とするという点であろう。

6 神権政治をめぐって

ムハンマドの事績を手短にまとめるならば、前半生は、血筋のいい生粋のアラブ人、「アミーン（誠実者）」（という渾名の持ち主）、家庭人（夫・父・祖父）、商業従事者（妻が商人）であり、四〇歳の時に「召命」を受けてからは大きな転換を遂げて、預言者、宗教指導者、統治者・政治指導者、立法官、仲裁者、司法官、外交官、戦略家・戦士として活動した。預言者となった後でも、およそ一三年のマッカ時代は「預言者、宗教指導者」に過ぎなかったが、マディーナに移ってからのおよそ一〇年は、統治・行政、立法、司法、外交、軍事など、あらゆる分野で指導権を発揮した。

ここに含まれていない主要な分野は、農業だけであろう。牧畜については、若い時期（結婚以前）に体験していたようであるが、生業とまでは言えない。マディーナでの弟子たちは農民であり、農業については彼らが知っていた。

わずか二三年でこれだけの活躍をしたのであるから、異能の人であったことは間違いないが、筆者は時にムハンマドについて「遅咲きの天才か」と疑問を提起している。「遅咲き」というのは、当時の人生の短さなり不安定性を考えてみても、四〇歳の時に「最後の啓示」による「世界宗教」の樹立に向かうのは、合理的に考えれば無謀に見えるからである。私たちはムハンマドが使命を完遂したことを知っているから、結果論的に成功した彼の事績を見るが、将来を知ることができない同時代的な目で見るならば、きわめて不思議な現象である。

特にマディーナに移住する直前は、危機的な状況であった。すでに五三歳に達したムハンマドとその弟子たちに、どのような眺望がありえたであろうか。マッカでは、一三年たってもごく少数の信徒を得たに過ぎず、迫害のために布教の自由もなくなっていた。マディーナへの「移住／聖遷」という転機を得て、わずか一〇年でアラビア半島全域を威に服させるとは、誰にも想像がつかなかったであろう。

このような状況を理解する一つの道は、イスラームの布教はムハンマド自身が主体的に企画したことではなく、あくまで神からの「啓示」の指示に従っていた、という受動性に着目することで得られる。そのような啓示を集成した聖典クルアーンには、数多くの命令や指示が出てくる。ムハンマドは「アッラーの使徒」、すなわち啓示の受け手［小杉 2002:46-48］として、自らにも弟子たちにも対していた。

ここから、ムハンマドの統治は神権政治であったか、という問いが生まれる。神権政治は『広辞苑〈第六版〉』では「支配者が、神の代理者として絶対権力を主張し、人民に服従を要求する政治・統治形態。神裁政治。神政」と定義されている。政治学においては、『現代政治学事典〈新訂版〉』では「〈英〉theocracy〈独〉Theokratie　ギリシャ語の theos（神）と kretein（支配）からの造語。人格共同体あるいは国家に超意識や共同意識の存在を想定し、それを単一の人格的意識に帰し、その意識により共同体が指導されるとする考え。このとき政治的力と宗教的力が集中され、あるいは宗教的目的の達成に根本的に捧げられる」［柳沢 1998:487］、『現代政治学小辞典〈新版〉』では「神意を体現すると主張する宗教的人格や聖職者集団による政治支配で、神政制ともいわれる」［阿部・内田・高柳 1999:142］。このような定義がムハンマド時代にあてはまるか問うならば、その答えは諾であろう。

ムハンマドは弟子たちにクルアーンの命令を伝え、実行させることを主務としていた。困難な状況や選択に迷う時は、しばしば啓示（クルアーンの章句）が現れるのを待っていたことが知られている。彼自身の職位は「アッラーの使徒」であった。使徒＝ラスール（rasūl）とは「遣わされた者」を指す。その機能・職位は「リサーラ（risāla）」、すなわち啓示＝クルアーンの言葉を伝えることであった。

マッカで彼がクライシュ族に要求したことは、ラスールとしての役割の認知であった。クライシュ族がこれを拒絶したため、彼は弟子を連れてマディーナに移住した。ここでは、「神の使徒」という立場が社会的に受け入れられて、「啓示」を媒介とする統治行為が是認された。イスラーム型の神権政治が成立した。しかも、この統治の是非は、宗教としてのイスラームに対する賛否と合わせて、アラビア半島全域を巻き込む戦争によって問われた。

マッカ側もそのことをよく理解し、軍事攻勢に打って出た。初戦のバドルの戦い（六二四年）で敗れたが、翌年のウフドの戦いでは大いに雪辱を果たした。最終的な決戦をもくろんで、クライシュ族がアラビア半島で同盟可能なすべての部族を動員した戦いは、「部族連合の戦い」とも、マディーナ側が籠城戦のために用意した戦術から「塹壕の戦い」とも呼ばれる（六二七年）。この大攻勢の失敗によって、マッカ側の軍事的優勢は崩れた。マディーナ側は、フダイビーヤの和約（六二八年）で戦略的な優位を得ると、六三〇年には逆に、イスラーム側についた諸部族を糾合して、マッカを無血開城するに至った。これによって、マディーナの統治権はマッカを含むアラビア半島の大半で受け入れられたのである。

マッカ側も、これによってイスラームの優位を受け入れ、ほぼ全員がイスラームに加わった。元来は、マッカにおいて多神教対イスラームという宗教信条と社会秩序の対立であったものが、最終段階では軍事的な対決によってその是非の決着がつけられた。宗教的な共同体と統治権を一体的に運用するマディーナ側では、この結末のあり方に異論はなかった。

ちなみに、マッカ征服によって、クライシュ族内部の対立は終わりを遂げた。イスラームの旗の下でクライシュ族の再統合がおこなわれたことは、政治的に非常に大きな意義を持っていた。それまでイスラームの敵対者であったクライシュ族の構成員が、これ以降は国家の中枢に参画し始めるからである。彼らは、ムハンマドを通して、絶対的な唯一神に服していくことになる。

ムハンマドが啓示によって統治したことについて、クルアーンも明快である——「われ〔アッラー〕はまことに、真理によって汝に啓典を下した。〔先行する〕啓典を確証し、固めるためである。それゆえ、アッラーが下すもの〔啓示〕によって彼らの間を裁きなさい」【食卓章四八節】、「使徒〔ムハンマド〕に従う者は、まさにアッラーに従ったのである」【女性章八〇節】、「汝に課せられているのは〔啓示の〕伝達であり、〔その結果の〕決済はわれ〔アッラー〕がおこなう」【雷電章四〇節】。

おそらく、神権政治の他の事例と異なる最大の点は、神の代理権を主張するのが「集団」ではない点である。弟子の誰も、彼の預言者機能には参画も、関与もしなかった。この点で、嶋田襄平の指摘は的を射ている——「ウンマはメディナをその場とし、神を究極の主権者、預言者ムハンマドを地上におけるその代理人と認めるムスリム（イスラーム教徒）によって構成された教団国家で、そこには神権政治の原理が貫いていた。古代オリエントの帝国、および後世に発達したイスラームの神聖国家と比較したウンマの神権政治の特徴は、それがただ一人の預言者をもつだけで、それ以外にいかなる聖職者の組織も存在しなかったことである」［嶋田 1996:7］。

ただし「後世に発達したイスラームの神聖国家」というくだりだけは、保留する必要がある。これが次節で述べる政教一元論に基づく国家の性質を指しているのであれば、許容可能な表現であるが、カリフ国家をも神権政とみなす見方であれば、同意することはできない。ウマイヤ朝およびアッバース朝において「カリフ神授説」の試みが見られるが、それは西欧の王権神授説が俗権の正当化の原理であるのと同様に、神権政治や神聖国家を作るものではなかった。イスラーム国家論においては、ムハンマド時代が神権政治であることを確認すると同時に、それ以外のいかなる国家も、そのような意味での神権政治ではありえないことを理解する必要がある。

7 政教一元論

神権政治の問題に続いて、政教一元論について考えてみたい。これは、政治と宗教をあらかじめ分化させない社会認識を意味している。私たちが用いる「政教一致」「政教分離」という表現は、西欧をモデルとして作られている。そこでは、政治と宗教は二つの異なる実体を持っており、その上で、一方が他方を支配するか、両者の間に分離を設けるかが選択される。

このような二元論は、このモデルにおける国家がローマ帝国を起源とし、宗教がローマ帝国にとっては外国の宗教であったキリスト教会を起源とするところから来ている。キリスト教会は、ローマ古来の宗教を追い出して、ローマ帝国の国教となった。キリスト教会が紀元一世紀から地中海の各地に浸透を始めた時、ローマ法は有効に機能しており、それをキリスト教の法によって置き換えようとしたわけではない。教会は、別に自らの法として教会法を持ったが、それは市民法とは別の領域に属する。このように、西欧的な二元論は、二つの異なる実体が存在した、という歴史的背景に因っている。

ここで注意すべきは、神権政治の問題と「政教一致」の問題は――しばしば重なることがあるとしても――論題としては全く別という点である。西欧的な政教二元論の文脈で考えれば、神権政治は政教一致でなければ生じない（政教分離かつ神権政治ということは、定義上もありえない）。しかし、イスラームの場合は、政教一元論であるから、「政教一致」と「政教分離」という区分自体があてはまらない［小杉 1994:16-20;2006a:33-34］。神権政治と政教一元論は別々の問題として整理する必要がある。

イスラームにおける政教一元論は、マディーナにおいてウンマとその統治権が同時に誕生したことを背景としている。マディーナ憲章の分析から明らかなように、宗教と統治、司法はとりわけて区別されてはいなかった。

ムハンマドの事績を見れば一目瞭然であるように、宗教者としての活動には、「出家」「妻帯の否定」などの兆候は一切見られないし、イスラームの基本教義の中に「世界の終末」が含まれており、クルアーンも繰り返しそれを警告しているにもかかわらず、現世を忌避する傾向は決して強くない。イスラームにおいては、来世の価値と優位性を認めるならば、現世の暮らしも肯定されると理解してよいであろう。

言いかえると、ムハンマドは聖と俗、宗教と国家のすべての領域にわたって活動し、規範を示した。クルアーンが「汝らにとってアッラーの使徒は、アッラーと終末の日を望み、アッラーをしきりに思い出す者にとって、よき模範であった」【部族連合章二一節】としている「よき模範」は、宗教や信仰に限定されるものではない。ここから、イスラームの政教一元論が生まれたのである。

政教一元論とは、西洋的な政教一致や政教分離が「政教二元論」であるのに対して、宗教と政治を分化しないような社会のあり方を指す。西洋的な二元論は、ローマ帝国とキリスト教会の「結婚」によって生まれた。結婚しても、二つの自立した主体であることは変わらない(「離婚」すれば、政教分離となる)。

本書でも論じるように、共同体と国家の関係は大きな論点である。両者が未分化の状態から出発しながら、いずれは両者が分岐することになる。しかし、共同体と国家の間に割れ目が生じたとしても、それは宗教と政治の領域が分離することを意味しない。政教一元論においては、共同体も国家もそれぞれに政教一元的たらざるをえない。上に帝国と教会の「結婚」というメタファーを用いた。二人の「他人」の結合としての結婚を政教関係のメタファーとして用いることが許されるならば、同じように政教一元論をメタファーで表現することもできる。そこでは共同体と国家の関係が生じるが、これは二人の他人の「結婚」ではなく、同一系譜上の「親子」の関係になぞらえることができる。

以上のように、政教一元論はイスラーム的な社会・政治認識の基本であり、これ自体は「神権政治」

の特徴ではない。西洋的な二元論であれば、政教一致＝神権政治とすることはありうるが、イスラームの場合には、これは妥当ではない。ウンマを代表する者は宗教も世俗も包摂しているウンマを代表するのであって、西洋的な二元論でいう宗教者ではないし、そのような人物が政治権力を握っても西洋的な二元論を前提とした政教一致にはならない。

このことをより明確にするために、イスラーム法の権威を否定したムスリム社会を考えてみることができる。その典型は――はるか後代のことになるが――オスマン朝解体後の現代のトルコ共和国であろう。ここでは、ラーイクリキ（世俗主義）を原則とする国家が生まれた。いわゆる「政教分離」がなされたということになっている。しかし、ラーイクリキの原則はフランス型のライシテ（世俗主義）を踏襲したものだとされているにもかかわらず、トルコ共和国はモスクの建設、管理、イマーム（導師）の給与等に国庫から支出を続けている。もちろん政治的に言えば、これには、二〇世紀半ばからのイスラーム復興に直面して、イスラーム法が国家に干渉することが再びおこらないように、モスクやウラマーを国家が管理するという目的がある。しかし、世俗主義の原則が政教分離であるならば、このような政治は世俗主義の原則に反するものである。

実際のところは、イスラーム法が国家を支配しないのであれば（国家が立法・司法の領域でイスラーム法に対する独立性を有するのであれば）、現代のイスラーム世界ではそれが「政教分離」と理解される。世俗国家がイスラーム的な領域とされる部分（モスクや宗教行事）に行政的に関与することは、特に問題とされない。西洋的な政教二元論（あるいは聖俗の区分）がない以上、それが問題であるという認識すら生まれない。イスラーム法は聖俗の区別をしないし、国家も聖俗の区別をしない。前近代のイスラーム王朝では、イスラーム法と国家（具体的には法学者と統治者）の連携が求められたが、現代の世俗国家では両者を分離する傾向が強まった。しかし、イスラーム法の支配から離脱してもなお、国家は聖俗の区別をする必要性を持たないというのが現実であろう。

このような政教一元論的な国家および社会の認識は、ウンマと国家の歴史的な二重構造性に起因する。しかし、くりかえしになるが、政教一元論による国家像は、神権政治を前提とするものではない。次章で論じるように、ムハンマド没後のイスラーム国家は、神権政治の終焉に際して、いかにそこから離脱し、新しい原理をうちたてるかという根源的な挑戦に立ち向かわなければならなかった。

第5章 カリフ制国家の形成と変容

1 後継者の選出

ムハンマド時代は神からの啓示に立脚する「神権政治」であったが、その時代は彼の死によって終わりを告げた。弟子たちの間にはさらに神権政治を続ける動きはなく、むしろ、それを断ち切る決定がなされることになった。その決定のイニシアチブを取ったのは、古参の弟子で、最初期からムハンマドに付き従ってきたアブー・バクルであった。

「預言者時代」が終焉することは、クルアーンでも言及されているように見える。クルアーンの最後の啓示が何であったかについて二、三の説があるが、次の節が最も末期のものであることは疑いを入れない――「今日われ〔アッラー〕は汝らのために汝らの教え〔ディーン〕を完成し、汝らへのわが恩寵を完遂し、汝らのための教えとしてイスラームに満足した」【食卓章三節】。「完成」「完遂」「満足」などの語が、ムハンマドの役割が終わりに来たことを強く示唆している。

しかし、弟子たちのほとんどはムハンマド以後について認識を持っていなかったようである。ハディースでも、うろたえる彼らの様子が伝わっている。後に第二代カリフとなるウマルですら、「アッラーの使徒〔ムハンマド〕は死んでいない。やがて戻ってくる」と激昂した、とされる。これに対して、ムハンマドの長年の盟友であったアブー・バクルは、会衆に向かって次のように断言したという。

ムハンマドを信じた者たちよ、彼はまさに亡くなった。アッラーを信じる者たちよ、かれは永生者にして、決して死ぬことはない。〔ブハーリー『真正集』〕

ムハンマド時代には、イスラームとは神（＝啓示）とムハンマドの指示に従うことであった。彼の死後の体制がどうなるかについての明確な指示なり遺言はなかった。したがって、アブー・バクルのこの言明が「ムハンマド以後のイスラーム」とは何かを確立したものと言える。

さらに、マディーナの共同体は分裂の危機に瀕した。マディーナ在住の信徒たち、すなわちアンサール（援助者）が、マッカからの移住者とは別に指導者を擁立しようとしたからである。これは会場の名から「サキーファ事件」と呼ばれることが多い。アブー・バクルは、ウマル、アブー・ウバイダと共にこの会場に駆けつけ、分離独立をやめるよう説得にあたったとされる。統一的な指導者を立てるべきこと、その場合にムハンマドに長年従ったムハージルーン（移住者）から立てるのが妥当であることを説いたと、多くの史料が伝えている。アブー・バクルは「私たちは指揮官であり、あなたたちは副官である」と、互いの立場を定義したとされる［al-Balādhurī 1959:Vol.1, 582］。アンサールは彼らの間で誰を指導者とするかについて意見が分かれており［Bayḍūn 1989:56-58］、アブー・バクルの説得に応じることになった。結果として、新しい指導者の候補はムハージルーンに絞られることになり、アブー・バクルがその役割を引き受けることになった。

彼は人びとから「バイア」を受け、ウンマの統率者となると、モスクの説教段の上から次のように会衆に述べた。

わたしはあなたがたの指導者とされたが、わたしがあなたがたより、特にすぐれているわけではない。もしわたしのすることが正しければ、わたしを助けて下さい。もしわたしのすることが間違っていれば、わたしを正しい道に導いて下さい。真理は信頼の中にあり、虚偽は裏切りの中にあります。……わたしが、神と神の使徒とに従う限り、あなたがたもわたしに従って下さい。もしわたしが、神と神の使徒とに従っていなければ、あなたがたはわたしに従う必要はありません。（嶋田襄平訳）［嶋田 1977:50-51］

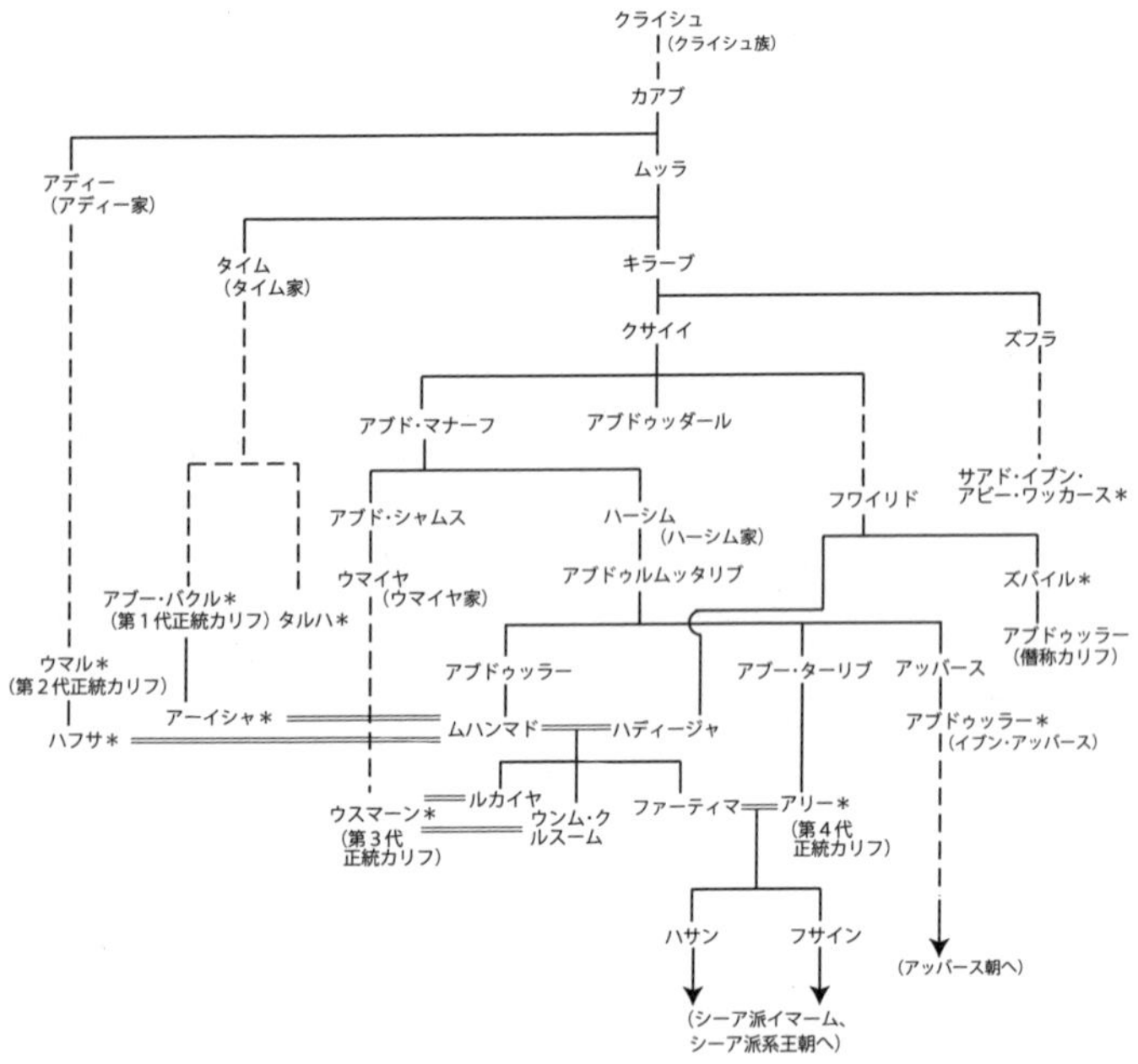

図10●ムハンマドの高弟と正統カリフ

══ 婚姻関係　＊ 高弟（教友、妻たちの中で指導的な役割を担った者）

出典：『岩波イスラーム辞典』付録の系図などを基に、著者作成

アブー・バクルのこの発言は、人格的な謙虚さ、統治者としての公正さ、神と神の使徒に従うという正しいイスラーム理解を示したものとして、しばしば称揚される。自らの謙虚さ、ないしは人間の平等性を強調したことは、部族的伝統の中の「族長は等位者の中の優れた者」［Weiss and Green 1985:50］という原則にも合致したであろう。しかし、さらに重要なポイントが簡潔な言葉の中に隠されているように思われる。アブー・バクルの胸中を推測することはできないが、史料に記録されているこれらの発言から彼の路線を抽出することは可能である。

第一に、ムハンマドの死に際して人びとが恐慌をきたしている中で、「ムハンマドを信じた者たちよ、彼はまさに亡くなった。アッラーを信じる者たちよ、かれは永生者にして、決して死ぬことはない」と断言した。これは、明らかに「神権政治」の終焉を述べている。「預言者」を通して神の裁決（啓示）を仰ぐことができる時代は終わった。したがって、神権政治の体制から離脱する必要があった。次いで、彼は「バイア（bayʿa）」によって、指導者となった。

正統カリフとなった四人は、彼を含めて全員がマッカ出身者で、生業は商業である。当時は売買が成立すると、互いに手を伸ばして握り、契約の成立と契約を守ることの証とした。「バイア」という言葉自体が、「バーア（bāʿa 売る）」という動詞の派生形である。売買契約の際の契約締結の儀式を援用して、統治における「バイア（誓い）」も成立した。ムハンマド後の国家体制については何も決まっていなかったから、彼らは商慣習からこの合意の仕組みを取り入れたのであろう。

売買契約がそうであるように、統治の「バイア」も、合意を前提とする双方の契約である。契約当事者は、ウンマとウンマの中から指導者に選ばれる者の二者である。商品売買の比喩を用いるならば、ウンマが買い手であり、指導者が売り手にあたる。売り手がよき商品を提供する責任を持つとすれば、アブー・バクルが「わたしが、神と神の使徒とに従う限り、あなたがたもわたしに従って下さい」と述べたのは正当なことである。買い手のウンマは、指導者に対する忠誠を代価として差し出さなければならない。

「バイア（誓い）」は、マッカ時代末期にムハンマドがおこなった「バイア」を起源とするとされる。これは、マディーナから来訪し、イスラームに入信した人びとが、ムハンマドの移住に先立って、彼に従うことを誓ったものである［小杉 2002:88-89; 小杉 2006b:71-72］。誓いは一年おいて二回おこなわれ、二回目の時は命にかけてもムハンマドを守ることをも誓った。一回目の誓いが共同体とその指導権を確立するものであれば、二回目には軍事権も確立された。その結果として成立した共同体のあり方は、マディーナへの移住後に成立したマディーナ憲章で定められた。憲章の詳細は前章で検討した。

アブー・バクルがムハンマドの後継者となる際の「バイア」は、ムハンマドがおこなった二回の「バイア」が共同体を成立せしめる誓約であったのと比べると、性格は異なっている。ウンマを成立せしめるバイアは、いったん成立すれば効力が無期限に継続する。契約はそれを締結する本人の自由を前提としており、ムハンマドに従ってウンマを形成するか否かは自由な選択の結果であったが、いったんウンマが成立すると、他の人びとはウンマの成立の可否には選択権を持たない。成立したウンマに加入するか否かの選択権は、新規加入に関する限りその後も存在する。しかし、加入してしまった者には、離脱権はない。その代わり、代表を選ぶ権利、選んだ代表にバイアをするかどうかの決定権はある。

イスラーム共同体の指導者に選出されたアブー・バクルは、「アッラーのハリーファよ」と呼びかけられて、「神の代理人」ではないとそれを否定し、「アッラーの使徒のハリーファ」と訂正したと伝えられる。「ハリーファ」という用語は――多少の議論はあるが――ほぼ間違いなく、アブー・バクルから始まった。この語は代理人または後継者を意味し、彼は自らを「ムハンマドの後継者」と定義したと考えられる。それが称号のつもりであったかどうかは判断できない。「預言者／アッラーの使徒」であるムハンマドは世を去った、と彼はすでに断言していたから、ウンマの指導者についての新しい定義も、神権政治を否定し、代理権は啓示・預言の機能を完全に除くものであった。

代理権の内実を、アブー・バクルはいくつかの行動によってはっきりさせた。その中でも重要なのは、リッダ戦争とムハンマドの遺産分与に関する決定であろう。

「リッダ(ridda)」とは棄教を意味する。ムハンマドの晩年に忠誠を誓った部族の中には、彼の死によってその誓約が終了したと考えた者たちもあった。従来の部族間の取決めでは、これは間違った理解ではない。しかし、アブー・バクルを初めとするマディーナの首脳部はこれを「リッダ」と断じ、武力に訴えても彼らを服従させる決意を固めた。彼らを制圧する戦いは「リッダ戦争」と呼ばれた。

ただ、この名称は、戦争の意義について誤解を招くように思われる。実際に問題となったのは、信仰ではなく、ザカート（喜捨）の支払い拒否であった。とすれば、国家の徴税を拒否したことが、討伐の理由であった。バラーズリーは、アブー・バクルの言葉を「もしかれらがイカール〔その年の現物納入品〕の納入を拒否するならば余は〔断固として〕かれらと戦う！」と伝えている（花田宇秋訳［バラーズリー 1989:55-56］）。彼は国家の性質については神権政治から離脱する（せざるをえない）ことを決めていたが、統治権、軍事権、徴税権などについては、すべてを継承する決意を持っていたであろう。先行する統治者の死は、国家体制の失効を意味しない。それまでのアラビア半島は中央政府を有さなかったが、マディーナ政権はその版図においてイスラームの成立とともに国家の時代に入ったことを徹底する必要があった。

リッダ戦争の対象の中には、いわゆる「偽預言者」たちと彼らに従う部族もあった。ムハンマドを最後の預言者とするイスラームの教義に照らして、預言者を名乗る者たちを許容できなかったであろう。さらに、イスラーム国家自体が神権政治から離脱しなければならない時に、神権政治を主張する対抗勢力を認めることはできない。偽預言者たちの討伐は、「ムハンマド以後はいかなる預言者もいない」（イスラームの中においてさえ。ましてほかには、もっとありえない）という言明の軍事的表現として理解できる。偽預言者とされた中で最も有名なのはムサイリマ、トゥライハなどであった。いずれも本名の縮小形（「小さな〜」の意となる）[41]であるが、後のイスラーム史料では常にこの卑称で言及されている。

ムサイリマはムハンマド晩年に、半島の中央部に住むハニーファ族の間で預言者と名乗った。イスラーム側は彼を「カッザーブ（大嘘つき）」と呼び、その主張を全面的に否定した。アブー・バクルは、勇将ハーリド・イブン・ワリードにリッダ戦争の指揮を任せたが、ハーリドはハニーファ族と激戦をおこない、ムサイリマらを討伐した。ちなみに、ハーリドはアラビア半島の再統一の後には、北部の戦線を率い、ビザンツ軍に対して決定的な勝利を得るなどの活躍をした。

アブー・バクルのもう一つの重要な行動は、「預言者は遺産を相続されない」というムハンマドの言葉をたてに、一人だけ生き残っていたムハンマドの娘ファーティマに対して、土地の相続を認めなかったことである。ハイバル、ファダクという場所にムハンマドが持っていた土地を、アブー・バクルはウンマの公有地と宣言した。このことは、ムハンマドの近親者にいかなる特権も与えない結果を生み、ファーティマおよびその夫アリーの側に不満を残した。

アブー・バクルのこの決定は、ムハンマド後のウンマおよび国家の運営についての彼の強い意思を感じさせる。この決定は、神権政治と断絶することとも深く結びついているであろう。

マデルングの『ムハンマドからの後継——初期カリフ制の研究』は、四人の正統カリフたちがいかに後継者となったかを、歴史的に詳細に論じている。正統カリフ国家の分析は弱いが、史料を丹念にあたって権力継承の歴史的経過の再構築を試みている点は評価できる。その中で彼が、アラブ人が王権を知らなかったとしても、血族による世襲という概念を知らなかったはずはない、と論じている点は興味を引く［Madelung 1997:38-45］。

ムハンマドが世を去った日に、アンサール分裂の危機が起きて、アブー・バクルたちがアンサールの集会に乗り込んだことは上に触れた。そこでの議論を経て、アブー・バクルが新指導者に選ばれ、翌日、公衆からもバイアを受けた。この過程に、ムハンマドの近親者であるアリーは参加していない。彼らはムハンマドの埋葬の準備で忙しかったからである。しかし、それは単なる偶然ではなかった。アリーはムハンマドの従弟で娘婿であったが、もう一人の従弟イブン・アッバース（曾孫がアッバース朝開祖）もアリーとともにいた。彼らは近親者だけで葬儀を執り行うべきと主張したようである。

その点を見ると、ムハンマドの私的な面については特別な権利と義務を感じていたのであろう。しかし、葬儀の間に、ムハンマドの公的な面について継承するカリフ制が樹立されてしまった、というのが事実である。後のシーア派は、アリーが最初から後継者になるべきだった、という議論を展開するが、事実とならなかった「可能性」について証明することはむずかしい。またアブー・バクルが、近親者が公的な側面を引き継げば王朝となってしまう、という危惧を持っていたかどうかを知ることもできない。

アブー・バクルにしても、彼を支持したウマルにしても、ムハンマドの死によって生じた空白とその政治的危機に際して、選びうるわずかな選択肢の中から、合理的な選択をしたと言うべきであろう。アブー・バクルは「ムハンマドなきイスラーム」の確立という課題に迫られ、神権政治そのものは断絶しつつも、ムハンマドがおこなった統治を規範とする国家を樹立した。それを実現するにあたって、アブー・バクルは、ムハンマドはいなくとも、彼の指示や慣行は権威を持っているという原則を立てたのであった。

2　カリフ政体（ヒラーファ）の成立

アブー・バクルは、「アッラーの使徒のハリーファ」と自己を規定した。預言者としてのムハンマド時代が終わったため、ウンマの最高指導者は「預言者」「アッラーの使徒」ではなくなった。それは代理者または後継者であるところの「ハリーファ」である、とアブー・バクルは規定した。彼が称号を意図したかどうかはともかく、ハリーファという概念は、イスラーム国家に関する最も重要な鍵概念となった。

ハリーファの権能、職位、さらにハリーファが統治する政体を「ヒラーファ（khilāfa）」という。なじみにくいカタカナ語を増やしすぎてもいけないので、以下では「カリフ政体」と呼ぶことにする。

カリフ（caliph）はもともとアラビア語のハリーファが西欧語に訛語として入り、日本でも使われるようになった。

近年は、アジア、アフリカなどを論じる際には、できるだけ地域言語の固有な表現は欧米経由の訛語でなく表記しようという姿勢が、学界でも、あるいは学界ほどではなくともマスメディアでも、強くなってきている。イスラームに関して言えば、宗教名（イスラーム）、信仰対象（アッラー）、開祖名（ムハンマド）、聖典（クルアーン）、聖地の名称（マッカ、マディーナ）は最も重要な「自称」であるから、これを間違っているようでは正しい理解はおぼつかないであろう。[42] しかし、歴史用語については定着している慣用も無視できない。カリフについては、イスラーム史固有の用語として高校の世界史でも使われているので、本書でもそれを用いることにしたい。

カリフ政体は、正統カリフ時代、ウマイヤ朝と続いて、アッバース朝期に最終的に確立された。本来的なカリフ政体が「正統カリフ」の政体であるという定式化も、アッバース朝中期になされた。本書が対象としている時代の終わり頃である。その後のアッバース朝は弱体化し、実権を握る軍事支配者たちを「公認」することで名目的なカリフ権を維持し、実体としてはわずかな版図を実効支配するようになった。それでも、カリフ政体を前提として実権者が承認される時代は、一三世紀半ばのモンゴル軍の襲来まで続いた。六三二年のアブー・バクルの就任から一二五八年のバグダード陥落まで、六世紀を超える。人類史的に見ても、十分に長く、重きをなした政体と言えるであろう（カリフ政体とウンマの政治的分裂の問題については、後述する)。

その後のイスラーム国家は、スルターン制(実権制)の時代となる。「スルターン」はクルアーンに登場する概念としては、「支配」【イブラーヒーム章二二節】「明証」【山章三八節】「権能」【慈愛あまねき者章三三節】などを指す。一〇世紀頃から、実権的な王権者の称号として用いられるようになった。君主の称号としては、「スルターン」「シャー」「ハーン」「アミール」などはすべて実権的軍事支配者の範疇に含まれる。「スルターン制」のスルターンはそれらの総称にあたる[Ibish and Kosugi 1994]。スルターン制は、統治者とウラマーの同盟を前提とし、両者のレジティマシーはイスラーム法に依拠する。これは、統治者は領土の安全と法の施行を補償し、法の守護者としてのウラマーは統治者を認証し、助けるという同盟であった。

カリフ政体は、イスラーム的な正統性の確保を重視した政体であり、その政治論も正統性の議論が中心となっている。カリフは、ウンマと国家の両面において代表者・指導者とみなされた。カリフ政体の時代には、ウンマがいかに政治的実体を備えているか(備えているべきか)が、大きな焦点となった。スルターン制の時代には、ウンマの一体性はイスラーム法が代表するものとなったから、実権的な支配者はウンマを代表する必要はなくなり、権力の認証論は現実主義的となる。スルターン制に立脚するイスラーム国家は一三世紀以降に主流となり、二〇世紀初頭までイスラーム世界を支配し続けたから大きな重要性を持っているが、それは本書のテーマからは外れる。

カリフ政体を駆け足で概観したので、正統カリフ時代に戻ろう。アブー・バクルは、カリフ政体を創始したが、治世はわずか二年ほどであるから、それだけではまだ確立したとは言えない。彼は死に際して、後継者としてウマルを指名した。マディーナの長老たちはこの指名を受け入れ、ウマルにバイアをした。

前述したように、バイアという様式は、商取引の契約から借りたものである。バイアの儀式は、第三代、第四代のカリフ就任にも用いられて、カリフ政体の基本原理の一つとなった。

カリフは、公衆からの「バイア（誓い）」を得て、就任する。この場合の公衆（アラビア語のアーンマ ʻamma）は、マディーナの預言者モスクに参集する指導層と一般信徒である。アブー・バクルがそうしたように、またアブー・バクルに指名されたウマルがそうしたように、カリフ就任を承認し、その指揮に服することを誓う「バイア」を経ることが、それ以降も、カリフ位の正当性の第一の根拠とされるようになる。正統カリフ時代がマディーナにおける長老たちの支配であることを思えば、これはごく当然であった。

ウマルの一〇年におよぶ治世によって、カリフ政体は次第に実体のあるものとなった。ウマルは、数多くのことを創始した。その中で重要と思われる事項の中から、以下に五つをあげる。

第一は、カリフの称号として「信徒たちの指揮官（アミール・アル＝ムウミニーン amir al-muʼminin）」を創ったことである。自分自身で名乗ったのか他の者が提案したのか説は分かれるが、彼の代に始まったことは間違いない。この称号は、「信徒たち」がウンマの全構成員を指すため、ウンマ全体の指揮権を指し、政治・軍事的な指揮権こそがカリフの本質であることを含意する点で、きわめて重要な意味を持っている。その後、カリフの称号の中で最も基本的なものとなった［亀谷 2008］。

アブー・バクルの治世末期に、イスラーム軍がアラビア半島から外に出始めた。信仰だけではなく、大いに戦利品が期待された。アブー・バクルもそのことを明言して、戦士たちを鼓舞した。対外戦争を継続したウマルの治世は、大征服の第一波を経験した。アブー・バクルは「リッダ戦争」で制圧された諸部族を用兵しなかったが、ウマルは彼らの参戦を許した。諸部族は戦利品を求め、半島の外にあふれ出た。大征服は、ウマイヤ朝時代にも続いた。ウマイヤ朝は、明らかに征服王朝であろう。カリフにとって、軍事権は非常に重要であった。続くアッバース朝も、対ビザンツ戦を国家の存在理由の一つとした。これらの時期を通して、カリフは「信徒たちの指揮官」と呼ばれ続けた。

ウマルが創始した第二は、イスラーム暦の紀元を定めたことである。これは暦法上の重要事であり、これによってイスラーム史の編年が可能になったことの意義は大きい。ウマルの代に紀元を定めたのは、行政上の都合からである。彼はマディーナから各地の総督や司令官に対して、命令書を数多く送ったが、それに「日付がない〔ので、執行に差し障る〕」と指摘されたことが、暦法を定めるきっかけとなったともされる［Al-Qurashī 1990:76］。ウマルが、ヒジュラ（聖遷、マディーナへの移住）を紀元として決定したことは、イスラーム共同体の確立と国家の樹立をもって「イスラームの始まり」としたことを意味する。正統カリフ国家は、預言者国家の継承である。預言者性を除いた「代理権」を主張して、その正当性の基礎が築かれている。そうであれば、預言者国家が成立した年をもって紀元とすることは、きわめて合理的なことであった。

ヒジュラ暦は純粋な太陰暦であるため、太陽暦と違って季節とずれるというむずかしさを含んでいるが、新月の実見をもとに毎月の始まりを決めるため、イスラーム世界全体にわたって暦法が統一されることになった。(43)

イスラーム史家マイケル・クックは人類史を描いた著書の中で、ヒジュラ暦の価値を次のように評価している――「古代の世界にはたくさんの紀年があった。しかしこれが重要な点である――あまりに多くありすぎたのだ。インドには数種類の紀年があり、しかも、どの紀年法を用いているのかはっきりさせないことが多かった。古代の地中海地域の各都市には、独自の紀年を定めている都市が少なくなかった。実際、古代の年代記という無秩序を秩序だてたのは、近代初期のヨーロッパの学問が行った一つの主要な業績であった。したがってイスラーム文化が他の文化と異なるのは、最初から彼らは唯一の紀年を選択し、それを固定したことであった。……この共通の紀年を持ったことで、イスラーム文明の首尾一貫性を維持する上でも、小さいながらも意義深い役割を果たすことになった」［クック 2005:370-371］。新月を見て毎月が始まり、季節にずれが生じるヒジュラ暦は不便なように見えるが、純粋太陰暦の単純さには大きな利点もある。「イスラーム暦の簡潔さは、〔誤差修正にともなう〕こうしたこと全てを免れている点にある。ムスリムが太陽の入りと新月の出現を追っている限り……長期にわたる暦の分裂という危険を伴わなかった。次の新月が見えた時点で、全てのムスリムにとっては暦が再設定されたからである。政治的には分裂し、領土の上では拡張した文明の統一を支える上で、これほど適した暦を他に考案するのは難しいだろう」［クック 2005:373］。

暦法の制定は、「歴史」が書かれることを助けた。アラビア語で歴史は「ターリーフ（taʾrīkh）」と呼ばれるが、原義は「日付を付けること」である。八～九世紀には、編年体の歴史が登場した。その最大のものは、タバリーの『諸使徒と諸王の歴史』［Al-Ṭabarī 1987］である。題名の通り、神から遣わされた「諸使徒」について人類の初めから論じている。

ウマルの貢献の第三は、新たにマディーナ政府に流れ込んだ富を分配する原則として、先行性（サービカ sābiqa）と美徳・貢献（ファドル faḍl）を定めたことであった。ウマルの代に「大征服」が進行し、征服事業からアラブ人がかつて見たことのない巨万の富が流れ込んだ。ウマルは、その収入を国庫に入れるほか、ウンマの指導層に年金として分配し、また戦士たちにアター（俸給）ないしはリズク（食糧）を支給する決定を下した。

この時に分配の原則を定めた。最も多額な年金を受け取ったのは、ムハンマド晩年の愛妻アーイシャで一万二〇〇〇ディルハム、続いて他の妻たちが一万ディルハムであったが、これは別格と言える。各人のイスラーム参加の先行性（サービカ sābiqa）が高く評価され、戦歴も重視された。バドルの戦いに参加した者五〇〇〇ディルハム、ウフドの戦いに参加した者およびヒジュラ以前にアクスム（エチオピア）に避難した者四〇〇〇ディルハム、マッカ征服以前にマディーナに移住した者三〇〇〇ディルハム、マッカ征服後にイスラームに加わった者二〇〇〇ディルハム、イラクおよびシリア征服の戦い（カーディスィーヤの戦い・ヤルムークの戦い）に参加した者三〇〇〇ディルハム、その他一般の戦士は二〇〇〇ディルハムであった［Numani 2004:108］。

ウマルの第四の貢献は、行政機構の創出であった。前項のアターなどを支給するためには、対象者や支給実態を記録する必要がある。そのための帳簿が作られ、ディーワーン（dīwān）と名付けられた。これはイスラーム国家の行政機構を整備する第一歩となった。ディーワーンの語は、語義としては帳簿や記録を意味し、転じて帳簿を管理する行政的な官庁を指すものとなった。語源についてはペルシア語説が有力であるが、語形自体はアラビア語のものである。この語と「語根」を共有する語は、クルアーンにも登場する。しかし、その意味には「書く」ことは含まれていない［Badawi and Abdel Haleem 2008:319］。イスラーム初期にペルシア語からの影響で「書く」という概念を、この語に導入したものと考えられる(44)。

総じて言えば、ウマルの治世は、国家機構の拡充が不可避となった状況において国家と行政の機構が整備されることになった。後のイスラーム国家の原型となるべき要素がいくつも見いだされる。ムハンマド時代の国家が原理・原則を定めた理念的な原型であったとすれば、それはウマルの時代に具体性を持った原型となった。

ウマルの第五の貢献は、上のいずれにも劣らない重要性を持つ。それは、法の統治を確立したことであろう。イスラーム法がウンマとその構成員を拘束しているということは、ムハンマド時代には、それほど明確ではなかった。法を、社会が持つ根本的な倫理的価値観に立脚する規範的な規則の体系であるとするならば、ムハンマド時代には、根本的な規範と合意された規則とは分化していなかった。それは「神の啓示」として現れ、人間の生き方や社会のあり方を根本的な価値体系として提示する――イスラーム社会そのものを創出する――ものだったからである。またアブー・バクルは、ムハンマドの指示をそのまま実践するという立場で短い治世を終わった。ウマル時代になって、初めて先例のない具体的な統治や司法の実践例が生じた。

その場合に、ウマルは長老たちと協議しながらも、大胆に新しい規則を作った。上述の暦法の決定は、統治権者の決定とみなすことも可能であるが、ウマルは純粋に宗教的な事項についても新しいルールを設けた。たとえば、ラマダーン月の夜には、タラウィーフ礼拝という名の特別の礼拝がある。ウマルはこれをモスクにおいて集団でおこなうことを決定した［Al-Qurashī 1990:99-103］。このような決定には、ムハンマド時代にはなかった新しい法規定を定めた意義がある。それと同時に、社会と法が明示的に分化し始めたとみることもできる。

通常は、立法行為は国家に属するため、社会が意識的・無意識的に共有し、国家もそれに基盤を置いている価値体系や倫理的規範と、国家が定める制定法との間には明白な差異がある。ところが、初期のウンマは共同体とその統治権が分化していないだけではなく、ウンマが護持している「神の教え」（ムハンマドが伝達したイスラーム）と、具体的な立法・司法のプロセスを経て明示化される法の細則が分かれていなかった。ウマルが新しい法規定を定め、それに立脚して統治をおこなったことは、国家レベルで——まだウンマの指導権と統治権を超えて「国家」という抽象化は生じていないものの——法が支配することを示す先例となった。

ウマルの統治は、ムハンマド時代を継承する面と新しい法規定や政策を定める面の両方をもっていたが、「正義」「公平」「平等」などと表現される支配を厳格におこなったことで知られる［Baltaji 2002:356-357］。ウマルは、腐敗が生じないように、高位の行政職（各地の総督など）を比較的頻繁に替えたことでも知られている。大征服が進展中であったが、軍事司令官たちの任用も適切であったと言えよう。全体としての軍事政策は、大きな成功を収めた。この点では、初期のムスリムたちが宗教的熱情に満ちていたために勝利が得られたというような解釈をしないのであれば（戦士たちの闘志は重要な要素であるにしても）、ウマルの統治者としての能力を高く評価すべきであろう。

3　長老支配か、門閥政治か

ウマルの代に飛躍的に広がった版図は、巨大な収入を生み、そこから始まった富の分配はイスラーム社会を激変させることになった。ムハンマド時代には、ムスリムたちは自己犠牲を求められた。「自ら〔の生命〕と自らの財を捧げて奮闘する者たち」【悔悟章八八節】が奨励された。戦いにおいて、戦利品を得ることはできたが、それはあくまで結果論である。たとえば、マディーナ成立初期に、イスラーム軍が苦戦を強いられ、ムハンマドさえも負傷したウフドの戦い（六二五年）（口絵iii頁参照）では、山上に陣取った弓兵たちが戦利品ほしさに持ち場を離れたことが敗戦の原因となった。それ以降、指令に徹底して服従することが求められるようになった。自己犠牲の精神は、リッダ戦争に明け暮れたアブー・バクル時代も、同じであろう。半島内の戦いである限り、戦利品があると言ってもそれほど大きな富は手に入らない。

ところが、今や長年の献身が現世における大きな成果として、戻ってくることになった。生き延びた長老たちは、新生国家の支配者たちとして富と権力と名声を手にするようになった。イスラーム社会の富は税収や戦利品だけによるのではない。もともと有能な商人だった者たちは、大きな版図によって生じた商圏で事業を拡大し、成功をおさめた。たとえば、タルハのイラクでの投資額は三〇〇〇万ディルハムに達し、それからの収益は毎日一〇〇〇ディルハムか、それ以上に及び、ズバイルのイラク、エジプトでの投資額は三五〇〇万ディルハムにも達したという［嶋田 1996:28;Gibb 1962:32］。

このような状態に対して、ムハンマド時代の清貧と自己犠牲を美徳として説く者もいたが、そのことは社会的な分極化が起こり始めたことを意味している。アブー・フライラは、ムハンマドの生前には貧しさゆえに預言者モスクに住み、始終ムハンマドに付き従っていた。おそらく正統カリフ時代に入ってすぐの時期であろうが、彼がマディーナの市場に現れたハディースがある。

マディーナの市場を通りかかったアブー・フライラが立ち止まって、言った。「市場の民よ、なぜできないでいるのか？」。かれらは「アブー・フライラよ、何のことですか」と訊ねた。「あなたたちがここにいる間に、アッラーの使徒の遺産が分けられている。行って、分け前をもらわないのか」。人びとは訊ねた、「どこで？」。彼が「〔預言者〕モスクで」と言うと、彼らは急ぎでかけた。アブー・フライラが待っていると、彼らが戻ってきた。「何を得たか」とかれが訊くと、彼らは「モスクへ行き、中に入ったが、何も分配されているのを見なかった」。アブー・フライラは「モスクには誰もいなかったのか」と訊ねた。彼らは答えた「いや、礼拝をしている者、クルアーンを読んでいる者、ハラールとハラーム（イスラーム法上の是非）を論じている者はいた」。アブー・フライラは彼らに言った、「それこそムハンマドの遺産である」［ハイサミー『ハディー

ス補遺集』〕

清貧の時代を知らない世代がうまれて、世代交代も始まった。遅れてイスラームに加入した諸部族が大征服によって、征服地の支配者となった。俸給や戦利品に惹かれて参戦した者たちを、ムハンマドの高弟たちと同様に考えることはできない。

さらにウスマーンの代になると、版図拡張の一時的な停滞がおこった。俸給ランクの低い人びとの生活を圧迫すると同時に、社会的な不満を助長した。ウマルがイスラーム国家の礎石を置いたにしても、ウスマーンの代に移る時には、それを圧倒するような社会の変容が進んでいたのである。

ウマルは礼拝中に、ペルシア人のキリスト教徒奴隷に刺され、落命した。暗殺の理由に関する推測はいくつかあるが、きわめて個人的な理由とされ、国家と政治の観点からは詮索するにあたらない。カリフ政体にとって重要なことは、この時点では、誰の目にも明らかなウマルに次ぐ長老が存在しなかったことである。自分の後継者をウンマ全体に承認させるゆとりのないウマルは、主要な長老と目される六人を任命し、互選でカリフを選ぶよう遺言した。その六人が、当時の最長老であったことは疑いを入れない。そのことは言いかえると、彼らの間で対立が生じるならば、大きな混乱が起こる可能性があったであろう。したがって、六名を候補者として任命し、互選の結果に全員が拘束されるようにしたウマルの決定は、非常に賢明なものであった。

この出来事は、現代においてイスラームが民主的であることの証左、あるいはイスラーム国家において選挙をおこなう根拠として用いられるが、それは後世の解釈であって、本書の議論とはかかわりがない。六名から半分に候補者を絞られると、ウスマーン、アリー、アウフの三人が残った。アウフは、自らはカリフになる気がないことを表明し、議長役にまわったとされる。残ったのは、ウスマーンとアリーであり、アウフはそれぞれと話し合った上で、ウスマーンを適格者とした [Madelung 1997:70-71]。

モスクでのバイア（誓い）を経て、ウスマーンが第三代カリフとなった。ウスマーンとアリーの違いは何であろうか。史料によっては、議長たちは「〔先任の〕二人の慣行に従うか」と尋ね、ウスマーンが「従う」と断言したのに対して、アリーが「努力します」と答えたのが、選出の差だったという。実際の政治状況は、アウフがクライシュ族の長老たちと話し合うと、圧倒的にウスマーン支持であったためと考えられる。アンサールはアリー支持であったが、発言権がなかった [Madelung 1997:71-72,80]。

この場合のクライシュ族は、古参のムハージルーン（移住者たち）たちよりも、マッカ征服後に新規参入した者たちが重きをなしていた。彼らは長らくイスラームに敵対していたが、いったん新生国家に加わると、ムハンマドの融和策もあってさほどの摩擦もなく統合された。しかし、クライシュ族の者たちが多数参入することで、もともとマディーナにいたアンサール（援助者たち）の地盤沈下が起こった。そのためもあって、アンサールの多くはアリーに期待していたと思われる。

ムハンマドとの関係で言えば、二人とも側近中の側近であった（160頁の図10）。アリーは、ムハンマドの従弟であり、末娘ファーティマの夫として知られるが、ウスマーンもごく初期からの入信者で、アリーが結婚する以前に、次女ルカイヤと結婚している。しかも、彼女が早く亡くなると、ウスマーンはムハンマドの娘婿でなくなることを嘆いたため、ムハンマドはさらに、三女ウンム・クルスームと彼を結婚させている。このため、ウスマーンは後に「二つの光の持ち主（Dhū al-Nūrayn）」という渾名で呼ばれるようになった。ムハンマドといかに近かったかが、このことからも伺える。

ウスマーンの治世は一二年に及んだ。年齢的にも高齢であり、大長老としての重みはあったが、危機の時代に臨機応変の政策決定をおこなう能力を欠いていたことは疑いを入れない。そもそも、「信徒たちの指揮官」となるにしては、ウスマーンには軍事面での輝かしい記録がない。正統カリフが四人とも商人の出身ではあるが、他の三人は戦士としての実績を持っていた。ただし、豪商であり続けたウスマーンは、イスラーム軍の軍費に対する貢献は誰よりも大きかった。争乱が続いた彼の治世は、イスラーム史家にも評判が悪いし、現代の研究者たちも否定的な評価が多い。

ウスマーンは、広大な領土を統治するために、中央集権化を進めようとした。その際に、自分の出身氏族であるウマイヤ家の者を多用した。門閥政治であると批判されるのは、このためである。ウマルは、正義感や公正さと共に苛烈さで知られていた。彼がイスラーム国家の礎石を置きえたのは、原則の明晰さと苛烈さによるであろう。しかし、その統治の後では、優しさと寛容さで知られるウスマーンの就任が喜ばれた。一般に彼の治世の前半は問題がないとされる。後半は、門閥政治が強い批判の的になった。

ウマルは、長老たちとの協議（シューラー shūrā）を重視した。彼の統治の基盤の一つは、マディーナにおいて成立していた長老たちのコンセンサスであろう。彼は、教友たちがマディーナを勝手に離れることを禁じていた。ウスマーンは、彼らが征服地に移住する自由を与えた。新たな版図は、宗教的にも政治的にも、指導者を必要としていたであろう。しかし、教友の拡散によって、マディーナでのコンセンサスに基づくウンマの一体性は失われた。

ウスマーンの最期は、エジプトやイラクで不満が高まり、叛徒の一部がマディーナまで押し寄せ、ついにはカリフ邸まで侵入して、叛徒の手で落命することになった。その時、ウスマーンは聖典を読んでいたところで、その血が聖典にかかったと伝える史料もある。叛徒が首都を蹂躙している時に治安よりも敬虔に殉じたことは、統治能力の欠如としても、イスラーム的な敬虔さ（クルアーンの朗唱は最良の信仰行為の一つ）としても解釈される。

ウスマーンの事績で後世への影響という点で特筆すべきことは、二つあげることができる。第一は、ムアーウィヤをシリア総督に据え置いたことである。最初に任命したのはウマルであったが、結果として二〇年にわたってシリアを治め続けたため、ムアーウィヤは誰よりも安定した権力基盤を持つ総督となった。同じウマイヤ家とはいえ、彼とウスマーンの個人的関係は必ずしも良好ではなかった。しかし、ウスマーンが殺害された時にムアーウィヤがウマイヤ家の長となったことは、イスラームの歴史に大きな影響を及ぼすことになった。結果論から言えば、ウスマーンがウマイヤ朝成立を準備したことになる。

もう一つ重要なことは、聖典クルアーンの正典化である。クルアーンは「読まれるもの／誦まれるもの」という名称の通り、暗記し、朗唱することが基本とされる。ムハンマドは、当時のマッカ、マディーナの人びとのほとんどがそうであったように、読み書きをしなかった。彼には一群の書記が仕えており、クルアーンの大半（または全部）をさまざまな断片——獣皮紙（羊皮紙・鹿皮紙）、薄い石片、ヤシの葉、肩胛骨のような平らな獣骨など［小杉 2009:38］——に書き付けていたと思われるが、クルアーンの普及はあくまで暗唱によるものであった。ウスマーンは、暗唱だけによる伝承がリスクを持っていることに鑑み、クルアーンを一冊の書物の形にまとめさせた。そして、その副本を数冊作り、主要都市に送り、クルアーンを書き付けた他のすべてを焼かせた［小杉 2009:34-35］。

ウスマーンの命を受けて、クルアーンの編纂にあたったのはザイド・イブン・サービトと他の三名であったが、そこで制作されたクルアーン以外のすべてを焼かせたことは、これを公式に「正典」とし、正典以外を破棄させたことを意味する。これが徹底していたことは、異本が残されていないことからもわかる。わずかに、ウスマーン版とは異なるイブン・マスウード版などの目次（章の配列）が、

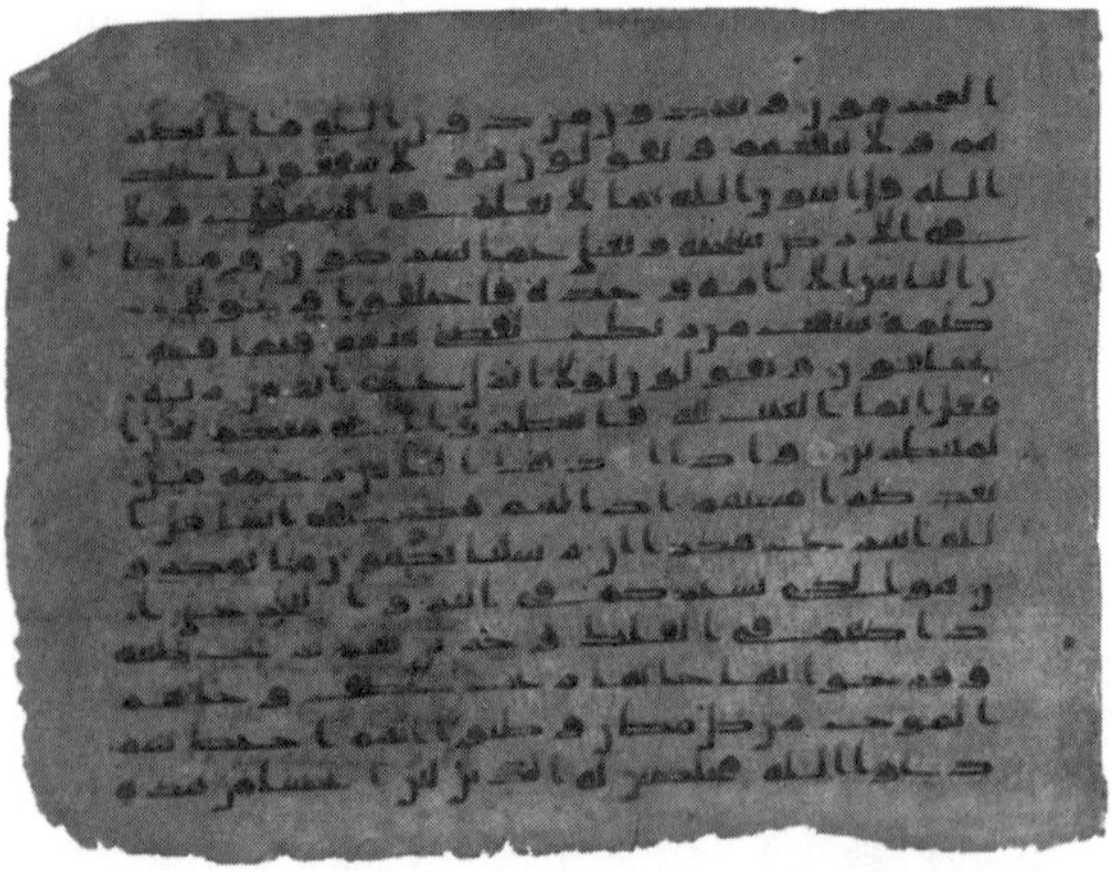

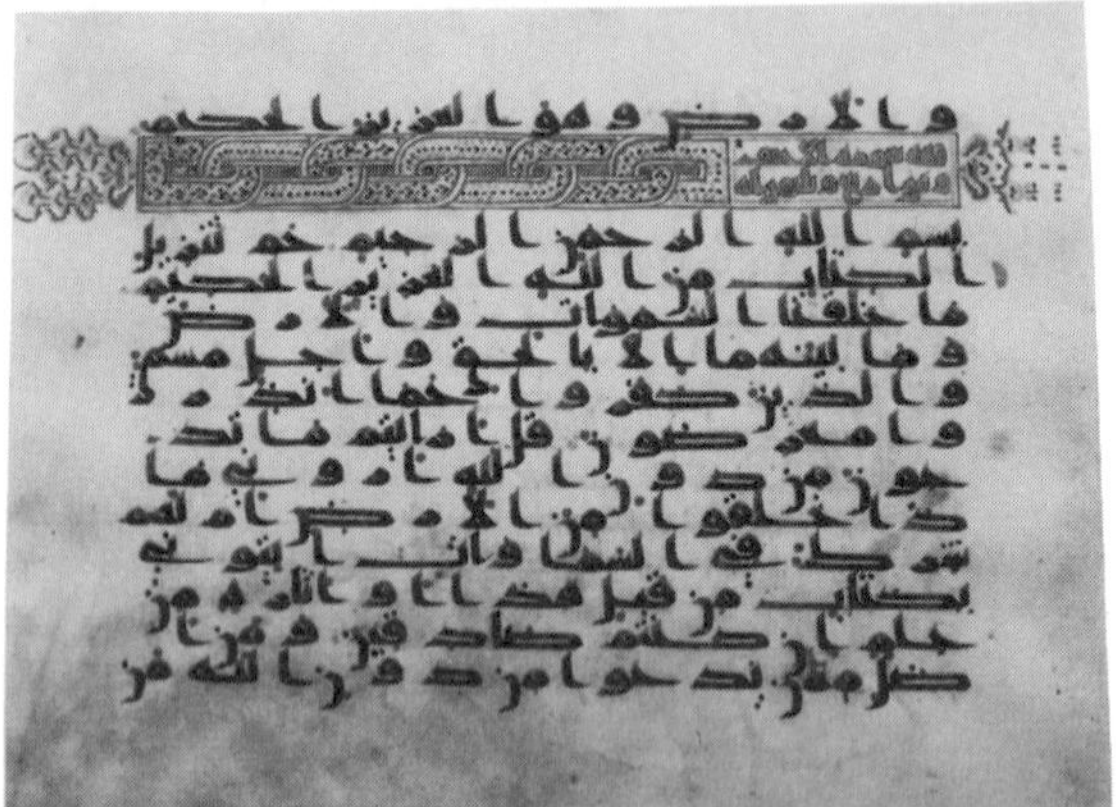

図11●クルアーン

クルアーンの正典化で、史上初のアラビア語書物が誕生した。初期のクルアーンは主に獣皮紙に書かれていた。上はオレンジ色の獣皮紙にクーフィー書体で書かれた8世紀末のクルアーン。下は同じくクーフィー書体で書かれた、9世紀後半または10世紀初めのクルアーン。出典：Khalili［2005:50］

一〇世紀バグダードの書籍商イブン・ナディームの『目録』に伝えられている［Ibn al-Nadīm n.d.:45-47; 1970:53-61］。

聖典の正典化が、その後のイスラームの発展に果たした役割は大きい。諸分派の登場や、神学的、法学的な論争にも関わらず、クルアーンのテキストについてはすべての派が合意していたことは、ウンマやイスラーム法の一体性に大きく寄与した。何よりも、政治や信条をめぐる論争が聖典の当否に及ぶことがなく、聖典のテキストが共通の議論のアリーナを保証したことは、イスラーム文明の安定と発展の基礎を提供した。もし、このような評価が正しいとすれば、それに最大の寄与をしたのはウスマーンであった。

続くアリーの治世はいっそう大きな困難を伴った。ウスマーンが殺害されると、マディーナでは当然のこととして――アリーはウスマーンに次ぐカリフ候補だったわけであるから――アリーが推挙され、「バイア」を受けた。しかし、ウスマーンの治世の末期には、ウンマの統一と安定が揺らいでいた。ウスマーンが殺害されたことに示されるように、社会的混乱が深まっていた。エジプトやイラクなどの叛徒がマディーナ政府を脅かしていた。領土の拡大に伴って、マディーナのエリート層は総督や司令官、財務担当者などとして各地へ送られていた。もはや、マディーナ在住の指導者層が合意するだけでは、ウンマの合意とは言いがたかったし、それらの指導者たちもウスマーン批判を強めていた。

ウスマーンの殺害、アリーのカリフ就任から始まった内戦状態をふつう「第一次内乱」と呼ぶ。アラビア語では「フィトナ（fitna）」である。フィトナには内部対立、内乱、騒擾などの意味があるが、団結と安定に反する語義ばかりである。この内乱では、ムハンマドの高弟たちが武力で争うことになった。ウンマの内部分裂として、イスラームが始まって以来の危機であった。

第一次内乱は、大きく三つの局面に分けられる。第一は、アリーに対して、ムハンマドの未亡人であったアーイシャらが蜂起し、アリー軍に打ち破られるまで。第二は、シリア総督のムアーウィヤが対抗し、アリー陣営と対決する段階である。最後の局面は、初めての分派が登場し、アリーが暗殺され、結果としてムアーウィヤの支配が成立するまでである。

4 共同体＝国家の分裂

内乱の第一の局面では、アリーに対して、ムハンマドの未亡人アーイシャは、高弟のタルハ、ズバイル・イブン・アウワームとともに、反対陣営を形成した。彼らはマディーナを出て、イラクのバスラを拠点とした。

アリーがどのような存在であったかは、すでに触れた。ムハンマドの従弟、娘婿にして、カリフに推挙されるほどの人物であるから、その重要性はあらためて論じるまでもない。しかし彼に対抗した三人も、非常に重きをなす人物たちであった（160頁の図10）。

アーイシャは、第一代カリフ、アブー・バクルの娘である。ムハンマドはマッカ時代にはずっと妻ハディージャと暮らしていたが、ヒジュラのしばらく前に彼女が亡くなったため、ヒジュラ前後に、二人の妻と結婚した。最初に結婚したのがアーイシャで、父が盟友アブー・バクルであること、利発な娘でムハンマドが彼女を好んでいたことなどが要因と思われる。しかし、まだ年若かったため、実際にムハンマドの世話をする妻として、年配のサウダとの結婚が同じ頃になされた。アーイシャとサウダは、年齢が離れていたためもあって、非常に仲がよかったとされる(45)。ムハンマドが亡くなる時にアーイシャが最愛の妻であったことは、ほぼ疑いを入れない。病に倒れたムハンマドが、それまで毎日妻たちの部屋を巡回していたのを、彼女たちの許可を得てアーイシャの部屋だけにとどまったとされるからである。そこで彼は世を去り、その部屋の場所が墓所となった(46)。

アーイシャは若かったためもあり、ムハンマドの没後半世紀以上にわたって、彼について語り続けた。そのため、彼女を起点とするハディース（預言者言行録）も非常に多い。ウスマーンの統治期にも、アーイシャは門閥政治を批判して、ムハンマドの形見のシャツやサンダルを持ち出し、「このようにシャツやサンダルがそのまま残っている（ほどしか時間がたっていない）のに、ウスマーン殿は預言者のスンナを忘れたのですか」と難詰したとされる［Abbott 1985:108］。

彼女とアリーの間の確執は、複雑な経緯を伴っている。ムハンマド時代から両者の間には、感情的な行き違いがあったとされる。ムハンマド没後の指導者選任（アブー・バクルが就任）では、アリーは選任プロセスに参加していなかったがゆえに、潜在的な批判者となった。参加していなかった理由はムハンマドの葬儀のためであったが、逆にアーイシャは妻であるのに葬儀への参加を拒まれたことをよく思わなかったようである。彼女は、父親アブー・バクルがカリフとなると、当然その支持者となった。ムハンマドの娘ファーティマへの遺産相続をアブー・バクルが拒んだことは、ファーティマと夫アリーの側に遺恨を残した。アブー・バクル没後のアーイシャは父親の治世の擁護者であり、その分だけ、ウスマーンとアリーの治世の批判者となった。

タルハも、ごく初期の改宗者で、マッカでは迫害を受け、ヒジュラ時にマディーナに移住した。ウフドの戦いに参加し、ムハンマドを守って重傷を負ったことで知られる高弟の一人であった。ウマルが死のまぎわに任命したカリフ候補兼選出委員六名の中に含まれていた。

ズバイルは、ムハンマドとは母方の従兄弟にあたり、父のアウワームは、ムハンマドをその使命の最初から支えた妻ハディージャの兄弟であった。アリーに劣らず、ムハンマドの近親者であり、入信も早かった。ヒジュラ以前に、ムハンマドが迫害にあっている弟子たちをエチオピアに避難させた際には、その中に加わった。ムハンマドの使節となることも多く、高弟の一人であった。彼も、ウマルが指名したカリフ候補の一人であった。

アリーに対抗した彼ら三人とその支持者たちは、ウスマーン殺害の血讐が必要である、と主張した。

しかし、アリーにそれを果たさせるために蜂起までする必要があったか疑問であろう。この高弟たちの争いは、その後のイスラーム思想史において喉に刺さったトゲのようなものとなる。

軍事的には、彼らはアリーに対抗する力を持っていなかった。六五六年一二月、バスラ近郊で、いわゆる「ラクダの戦い」がおきた。アーイシャの輿が載せられたラクダの周りで激戦がおこなわれたため、この名がついた。アリー軍は彼らを圧倒し、タルハ、ズバイルは敗死した。降伏したアーイシャはマディーナに戻り、再び政治の舞台に現れることはなかった。

もう一人の「反乱者」は、シリア総督のムアーウィヤであった。彼はウマイヤ家の長として、ウスマーン殺害者を処罰するよう要求し、要求がかなえられるまでバイアをしない、という立場をとった。クーファを進発したアリーが、ムアーウィヤに対して使節を送り、説得を試みたことが、タバリーの『諸使徒と諸王の歴史』に記されている。

アリーは、バシール・ブン・アムル・ムフスィン・アンサーリー、サイード・ブン・カイス・ハムダーニー、シャバス・ブン・リブイー・タミーミーを呼んで、言った――「この男〔ムアーウィヤ〕の許に行き、彼をアッラーへと、服従と〔ウンマの〕団結（ジャマーア）へと呼びかけなさい。するとシャバスが訊ねた――「信徒たちの指揮官よ、あなたは彼に権力と地位を与えて、彼があなたにバイアをするようになさるのでしょうか」。アリーは答えた――「彼の許に行き、彼と会って、論を尽くし、彼の見解を見極めなさい」。これはズルヒッジャ月〔一一月〕初めであった。彼らは彼の許に行き、面会すると、神を称讃してから、バシールが言った――「ムアーウィヤよ、あなたの現世はやがて消え去り、あなたは来世へと戻り、アッラーがあなたの行いを決済し、あなたの両手がなしたことを賞罰なさる。私はアッラーに懇願して、あなたがこのウンマの団結を破り、その〔ウンマの〕中で血を流さないよう願う」。彼〔ムアーウィヤ〕はさえぎって、訊いた――「汝の友〔アリー〕が、これを命じたのか」。バシールは答えた――「わが友は、あなたのようではない。わが友は、被造物すべての中で、このことについて美徳、宗教、イスラームの先行性、使徒〔ムハンマド〕との近しさにおいて最も正しい方である」。彼〔ムアーウィヤ〕は訊ねた――「彼は何と言っているのか」。彼〔バシール〕は答えた――「彼は、アッラーを畏れるよう、あなたに命じ、あなたの従兄弟〔アリー〕が真理へと呼びかけているのに応えるよう命じています。それが、あなたの現世にとって最も適切で、あなたの来世にとって最も善きことです」。ムアーウィヤは言った――「〔それでは〕われらはウスマーンの血讐を捨ててしまうことになる。アッラーに誓って、わたしは決してそんなことはしない」。[Al-Ṭabarī 1987:Vol.5,612-613]

ここには、「バイア」という統治権委任の誓いが、もともと双務契約を原型としていることの問題性が示されている。アリーの支持者は、バイアがマディーナで成立しているという立場を取った。ムアーウィヤは、バイアをするまでは選択の自由がある、という立場である。このようなことに先例がないわけではない。ウスマーンが選出された時に、六人の「互選委員会」のうち、タルハはマッカにいて不在であった。彼は戻った後、自分がウスマーン選出に反対すればやり直しをするかと問うて、アウフらが同意したため納得して、ウスマーンにバイアの誓いをした。タルハが不在でも五人が決めたから有効、という多数決原理ではなかった。

「ウンマの合意」という場合に、どの範囲の合意が成立していれば、それ以外の誰もが従うべき合意なのか、という点は、その後のイスラーム政治思想において大きな争点となる。後のウラマーは、スンナ派もシーア派も、アリーは正当なバイアでカリフに就任した、という見解を堅持するようになる。その点から言えば、アリー存命中のムアーウィヤは反乱者である。

歴史の現実について言えば、ウスマーンの治世後半から、マディーナでの合意がウンマ全体の合意と言い切れない状況がこのような政治的危機を生んだのであった。巨大な帝国へと転換しつつあったイスラーム国家は、確立されてまもない「ムハンマド以後のイスラーム」を危機に陥れた。

ここから先にウマイヤ朝成立までに起きたことは、簡略に概観することにしよう。上述の説得が不首尾に終わった後、アリーとムアーウィヤの両軍は、ユーフラテス川上流のスィッフィーンの地で対戦した。アリー軍が優勢となったため、ムアーウィヤ軍は将軍アムル・イブン・アースの奇計で槍の穂先にクルアーンの章句を書いた紙片を結びつけ、停戦を求めた。両軍は停戦したのみならず、ムアーウィヤ側の主張に妥協して、調停を行なうことになった。

このため、アリー側から、正しいカリフが不正な反乱者と同等の立場で調停をすることはありえない、という不満を抱く者が離脱した。反乱者と調停をするようでは正当なカリフとは言えない、という主張である。彼らは「判決はアッラーにのみ帰属する」をスローガンとした。彼らは「出て行った者たち」として「ハワーリジュ派」と呼ばれるが、この命名については、アリーの陣営から離脱したからなのか、その後クーファから大量に脱出したからなのか、両説がある。

彼らは、イスラーム最初の分派である。ウンマの統一性から見てもカリフの統治権から言っても、彼らの離脱は、ムアーウィヤの場合のような弁解は成り立たない。結局のところ、アリー軍はティグリス川中流のナフラワーンの地で彼らを襲って、その多くを討ち取ることになった(六五八年)。ハワーリジュ派は、自分たちの主張に賛成しないムスリムを不信仰者とみなす過激派となり、地下活動を続けた。アリーは、六六一年に、彼らの一人に暗殺された。

5 王朝権力の成立

ムアーウィヤは、その前年、ダマスカスでカリフ位を宣言していた。アリーの死によって彼だけがカリフとなり、多くの者が彼にバイアをおこなった。ウンマの分裂と流血に倦んでいた多くの人びとは、内乱の終了を是とし、この年は「ジャマーア（団結、統一）の年」と呼ばれるようになった［Madelung 1997:326］。

ムアーウィヤの政治的な勝利が、彼の現実的な政治家としての能力や長年シリア総督として培った地盤によっていることは明らかであろう。通常はここで、ウマイヤ朝が始まった、と書く。しかし、当時の人びとはムアーウィヤがやがて自分の息子を次期カリフに指名すると思っていたわけではない。ムアーウィヤ自身も、カリフになった時にそう考えたわけではない。したがって、やがて結果として一四代、九〇年間のウマイヤ朝になる過程が始まった、という方が正確であろう。

ウマイヤ朝はカリフ政体ではあるが、王朝権力であり、ウンマと国家は分岐している。後にイブン・ハルドゥーンがこれを「カリフ位の王権への変質」と定式化したこともよく知られている［イブン・ハルドゥーン 2001:Vol.2, 32-51］。ただし、この状態を明示的に表現する言葉は、この時にはまだない。最も適切な言葉は「ダウラ（王朝、国家）」であろう。ダウラは「ダーラ（dāla 回転する、世代が替わる）」を語根としており、前近代では王朝の意味で使われ、近代以降は近代的な領域主権国家についても用いられるようになった。その結果、現代では通歴史的に「国家」を表す語彙となっている。しかし、歴史的な用法としては、アッバース朝初代カリフまで時代が下がる。カリフ・サッファーフが就任時に説教壇から「われらの勝利のとき（ダウラ）」がもたらされた、と語りかけたという。これは「ダーラ」の本来の意味に沿って「好機の到来」を指していた。王朝の意味で最初に用いられたのは、第二代カリフ・マンスールの時である［佐藤 1997:128-129］。

歴史的な用法としては、ウマイヤ朝を「ダウラ」と呼ぶのは時代錯誤である。したがって、ここでは現代の記述言語として、ウマイヤ朝はダウラ（王朝、国家）となったと言うことにしたい。ムアーウィヤは、シュルタ（警護隊）を創始したことでも知られる。当時はそれも批判の的となったが、内乱が終結した後であり、前代のカリフ・アリーも暗殺されているから、王朝権力としては当然であろう。

ウンマとダウラの分岐は、二つの面で生じた。正統カリフ時代には、共同体としてのウンマとその統治権、あるいは統治権を執行する制度としての国家が未分化であった。カリフたちは、ウンマと国家の両方の長であったが、ウマイヤ朝以降は、ウンマの指導権を主張する反体制派が現れる。ウンマの本来の指導者である人物を排除して、実際の権力を握るカリフがいるのであれば、ウンマとダウラの差異は明らかにならざるをえない。もう一つの面は、王朝の統治を容認する人びとの中にも、ウマイヤ朝の実態を批判する人びとがたくさんいたために生じた。つまり、それらの知的エリートが宗教や知の面においてウンマを代表するとなれば、ウンマと王朝は分岐せざるをえない。

しかし何よりも、次章で触れるように、ウンマとダウラが一致しないことは、第二次内乱によってウマイヤ家カリフとマッカのカリフが拮抗したこと、ウマイヤ朝末期に第三次内乱が起きたこと、ついにはアッバース朝革命軍が蜂起したことなどによって、次第に明らかになる。次のアッバース朝は、カリフ政体をウンマを代表する政体として発展させることができ、ウンマとダウラは黄金期においてはそれほど乖離してみえなかった。しかし、その間にも、法学者やハディース学者、神学者などのウラマーが勃興し、法や学知におけるウンマの代表権を確立していくことになる。さらに言えば、ウンマの繁栄がイスラーム文明の勃興によって支えられ、それがムスリムたちに自信を与えるようになると、ウンマの正当性を中央の統治権によって保証する必要はなくなっていく。それらは本書の後半で考察する問題である。

6　原型・理念・可能態としての初期イスラーム時代

これまで、イスラームの誕生、ムハンマド時代、正統カリフ時代を検討してきた。ここから後は、しばらく諸派分立の時代となる。諸派の分立によって、イスラームとはなにかをめぐる思想状況が分極化し、互いにその有効性を争う状態が生じた。争いは、武力が用いられる場合もあったし、もっぱら言論によってなされることもあった。王朝の運営も、それらに対応していかなければならなかった。

これらの分極化にはさまざまな側面があるが、初期イスラーム（ムハンマド時代、正統カリフ時代）をどう解釈し、それを批判したり、正当化したりするのか、ということが大きな主題の一つとなる。

そうなるのも当然のインパクトが、初期イスラーム時代にはあった。

ムハンマドが最後の預言者としてヒジャーズ地方に現れ、イスラームとクルアーンを残して世を去ったという事実は、歴史的出来事としてだけ語りうるものではなく、同時代人にもその後に続く人びとにも、強烈な衝撃を与えた。筆者は以前、ムハンマドがそれまで人類が知らなかった諸概念をもたらしたことを「巨大な思想現象」とみて、その人類史的な意義を論じたことがある［小杉 2002:155-156,176-199］。村上泰亮の言葉を借りれば、「文明創発的革新」が起きたということになる。

それ以降に、論陣を張り、解釈し、論争し、自分たちの主張を整え、考えを伝えあい、同志を募り、仲間を集め、党派や学派を形成し、再び論争がおこり、というような過程が三世紀ほど続く。その間に、先行する文明からの技術の吸収も起きる。その中には、天文や治水、土木建築といった技術も含まれていたが、哲学や論理学のように、思考の技術も含まれていた。解釈や論争の仕方も、それに大きな影響を受け、発展した。また、中国からの紙の伝播によって、紙と書物が急速に発展し、彼らが書き記し集め読む大量の書物が出回るようになった。

その結果、初期イスラーム時代は、「原型」であり「理念」であり「可能態」であるようなものとなった。原型とは、未分化な状態にあってさまざまな可能性を内包している。ウマイヤ朝もアッバース朝も、その原型が分化し、具体的な形で発現していったものとみることができる。その原型が理念であるとすると、理念は、現実を批判する武器にもなるし、現実を運営したり改革する上でのガイドラインや着想を提供するものともなる。原型も分化すれば、特定の形になり、それ以外のものは姿を消す。理念も、実践に移せば、必ず理念と乖離した現実になり、実現しなかったものは失われる。そうであるならば、原型が何であったのか、理念が何であったのかを論じることは、そこに含まれていた多様な可能性を考えるということであろう。可能性の一部は間違いなく実現しているが、失われた可能性もあるはずであるし、そもそも誰も顧みなかった可能性というものも存在するかもしれない。そのような多様な可能性を内包する状態を「可能態」と呼びたい。

初期イスラーム時代は、原型・理念・可能態として機能するようになる。七〜一〇世紀の間だけではなく、現代に至るまで、そこから着想を得て、新しい思想を展開することは続けられている。しかし、その時代について考え、論じることによって、それを「原型・理念・可能態」でありうるものにしたのは、七〜一〇世紀の営為であった。

第6章 イスラーム化の進展

この章では、ウマイヤ朝、アッバース朝へとイスラームの社会と国家が発展する過程を見たい。また、それと合わせて、イスラーム文明が形成されるプロセスについて考えていきたい。

1 アラブ帝国の支配

ムアーウィヤが開いたウマイヤ朝は、イスラーム史の中でも毀誉褒貶が激しい。前近代のイスラーム世界の史家がウマイヤ朝に対して「世襲の王権に堕した」と批判的だっただけではなく、現代の歴史研究者も、ウマイヤ朝は非イスラーム的な王朝であったと考える傾向が強い。アラブ人が支配した征服王朝と見るべきか、最初のイスラーム王朝という側面に注目すべきかという点では、前者の見解を取る者が多い。その一方で、ウマイヤ朝の時代にイスラーム世界の「中核地域」が成立したことの重要性も否めない。イスラームへの貢献を考えると、確かに功罪半ばであろう。

おそらく批判される原因の一つは、正統カリフ時代を終わらせ、その時代の理想に反する権力政治を展開した点にある。しかし、前章の分析で明らかなように、正統カリフ時代に起きた大征服とそれに伴う巨大な政治・経済・社会的な変容は、マディーナの都市共同体＝国家を支えていた原理と制度では吸収できない水準に達していた。正統カリフ制の終焉は、不可避的なものであった。ウマイヤ朝が正統カリフ制を崩壊させたわけではない。

ウマイヤ朝の基本的性格は「アラブ帝国」とされる。欧米での初期イスラーム史研究を踏まえながら、長年の研究からこのテーゼを日本において確立したのは、嶋田襄平である。彼は、この王朝のアラブ的な性格を五点にまとめている――(一) アラブの大征服によって成立した征服王朝、(二) 政治の原則はアラブの異民族支配、(三) アラブの特権、(四) 国家目的は領土の拡大と租税の徴収、(五) 国家機関はディーワーン・アル＝ジュンド（軍務庁）とディーワーン・アル＝ハラージュ（税務庁）がほぼすべてであった［嶋田 1977:84-85］。嶋田は、大征服そのものについても「イスラームの大征服とみなすか、アラブの大征服と考えるかは意見の別れるところであるが、著者はそれを、イスラームによって規律と統制を与えられたが、本質的にアラブの民族的な発展であったと考える」［嶋田

1996:22]としている。

被征服地の統治と、その後の征服のための基地として、各地にミスル（miṣr）と呼ばれる軍営都市が建設された。すでに何度も出てきたバスラ、クーファ、チュニジアのカイラワーンなどがそれにあたる。エジプトでは「フスタート」[47]が建設されたが、この語源は「天幕、テント」であるから、軍営地であったことがよくわかる。これらの都市に俸給をもらうムカーティラ（戦士）としてアラブ遊牧民が移住した。ウマイヤ朝初期には、バスラにムカーティラ八万人に加えてその家族一二万人、同様にクーファに六万人と八万人、これとは別にイラクにムカーティラ一五万人、シリアに三五万人、エジプトに四万人などの記録があり、最低でもムカーティラとその家族で一三〇万人がアラビア半島から征服地に移住したと推定される［嶋田 1996:22］。

初期のムスリムはほとんどすべてがアラブ人であった。彼らが大征服の担い手であるから、確かに、この段階ではイスラームなのかアラブなのかは識別できない。アラブ人ムスリムたちは軍営都市に移住し、支配者として現地の住民の上に君臨した。初期には住民と交わることは禁じられ、軍営都市にはアラブ人だけが住んでいたという。人口的に言えば圧倒的に少数であるから、不用意に交じわることを防止する政策はそれなりに合理的であった［Bennison 2009:61］。

アラブ人の特権は、現地の住民がイスラームに改宗してムスリムとなっても、アラブ人と同等には扱わなかったところによく示されている。彼らはマワーリー（mawālī 庇護民）として扱われた。マワーリーは元来、解放奴隷が旧主人の庇護民となった者を指した［嶋田 1977:21］。アラブの部族制度では庇護を与えられたマワーリーは、他部族に対してはその部族の一員として扱われるから、これは差別の仕組みである面と、アラブ部族社会における同化の制度としての面も持っていた。ウマイヤ朝時代のマワーリーには、解放奴隷と新規の改宗者の両方が含まれていた。

新しい改宗者を解放奴隷と同じようなマワーリーとみなすのは、イスラームの普遍的な平等原理から言えば、おかしなことである。イスラームの原則では「信徒は同胞」【部屋章一〇節】であり、「単一のウンマ」【信徒たち章五二節】を構成するものであった。この矛盾がやがてウマイヤ朝を崩壊に導く一因となる。ウマイヤ朝期にこの不平等を解消しようとした第八代カリフ・ウマルは、そのイスラーム的な路線のゆえに後世に「第五代正統カリフ」と称讃されることもあった(48)。ただし、ウマルの治世はわずか二年半ほどで、その改革は実を結ばなかった。イスラーム的な平等の原理は、アッバース朝によって実現されることになる。

ウマイヤ朝と比較して、アッバース朝は「イスラーム帝国」とされる。アッバース朝はイスラーム的な原理に依拠して巨大な版図に君臨した。比較の観点から、アッバース朝をイスラーム帝国と規定し、ウマイヤ朝を「アラブ帝国」と性格づけることは全く正当であろう。しかし、ウマイヤ朝がアラブ人優位であったのは、権力的な支配の部分である。ウマイヤ朝のイスラームは、単に戦士たちに「規律と統制」を与えるものにすぎなかったのであろうか。

筆者は社会の内部に目を向けるべきであろうと思う。マワーリーたちに、イスラームの平等原理を教えたのは誰なのであろうか。彼らが不平等に不満を募らせたことがウマイヤ朝の危機につながるが、イスラームの平等原理を知らなければ、不平等を怒るすべはない。被抑圧者が不満を抱くだけでは、革命につながる思想的な力には転化しない。軍営都市に移り住んで、新しい信徒たちに「ムスリムの間にはアラブ人も非アラブ人も違いはない」と教えたのは誰だったのであろうか。

ウマイヤ朝によってウンマとダウラ（王朝）が分岐したことは、すでに述べた。その場合に王朝権力としてのダウラがアラブ人支配をおこなったとしても、それはウンマがアラブ人優位主義に転じたことを意味するわけではない。ウンマがその時点で平等原理を捨てていれば、イスラームの教えはそこで変質したであろう。ウマイヤ朝について、嶋田は「もし国家目的と呼びうるものがあるとすれば、それは領土の拡大と租税の徴収以外の何ものでもなく」［嶋田 1977:85］と述べている。王朝権力はそうであったであろうが、そうだとしても、ウマイヤ朝に存在意義を与え支配を正当化していたのは、平等原理を含めてイスラームを広めるというウンマの存在目的であろう。

確かに王朝を中心とする政治史では、ウンマの実態はわかりにくい。しかし、国民国家を論じる際に、国家（中央政府）だけではなく「国民」を視野に入れる必要があるのと同様に、イスラーム国家を論じる際には、ウンマを考慮に入れる必要がある。具体的な人間として考慮に入れるべきは、当時のエリートと一般信徒の両方であろう。ウマイヤ朝の征服事業において、教友やその次の世代も司令官や各地での指導層として多く参加した。彼らはウンマへの忠誠心から時のカリフ（信徒たちの指揮官）の命に服していたと見るべきであろう。もちろん、ウマイヤ朝の忠臣たちもいた。ムアーウィヤに「異母弟」として遇され忠誠の限りを尽くしたズィヤード[49]、第五代カリフ・アブドゥルマリクの将軍として、カアバ聖殿に弩砲を撃ち込んでまで反対派を制圧したハッジャージュ[50]などは、その代表であろう。

この時期の「一般信徒」の動向はわかりにくい。遊牧民が動員され、戦士として各地で戦った。彼らは被征服民に対しては支配者であったが、王朝権力にとっては被支配者である。イスラームに改宗するだけで支配側に回れるためであろう、アラブ人キリスト教徒たちが強制もされないのにどんどんイスラームに参入した例もある［嶋田 1996:23］。ウマイヤ朝は改宗を奨励しなかったが、被征服民からの改宗も次第に進んだ。彼らがどのようなイスラームを信じ、どの程度それを行動の基準にしていたのかは測りがたいが、一般信徒に対して教師の役割を果たした人びとについては、鮮明な像を結ぶことができる。

ムハンマドの直弟子（教友）たち、さらに彼らに教えを受けた者たち（タービウ tābi' ＝後続者と呼ばれる）が、各地のモスクなどを拠点として、クルアーンを教え、イスラームの教えを広めた。その弟子たちの世代になると、ペルシア人などの改宗者が続々と現れる。彼らの中から、アラビア語を習得し（あるいはアラビア語を母語として育ち）、知識を身につけ、頭角を現した者たちは指導的な知識人となった。知識の世界では、アラブ人とマワーリーの違いは問題ではなかった。

彼らの広めたイスラームが平等原理に基づくものであったことは、疑いを入れない。そもそも、ウマイヤ朝期の人口構成では、ムスリムは圧倒的に少数であった。しかし、支配を支えていた正当性の源泉としてのイスラームは重要であった。古くからの信徒も新しい信徒も、イスラームの支配を肯定し、その面ではウマイヤ朝を支えたが、同時にウマイヤ朝の非イスラーム的な部分には不満を持ったであろう。ウマイヤ朝はイスラーム化を進める政策も採った。たとえば「岩のドーム」やウマイヤ・モスクなどのイスラーム建築を生み出し、宗教面でも巡礼を奨励し、二聖都の整備をおこなった［Ṭarāwa 2003］。巡礼は知識人の交流を促進した［Ṭarāwa 2002］から、たとえウマイヤ朝の政策には自己の正当性を強める目的があったにせよ、全体として社会のイスラーム化が進展し、次第に「見えざるウンマの公衆」が増大したと考えられる。

2　統治制度の整備

イスラーム国家の発展において、ウマイヤ朝の貢献として数えるべき重要な点は、統治制度の整備であった。それを代表するのは、ディーワーン制度である。

「帳簿」を意味するディーワーンは、第二代正統カリフ・ウマルの代に、戦士たちを登録し、俸給としてアター（現金）とリズク（穀物その他の現物）を支給するための帳簿として始まった［嶋田 1977:63］。やがて、この語は帳簿を管理する官庁を意味するようになる。ディーワーンの整備は、ムアーウィヤの貢献が大であった。

租税の徴収を担当するディーワーン・アル＝ハラージュ（dīwān al-kharāj ハラージュは土地税）、カリフの発する命令文書を作成するディーワーン・アッ＝ラサーイル（dīwān al-rasā'il 文書庁）、文書の印璽を管理するディーワーン・アル＝ハータム（dīwān al-khātam 印璽庁）などが作られた。戦士たちの登録と俸給の支払いを担当するディーワーンは、ただのディーワーンでは区別がつかないため、ディーワーン・アル＝ジュンド（dīwān al-jund 軍のディーワーン、軍務庁）と呼ばれるようになった［嶋田 1977:77］。

しかし、徴税のシステムは、サーサーン朝、ビザンツ帝国の制度を継承したもので、まだ独自のものではなかった。名称はディーワーン・アル＝ハラージュでも、実態はサーサーン朝時代の徴税組織を引き継いだものが、この名で呼ばれるようになった。イスラーム的な租税の仕組みが次第に整備されるには、アッバース朝初期まで時間がかかった。八世紀後半に大裁判官となったアブー・ユースフ（七三一〜七九八年）がアッバース朝カリフに献じた『ハラージュの書』は、イスラーム法において税制を確立するための重要なステップであった（アブー・ユースフについては第8章5）。

首都と版図の各地を結んで情報をやりとりする駅逓制度（バリード barīd）も、重要な役割を担うようになった。かつては、ウマイヤ朝開祖のムアーウィヤがこの制度を始めたという説が有力であった

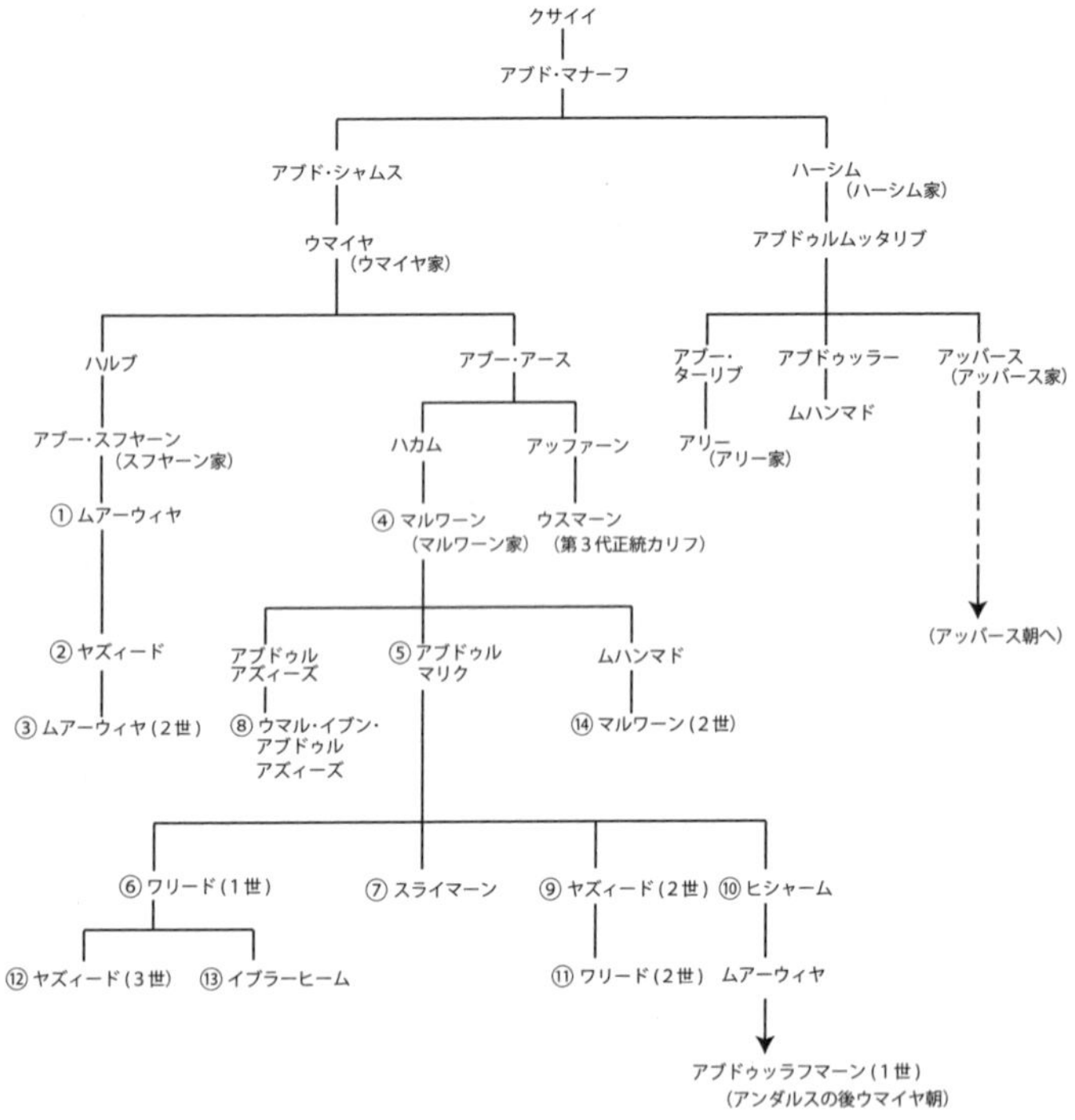
クサイイ
アブド・マナーフ
アブド・シャムス
ハーシム
(ハーシム家)
ウマイヤ
(ウマイヤ家)
アブドゥルムッタリブ
ハルブ
アブー・アース
アブー・ターリブ
アブドゥッラー
アッバース
(アッバース家)
ムハンマド
アブー・スフヤーン
(スフヤーン家)
ハカム
アッファーン
アリー
(アリー家)
① ムアーウィヤ
④ マルワーン
(マルワーン家)
ウスマーン
(第3代正統カリフ)
(アッバース朝へ)
② ヤズィード
アブドゥル アズィーズ
⑤ アブドゥル マリク
ムハンマド
③ ムアーウィヤ(2世)
⑧ ウマル・イブン・アブドゥル アズィーズ
⑭ マルワーン(2世)
⑥ ワリード(1世)
⑦ スライマーン
⑨ ヤズィード(2世)
⑩ ヒシャーム
⑫ ヤズィード(3世)
⑬ イブラーヒーム
⑪ ワリード(2世)
ムアーウィヤ
アブドゥッラフマーン(1世)
(アンダルスの後ウマイヤ朝)

図12●ウマイヤ朝系図
出典：『岩波イスラーム辞典』付録の系図を基に、著者作成

が、その内実は不明で、最近の研究ではマルワーン（在位六八三〜六八五年）から三代にわたるカリフがこの制度を実質的に整備したことが判明している［Silverstein 2007:54-61］。ムアーウィヤの時代は帝国と言っても、「それぞれに独立したいくつかの地域の連合体に過ぎなかった」［嶋田 1977:86］から、駅逓制度も中央集権化の道具としては機能しなかったであろう。

帝都から逓信システムを各地に張り巡らし、迅速に指示を伝え、現地の情報を収集する仕組みは、サーサーン朝の制度を踏まえたものと考えられる［Silverstein 2007:9-28］。その一方で、駅逓制度と結びついて宿場が置かれたのは、人びとの旅路を助けるというイスラーム的な考え方を反映している。ウマイヤ朝第八代カリフ・ウマルはホラーサーン総督に、「汝の地域に宿所（ハーン）を置いて、そこを通るムスリムに一日一晩泊まらせ、その者の家畜の世話をするようにせよ」との命令を出していた［Silverstein 2007:61］。

独自の制度として、「シュルタ（shurṭa 警察）」もムアーウィヤの時代に創設された。この語はアリーの時代には選抜されたエリート部隊を意味したようであるが、ウマイヤ朝期に入ると秩序維持機関としての警察を指すようになった。国家の基本的性格が軍事組織から政治組織へと変容したことを反映している［花田 1983:535-538］。

総じて言えば、ウマイヤ朝がおこなったことは先行する帝国の制度を継承しつつ、それを次第にイスラーム化する作業であった。その点できわめて大きな貢献をなしたのが、第五代カリフ・アブドゥルマリク（在位六八五〜七〇五年）であった。彼はウマイヤ朝中興の祖となった。

彼の貢献として、アラビア語を行政言語とし、アラビア語が刻印された独自の金貨を鋳造したこと、最初のイスラーム建築と言うべき、黄金の「岩のドーム」をエルサレムに建設したことなどがあげられる。彼の治世はウマイヤ朝の発展にとってきわめて重要であるので、彼が即位し、分裂していた版図を再統一する経緯を見ておこう。

初代のムアーウィヤは、息子のヤズィードへのカリフ位継承を確保して、ほぼ二〇年の治世を終えた。彼はカリフ政体（ヒラーファ）が始まって以来、初めて息子にカリフ位を継承させた人物となった。「ムアーウィヤはカリフ政体を王権に転じた」と評価されるには、ここにも原因がある。ムアーウィヤ本人は、そもそもムハンマドの教友の一人であったし、第一次内乱で混乱した国内を再統一し、ビザンツ帝国への攻勢も活発に継続したから、統治者としての評価は高かった。しかし、息子のヤズィードは父には及ばず、当時の有力者たちは少なからず彼の継承に反対した。先代カリフの生前に後継者を決めてしまうことも先例がないため、不人気であった。

実際、即位した後のヤズィードは「狩猟と音楽と酒宴に明け暮れる」姿を目撃されるようになる［嶋田 1977:109］。不義の統治者と戦うためにムハンマドの孫（アリーの次男）フサインが決起すると、ヤズィードの派遣した軍はフサイン一行をカルバラーの地で殲滅した。ムハンマドが可愛がっていた孫の殺害は、ヤズィードの汚名を末世まで残すことになった。この「カルバラーの悲劇」は当時のムスリムたちを震撼させた。イブン・ズバイルはそれまでヤズィードへのバイア（忠誠の誓い）を拒絶してマッカに逃げていたが、ついに公然とカリフを名乗ってウマイヤ朝に対抗した。イスラーム帝国は分裂し、二つの版図に分かれた。この状態が九年間続く。

ダマスカスを拠点とするウマイヤ朝の側では、ヤズィードの死後、その息子が継いだものの、すぐに世を去り、この血統からはもはや指導者となりうる候補はいなかった。ここでムアーウィヤらのスフヤーン家のカリフは途絶えた（スフヤーン家という名称は、ムアーウィヤの父の名から）。かわりにカリフ位に就いたのは別系統のマルワーンで、これ以降は、マルワーン家の支配とされる。図12から明らかなように、第三代正統カリフのウスマーン、ウマイヤ朝初代のムアーウィヤ、第四代のマルワーンはいずれも、祖先のウマイヤから数えて三代目にあたる。マルワーン以降、残りの九代はすべてマルワーンの子・孫・曾孫であり（このためマルワーン家と呼ぶ）、ウスマーン、ムアーウィヤの子孫からはカリフは出なかった。ただし、世襲と言っても、ウマイヤ朝では父子相続は少ない。アッバース朝にしても、本書が対象としている時代には、必ずしも父子相続ではなかった（223頁図15参照）。

マルワーン自身は短い治世に終わり、マルワーン家の支配を固めたのが、中興の祖となる息子のアブドゥルマリクである。彼は第二次内乱の混乱のさなかにカリフとなった。六八五年のことであるが、当時はイブン・ズバイルがマッカを首都として版図を分割していた。ウマイヤ朝に対する不平、不満が広がっていたためもあり、イブン・ズバイル政権はかなりの人気を得た。多くの州がバイア（承認の誓い）をして、一時はウマイヤ朝の版図のおよそ半分がその支配下に入った。チェイス・ロビンソンによれば、結果としてイブン・ズバイルが敗北したため「僭称カリフ」と言われるが、アブドゥルマリクが即位した時の実態は、イブン・ズバイルが正統なカリフで彼の方が反乱者であった［Robinson 2005:33-35］。

イブン・ズバイルは、ムハンマドの教友の一人であった。彼はヒジュラ（聖遷）の後マディーナで最初に誕生したムスリムの子どもである。ムスリムたちはその誕生を喜んで「アッラーフ・アクバル！（アッラーは偉大なり）」と声を合わせて叫んだとされる。ムハンマド没時にまだ少年だったとはいえ、彼は直弟子としての「教友」の地位を持っていた。言うまでもなく、父のズバイルも教友である。彼はもともとマッカの豪商で、早くからイスラームに加わり、マディーナでも重きをなした。第二代カリフ・ウマルが死の直前に「あなたたちの中から必ずカリフを選出するように」と遺言した六人の一人であった。この六人は「シューラー（shūrā 協議）の民」と呼ばれた。その結果として第三代にウスマーン、続いて第四代にアリーが選出されたが、ズバイルもカリフ候補の一人であり、後にはアリーに叛旗を翻した（「ラクダの戦い」で敗死）。そして、ウマイヤ朝時代になってから、息子のイブン・ズバイルがマッカでカリフ位を称することになった。

イブン・ズバイルがカリフ位を名乗り人気を博したことは、この来歴を見れば十分納得がいく。もっとも、ウンマの貴顕としてはきらびやかでも、政治家としては「シリアへ移って全国唯一のカリフに

図13●エルサレム旧市街の「岩のドーム」：黄金のドームと華麗なモザイクで知られる「岩のドーム」は、イスラームがアブラハム的一神教の系譜を完成させたことを物語るものとして、ウマイヤ朝期に建設された。ウマイヤ朝カリフのアブドゥルマリクは内乱期でマッカ巡礼ができないため、代替的な巡礼地として、イスラーム第３の聖地に壮麗な建築物を企図したと考えられる（提供 Dreamstime）。

就任するという妥協を拒否したことにより、実際政治家としての能力と識見とをもたないことを暴露した」［嶋田 1996:21］という厳しい評価もされている。イブン・ズバイルは対抗カリフであるにとどまり、ウマイヤ朝を覆すことはできず、歴史には僭称カリフとして記録されることとなった。

背景説明が長くなったが、アブドゥルマリクが即位した時は、ウマイヤ家は滅亡の淵にあるかのようであった。それゆえ、彼がイブン・ズバイル政権を倒し、版図を再統一し、さらに大征服を拡大した功績は大きい。ウマイヤ朝にとっての功績だけではなく、イスラーム世界の発展という観点から見ても、大きな貢献をなしたと言えよう。

彼がエルサレムに建設した「岩のドーム」は、史上初のイスラーム建築とされる。その建設は、まだイブン・ズバイル政権が健在だった時期で、マッカがウマイヤ朝の敵の手中にあって自由に巡礼に行けないため、代替地を作ろうとしたためと言われる。ハディースには「〔信仰のために〕旅をすべきはただ三つのモスクだけである。すなわち、このわがモスク（マディーナの預言者モスク）、〔マッカの〕聖モスク、アクサー・モスクである」［ムスリム『正典集』］とあるから、マッカ、マディーナの訪問ができないのであれば、エルサレムのアクサー・モスクが唯一の代替案だったであろう。

その一方で、ウマイヤ朝の被統治者の大半はキリスト教徒であったから、それに対抗する必要性も認められる。「彼（アブドゥルマリク）はおそらく、キリスト教の復活教会（聖墳墓教会）をしのぐようなイスラーム聖所を建てたかったのであろう。というのも、意義深いことに、岩のドームの規模は同時期の同教会とほぼ同じであり、彼がドームを覆った黄金は［高台にあって］この上なくすばらしい景観を見せたであろうから」［Duncan 1972:26-28］。

岩のドームは、アクサー・モスクの聖域内にあり、ソロモンが建てた古代の神殿の「至聖所」にあたると言われる。ムハンマドが「天への旅（ミウラージュ）[51]」をおこなった時、この地の岩から天に向けて出発したとされる巨石があり、ドームはその上に建てられた。八角形の建物の上に黄金のドームが載っており、しばしばイスラームを象徴する代表的な建築とされる。ビザンツ様式の華麗なモザイクで装飾されており、史上何度か修復されているが、アブドゥルマリク当時の様式を今日まで伝えている。

全土を再統一したアブドゥルマリクは、通貨改革に乗り出した。正統カリフ時代からウマイヤ家前期にかけて、通貨はビザンツ帝国の金貨、サーサーン朝の銀貨を継承していた。また、その形式や銘文を模倣した「アラブ・ビザンティン金貨」「アラブ・サーサーン銀貨」が発行されていた［亀谷 2006］。アブドゥルマリクは、それとは全く異なるイスラームの共通の貨幣を作りだした。

貨幣改革の意義について、佐藤次高は次のように総括している――「ウマイヤ朝政府がアラブ貨幣を発行し、ディーナール金貨とディルハム銀貨による二本位制を定めたことは、後世にはかりしれないほどの影響をおよぼすことになった。これによって貨幣経済の進展はいちだんと加速され、この経済システムを基礎にして、官僚や軍隊への俸給《アター》の支払いが現金でおこなわれるようになったからである。俸給の現金支払いは、八〜一〇世紀のヨーロッパや中国・日本ではとうてい実現不可能なことであった。このような比較をしてみれば、貨幣の十分な流通とそれに基づく高度な経済体制をつくりあげたことは、イスラーム文明のまず第一の特徴であることがよく理解されるに違いない」［佐藤 2000:33］。

貨幣のみならず、アブドゥルマリクの治世において行政言語もアラブ化された。これも重要な点であった。次章で詳しく見るように、イスラーム文明の形成とアラビア語の発展は深く結びついている。アラビア語が文明を担いうる言語に発展しなければ、それを媒体とする文明は成り立たない。アラビア語が文明の言語となるにあたって、アッバース朝期のギリシア科学の翻訳運動（第7章3）が大きな役割を担ったことは衆目の一致するところであるが、それ以前にウマイヤ朝がアラビア語を行政言語としたことが重要な契機であったとの見方も存在する［Dallal 2010:13-14］。筆者としては、アラビア語の発展において両者ともに肝要な段階をなしていると考えたい。その意味で、アブドゥルマリクの貢献は、ウマイヤ朝の再興以上に大きな意義を持っていた。

3 イスラーム化の仕組み

これまで本書では、私たちが理解しているようなイスラームが七世紀に成立したのではない、ということを力説してきた。ムハンマド時代のアラビア半島で生まれたのは朗誦される聖典クルアーンであり、宗教的な世界観・社会観・人間観であったが、それはイスラームの原型ないしは未分化の理想型というべきものであった。その教えはムハンマドが信徒に向かって、ただ一方的に述べ伝えたものではない。呼びかけに応えて弟子になる者、徹底して反対し敵対する者などとの動的な関係の中で、およそ二三年間の「ムハンマド時代」が形成され、イスラームの原型が作られた。ムハンマドの没時には、アラビア半島の住民はほとんどがイスラームに加わっていた。

イスラーム傘下のアラブ人たちは、大征服を通じて支配者となり、東西に散った。正統カリフ時代からウマイヤ朝、アッバース朝の時代を通じて、ムハンマド時代が残したものを継承し、解釈し、時に拡大し、時に変容させ、イスラームとは何かが問われ続けた。拮抗する考え方が次第に取捨選択され、統合され、場合によっては排除され、体系化が進むのにおよそ三世紀あまりがかかった。その間に、イスラームは先行する諸文明を吸収して、独自の文明を形成していった。

さて、このプロセスについて、征服された側に着目して見た場合、どういう論点が生まれるであろ

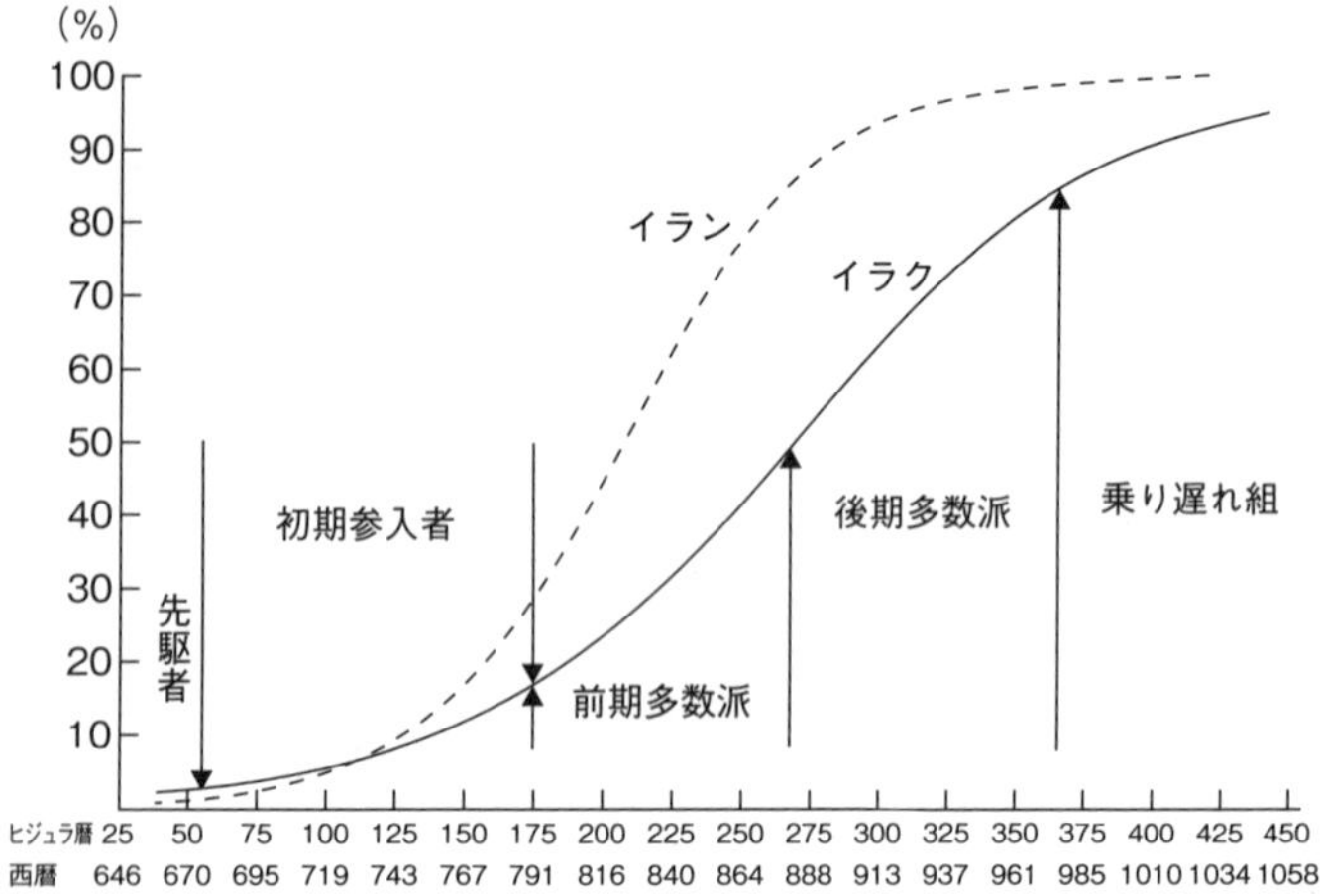

図14●イスラームへの改宗の進展

バレットの研究によれば、人名録から特定しうる改宗の時期を計量化すると、地域毎のイスラーム化のパターンを読み解くことができる。いずれの地域でも過半を超えるあたりからバンドワゴン（便乗）効果が現れる。このグラフから、イランの方がイラクよりも改宗の進展が早かったことがわかる。出典：Bulliet［1979:82］から作成。

うか。被征服地は、いずれもイスラーム化した。その点は疑いがない[52]。

問題は「イスラーム化」とは何かである。一般にこの語が使われる時は、宗教としてのイスラームがその地域に浸透し、住民の改宗が次第に進行することを指している。マッカ、マディーナで生まれた一神教が広がるという意味では、たしかにイラクもイランもイスラーム化したし、エジプトもイスラーム化した。改宗した人びとの間では、アラブ風の名前も広がった。

米国の歴史研究者リチャード・バレットは、一九七〇年代から優れた論考を数多く発表してきた。人名辞典を素材として、人名の変更がどの時点でどのように起きたかを調べて、中東における住民のイスラーム化の進行を時系列的な変化として示した『中世におけるイスラームへの改宗――計量的な歴史研究』[Bulliet 1979]は、イスラーム史に実証的な計量的手法を持ち込み、そこから得られたデータを用いて社会史的な解釈を試みた点で高く評価されている。歴史研究者たちにとって、計量的方法はなじみがなく理解しにくいということも含めて、バレットの仮説に対する批判も存在する[Wasserstein 2010:190-192]。しかし、その主張は史料の読解から得られる経験的な印象とも合致するし、他の代替案が出ていない以上、その有用性は高い[53]。

バレットの研究によれば、イランでの改宗がどこよりも急速に進行した。改宗者の累積的な増加はいずれの地域でも最初はゆっくりで、途中で大きく進展して過半数を超えていき、最後の二割が再び速度が落ちて漸進的になる。それを描く（横向きの）S字カーブをバレットは五期に分けて、それぞれの時期を「先駆者」「初期参入者」「前期多数派」「後期多数派」「乗り遅れ組」としている（図14）。後期多数派までで八四パーセントの改宗に相当するが、イランでは八七五年にこれに達しているのに対して、イラクでは九七五年までかかった［Bulliet 1979:43-45,81-84］。エジプト、チュニジア、シリアなども、イランよりイラクに近い。バレットは、改宗時期の違いがそれぞれの地域の改宗者たちの社会的・文化的な差異を反映していると立論している。また、改宗者が半ばを超えるまでイランで地方反乱が頻発したこと、しかもそれは非ムスリムによる反イスラーム的な反乱であったが、逆に半数を超えてからはイスラーム王朝の地方独立が生じたという指摘は、非常に興味深い。これに対して、イラクでも半数を超える時期までは反乱が頻発したが、いずれもイスラーム分派の反乱であった［Bulliet 1979:44-49,80-91,128-131］。

このようにバレットの研究は、地域の差異をさまざまな社会史的な分析とともに論じて、特定の地域のムスリム人口が改宗を通じていかに増えたかについて、非常に大局的な視点を提供している。これによって、大征服によって確立したイスラーム国家の版図が、単に統治者、支配層がムスリムであり、イスラーム的なヘゲモニーが貫徹しているというだけではなく、イスラームにそれぞれの立場からメリットを見いだした者が次第に参入するとともに、実態的なレベルでのイスラーム社会が次第に構築されていく様子を把握することができる。

こうした観点から見ると、イスラーム文明を考える上では、「イスラーム化」の内実を拡張する必要性に気がつく。歴史研究では「イスラーム化（Islamization）」はある地域が次第にイスラーム色を強めていくことを意味することが多い。それは、ムスリムの移住や元来の住民の改宗が進んで、ムスリム人口の比率が高まることと、政治や社会においてイスラーム的な制度が広がり、文化的にもイスラームの表象が増加することを指す。しかし、七〜一〇世紀はイスラームの体系化の時期であるから、「イスラーム化」によって広がるイスラームを既定のものとして考えることはできない。つまり、イスラームが各地域の社会や文化に干渉して、イスラーム化を進めるだけではなく、イスラームの理解も各地域の社会や文化から影響を受ける。バレットも指摘しているように、「非アラブの改宗者とその子孫たちは、イスラーム支配下における文化生活のすべての面において貢献をなし、非アラブ人の全般的な習慣と相貌は、イスラームの国家と宗教の諸制度が次第に発展する中でさまざまな形で同化された」［Bulliet 1979:2］のである。

このことをイスラームの「現地化」と呼ぶことにしよう。すなわち、イスラーム化とは、対象地域がイスラーム色を強めると同時に、その地域でのイスラームが当該地域の歴史や文化の影響を受ける「双方向的」で「双補的」なプロセスであり、イスラーム化と現地化が同時に起きる過程として把握される。具体的な例として、イランの文化とイスラームの関係をあげることができる。サーサーン朝時代のペルシア語（パフラヴィー語とも呼ばれる）は、アラビア文字で表記されるようになり、大量のアラビア語語彙を借用した近世ペルシア語へと変容した。ゾロアスター教的な概念や語彙はおおむね払拭されたし、ペルシア語の人名からもゾロアスター的な名前はなくなった。その意味では、イスラーム化が進んだのである。しかし、エジプトではコプト語が駆逐され、(54) アラビア語が住民の母語となったことを考えると、イランでペルシア語が生き延びたことはイスラームの現地化に大きく貢献した。なお、九世紀まではアラブ化が進行していた時期で、イラン的な文化の復興にはしばらく時間がかかったが、次第にこの地域にペルシア語で表現されるイスラームが成立することになった。イラン固有の文化を強調する運動としての「シュウービーヤ運動」や、イラン北部から今日のウズベキスタンにかけて成立した地方王朝サーマーン朝の役割が大きいと考えられる。

イスラーム化と現地化の相互作用とその結果は、地域によって異なる。イスラームが広まる以上、イスラームが許容しない要素は抑制されることになるはずであるが、実際に何がどの程度抑制され、何が許容されるのかは個別の事例によって異なる。また、現地化が個別化、ローカル化だけを意味するとは限らない。法学派の成立について論じるように、サーサーン朝の領土を引き継いだイラクでは、論理的な思考に慣れ親しんだペルシア人を多く相手にするために、演繹や推論を重視する法学が発展したと考えられる。これは、現地化によって多文化に対応するよう普遍化が進む事例であろう。

普遍的なイスラーム化でありながら、初期の規範とは必ずしも整合的ではない事例もある。典型的な事例は、墓廟の問題であろう。生前のムハンマドが明示的な指示を与えなかったことの中に、預言者生誕祭や彼の墓廟の問題がある。生前に「存在しなかった」ことについて指示がないのは、当たり前と言えば当たり前であるが、ムハンマドを称える行事や彼の墓への参詣は、後に大きな論争を呼ぶようになる。

また、墓標も問題となった。ムハンマド時代は単なる埋葬だけがなされ、墓は質素なものであったが、イスラームが広がった西アジアから北アフリカでは古くから墓標が存在した。墓標に、唯一神信仰の聖句や聖典クルアーンの章句を刻むことは、イスラーム化のプロセスであるが、同時に、ムハンマド時代の慣行から「逸脱」する側面も持っていた。墓地でクルアーンを朗誦したり墓標に神の名と信仰告白の言葉を刻むことは、「ムハンマド時代のマディーナにとっては無縁のものであったが、八世紀にイスラームが南アラビア、メソポタミア、地中海世界に広がっていく上で、不可欠のメカニズムとなった。墓碑銘の文化はイスラーム勃興以前からこれらの地域に存在したから、ムスリムたちはそれを取り入れ、やがてイスラーム以前の形態を〔イスラーム的なものに〕変容せざるをえなかった」［Halevi 2007:42］。

イスラーム文明は、先行文明の諸地域をイスラーム化するとともに、イスラームにこれらの先行文明を取り込むことによって成立した。宗教的に見れば、アラビア半島で成立した明確な一神教が広まっていく過程と思われる場合でも、文明的には、つねにイスラーム化と現地化が双補的に生じたことを念頭の置いておく必要がある。

4 イスラーム帝国の勃興

ウマイヤ朝は種々の社会的・政治的矛盾が鬱積したため、八世紀半ばにアッバース朝革命によって打倒された。アッバース朝を樹立した運動はすみやかな勝利を得たため、時間的な切れ目なくウマイヤ家のカリフからアッバース家のカリフに替わった。

その革命運動は、ホラーサーン地方（イラン東部から中央アジアにかけて広がる地域）で決起し、多くの不満分子を結集することに成功し、西方に攻め上がった。その中にシーア派の支持者が多数含まれていたため、スローガンは「ムハンマドの一族から〔皆が〕満足する人〔を指導者に選ぶ〕」というものであった。「皆が満足する人」が具体的に誰に相当するのかを明示せず、その先は支持者たちの想像にまかせたことは、革命勢力の糾合に大きく役立った［小杉 2006b:200-203］。

革命戦略としては、巧妙きわまりないであろう。具体的に誰を奉じているのかを明らかにせずに、ウマイヤ朝によってあるべきイマームが抑圧されているという鬱積した情感に訴える戦略は、多くの人びとを糾合し、戦線を統一する上で大きな効果を発揮した。このような戦略には、それ以前のシーア派の運動が誰をイマームとするかをめぐって分裂し、相争った歴史的な経験も反映しているかもしれない。

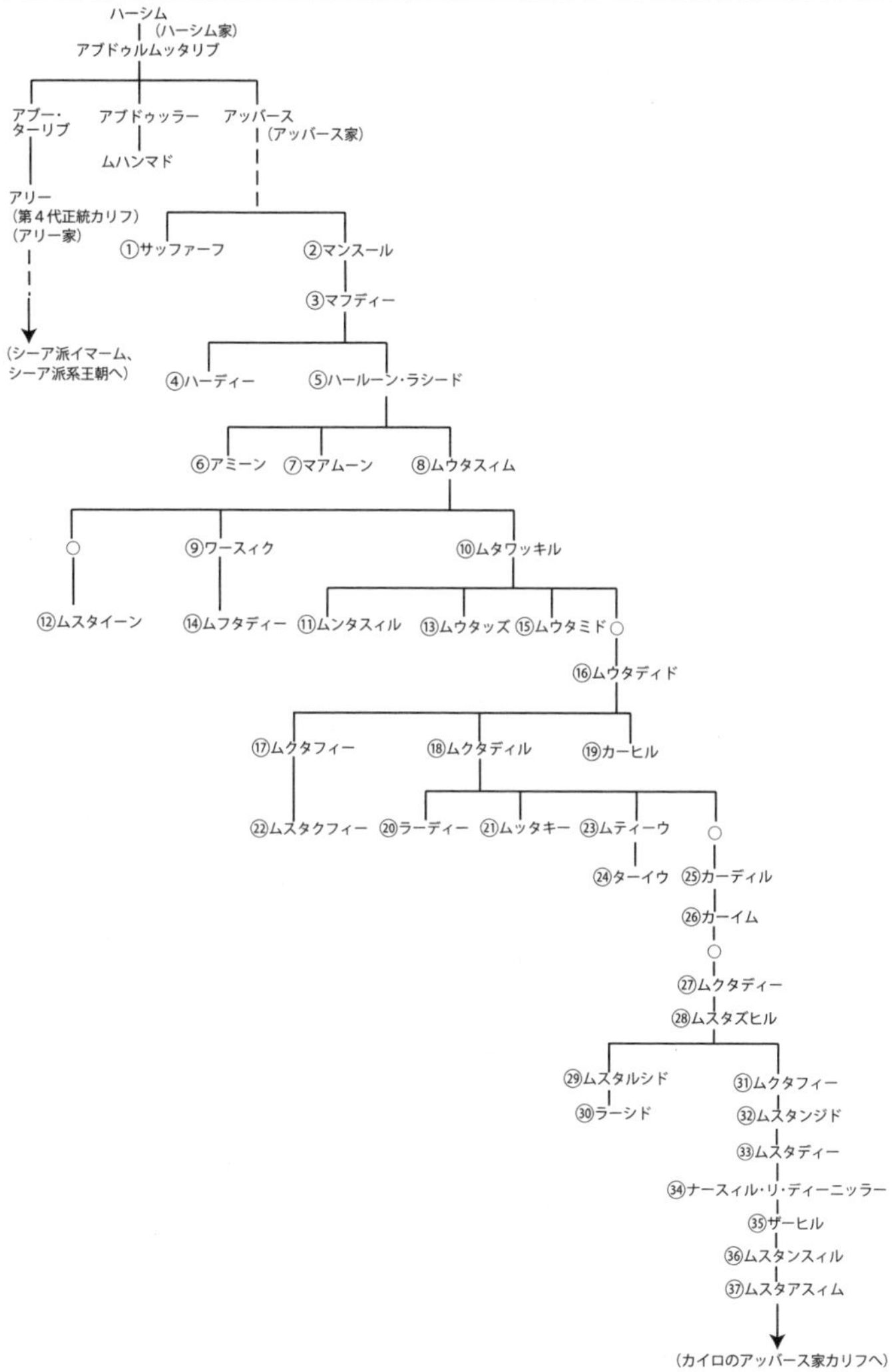
ハーシム
（ハーシム家）
アブドゥルムッタリブ
アブー・ターリブ
アブドゥッラー
アッバース
（アッバース家）
ムハンマド
アリー
（第４代正統カリフ）
（アリー家）
（シーア派イマーム、シーア派系王朝へ）
①サッファーフ
②マンスール
③マフディー
④ハーディー
⑤ハールーン・ラシード
⑥アミーン
⑦マアムーン
⑧ムウタスィム
⑨ワースィク
⑩ムタワッキル
⑫ムスタイーン
⑭ムフタディー
⑪ムンタスィル
⑬ムウタッズ
⑮ムウタミド
⑯ムウタディド
⑰ムクタフィー
⑱ムクタディル
⑲カーヒル
㉒ムスタクフィー
⑳ラーディー
㉑ムッタキー
㉓ムティーウ
㉔ターイウ
㉕カーディル
㉖カーイム
㉗ムクタディー
㉘ムスタズヒル
㉙ムスタルシド
㉚ラーシド
㉛ムクタフィー
㉜ムスタンジド
㉝ムスタディー
㉞ナースィル・リ・ディーニッラー
㉟ザーヒル
㊱ムスタンスィル
㊲ムスタアスィム
（カイロのアッバース家カリフへ）

図15●アッバース朝系図

出典：『岩波イスラーム辞典』付録の系図を基に、著者作成。

革命が成就してみると、それはアリー家の子孫ではなく、アッバース家のサッファーフであった。家祖にあたるアッバースは、ムハンマドの叔父であるが、イスラームへの加入は遅く、経歴はそれほど華麗なものではない。むしろ、その子イブン・アッバースが、ムハンマドの高弟として名をなした。クルアーンの解釈に明るかったため「タルジュマーン・アル＝クルアーン（Tarjumān al-Qurʾān クルアーンの通訳者）」、「ヒブル・アル＝ウンマ（Ḥibr al-Umma ウンマの識者）」などと呼ばれた。しかし、彼自身には政治への欲はなく、マッカで弟子を育成する人生を送った。マッカで僭称カリフのイブン・ズバイルがウマイヤ朝に対抗したときも政治を嫌い、彼にバイアを誓うことをせず、マッカから逃れてターイフに移り住んだ。なお、アリーとは従兄弟の間柄で、アリーが暗殺された日に生まれた息子にアリーと名付けたという［Ayyūb 1971:18］。

アッバース家もアリー家も、ムハンマドの一族であるハーシム家に属するから、「お家の人」という範疇に入るといえば入る。しかし、シーア派の運動はアリー家のイマームを立てるものであるから、彼らから見れば、明らかに裏切りである。

カリフ政体のところでも述べたように、アッバース朝カリフは七四九年のサッファーフの即位から、モンゴル軍に打倒される一二五八年まで五世紀にわたって続く。アッバース家ということでは、さらにその末裔がカイロのマムルーク朝に保護されてカリフを名乗り、オスマン朝によるエジプト征服まで系譜がつながる。

アッバース朝の絶頂期は八世紀半ばからの一世紀半から二世紀ほどである。その後、各地に独立政権ができ、ウンマ代表権以外は次第に失われ、さらに軍人支配者による傀儡化などが起こる。一〇世紀に入ると、対抗カリフ政権（ファーティマ朝、後ウマイヤ朝）が現れ、カリフ政体そのものが危機に陥る。その後、持ち直して、弱体ながらもカリフ政体を保ち、一三世紀半ば過ぎに命脈が尽きる。

イスラーム文明の観点から言えば、アッバース朝の最初の二世紀程度が形成期、その後が発展期である。地方に独立政権ができることは、巨大な帝国が分解していくことを意味するが、各地で独自の王朝が栄えることは文明の発展にとっては必ずしもマイナスではない。地方分権は、地場の産業や文化を育てる面がある。また、アッバース朝前半の二〜三世紀の間に、その版図内でのイスラーム化が著しく進行し、イスラーム法が整備され、思想的にも学問的にもイスラームが体系化された。また、王朝の分立が領土を分ける壁を作るわけではなく、学者たちのネットワークは広域的に機能していた。総じて言えば、イスラーム世界の一体性がこの時期に実体を持つようになった。

本書で論じているウンマは、一つの価値観を体現する概念であるから、それを共通認識として広めるような働きが王朝権力および社会によって推進されてこそ、実体を持つようになる。しかし、実体を持つことによって、その理念をめぐる思想的な摩擦も生じる。ウマイヤ朝が王朝として成立し、それまで正統カリフ時代にウンマと統治権（共同体と国家）が一体のものとされる状況から、ウンマとダウラ（王朝、国家）が分岐する状況になった。これがウンマの矛盾を生んだことは、さまざまな対立が生まれ、激しい内乱も生じたことから明らかであろう。

はるか後代になると、「ウンマの一体性は信条と法の統一性によって確保されるもので、統治権力の分立は——望ましくないとしても——ウンマの一体性を必ずしも損なうものではない」という理論が主流となるが、ウマイヤ朝期からアッバース朝前期は、両者の関係は密接に結びついていた。その一方で、結びついていると言っても、両者の関係が同心円的に整合的なものと理解しえた時代（預言者時代、正統カリフ時代）が終わり、ウンマとは何か、ウンマの代表権と政治権力の関係はどのようなものか、イスラームの法とは何か、それに対して権威を持つ者は誰か、といったことが陰に陽に考えられ、論じられなければならない時期であった。それはひとことでいえば、イスラームがどうあるべきか、という問題に帰着する。そのような時代に、広大なイスラームの版図においてウンマを政治的に代表する統一的な権力が存在したことは、疑いなく、「ウンマ」なるものの実体が形成される上で決定的に重要であった。

ウマイヤ朝は、アラブ的支配とイスラーム的原理の齟齬が一つの原因となって、崩壊した。統治権力とウンマの間に対立が生じて、革命につながったと言うこともできる。アッバース朝は、イスラーム的原理を正当性の基盤に据えた上で、イラン的な王権の伝統なども取り込んだダウラ（王朝権力）を作った。ここにおいては、ウンマの指導権、スンナ（預言者慣行）、カリフ位、イマーム位、クルアーンの解釈、法規定、司法権、信仰箇条、外来の思想や哲学などが、政治的・経済的・社会的な実態をともないながら、争点となった。それらがウンマの内実として争点となったと言ってもよい。その競合に加わった主体も、カリフ、軍人、官僚、その他の支配エリート、知識人、文人、民衆、さまざまな社会集団など、多様であった。

アッバース朝期には、国家機構もさらに発展した。ディーワーン制度が正統カリフ時代に生まれ、ウマイヤ朝期に整備されたことは前述したが、これもアッバース朝期にさらに発展し、九〜一〇世紀に頂点に達した。それまであった「軍務庁」「税務庁」「印璽庁」などのほかに、行政事務を管轄するための「ズィマーム（zimām）」のディーワーンが各ディーワーンに付けられ、さらにそれらを統括する中央の「ズィマーム（zimām al-azimma）」が創設されたり、行政裁判所に相当する「ディーワーン・アル＝マザーリム（dīwān al-maẓālim）」が創設されたことは、行政機構が複雑となったことを反映している。常設ではなかったが、粛正された高官の財産の没収を司るディーワーンも存在した［Dūrī 1999; Al-Dūrī 2008:172-182］

アッバース朝期に新たに発展した統治制度として、ワズィール（wazīr 宰相）職があげられる。この制度化は第五代カリフ・ラシードが内政に加えた「重要な革新」［El-Hibri 2010:281］であった。ワズィールははじめカリフの補佐役の位置づけであったが、複雑な官僚機構を率いる者として次第に行政の要となった。新たに生まれた官僚である「書記（カーティブ kātib 複数は kuttāb）」階層の地位も高まった。

この職位は、ラシードが治世の前半に国政をバルマク家出身の宰相に預け、彼らが全権をふるった事績からもよく知られている［小杉 2006b:210-216］。バルマク家はナウバハール（現アフガニスタン）の出身で、その家名はイスラーム以前の職が仏教の寺院長（パルマク）であったことに由来する。マンスールの代に当時の家長ハーリドは諮問役として仕えたが、その子ヤフヤーはハールーン（後のカリフ・ラシード）の教育係となり、ハールーンが即位した後は宰相に任命された。ヤフヤーは自分の弟、二人の息子たちとともに、絶大な権勢を誇った。後にカリフは彼らを処刑して全権を自ら握るが、歴史家たちはバルマク家を突然襲った悲劇の理由をさまざまに推測してきた。

なお、官僚機構の長としてのワズィールは、アッバース朝カリフ制が消滅した後も、その後のイスラーム王朝に引き継がれ、さらに現代のアラブ諸国でも「大臣」を表す語として使われている。

全般的に言って、ウマイヤ朝期には各地域がそれなりの自立性を持っていたのに対して、アッバース朝では中央集権化が高度に進んだ。その現れの一つは、ウマイヤ朝が創始した駅逓制度が、第三代カリフ・マフディー（在位七七五〜七八五年）の時代には版図の全域に及んだことであろう［Silverstein 2007:61］。帝都と地方を結んで命令文書と報告が行き来する駅逓制度は、広大な版図を支配する上で欠かせない制度であった。ちなみに、ウマイヤ朝第一〇代カリフ・ヒシャームの代には、迅速な雌ラクダを用いて八五ファルサフ（約五一〇キロ）を二四時間で移動できたという――前近代の駅逓制度での最高速度と考えられる――が、アッバース朝時代にも、メルヴにいたマアムーン（第八代カリフ）の許にレイから通信鞄を送り、一二七〇キロの距離を三日で運んだ記録がある［Silverstein 2007:66］。

ちなみに、巡礼路の整備もイスラーム帝国の統治者たちにとって重要事であった。この点で、マフディーの妻でラシードの母ハイズラーン、ラシードの妻ズバイダなどの女性たちも高名を残している。特にズバイダはマッカの給水確保や沙漠を通る巡礼路の整備に巨額の私財を投じたことで知られる[Kennedy 2004:187-188]。

イスラームの内実が形成されるこの時期に、イスラーム帝国が広大な版図を中央集権的に治めていたことは、大きな意義を持った。アッバース朝の治下で、論争や合意や対立が生じ、競合がおこなわれ、統合と拡散が生まれるアリーナが生まれたことの重要性は繰り返し指摘するに値する。それなりに長い期間継続したそのようなアリーナがあったからこそ、七世紀に誕生したイスラームが未分化の状態から分節化・精緻化・体系化されたのであるし、またイスラーム文明が独自の文明として形成されることができた。

5 バグダード建設と国際貿易ネットワーク

初代カリフ・サッファーフ(在位七四九~七五四年)の本名はアブー・アッバース・アブドゥッラーで、称号のサッファーフは「惜しみなく降り注ぐ者」を意味する[佐藤 2004:31]。その治世の功績は、

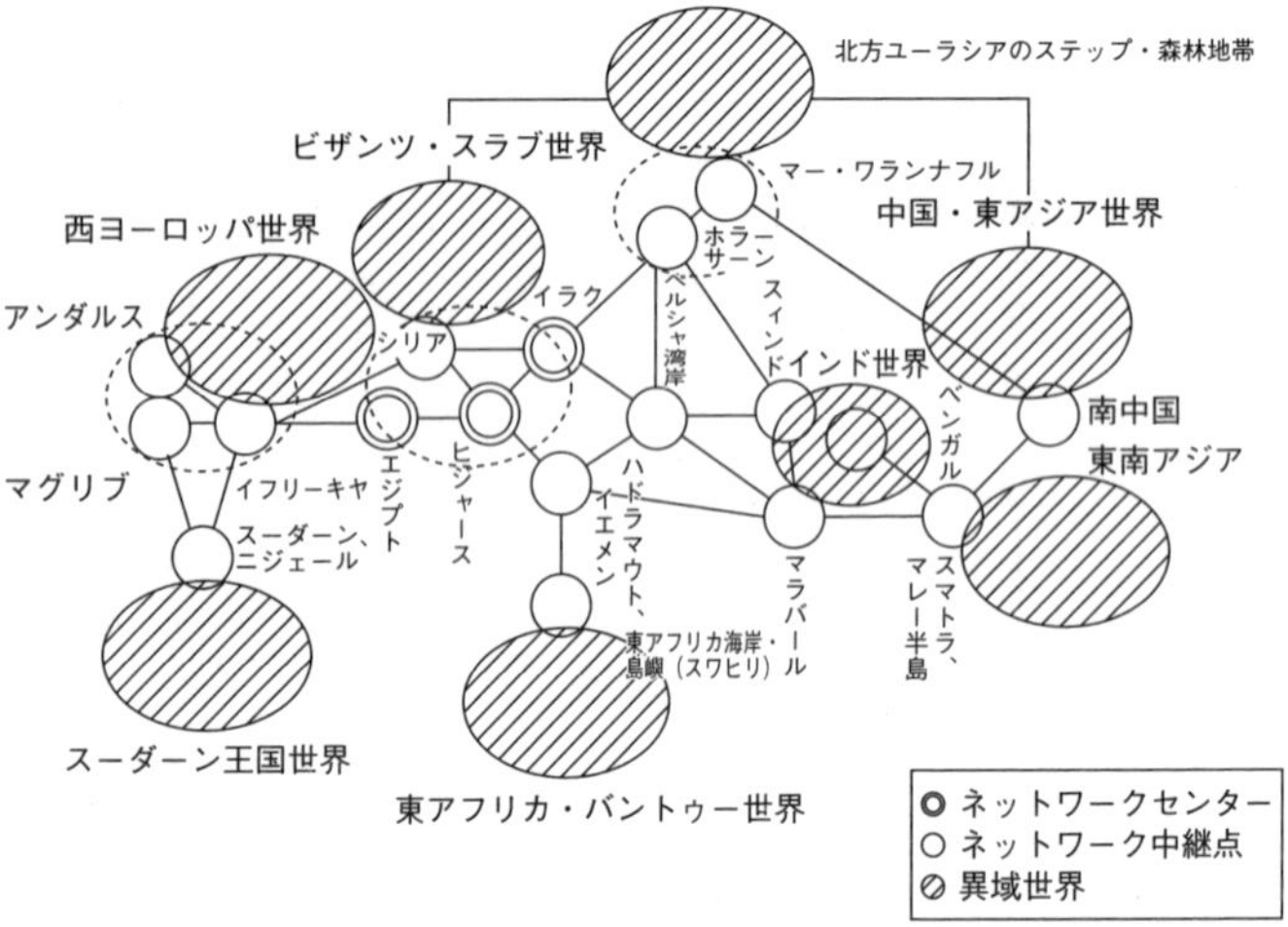

図16●イスラーム世界をつなぐ交流ネットワーク（模式図）
出典：家島［2006:29］

革命の成就、カリフ政体による新王朝の樹立、ウマイヤ朝の破壊、ウマイヤ家人士の徹底した粛正、唐軍に対する勝利（タラス河畔の戦い）など、王朝の礎石を置くことであった。

第二代カリフとなったマンスール（在位七五四〜七七五年）は初代カリフの異母兄であったが、母親が奴隷出身であったため、弟が先にカリフとなったとされる。マンスールは、アッバース朝の真の建設者であった。図15（223頁）を見てもわかるように、マンスール以降の最後の第三七代ムスタアスィムに至るカリフは、全員が彼の直系の子孫であった。彼は二〇年に及ぶ治世（七五四〜七七五年）の間に、軍事組織の確立、新都バグダードの建設、行政機構の整備（ウマイヤ朝期からのさらなる発展）、財政の確立などを成し遂げ、アッバース朝の体制を盤石なものとした。

なかでも、バグダードの地に円形都城マディーナ・アッ＝サラーム（Madīna al-Salām 平安の都）を建設したことが特筆に値する。七六二年に着工し、一〇万人の労働者と四百万ディルハムあまりの工事費をかけ、七六六年に完成した［嶋田 1977:158］。円形都城の中央には、カリフが住む巨大な黄金宮殿が建設され、緑色の巨大なドームで覆われた。「その高さは約三七メートルあったから、バグダードのどの地区からでもこのドームを見ることができたはずである。当時、緑は権威を象徴する色とみなされており、したがって緑のドームの建設は、カリフ権の高揚をねらって、最初から十分に計算したうえでの計画であった」［佐藤 2004:34］。

この建設によって、広大な版図を治める壮大な首都が建設されたのみならず、ユーラシアからアフリカまで、東西南北を結ぶ国際貿易ネットワークの結節点が作られた。円形都城には対称位置に配された四つの門があり、版図の各地をつなぐ交通網の中心となった。また、都城の東側にティグリス川、南側にはユーフラテス川からティグリス川までつながるイーサー運河とその支流サラート運河、さらに北側をサラート運河から分岐したターヒル壕が流れており、水運の点からも好適地であった［深見 2004:41-51］。イスラームの大征服は、迅速な「征服」という点でそれまでの人類史の中で最大の領域を実現した。それ以前では、アレクサンドロスの大征服が重要であるが、地理的な大きさはそれを凌駕している。(55) その広大な領域を、経済活動の網の目で結び合わせたことは、重要な点である。さらに、通商のネットワークは領土の外に広がり、東は中国から西はヨーロッパまでをつないだ（図16）。

家島彦一は膨大な史料調査と綿密な現地調査を合わせて、アッバース朝時代に世界的な商業ネットワークが成立したことを実証的に論じている。特に、地中海交易圏とインド洋交易圏が結合されて、東は中国、東南アジア、西は地中海地域からサハラ交易圏までが結びつけられたことは、人類史的な意義を持った［家島 1991; 2006］。筆者は、人類の一体化をグローバル化と呼ぶのであれば、家島が述べているような交易ネットワークによる一体化をその第一段階と見るべきと考えている。

アッバース朝時代に成立した世界的な貿易ネットワークを維持する法的・司法的な基盤がこれによって提供された。アラビア半島で生まれたクルアーンはすでに商業的倫理を内包しており、典拠からの解釈によって商業と経済活動を支える倫理と法規定を作り出すことは、それほど困難なことではなかった。

首都バグダードをはじめとする都市の繁栄について、広域貿易ネットワークの形成をめぐる労作の中で、家島は次のように描いている――「イスラム都市の興隆を支えた強い力は、商人《タージル》として分類される市民層であった。彼らは活動の拠点を都市内の商業中心地＝市場に置いたが、その経済活動の範囲は、東側は中国から、西側は大西洋の岸辺に至る巨大な経済圏を舞台としていた。都市はいかなる商人にとっても開かれた場であって、西ヨーロッパ中世都市のように、自治的特権を主張して他者を排除したり、また特許状を要求して取引上の優位を確保するようなことはしなかった。つまり、世界経済の担い手としての商人とイスラム都市は不可分の関係にあったし、また彼ら商人はイスラム思想・文化の発達の上で強力な推進役でもあった」［家島 1991:236］。

これは、遊牧性・移動性を前提とする地域の中に商業都市が存在する、という乾燥オアシス地帯に固有のあり方が生んだ都市の姿であり、またそれは、三項連関（第3章4・5参照）に立脚するイスラームにおいてはごく自然の展開であったであろう。自由な移動を前提とする都市が、多様な人びとを取り込むことも理の当然であった。このような「イスラム都市の住民構成は、旧住民に加えて、都市建設のために各地の都市から集められた手工業者、職人、労働者、軍人、農村その他からの移住者、奴隷、遊牧民からの定住者、宗教および教育関係のウラマーなどであって、出身地・階層・集団構成・伝統文化などの異なる様々な人びとが寄り集まって、新しい市民層を形成した。こうした市民層が商業および手工業の担い手であり、同時に各方面からの物品の輸入を必要とする最大の消費者たちであった。つまり都市には多重・多層の人間、異なる文化をもった人びとが集まり、多様な衣食住文化を発達させ、広域的な商業需要を高めたのである。また都市は、イスラム信仰と文化活動のセンターであって、そこに新しい文化産業を発達させた。中国からの紙・墨、香薬料、礼拝用絨毯、敷物、各種の織物・被衣、家具、装身具、陶器・磁器などを扱う店舗が、モスクに近い都市の中心部にある市場に配置された」[家島 1991:239]。

都市の発展は、膨大な人口を養う必要性を生む。本書が「乾燥オアシス地帯」と呼ぶ地域では、ティグリス川、ユーフラテス川やナイル川などの水源を要する農業地域が、いかに安定して農産物を供給できるかが重要であった。比較的安定していた「アッバース朝初期の時代の気象条件は、……イスラム都市と商業の発達に好都合な条件を提供した」[家島 1991:240] のであった。

家島はさらに『海域から見た歴史――インド洋と地中海を結ぶ交流史』[家島 2006] において、陸地中心の世界観を批判し、海域世界をめぐるグローバルで大規模な議論を展開しているが、そのような海域世界観がかつてのイスラーム地理学で明確に表明されていたと、具体的な地図を示して述べている――「[この地図は] 一〇世紀の半ばの著名なバグダード出身の地理学者イブン・ハウカルによって描かれた『世界全図』であり、方位は上が南、下が北を指す。大地の周囲にはリング状に周海(大洋)が取り囲み、周回の右(西)側から『ルームの海』――地中海と黒海を含む――が、左(東)側から『中国の海』（東シナ海、南シナ海とその周囲の付属海を含む）と『インドの海』（ベンガル湾、アラビア海、ペルシャ湾、紅海を含むほぼ南緯一〇～一五度以北のインド洋）の、いわばアジア・モンスーンの卓越する『インド洋海域世界』の二つの海が深く切り込み、ダール・アルアラブ（〈アラブの地〉の意味でアラビア半島を指す）とシャーム（歴史的シリアのことで、現在のヨルダン、シリア、イスラエルと一部のトルコ南部を含む）を墻壁として、二つの海が向かい合っている。また、ティグリス・ユーフラテスの両河川がペルシャ湾に、ナイル川が地中海に注ぎ、インド洋と地中海をつなぐ入り江（水道）のように太く描かれていることにも注目すべきであろう」［家島 2006:15-16］。

ここには、当時のイスラーム地理学が世界をいかに有機的にとらえていたかが、明確に示されている。イスラームの勃興以前のアラブ人は明確な「世界」認識を持っていなかったであろう。ギリシア語文献から得た地理情報や世界像が「九世紀前半にフワーラズミー（八四六年より後没）によって整理してまとめられ、以後のアラブ知識人の世界像形成に大きな影響を与えた」。「九世紀半ばから一〇世紀末にかけての百数十年は、アラビア語地理書の古典時代と言われ、数多くの地理書文献が記された」［羽田 2005:84］のである。イブン・ハウカルも、その中に位置づけられる。

6 「白い木綿」の隆盛

バグダードが繁栄した時代に、イランで白い木綿の衣服がウラマーや篤信の人びとのイスラーム服として広まったという。木綿によって作られた白い長衣は、現代の中東諸国でもイスラーム的な服装として、広く用いられている。マッカ巡礼の際に、男性の信徒は例外なく、二枚の白布で身を覆うことになっているが、これも木綿である。さらに、死者を埋葬する時も、白い綿布で遺体をくるむ。

実は、綿花と綿織物は古くから西アジアで一般的だったわけではなく、イスラーム文明の形成期にイラン、イラクで普及したものである。バグダードの市場で綿織物が盛んに売られるようになった時代は、イスラームの価値観が物質的な産業と結びついて実体化した時代でもあった。それを実証的に論じたR・バレットの研究を紹介したい。

それによれば、九世紀初めから、大きな綿ブームが起こった。七世紀までのサーサーン朝期には、まだ綿はほとんど流通していなかったようである。このブームの背後には、初め戦士として定着したアラブ人たちが、農地開発と綿の栽培、生産にのりだしたことがあった。一〇世紀にはイランにおけるイスラーム学者たちの四割ほどが綿の栽培や綿織物の生産、売買に従事しており、彼らはイスラームの教えに従い、男性の絹使用を忌避し、綿を尊ぶ考え方を広めた［Bulliet 2009:132-133］。

イスラーム征服から一世紀半ほどの間に大きな社会的変化が生じ、イラン高原が九～一〇世紀において、アッバース朝の版図の中で農業の生産性が最も高い地域となったという。かつてのサーサーン朝ペルシアはゾロアスター教が支配しており、イスラームの支配下でもゾロアスター教徒の地主層が力を持っていた。新しい政権は、旧支配層の土地を取り上げることをしなかったため、イランの各地に定着したアラブ人戦士たちは、俸給や戦利品によって富を得てもそれだけでは地主になることができなかった。

そこで、無主の荒れ地を開墾するとその所有権を獲得できるというイスラーム法の規定を利用しようと、彼らは土地の開墾に乗りだした。その方法は、イランでそれまでに発達していたカナート（地下水路）を活用して、乾燥地域でそれまで使われていなかった土地を農地に転換する方法であった。カナートについては第2章3でも触れたが、水源から暗渠に水を通して、蒸発を防ぎ、効率的に灌漑をすることができる。カナート建設は大きな投資を必要とするが、資金を持っていた彼らは専門家たちにカナートを掘削させ、農地を開墾し、村を作り、その地主となったのである。

ここで栽培されたのが綿であった。綿花は夏季に成長する作物であり、カナート灌漑が必須であったが、都市部での織物市場の発展のゆえに、投資に見合う収益をあげることができた［Bulliet 2009:15-16］。ちなみに、綿の栽培、製品化は、蚕から絹を製造したり、麻を生産するのと比べて、もっと簡単である。

バレットは前述のように、七〜一〇世紀のイスラーム化（改宗の進展）についてウラマーの人名辞典を用いた分析を展開したが、この研究においても同様の手法を用いている。アラブ人あるいはアラブ化した人物の名前の一部には、出自を表す「ニスバ名」がしばしば付加される。ニスバ名には、地域的な出自（地方名や都市名）に由来するものもあるが、職業に由来するものもある。その場合、当人がその職業に就いていた場合と、父親ないしは祖父がその職業であったために、そのニスバ名を（いわば姓として）継承している場合があるが、いずれにしても生業の背景がわかる。ウラマーは、一二世紀以降はマドラサ（学院）制度が発展したため、法学者、導師、教師などが職業として成り立つようになったが、それ以前はみな生計を得るための職業を別に持っていた。その生業がニスバ名に示されている。

綿をアラビア語でクトゥン[56]（quṭn）といい、綿の生産者をカッターン（qaṭṭān）、綿織物を扱う者をバッザーズ（bazzāz）、厚手の綿織物を扱う者をカラービースィー（karābīsī）というが、『ナイサーブール（ニシャプール）の歴史』に現れるニスバ名を見ると、八六三〜九〇六年の時期にはこれらのニスバ名を持っている者が二二パーセントを占めていた。さらに九〇六〜九二六年の時期には三五パーセントに増え、そして九二六〜九九四年の時期には実に四二パーセントに達している［Bulliet 2009:4-5］。これは決して小さな町のことではない。イスラームの登場以降、イランでも急速な都市化がおこり、それまでさほどの集住地ではなかったニシャプール、レイ、イスファハーンなどが一〇万人規模の都市となった［Bulliet 2009:8］。

綿花が主としてイランで栽培され、綿織物が取引されていたことは、職業名から推測される。イスファハーンでは綿の生産者が一七人、綿織物の商人が一七人、ニシャプールでは前者が一七人で後者が二三人、というようにバランスが取れているのに、バグダードでは商人が二五八人もいても、生産者はわずか五七人に過ぎない。これは、イラクでは綿花が栽培されていなかったためで、バグダードや、クーファ、バスラで扱われる綿製品はもっぱらイランから輸入されていたことを示している。なお、当時のエジプトは綿花の生産地ではなく、イエメンは綿花を生産していたものの、輸出先はマッカ、マディーナで、イラクとの取引は限られていた［Bulliet 2009:44-45］。

ちなみに、ウラマーの職業名にはウール生産者（ニスバ名でいうとサウワーフ）は少ない。それは、羊毛から作られるウールは遊牧民の生産物であり、知識人とは関係が薄かったからである［Bulliet 2009:45-46］。男性が絹を衣服に用いることは、ハディースによって厳禁されていた(女性は可)。サーサーン朝ペルシアの貴顕は絹織物や絹の錦を好んだが、イスラームの新しい支配層は白または黒の木綿の服を好んだ。白木綿の服は、純粋さと謙虚さを表現するものとされる。豪華な絹の衣服を避け、いっけん質素な白木綿を着ることは、新しい支配層の自己主張の現れでもあった［Bulliet 2009:47-52］。

九世紀のイランは、イスラームへの改宗が最も高揚した時期であり、改宗者は木綿服の新しい購買者ともなった。「綿産業は、アラブ人の行政・軍営の中心地に近い農村部でイスラームが急速に広がることに貢献した。九世紀から一〇世紀初めにかけて、これらの中心地が本格的な都市に発展したことは、世界史の都市化の事例の中でも最も印象的なものである。イランで栽培され、生産され、大規模に他地域――主としてイラク――に輸出される商品として、綿はこの発展の主要な駆動力となった。イランとイラクのムスリム人口がバンドワゴン効果で増加したことは、国内および輸出先の市場を拡大させ、結果として、多くのイスラーム学者たちを含む綿の事業家たちに大きな富をもたらした」[Bulliet 2009:65-66]。

しかし、一〇世紀には改宗がほぼ完了し、新規の購買層の成長が止まったという。イラン的な文化も復調するようになって、豪華な衣服への回帰もおこり、質素なアラブ風の衣服をイスラーム的なものとしてあこがれる気風も薄れた[Bulliet 2009:67-68]。綿ブームの後でも、各地の都市は栄えたが、カリフ政体の支配力が衰えるとともに、イスラーム以前の好みとペルシア語の文芸復興がおこった[Bulliet 2009:133]。

バレットによれば、この後、一一世紀には寒冷期となり、イラン北部の農業は衰えた。寒冷化のために、ユーラシアのステップ地帯からトルコ系民族の移動が生じ、イランの知識人層が西に移住することもおき、この地域の宗教的な構成も変化したようである。本書にとって大事なのは、九～一〇世紀に、アラブ系の移住者とペルシア系の改宗者たちが、イランで「白木綿」に象徴されるイスラーム的な産業と文化を発展させた事実であろう。なお、一一世紀までのイランは、後代のイランのイメージ（一二イマーム派が優勢）とは違って、スンナ派的なイスラームが主流であった［Bulliet 2009:142］。それだけではなく、イスラームの体系化が完成する時期にあたる九〜一〇世紀はイラン系のウラマーが数多く活躍していた。バレットの集計［Bulliet 2009:139］を見ると、イラン出身のウラマーは、イラク系とならぶか、凌駕するほどの数で、両者を合わせると全体の七〜八割を占めていた。エジプトやシリア出身のウラマーが活躍するのは、ずっと後になってからである。

第7章 アラビア語の成長と諸科学の形成

第3章でイスラーム文明が独自性を持つに至った基本要素の一つとして、アラビア語が文明を担う媒体にまで発展したことをあげた。宗教の面でも文明の面でも、イスラームにおいてアラビア語は決定的な重要性を持っている。

本章ではさらに詳しく、アラビア語に焦点を当て、アラビア語を媒体とするイスラーム諸科学が形成された過程について考えてみたい。

1　詩人の時代から聖典時代へ

イスラームの登場とともに文明的な「普遍語」の一つとなったアラビア語ではあるが、その起源は、実のところ、それほどはっきりわかっているわけではない。七世紀にイスラームが誕生すると、突然、アラビア語で書かれた最初の書物として『クルアーン』が登場した。しかし、七世紀のものと確認されるクルアーン写本は現存せず、(57) またそれ以前のアラビア文字碑文は五世紀まで戻るため、史料的には空白がある。おおむねアラビア文字はナバタイ文字から派生したと考えられているため、ある研究者は入手可能なサンプルを時系列的に配列し、「ナバタイ文字とアラビア文字の間には、形の劇的な違いは認められない」[Gruendler 1993:129] と、ナバタイ文字起源説を確認している。ムーサ [Mousa 2001] も、ナバタイ王国で発展した文字はローマの属州になってからも用いられ、後のアラビア文字に発展した、と述べている。ラテン文字がローマ帝国内に広がりながらも、二つの文化圏、すなわちギリシア文字圏とナバタイ文字圏はラテン化することがなかった [Mousa 2001:25]。両者の差異は、ラテン語系のアルファベットが左から右へ、アラビア文字が右から左へ書くことを思えば、大きなものであった。ナバタイ／アラビア文字圏は、その後もギリシア文字・ラテン文字に対して独自性を保っていくことになる。

ナバタイ文字は、紀元前後に栄えたナバタイ王国の人びとが用いていた。現ヨルダンに位置する彼らの首都の遺跡は「岩窟都市ペトラ」(ペトラはギリシア語で「岩」の意)として知られている。ナバタイ人はアラビア半島北部でも活動しており、半島にも岩窟都市の遺跡がある。それは「マダーイン・サーリフ(Madā'in Ṣāliḥ)」[58]、つまり「サーリフの都市」と呼ばれている。サーリフは、クルアーンに登場するアラブ人預言者の一人であるが、クルアーンの記述はごく短い。そのため、その民の実態は知られていない。

その一方で、イスラームに先行する一世紀半から二世紀ほどの間は、アラビア半島で詩人たちが活躍した時代であることが、よく知られている。イスラームでは、この時代を「ジャーヒリーヤ(Jāhilīya 無明時代)」と呼ぶ。「無明」という仏教語を借りた訳語が定着しているが、「無知なる時代」という意味で、唯一神を知らない時代の意である。宗教的には否定的な表現となっているが、この時代の言語の美しさ、寛大さや勇敢さなどの美徳は、イスラーム時代にも引き継がれ、高く評価されている。ハディースにも「ジャーヒリーヤにおいて善き者は、イスラームにおいても〔改宗後も〕善き人である、もし〔イスラームを〕理解するならば」〔ブハーリー『真正集』〕とある。

イスラームがジャーヒリーヤ時代の美徳として最も強く認めたのは、アラビア語の力、特に尋常ではない詩を作る力であった。なぜなら、ムハンマドがもたらしたクルアーンは「言語的な奇蹟」とされている。クルアーンが啓示であり、「神の言葉」であることは、人間の能力を超えた超常的な言語現象でなければならない。クルアーンは「明解なアラビア語で下された」【詩人たち章一九五節】とされているのは、ムハンマドがアラブ人であり、彼のメッセージを聞く者たちがアラブ人だからであろう。言いかえると、マッカの住人や同時代のアラブ人たちには、普通のアラビア語とクルアーンの超常的な言語との差異が認知できると規定されていた。

六一〇年頃からおよそ二三年にわたった戦いとは、ひとことで言えば、クルアーンの超常性を認知するか否かという戦いであった。それが「わかった」という者たちはイスラームに加わり、「超常的であることは認めるが、神の啓示とは思わない。ジン（幽精）に憑かれた異能の詩作のようなものではないか」と反対する者はイスラームの敵対者になった。対立が続いた後、ムハンマドの最晩年にアラビア半島はイスラームによって統一された。つまり、半島の中ではクルアーンを超常的な言語とみなすことにコンセンサスが成立した。

イスラームはアラブの部族主義を廃して、人間の平等を主張し、ウンマの概念を確立した。それまでのアラブ人が知らなかったような、たくさんの新奇な概念と価値観をムハンマドはもたらした。部族的な誇りの中には、高貴な血統や系譜の意識だけではなく、アラビア語への誇り、矜持、愛情が含まれている。部族主義は否定されたが、アラビア語はイスラームの聖なる言語となった。血統意識から離れて、聖なるアラビア語を誇ることはイスラームに反するわけではない。

正統カリフ時代からウマイヤ朝期には、ムスリムのほとんどがアラブ人であったから、イスラームの矜持とアラブ人の矜持は分かちがたいものであった。ウマイヤ朝のアラブ人優先策は、部族主義のようであるが、イスラーム的な規準から全く許されないとも言い切れない。イスラーム的な価値は、クルアーンを正しく朗誦できること、クルアーンのすべてを暗唱できること、その章句の意味をきちんと把握できることを美徳とする。

確かに、非アラブ人の改宗者の第一世代は、アラビア語ができなかったであろう。しかし、言語は一代のうちに習得できる。たとえばクーファやバスラの町に移住してきたペルシア人の第二世代は、アラビア語が十分できるようになったかもしれない。第三世代にとっては、すでに母語であろう。具体的な例をあげると、ハナフィー法学派の祖となったアブー・ハニーファ（六九九～七六七年）は、ペルシア系の学者であった。祖父はサーサーン朝の支配階層に属していたと言われる。イスラーム軍に征服された際に、奴隷となったか否かは説が分かれるが、この祖父がイスラームに改宗し、その息子（アブー・ハニーファの父）が生まれながらのムスリムであったことはわかっている。さらにその子であるアブー・ハニーファは、言語的にはアラビア語を母語としていた。それだけではなく、クーファの法学の代表者にまでなった。このような状態にまで達すると、アラビア語への矜持も、もはや部族的な誇りにつながるものではなくなる。

クルアーンが聖典となったため、朗誦学が発達した。クルアーンとはその名称自体が「誦まれるもの／読まれるもの」を意味する。間違いをなくするために、第三代正統カリフ・ウスマーンの時代に一冊の書物の形にまとめられた。これによって「正典」が成立し、ウスマーンの命によって、それ以外にクルアーンを書き留めたものはすべて廃棄された。マディーナから正典のコピーが主要都市に送られた。

当時の写本は、羊皮紙、鹿皮紙などを使っていた。分厚く巨大なものである。しかも、本節の冒頭に述べたように、ナバタイ文字から移行してそれほどたっていない時期で、まだアルファベットの細かな点や母音記号はなかった。言いかえると、写本だけではクルアーンは読めなかったのである。もともと、この段階での写本は、暗記と朗誦の補助手段であるから、写本と共に朗誦の専門家が送られた［小杉 2009:46-51］。

やがて、アルファベットを厳密に識別する書き方や、母音記号などが工夫されるようになった。それを完成させたのは、バスラのアラビア語学者であったハリール（七一八頃〜七九一年頃）とされている。彼は最初期の辞典である『アインの書』を著した。「アイン」はアラビア文字の一つで、この辞典のアルファベット配列の冒頭がアインであったためにこの名が付けられた［Khalil 1988］。この辞典の文字の配列は、その後の時代に通例となる配列とは異なっているが、語彙の配列のためにアルファベットの順序を定めること自体が先駆的な事業であったことを物語っている。辞書編纂の意義は大きく、「初期の辞典編集者による基礎的な言語学的研究は、それ自体、科学文化の成果の第一歩だった。また、この研究によってアラビア語の専門用語が豊かになり、アラビア科学が事実上、科学の言語となった」［ダッラール 2005:217-218］。ハリールの辞書は、その最初の金字塔であった。

ハリールの文法論の内容は、弟子のスィーバワイヒ（七九六年頃没）によって書き記され、今日に伝わっている。この書に特別の題名はなく、単に『書（キターブ）』として知られているが、「スィーバワイヒの書」はアラビア語文法学の最も権威ある書となった。彼の登場を境目にして、文法学史は二つの時代に分けられる［中江 2002:76-77］。

文法学が発達したのも、クルアーンを理解することが大きな目的の一つであった。もう一つの重要な社会的な背景は、新参のムスリムたちが流入して、アラブ化し始めたことであった。彼らの間のいわゆる「言葉の乱れ」が、生粋のアラブ人たちにアラビア語の用法を確立する必要性を感じさせた。

素材とすべきアラビア語の用例は、イスラーム誕生前後の時代を考えると、基本は詩であった。イスラーム以前には書物はなかったから、人びとは詩を口頭で伝えあい、詩を伝える専門家が伝承者（ラーウィー rāwī）と呼ばれた。文法家たちは、そのような詩を大量に収集した。クーファとバスラは重要な学問の中心となりつつあり、文法学もここで発達した。

アラビア語の文法学は、おおまかに言って二派に分かれた。地名からクーファ学派とバスラ学派というが、初期を見ると、両学派の人的ネットワークは重なっており、それほど差は明確ではない［中江 2002:84-85］。しかし、アラビア語の文法をどう構築するかという点から言えば、大きく異なる二つの考え方があった。言語というものは社会の中で了解されている用法や慣用が継承されていくものであるが、文法が整備されると規範的な性格を帯びる。文法に照らして「正しい」とか「用法がおかしい」といった議論が成立するようになる。そうであるならば、文法を整備するにあたって先人たちの用例の何を規範とするかが大きな問題となる。二つの考え方の対立点を単純化して言えば、生粋のアラブ人の用いた言葉なのだから、規則上は例外とされるものでも可能な限り取り入れるか、あるいは例外を少なくして明確で体系的な文法を志向するか。前者の方法であれば、多くの例外的規則を作り出すことになり、文法は煩雑になる。一般にクーファ学派と呼ばれる立場は、こちらを代表するものである。それに対してバスラ学派と呼ばれる立場では、より一般的な文法を重視した［池田 1982:135-136］。古典的なアラビア語文法学は、後者の立場に立脚している。(59)

文字がくっきりとした形を取り、正書法が確立する一方で、芸術としての書道も生まれた。これは聖典としてのクルアーンの写本が作られる過程で誕生した［小杉 2009:96-99］。前述のように、第三代正統カリフ・ウスマーンの代に文字で書かれるクルアーンの正典が確定されると、その写本作りが広がった。最初は獣皮紙が主であったが、次項で述べる製紙業の発展によって、良質の紙を用いたクルアーン写本が生み出された。「聖なる書物」として、最良の素材（紙やインク）を用い、最良の文字表現をするべきという考え方から、書家たちの工夫によって書道が生み出された。

アラビア書道の創始者と讃えられるのは、イブン・ムクラ（八八六～九四〇年）である。単なる書家ではなく、三代のアッバース朝カリフ（ムクタディル、カーヒル、ラーディー）の宰相を務めた人物であるが、その歴史的名声は、それまでに流布していた曲線的な書体を、規則性の高い書体として芸術的な水準に昇華した功績に負っている。彼が完成させた書体は「六書体」と呼ばれ、今日に至るまで基本的な主要書体とされている［本田 2002］。

2 紙の導入

アラビア語の発展とイスラーム文明の技術的な側面を考えるならば、何よりも製紙法というテクノロジーを継受し、改良し、広めたことが大きな意味を持っている。製紙法の導入、紙産業の隆盛は複雑な統治機構の発展を助け、科学者や知識人階級の成立をも促す働きをした。

通説では、七五一年のタラス河畔の戦いにおいて、アッバース朝の若き司令官ズィヤード率いるイスラーム軍が唐の高仙芝将軍が率いる中国軍を破った際に、捕虜となった中国兵の中に製紙法を知る者がいて、これがイスラーム世界に導入されたとされる。カラバチェク［Karabacek2001（1991）:14-18］は、最初の製紙がなされたのはサマルカンドで七五一年のことであろうとの説を採っている。いずれにせよ、八世紀半ばに中央アジアを介して、アッバース朝治下のイスラーム世界に製紙法が導入されたことは疑いをいれない。

もともと中国で紙の原料として使われていた亜熱帯の樹木は、中央アジア・西アジアでは産しないため、ぼろ布や亜麻の繊維を原料とする製紙工場が建設された。八世紀末にはバグダードに製紙工場が造られ、各種の官庁（ディーワーン）の行政文書に膨大な紙が使われるようになった。「紙の原料としては、もっぱら亜麻（カッターン）の繊維と亜麻織物のぼろが用いられて、繊維が柔らかい棉や綿布が利用されることはなかった。紙の善し悪しは、消石灰による漂白の程度や紙漉きの技術によっても決まったが、漉きあがってから仕上げに施される塗り加工（小麦粉と澱粉の溶液を利用）のていねいさも、上質紙を得るには不可欠の作業であった。九〜一〇世紀のイスラーム世界では、エジプトのフィルアウニー（ファラオ）紙、イランのスライマーニー紙、バグダードのジャーファリー紙（宰相ジャーファルの名に由来）などが特に評判の高い上質紙として知られていた」［佐藤 2005:61］。

このようにアッバース朝時代には、中国から取り入れた製紙法によって製紙業と写本産業が成立し、書籍市場が生まれ、写本による出版文化が栄えた。正書法や写本の装飾技術は、クルアーンの写本とともに発展した。前近代のヨーロッパで、写本が修道院などで細々と生産されていたのに対して、イスラーム圏では産業として製紙、写本による出版が成立した。最盛期のバグダードの市場には、百軒もの紙屋・写本屋が軒を並べていたと記録されている［Bloom 2001:48-50］。

H・J・コーエンは、九〜一〇世紀に書かれた人名辞典の「ニスバ名」からウラマーの職業を探究している。それによれば、本屋、筆写家、紙売りの仕事はウラマーが従事する主要な業種の一つで、五パーセント以上がこの範疇に入る。これは、繊維の生産・販売に従事していた二二パーセント、食品産業の一三パーセントには及ばないが、決して少ない比率ではない。なお、紙の製造そのものはウラマーの職業ではなかった［Cohen 1970:26-30］。

英語で言う「ペーパー」の語源がエジプト産の「パピルス」に由来することは、よく知られている。イスラーム時代に入る頃も、パピルスはエジプトの特産品としてこの一帯で広く用いられていた。クルアーンにも紙片を指す語として「キルタース（qirṭās）」【家畜章七節】が登場する。これはクルアーンの中の外来語の一つで、アラム語かエチオピア語が起源と考えられる［Badawi and Abdel Haleem 2008:753］。獣皮紙よりもパピルス紙を指していたかもしれない。ムスリムたちも六四〇年のエジプト征服以降パピルスを用いるようになり、最初期のものとしてパピルスに書かれた六四二年のアラビア語文書が今日にも伝わっている［Pedersen 1984:57］。

エジプトのパピルスも、中国から製法が伝わった紙も、表面を削り取ることができる羊皮紙などと比べると、インクが染みこめば改竄できないという利点がある。公式文書や契約書などの作成にあたって、信用がおける優れた素材なのである。イスラーム時代の紙がパピルスを凌駕したのは、原料が広く手に入り、質が高かったことのほかに、生産地との通商関係や値段などの要素もあったようである。ウィーンにある所蔵文書を分類した結果、ヒジュラ二世紀（七一八〜八一五年）にはパピルスばかりだったのが、四世紀（九一二〜一〇〇九年）にはパピルス一に対して紙九と比率が二世紀の間に逆転したとの報告もなされている［後藤 1992:125］。

ヤアクービー（八九七年没）の『諸国誌』には、バグダードのカルフ地区の記述の中にワッラーク（紙・書籍商）の市場が次のように記されている――「それ〔バスラ門〕はサラート運河とティグリス川を見下ろしている。その向かいには新橋がある。なぜならそれが最後で橋が建てられなかったからで、その上には大きな市場があって、絶え間なくあらゆる商売が続いている。続いてカリフのマウラーであるワッダーフの分与地があり、カスル・ワッダーフとして知られていた。ワッダーフは武器庫の長であり、そこには市場があった。この当時、その多くは書籍業のワッラークたちで、そこには百軒を越すワッラークの店があったのである」（後藤裕加子訳を一部修正）［後藤 1992:135］。

「ワッラークの店はウラマーなど当時の知識人の集まる所であった。なぜなら、そこには学問に関する情報が集まる場所だったからである。知識人は自分の著作をワッラークに依頼して筆写してもらった。またはワッラークは興味深い本を探して筆写し、それを本にして売った。ウラマーや文学者はその本を求めてワッラークの店に集まった」。ウラマーが職業としてワッラークとなることも不思議はなかった。「講義がワッラークの店で行われることがあったり」「講義や集会での論争から、ワッラークは本を作ってそれを再び商売に活用する」こともできたから、「ウラマーにとってワッラークの仕事は店で商売をしながら、学問を習得できる一挙両得の仕事であった」［後藤 1992:135-136］。

アッバース朝初期の多作な文豪であったジャーヒズ（七七六／七頃～八六八／九年頃）は、「多才な

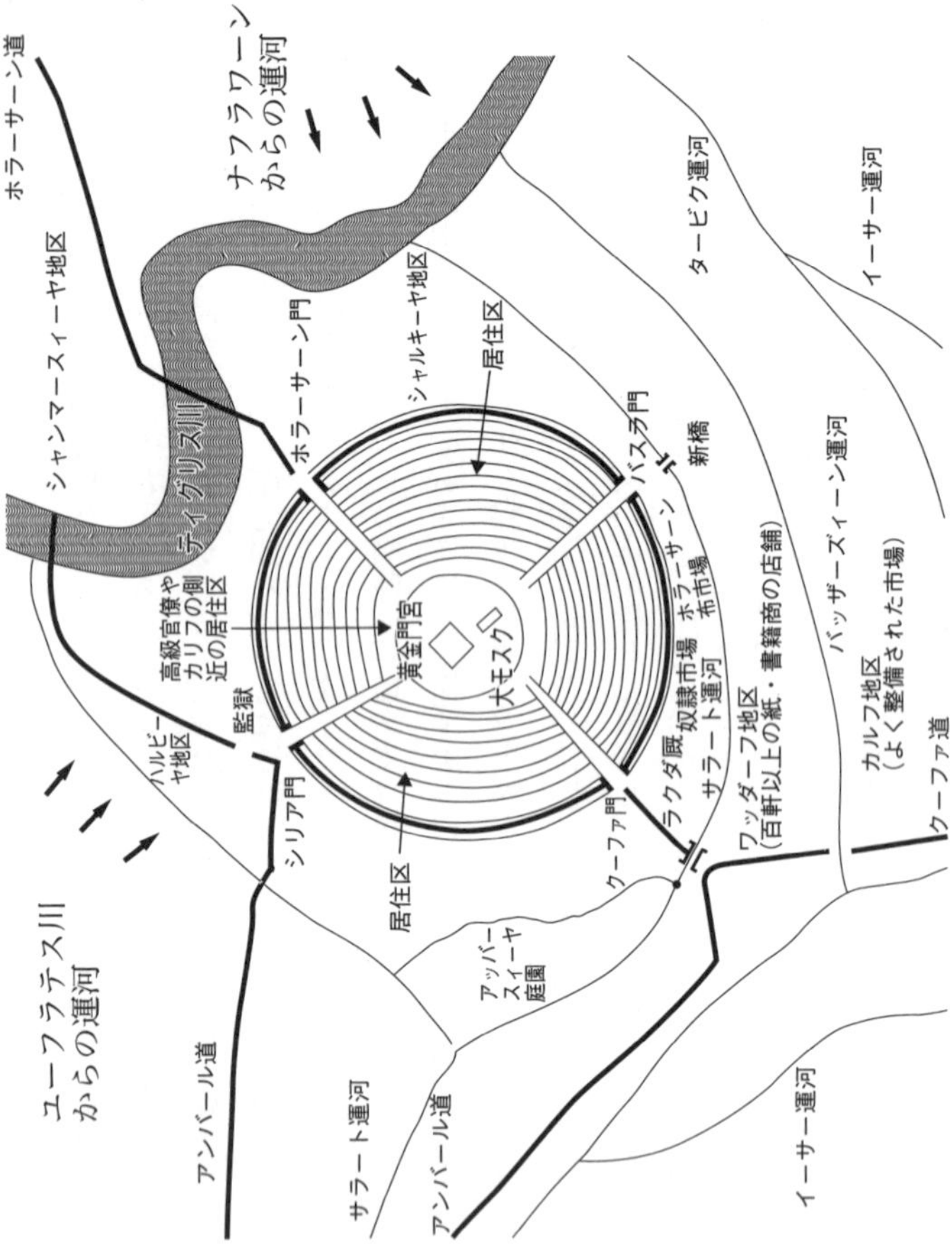

図17●ヤアクービーの歴史書に基づく最盛期のバグダードのイメージ図
出典：Mas'udi, tr. and ed. by Paul Lunde and Caroline Stone.（1989）*The Meadows of Gold: The Abbasids*, Kegan Paul International, 裏表紙内側掲載の訳者によるイメージ図から作成。最新の研究によるバグダードの位置の復元については、深見［2004:41-42］参照。

著者かつ偉大な本の虫であったが、ワッラークたちの店舗を借りるという考えを思いつき、夜はその店舗で本を読んで過ごした。それは本を買うより安上がりであった」[Pedersen 1984:50]。

ウラマーが本屋を兼業する業態は、一一世紀に入ると次第に姿を消す。ウラマーがマドラサ制度によって知的な職業を保証されるようになるのと、紙がイスラーム世界のすみずみまで普及し、紙や書籍の製作・販売が専門業者の領域となったからである。ウラマーは、書籍のコンテンツを提供する執筆者の側か、紙や書籍を購入する消費者の側にまわったと言えるであろう。

書物の発展史において、私たちは一五世紀以降の西洋の活版印刷の普及を重視する傾向があるが、ジョナサン・ブルームも述べているように、グーテンベルクが登場することができたのは、その前に紙が普及していたからであり、西欧における紙の普及はイスラーム世界からの紙の伝播によるところが大きい。一五世紀の印刷革命は、イスラーム世界から一一〜一二世紀に紙が伝播したからこそ起きたのである [Bloom 2001:1-2, 203]。西洋では長らく修道院で細々と写本が作られていたに過ぎないのに対して、イスラーム世界では早くから紙が普及し、紙と写本の販売が商業的なビジネスとして広まっていたことは注目に値する。「確かに紙は、イスラームではなく、中国で発明された。しかし、ムスリムたちがこの新しい素材を大規模に生産するようになり、また彼らが新しい生産法を編み出したのである。そうすることで、彼らはイスラームの書物の歴史だけではなく、全世界の本にとって決定的な重要性を持つ偉業を成し遂げた」[Pedersen 1984:59]。

ちなみに、多作家たちがどのくらい大量の紙を使ったかを見ると、その数字は驚くほどである。本書でも何度か言及しているタバリーは膨大な世界史と長大な啓典解釈学書を著したが、九三七年に八六歳で没した後に弟子たちの計算したところでは、タバリーが成人してからの日数で彼が著述した頁数を割ると、毎日一四頁ずつ書き続けた勘定であったという。タバリーより少し後の時代を生き、一〇世紀末に没したマルズバーニーは、三万七五八〇頁も著述したという[Pedersen 1984:37-38]。

人文学にしても、理系の諸科学にしても、ふんだんに紙を用いることができ、写本の形で書物と知識が流通する社会を背景として発展した。紙は、イスラーム文明の発展において、きわめて大きな要素であった。ブルームは、「九世紀後半から一〇世紀前半にかけてのアッバース朝の首都バグダードからの紙の広まりは、多様な主題の文学的生産の拡大と書籍の絶対量の増加のみならず、数種類の記述方法の発展をもたらした」と述べている。文字を並べるだけが記述の方法ではない。何かを表す方法として、図示、表、計算式なども考案される必要があった。記述・記録の革新が起きた分野として、特に数学、商業、地図、音楽、系図、戦場の配置図などがあげられる。「研究者たちはそれら〔の作品〕を、個別にアッバース朝時代の知的生活の偉大な達成とみなしてきたが、その達成は偶然の産物ではない。それらは紙の導入と結びついていた。それを生み出したのは、知的な好奇心の増加――これ自体が学問の発展と書籍の急増によって促進されたものであるが――および紙の用法を開発する試みであった」[Bloom 2001:125]。

アッバース朝時代に発展した国際商業において、紙が重宝されたのは当然のなりゆきであった。「私たちは信用経済を近代だけの発展と思いがちであるが、中世のムスリム商人たちはほとんどの経済活動を信用によっておこない、それを紙の文書に記録していた。これらの文書の範囲——契約書、帳簿、信用状を含むが、それらに限られていたわけではない——を見れば、文字記録と文書、特に紙を用いた文書が、ヨーロッパ人がそれを取り入れはじめ、伝統的な記憶と口頭の証言を補完するものとなり始めた時には、〔イスラーム世界ではすでに〕標準であったことがわかる。……アッバース朝が確立した官僚機構も、行政文書と歳出入の記録に紙を用いることを推進した。一〇世紀のホラーサーン地方の徴税人は、徴税額、各人が支払った税額、日々の収支を含む行程記録、各月の合計額などを記録していた」〔Bloom 2001:136〕という。

また、小切手の起源であるサックはイスラーム世界で発明された。一〇世紀の地理学者イブン・ハウカルは、西スーダンのアウダグシュト〔現モーリタニア南部〕で、シジルマーサ〔現モロッコ東部〕で発行された四万二〇〇〇ディナールの小切手が引き出されるのを見たと記録している〔Bloom 2001:138〕。

3 翻訳運動

イスラーム文明の形成期に先行する諸文明からの科学の導入と技術移転があったことは、第3章で瞥見した。ここでは、アッバース朝期におこなわれた巨大な翻訳運動について、見ておきたい。

ディミトリ・グタスは、この翻訳運動に関する決定的な研究書の冒頭で、それがいかに徹底したものであったかを次のように述べている――「八世紀半ば頃から一〇世紀末にかけて、ビザンツ帝国東部および近東全域で入手できた、ほとんどすべての世俗の非文学的、非歴史的ギリシア語文献がアラビア語に翻訳された」「ヘレニズム、ローマ、そして古代末期以降現在まで伝えられてきた以下に述べるギリシア語文献のすべてと、ギリシア語原典がうしなわれてしまったさらに多くのものが、翻訳者の筆による変形の術にかかっていた」、すなわち「占星術・錬金術およびその他のオカルト学、自由四科（算術、幾何学、天文学、音楽理論）、アリストテレス哲学の全分野（形而上学、倫理学、自然学、動物学、植物学、そして特に倫理学の『オレガノン』）、すべての健康学（医学、薬物学、獣医学）、そしてその他のさまざまな周辺領域の文書（例えば、ビザンツの軍事学〔戦法〕の手引き、一般的な金言集、鷹狩りの書）である。これらの分野の書物はすべて、翻訳者の手を経たのである」［グタス 2002:3］。

その包括性が諸科学に対するあくなき探求心に起因していることは、当時手に入るすべての諸科学の文献を網羅していることと、同時に文学と歴史が欠如していることに、よく示されている。文明の基礎となる世界観・宇宙観や倫理的な価値体系については、ムスリムたちは外来の思想を学ぶ必要を感じていなかったかもしれない。しかし、科学とテクノロジー、そして社会運営に役立つ学問や技術については非常に高い関心を示し、入手しうるものはすべて獲得しようとした。

翻訳運動とイスラーム科学の関係について、かつては前者が後者を生んだというナイーヴな考え方が存在した。天文学を専門とする科学史家のアフマド・ダッラールは、これを批判して、「アラビア科学が生まれた主な理由は、科学的著作がペルシア、インド、ギリシアの言語からアラビア語へ（これは翻訳の時期が早い順であり、また重要な順でもある）翻訳されたからだとされることが多い。だが、真相はその逆である。つまり翻訳は当時高まっていた科学に対する関心の源泉ではなく、科学への関心の結果だったのである」［ダッラール 2005:217］と述べている。アラビア科学の出現の「ひとつの要因は、イスラーム文明は世界文明の後継者だという認識が、新しい社会のなかで高まったことである。さらに具体的にいえば、社会の仕組みがますます複雑になり、その結果、専門知識に対する需要が社会に生まれたため、向上心に燃える専門家に科学的知識を磨く機会と動機が与えられたのである」［ダッラール 2005:217］。[60]

研究と学術的な関心があるから先行研究の翻訳が必要とされたのであって、翻訳をしたから研究が生まれるわけではないということは、長らく文明の翻訳をおこなってきた日本では理解しやすいことである。ダッラールが言うように「現存する最古の科学資料をみれば、翻訳活動はイスラーム世界における科学研究と共存していたのであって、科学研究の必須条件だったわけではないことがわかる」「研究の進歩が、天文学、数学、医学に関する多数の書物を翻訳する原動力となっていたのだ。大量の科学知識をアラビア語に移すことは並はずれて複雑な仕事であって、機械的な翻訳作業だと軽んじるわけにはいかない」〔ダッラール 2005:218〕であろう。

このような認識は、哲学用語の定義を比較考察した研究からも得られる——「アラブ人が九世紀にギリシア語文献を翻訳し始めた時、アラビア語では哲学的な概念を表現する専門用語はまだ存在していなかった。初期の翻訳者やファラースィファ（ギリシアの影響を受けたイスラーム哲学者）は、アラビア語で哲学的な概念を表現するための語彙を開発せざるをえなかったのである。彼らはいくつかの方法で、これをおこなった。ギリシア語の単語を音写するか、外国語（ペルシア語）の語彙を導入するか、〔アラビア語の〕一般語彙を専門的な哲学的な用法や概念に用いるかである」〔Kennedy-Day 2003:19〕。アラブ人最初の哲学者たるキンディーの功績は「哲学的な諸問題を論じるために適切な専門用語を創造または収集した」ことであった。ギリシア語語彙の移し替えだけではなく、三つの方法が適宜組み合わされていたことは、ギリシア語からの音写である「質量（hayūlā）」、ペルシア語からの借用である「実体（jawhar）」、アラビア語語彙の語義増殖による「原因（ʻilla）」を見てもわかる。

要するに、「ギリシア哲学の影響が何であれ、それは影響であって、完全な移植ではなかった」のである［Kennedy-Day 2003:29-30］。

さらにグタスは、二世紀にもわたる翻訳運動がおこなわれた理由を、翻訳家たちの熱意や「賢明なる支配者たち」に帰結させる安易な通説を批判し、翻訳運動は「初期アッバース朝の社会構造と一貫したイデオロギーとを反映した社会の需要と風潮によって、長きにわたって生み出され、継続された」としている［グタス 2002:4-5］。

きわめて重要な要素の一つは、アッバース朝革命であった。シリアを基盤とするウマイヤ朝期には、ギリシア語に堪能な官吏が多数仕えていたが、彼らはビザンツ的な文化を身につけていたために、ヘレニズム嫌いであった。それゆえ、彼らがこのような翻訳をすることはありえないことであった。アッバース朝革命によって「ダマスクスから中央イラク、すなわちギリシア語話者地域から非ギリシア語話者地域へのカリフ職の移転は、ビザンツ人が一掃してしまった古典ギリシアの遺産を保存するという逆説的な結果を招いた」［グタス 2002:22］。

翻訳運動は、王朝の建設者であった第二代カリフ・マンスールが開始した。それはマフディー、ラシードに引き継がれ、やがて第七代カリフ・マアムーンの時代に最高潮となった。最初に翻訳されたのは、ギリシア語から直接ではなく、パフラヴィー語を経由した占星術などのテクストであった。マンスールは、ゾロアスター教徒の抵抗と戦わなければならなかったから、サーサーン朝から「ゾロアスター教の帝国イデオロギーと政治的占星術」を継承することで、アッバース朝がサーサーン朝の正統な後継者であると確立しようとしたと考えられる［グタス 2002:34-58］。アッバース朝は、王朝権力としてはサーサーン朝から多くを継承している。第6章6で触れたような「白い木綿の衣服」が勃興していた時期にも、宮廷ではサーサーン朝風の錦が好まれていた。

なお、翻訳運動の象徴として、バグダードに建設された「知恵の館（バイト・アル＝ヒクマ Bayt al-Hikma）」でギリシア語文献の翻訳が次々となされたと語られることが多い。グタスが明らかにしたところでは、「知恵の館」はもともとサーサーン朝の図書館のことであり、その主要な機能はサーサーン朝の歴史と文化についてペルシア語からアラビア語へ翻訳し、その成果を貯蔵することであった［グタス 2002:61-68］。ギリシア語からの翻訳の拠点として存在したわけではないようである。

強力に翻訳運動を支援したマアムーンの時代には、翻訳運動には新しいイデオロギー的要素が加わった。それはビザンツに対する軍事行動の正当化であった。「ビザンツ人がムスリムによって攻撃されるに値するとされたのは、彼らが異教徒であったばかりではなく……文化的に未開であり、ムスリムだけでなく祖先の古代ギリシア人よりも劣っていたからでもあった。対照的にムスリムは、イスラームのために優れているだけでなく、古代ギリシアの学問と叡智を正しく認識し、その書物をアラビア語に翻訳したということでも優れていたのである」［グタス 2002:95］。

しかし、このような対外政策などの要請以上に、アッバース朝治下での社会の発展が理論的知識、応用科学、実用的な技術を求めるものとなった。国家を運営するための書記階級には、会計、測量、土木工事、計時や、数学諸学科（算術、幾何学、三角法、天文学）などが彼らの機能上、必要とされた［グタス 2002:125］。医学などがそれにすぐに続いたのは、社会的な必要から当然であった。

本節では最後に、翻訳に従事した人びとについて触れておこう。伊東俊太郎は彼らの中でも重要な貢献をした人びとを「翻訳の巨人達」と呼んでいるが、その筆頭はフナイン・イブン・イスハーク（八〇九／一〇～八七七年）である。フナインはイラクのヒーラの町で、ネストリウス派キリスト教徒の薬剤師の息子として生まれ、ジュンディーシャープールで医学を学んだ。これはサーサーン朝が建設した都市で、ここにビザンツ帝国に弾圧されたネストリウス派が逃れてギリシア科学を伝えたほか、サンスクリットで書かれた医学書に詳しいインド人たちもいた［Nasr 1976:155n］。フナインは後にバグダードでマアムーンの保護下に、ガレノス、ヒポクラテス、ユークリッド、プトレマイオス、アリストテレスなどの多くの翻訳をすると同時に、自身も科学的な論文を著述した。伊東もその翻訳の精確さを激賞している［伊東 2006:147-153］。

彼とならぶ巨人は、サービト・イブン・クッラ（八三六～九〇一年）で、彼はハッラーン生まれのサービア教徒であった。サービア教は星辰信仰とも考えられるが、クルアーンに言及があるため、「啓典の民」として保護された。サービトは、晩年にはカリフ・ムウタディドに仕えた。論理学・数学・天文学・医学などを中心に、非常に多くの翻訳・著作をおこなった［伊東 2006:154-157］。サービトの活躍は、アッバース朝が多様な宗教に属する人材を登用していたことをよく示している。

第2章2で触れたように、村上泰亮は異文明の接触によって生じる変化を「文明間接触」と呼び、それがしばしば「創発的革新に比すべき大変化」をもたらすと述べている。フナイン・イブン・イスハークらの偉業を文明間接触の媒体としての働きとみなすならば、その成果はきわめて大きなものであった。グタスは翻訳運動の成功によって、二点の変化が生じたとまとめている。一つは、「翻訳文献が扱う全分野の学問が、バグダード社会に広く深く浸透したために、アラビア語で書かれた科学および哲学のオリジナルな著作に対する注文が、ギリシア語からの翻訳への注文と同じくらい頻繁に行なわれたこと」である。もう一つは、「翻訳運動が種を蒔いた研究と分析の精神のために、翻訳と関係のないさまざまな分野の学問的な試みが高度なレヴェルに達し、多すぎるほどの諸概念がすぐにも消化され、もはや翻訳文献が扱う領域だけが強く知性に訴えかけるものではなくなった」点にある［グタス 2002:140］。

4　アラブ文学の誕生

いくどか言及したように、イスラームが誕生する頃のアラビア半島には、書物はなく、文字で書かれた文学はなかった。口承で伝えられる詩は盛んであったが、それがきちんと記録されたのは、イスラーム以降のことである。詩は、部族の武勇や恋愛を謳ったが、何千行にも及ぶ長大な叙事詩のようなものは見当たらない。一つの作品として書物になるほどの長さを持つものということで言えば、聖典としてのクルアーンがその始まりであり、第三代正統カリフ・ウスマーンによってクルアーンが書物の形にされた時に、アラビア語の最初の「書物」が生まれた。

他方、大征服によって新たにイスラームの版図に加わったビザンツ帝国やサーサーン朝ペルシアには、書き文字、書物、文学の伝統がすでにあった。旧帝国の官僚や文化人たちが、自分の宗教を保持したままで、あるいは新参のムスリムとして新しいイスラーム社会に参加する中で、散文のアラブ文学が誕生したのは、ある意味で当然のことであった。言いかえると、翻訳運動とは別の回路を通じても、文明間接触が起きた。

その創始者は、マニ教からの改宗者であったイブン・ムカッファア（七二〇頃〜七五六年頃）とされる。もともとはペルシア貴族の出身で、文人としての教養を生かしてウマイヤ朝に書記として仕え、さらに誕生したばかりのアッバース朝に仕えたが、三〇代半ばで処刑される悲運に遭った。「〔かつての〕部族的な詩人たちはしばしば戦闘で落命したが、アッバース朝期の詩人と書記たちは、数多く拷問室で命を失った」[Bray 2010:386]。

アラブ化したペルシア系文人という当人の位置づけが示しているように、ペルシア的な教養を身につけ、またそのことを誇りとしながらも、著作はアラビア語でおこなった。主著とされる『カリーラとディムナ』［イブヌ・ル・ムカッファイ 1978］も、インド起源のペルシア語の寓話集からの翻案である。彼は「シュウービーヤ運動」の先駆者とされる。この運動はペルシア文化の優越性を主張する文化運動で、名称がその意気込みをよく示している。クルアーンには「われ〔アッラー〕は汝らを男女に創造し、諸民族と諸部族となした」【部屋章一三節】と記されている。つまり、諸民族が「シュウーブ」、諸部族が「カバーイル」であるが、ペルシア人は自分たちが「諸民族」に区分され、アラブ人たちは部族意識を振りかざす(＝遅れた)諸部族であると解した。部族よりも高度な民族文化を示すのが「シュウービーヤ運動」である［al-Dūrī 1962:29］。

二〇世紀中葉の東洋学の大家ハミルトン・ギブが言うように、「この運動の主体は政府機関の書記階級であって、アッバース朝カリフの下で官僚機構が急速に膨張した結果、行政機構における首相や行政各部門の長官たちの権限増大に伴って、かれらの影響力は非常に大きなものとなった」のであった。さらに「イラークで急速に発展してきた新しい都市社会に、ペルシャ起源の読物を翻訳・流布させることを通じて、アラブ的伝統の残滓を払拭し、代わりにペルシャの精神文化を定着させたのが、シュウービーヤ運動の意義であった」［ギブ 1968:14］。

ここでギブが「アラブ的伝統の残滓を払拭」と述べているのは、やや言い過ぎであろう。シュウービーヤ運動は新しいアラビア語の文学も生み出した。イブン・ムカッファアが創始したアダブ文学は、次第にペルシア文学から移植された作品ではなく、アラブ独自のものとなっていく。その立役者となったのは、ジャーヒズ（七七六頃〜八六八／九年頃）、イブン・クタイバ（八二八〜八八九年）などである。彼らは、ペルシア人の優位説に反対し、アラビア語散文に独自の文体を生み出した。

ジャーヒズという名は「出目」を意味する渾名である。本名はアムル・イブン・バフルであった。二四〇もの作品を生んだ多作家で、そのうち三〇作品はほぼ完全な形で残されている［Montgomery 2005:234］。日本でも『けちんぼども』が前嶋信次の手によって三分の一ほどが邦訳されている［ジャーヒズ 1974］。また「アラビア語による最初のトルコ人論として名高い『トルコ人の美徳』の書」については、佐藤次高によって紹介されている［佐藤 1991:49-51; 佐藤 2004:78-80］。『修辞明議の書』［Jahiz 1988］は今日でも、アラビア語美文の手本の一つとされる。その一方で、ジャーヒズは後世において、非常に誤解されがちな人物であった。きわめて多才、多作で、その全貌がとらえにくいのも原因の一つであるが、思想的に自由人すぎたと言うべきかもしれない。宗教信条的に言えば、当時の理性主義的な神学に傾きすぎており（したがって、後の神学者からは否定的に扱われ）、文学的に言えば、散文に偏りすぎており（詩を散文以上に文学の基本とする伝統からは十分評価されず）、というような面を持っている［Montgomery 2005:240］。

イブン・クタイバ（八二八〜八八九年）はハディース学者・法学者で、カーディー（裁判官）も務めたから、よりイスラーム的な色彩を持った知識人と見なされることが多いが、主著とされる『書記官の作法（アダブ）』は題名からも明らかなように、「アダブ」文学の確立に貢献した。これと『知識』

『故事の泉』の三冊は「アッバース朝期アダブ文学の第二世代の礎石」[Bray 2010:390]となった。『知識』は聖書やイスラーム以前のアラビア半島やイランの故事、イスラーム時代の最初の二世紀の事件などを編纂することで歴史書の先駆となり、さらに『故事の泉』では、収集した故事や詩などを一〇の主題(戦争、貴顕、雄弁、禁欲、友情、女性など)に区分して収録した。主題別の区分という手法は、後世に及ぼしたイブン・クタイバの最大の貢献に数えられる[Allen 2000:143]

ところで、ここで名を上げた三人、とりわけジャーヒズは、アダブ文学の成立が語られる際に必ず登場する主要な著述家であるが、シャウカト・トゥラワの最近の研究[Toorawa 2005]はそのような偏りを批判して、イブン・アビー・ターヒル(八一九~八九〇年)に焦点を当てている。重要な点が提起されているので、紹介しておきたい。端的に言って、ジャーヒズはカリフを初めとするパトロンに支えられて著作をおこなった。そのため、ほとんどの著作は特定のパトロンに向けて書かれた。それに対して、同時代人のイブン・アビー・ターヒルは、バグダードで成立した書籍の市場を基盤に生活し、職業的な文筆業とそれを専門とする文人たちのネットワークの中で生きた。

言いかえると、ジャーヒズが創造的な文芸的才能によってアダブ文学確立の栄誉を得ているとすれば、イブン・アビー・ターヒルは、文学活動が口承から書き物に移り、書籍市場の成立によって知識が書物に依存するようになった社会変容そのものを代表しているのである。「イブン・アビー・ターヒルは変容したアディーブ(Adīb 文人)、すなわち書き物の存在に規定される学者の好例である。バグダードの書籍市場に入ることによって、彼は書籍および書籍の制作・販売・流通・収集にまつわる職業を手に入れることができた。このようにして、イブン・アビー・ターヒルは、当時勃興していた職業的著述家であり、その延長で出版者、書籍商であるような学者たちに加わった」。「書き手は、国家においては書記たちであり、王侯貴族がパトロンとなっている場では詩人、年代記作家、パトロンの弁護論者であった。その外の世界では、書き手は文芸批評家、作品集の編者、歴史家、宗教学者、哲学者、科学者であった」[Toorawa 2005:128]。ジャーヒズは王朝と結びついた書き手であり、イブン・アビー・ターヒルは書籍市場を基盤とする書き手であった。

文学的な貢献の一つとして、イブン・アビー・ターヒルが特筆に値するのは、盗用・剽窃についての著書であろう。彼は『詩人たちの〔詩の〕盗用』を著し、また自分自身の詩の師であったアブー・タンマームおよびアブー・タンマームからのブフタリーによる剽窃について著作して、その後二世紀に及ぶ盗用・剽窃論争を引き起こした。盗用や剽窃、あるいは逆に他人の名を用いた偽作などは、すべて著者性のある書物の世界が成立してこそ生まれる現象である。イブン・アビー・ターヒルの剽窃論は、まさにそのような世界を前提とする著述家としての先駆性を示していた[Toorawa 2005:4,26-31,93-99]。さらに付言するならば、バグダードについての最初の歴史書である『バグダードの書』を著したこと（第一巻のみ現存）、『散文と詩の書』の中で「女性たちの雄弁」を取り上げていることなども特筆に値する[Toorawa 2005:3-4,99]。

なお、詩については、イスラームが登場する以前からアラビア半島では優れた作品が流通していたが、ウマイヤ朝期からアッバース朝期には、それがさらに発展した。アッバース朝前期には、今日までアラブ詩人の筆頭に数えられるアブー・ヌワース（八一三年頃没）やムタナッビー（九六五年没）が現れ、華麗な作品群を残した。遊牧文化がしばしば豊かな詩的言語に彩られることを考えても、アラビア語の発展とともに、いっそうアラブ詩が隆盛したことは驚くに当たらない。文明語の成長過程としては、九世紀末までにアラビア語が散文文学においても高い水準に達したことこそ、特筆に値するであろう。

5 イスラーム科学の成立

散文の発展と並行して、さらにギリシア語などからの翻訳運動によって、アラビア語は哲学や科学についても語りうる豊かな言語になった。文明語としてのアラビア語の発展は、イスラーム科学の成立と軌を一にするものであった。

サイイド・ホセイン・ナスルは、その著『イスラーム科学』の中で図18のような系譜図を掲げて、先行する諸文明の科学と知の遺産を統合した経路を示している。イスラーム帝国を築いた人々は、先

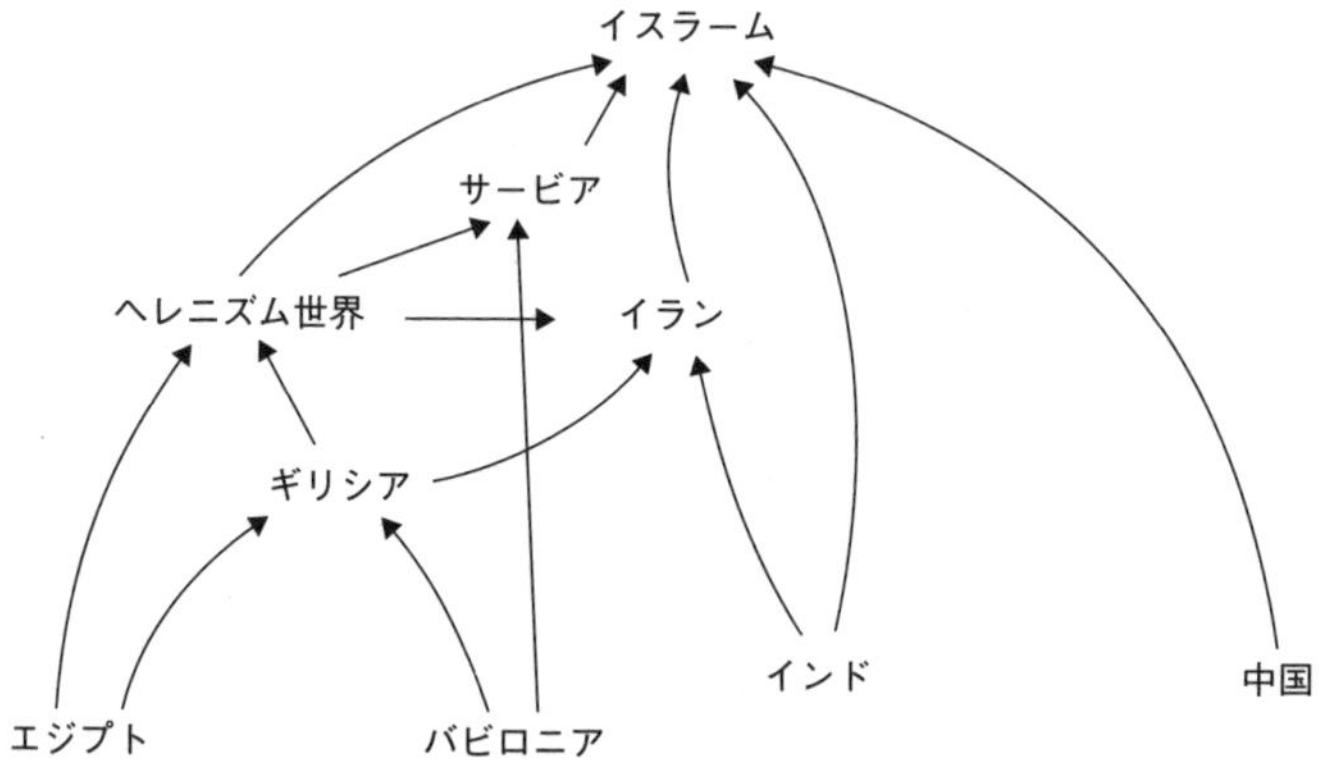

図18●イスラーム科学形成の知の系譜
出典：Nasr［1976:10］より作成。「サービア」は地名ではなく、ギリシア科学を継承したサービア教徒たちを指す（本文263頁参照）。

行する文明に接して熱狂した。ハワード・ターナーの言葉を借りれば、「イスラムの勃興とイスラム教徒による活力に満ちた征服と、それにともなう、征服地において彼らを待ち受けていた知的、商業的な豊さの探求と開発に対する情熱は、実用的な技術を越えた地平にまでイスラム教徒を駆り立てていった。八〇〇年から一六〇〇年までの世紀においてイスラム帝国のいたるところにおいて達成された並外れた知的、芸術的、科学的な進歩は、まさにここから生まれたもの」［ターナー 2001:51］にほかならなかったのである。

イスラームは当時の「文明の空白地帯」で生まれたと何度か述べたが、空白地帯であるだけでは文明は形成されない。この地帯がオリエント文明圏の文明のはざまにあったことは、決定的な重要性を持っていた。仮にはるかに遠い地域でイスラームが誕生したとすれば、その後の急速な文明化は可能ではなかったであろう。イスラームは、オリエントの中で生まれ、オリエントの先行する諸文明を統合し、それを東西に広める働きを持つものとなった。

先行する文明から学んだものを、イスラーム的な原理と相応させながら再配置するようなプロセスが生じた場合に、どちらが強いと見るかは一概には言えない。はたして征服地の文明がアラビア半島で成立した素朴なイスラームを変質させたと見るのか、先行文明の豊かな遺産がイスラーム的に変容させられたと見るのか、つねに両面が考えられるであろう。すでに、イスラーム化とは現地化との双方向的・双補的なプロセスであることは述べた（第6章3）。

双方向性と双補性を文明形成のプロセスに即して述べるならば、イスラームの根本的な原理と社会運営のための技術体系が、先行する文明の科学とテクノロジーと出会い、イスラーム自体の文明化とともに先行文明のイスラーム化が生じる過程と考えることができる。それを、視覚的にとらえやすいケースとして、第2章でも言及したイスラーム建築を例にとって考えてみよう。

マディーナで作られた「預言者モスク」は当初、非常に質素なものであった。ヤシの木を切り、その幹を柱として、屋根はその葉を葺いたものであった。ウマイヤ朝がダマスカスに成立すると、かつてのキリスト教会の敷地に大モスクを建設した。その基本形は今日まで残っているが、バシリカ式の教会の流れを汲む建築様式であり、壁面を飾る美しいモザイクはビザンツ美術をそのまま継承しているため、マディーナのモスクと比べるとはるかに教会のような印象を与える。しかし、建物の中の空間、内庭の構成はギリシア・ローマ建築とは全く異なるものとなっている。イスラーム建築の特徴は、空間の用い方にある。

モスクはアラビア語では「マスジド（masjid）」すなわち「額づく場所」を意味する。「額づく」行為は、礼拝の動作の中で床に額を付けて、唯一神アッラーへの服従を示す平伏礼を指す。礼拝をこの行為で代表させ、礼拝所を「額づく場所」【高壁章二九・三二節】と名付けたことは、「神への帰依」としてのイスラームの宗教観・世界観をよく示しているであろう。イスラームでは、超越的な絶対神は形も姿もないとして、礼拝所から神像や祭壇を徹底して排除している。

その一方で、具体的な礼拝のやり方は、イスラーム的な社会運営の技術体系を反映している。モスクは通常、マッカの方角を正面として、それに向かって礼拝者が横一列に並ぶことができるよう、十分に横幅を取って設計される。一人の導師（イマーム）が先頭に立ち、その背後に列がいくつも連なり、それによって神の前での人間の平等性を強調する。会衆は、モスクに集まって礼拝を捧げることで、共同体を確認すると同時に、金曜の昼の礼拝では説教を通じて、指導者から宗教的・社会的・政治的な指示を聞くようになっている。宗教行為そのものが社会統合の仕組みを作っていることがわかる。

ウマイヤ朝以降のモスクには、礼拝の刻限を知らせるための塔（ミナレット）が付属するようになり、ドームも標準的なものとなった。ドームは、クルアーンの朗誦や説教をモスク内に響かせるための反響板の役割を果たした。これらの建築の技術が、先行文明から学ばれた——当初は被征服地の技術者たちが建設に参画した——ものであることは言うまでもない。機能的に有用な技術はすべて用いられたし、それらはイスラーム建築の普及とともに、さらに発展していった。各地のモスクの建築素材や様式を見れば、それぞれの地域の技術や美的な遺産を継承したことは一目瞭然である［Frishman and Khan 1994; 深見 2003］。しかし、イスラームの礼拝所としてのモスクの基本要素は、イスラーム的な世界観とその社会運営の仕組みに規定されていた。

言うまでもなく、先行する諸文明を論じる時、オリエントやギリシアだけを強調することは正しくない。図18にも示されているように、インドや中国からの影響も非常に大きなものがあった。たとえば、薬学の先駆者であるサーブール・イブン・サフル（八六九年没）の『医薬品解説書』を研究したオリバー・カールは、そこで用いられている薬品や物質の語源から、ギリシア語起源が一二・五パーセントに対して、ペルシア語／サンスクリット語起源が三〇・七パーセントに達していると指摘している。それらの言語からアラビア語へ橋渡しする媒介となったシリア語起源も四・八パーセントあった。ここから「アラビア薬学への『西方』からの貢献は、『東方』からの貢献に比べて比較的小さいことがわかるが、事物と名称が古代から口承で伝播し続けていたことを歴史的に考慮するならば、この観察はそれほど驚くべきではない。そのような伝播は、アラブ人が何語のものであれ書物に接するようになる以前から、長らく確立され頻繁になされていた」からである［Kahl 2003:22-24］。カールは、ギリシア科学の伝播・影響については前出のグダスなどの研究で全体像が明らかになっているのに対して、インドから伝播については研究がごく少なく、中国についても実態がわかっていないと指摘している。タラス河畔の戦いでの捕虜が紙の伝播をもたらしたことは知られているが、七六二年に捕虜の一部が送還されたのを除いて、多くがバグダードに残留することになった。「九世紀末までにアラブ人が有していた、中国に関する詳細で適切な地理的知識だけでも、おそらく双方向の関係が確立されていたことを示している。貿易は栄え、中国と西アジアを結ぶ陸・海のルートが医薬品を含むあらゆる種類の物品の輸出入が支えられ、医学の知識も交換された」［Kahl 2003:9-10］。中国やインドからのイスラーム文明への影響の解明は、今後の課題となっている。

理系の諸科学とそれと結びついたテクノロジーの発展によって、イスラーム文明の形成がなされた。文明を、科学・テクノロジーの面と、社会運営の技術体系の面に分けて考えた場合、政治や法制度において社会運営が有効になされる上に、さらに科学・テクノロジーの発展を可能ならしめるような社会の運営がなされていることが重要であろう。

アッバース朝前期に成し遂げられた科学・テクノロジーの面での発展を瞥見するならば、イスラーム文明が貢献した分野として、特に、天文学、数学、幾何学、光学、工学、化学、医学、植物学、薬理学、農学などをあげることができる［アルハサン、ヒル 1999; ターナー 2001; ダッラール 2005; Rashed 1996］。八世紀から一〇世紀前半について、以下でいくつか特筆すべき側面を瞥見してみよう。

イスラーム天文学の研究を長らく推進してきたディヴィド・キングは、「九世紀から一五世紀までの間、ムスリムの学者たちは科学的知識のあらゆる分野において卓越していた。特に天文学と数学への貢献は著しいものであった」と述べている。ただし、後期については写本も器具も数多く残っているのに比して、八～一〇世紀のイスラーム天文学の発展はこれまでの研究では十分復元されていないと指摘している［キング 2008:161］。イスラームが誕生当初から天文に関心を持っていたことは疑いを入れない。礼拝のために、その刻限を確定することやマッカの方角を知るという必要性が、天文学の発展をうながす要因であった。このような必要性を満たす学知を、同じく天文学史の専門家であるダッラールは「実地天文学」と呼び、「理論天文学」とならぶイスラーム天文学の貢献分野としている［ダッラール 2005:220-247]。

天文学も翻訳運動の一部をなした。最初の翻訳は、ファザーリー（七七七年没）と彼の同時代人であるイブン・ターリクが七七〇年代に訳したインドの天文学書であった。これは「ズィージュ」と呼ばれる「表付きの天文学便覧」である［ダッラール 2005:221］。イスラーム天文学でもその後ズィージュが数多く制作され、その全容がキングの研究でかなり明らかにされている［キング 2008; King 2004］。九世紀にプトレマイオス（二世紀）の『アルマゲスト』がアラビア語に訳されると、「ヘレニズムの数理天文学における最高の成果」である同書は、イスラーム世界でも、それが後に伝わったヨーロッパでもきわめて大きな影響を及ぼした。とはいえ、イスラーム世界の天文学者たちはプトレマイオスをそのまま踏襲したわけではなく、自分たちの観測に照らして修正と補完を試み、さらに新たなイスラーム数学の計算法を加えて、新しい地平を開いた。初期の天文学者の一人バッターニー（八五八頃～九二九年）は北シリアのラッカで三〇年以上にわたって観測をおこなった［ダッラール 2005:222-227］。

一般的にイスラーム科学は、実用性を重視し、実験器具や種々の道具を生み出したことでも知られる。天文学に関して最も重要なのは、アストロラーブ（天体観測儀、アストロラーベ）であろう。名称がギリシア語（アストロラボス＝「星の捕捉者」）に由来することからわかるように、原理そのものはギリシアから導入されたものであるが、アッバース朝治下の九世紀頃に実用化され、急速に広まった［杉田 2002］。それは「時間を測定したり、ある時刻の星座を示したりと、様々な天体観測に用いられる当時の技術の最高粋を集めた、ある種のアナログコンピュータといえる器具」［三村 2001:119］であった。

次に、数学がイスラーム文明の貢献を特筆すべき分野であろう。イスラーム時代の数学史は近年、パリを舞台とするラーシェドの活躍によって大きな発展を遂げてきた。その成果をもとに、ラーシェドは近代西洋中心的な数学史――ひいては科学史全体――の書き換えを強く主張している［ラーシェド 2004:292-313］。その始まりを代表する数学者は、フワーリズミーである。彼は九世紀前半に、アッバース朝カリフ・マアムーンに仕えた。数学、天文学、地理学（地図作製）などで足跡を残したが、特に数学での貢献が名高い。フワーリズミーという名は、フワーリズム（ホラズム）の出身を示すが、彼の名に由来する語が「計算の手順」を指す「アルゴリズム」として、一二世紀以降には西欧語にも入り、現代にも伝わっている。天文学では、インド天文学の理論に基づいて数理天文学を集大成した『フワーリズミー天文表』を生んだ。残念ながら、この書は原典が失われ、不完全なラテン語で伝わるにとどまっている［鈴木 2002］。

数学における彼の著作の一つ『ジャブルとムカーバラ』（あるいは『ジャブル・ムカーバラ計算の抜粋の書』）は、「おそらく初心者のための教科書あるいは参考書」であって、本人にとっては天文学や地理学の著作ほど重要ではなかったにせよ、アラビア語文化圏とヨーロッパにおいて「代数学の出発点」となって、きわめて大きな歴史的意味を持った［鈴木 1987:327］。

フワーリズミーはその序論で、執筆の目的を「算術的問題や商業取り引き、遺産相続の問題、土地測量などにおいて使えるマニュアルを提供したい」と述べている［ラーシェド 2004:12］。ここには社会ニーズがはっきりと反映している。これは、九世紀前半におけるバグダードでの翻訳運動と研究が「理論的な関心だけから引き起こされたのではなく、新しい社会が天文学、光学、算数などを必要とし、新しい測量の道具などを必要としていたから」にほかならなかった［Rashed 2002:7］。こうして、イスラーム世界で「ヘレニズム的な数学がさらに発展すると同時に、その中で非ヘレニズム的な数学の分野も探究されることになった。この新しい数学の情景が、その言語、技術、規準とともに、次第に地中海全域（イスラーム圏と西洋）の情景となったのである」［Rashed 2002:9-10］。

ちなみに、私たちが今日用いている数字は「アラビア数字」と呼ばれ、イスラーム文明の貢献を物語っているが、1～9の数字とゼロの起源の研究は近年熱心におこなわれているものの、未だ確定的な段階には至っていない。従来の定説では、インドから八世紀頃にイスラーム世界に「ヒンドゥー・アラビア数字」が導入されたと考えられる［Kunitzsch 2003］。これは、現在も東方アラブ諸国で用いられている。いわゆるアラビア数字は、それが形を変えながら西方アラブ世界から西欧に入ったものである。

前述のようにギリシアの科学や哲学は、最初は非ムスリムの学者の手を介して翻訳・導入され、シリア系やペルシア系の知識人によって発展した。その中にあって、九世紀に活躍したキンディー（八〇〇頃〜八七〇年頃）は、生粋のアラブ人の中から初めて登場した哲学者であったため、「アラブ人たちの哲学者」［Atieh 1966:5］と呼ばれ、その出自が強調される。「キンディー」はキンダ部族の出身である。かつてのキンダ部族は五〜六世紀にアラビア半島で部族連合を組織してキンダ朝を建てるなど、由緒あるアラブであった。キンディーの曾祖父はムハンマドの教友で、父はクーファの総督をしていたという［Atieh 1966:5; Adamson 2006b:4］。先端科学を身につけたギリシア系、ペルシア系の知識人がイスラーム文明に加わる一方、早くも九世紀半ばにアラブ人の中からも彼のように先端科学を担う者が出たことは特筆に値する。キンディーが「アラブ人最初の哲学者」と敬意をもって呼ばれるのは、「単に最初というだけではなく、彼の方法、態度、新しい分野での学的な探究のゆえ」［Atieh 1966:10］であった。

それまで「外来の異教徒の学問」と疑いの目で見られていたギリシア哲学を、キンディーは「宗教あるいはイスラームの真理と矛盾するものではなく、むしろその真理を強化するもの」と考えた。彼によれば「クルアーン（コーラン）に具体的に言及されているこれらの信仰箇条は哲学的に論証でき、その真実性は弁証によって補強できるという」［ファフリー 2005:11-12］。

なお、キンディーの次には中央アジア出身のファーラービー（八七〇頃〜九五〇年）が位置する。彼は「アラビア語訳されたアリストテレスの諸著作を丹念に研究し、その論理学書や自然学関係の書に非常に優れた注釈をほどこしており、イスラム世界ではアリストテレスに続く『第二の師』と呼ばれている」[松本 1985:90-91]。中世ラテン世界では出自名「ファーラービー」から「アルファラビウス」または「アブー・ナスル」の名から「アヴェンナサル」と呼ばれた[仁子 2002]。「イスラームの新プラトン主義の創始者」であり、「イスラームで最初の真に体系的な哲学者」であった[ファフリー 2005:13]。イスラーム思想史上は、特にアリストテレスやプラトンの系譜を引く政治哲学において、『有徳都市の住民がもつ見解の諸原理』[Al-Fārābī 1985; Al-Fārābī in Ībish and Kosugi 2005; 竹下 2000b:50-56]がきわめて大きな影響を残した。

当時の科学者たちは一般に多才であったが、キンディーは哲学で名をなすのみならず、他の科学やテクノロジーの分野でも大きな功績を残している。科学の分類法、鉱物学、金属学や刀剣の製造技術についての論考、地質学、物理学、薬学などの著作を著し、熟達した内科医でもあった[アルハサン、ヒル 1999:41]。光学は、一〇～一一世紀にこの分野の巨星イブン・ハイサムが現れるが、キンディーはその先駆者としてギリシアの成果を批判的に吸収し、観察事実に基づく独自の考察を進めていた[Adamson 2006a]。

カリフ・ムウタスィムに献上した書の中には、冶金学の書とも言える『刀剣とその種類』[al-Kindī 2001]もある。キンディーの貢献で興味深いのは、蒸留であろう。「蒸留はイスラム化学技術において最も重要な操作であった。それは戦時、平時を問わず、調合薬の製造や工業生産に大規模に利用された。ムスリムは蒸留技術の達人となり、彼らの知識・経験は西洋に伝えられた。実際、ヨーロッパ諸語で蒸留器具を表す言葉は、まさしくアラビア語から派生している」「〔その器具は〕キンディーが使用した蒸留器具二種で、彼の『香料化学と蒸留の書』に描かれている」［アルハサン、ヒル 1999:185-186］。このような技術を開発した結果、イスラーム世界では、バラ水、香水、香油などが産業化された。「それはイスラム時代に始まった正真正銘のイスラム産業である」［アルハサン、ヒル 1999:189］。

蒸留技術は石油の精製にも用いられるが、ムスリム科学者たちは早くから原油に通じていた。バクー油田（現アゼルバイジャン）の名は、二〇世紀初頭に世界最大の原油生産地であったから私たちにもなじみ深いが、驚くべきことに、「バクー油田は早い時期にムスリムによって商業規模で開発され、八八五年にカリフ、ムータディドがダルバンドの住民に油泉収入を下賜したことが報告されている」［アルハサン、ヒル 1999:193］。

医学も、当時の世界でイスラーム文明が先端的な役割を果たした重要な分野である。九〜一〇世紀の傑出した医学者・医師としては、翻訳運動での活躍で知られるフナイン（前出）、クスター・イブン・ルーカー（八二〇〜九一二年）、イラン出身のラーズィー（八六四〜九二五／九三二年）、などがあげられる。

クスターはバアルベク（現レバノン）で生まれたキリスト教徒の学者・翻訳家で、ギリシア医学を知悉していた。彼がマッカ巡礼にでかけるパトロンのために著した『健康・医療ガイドブック』が残っているが、これは「著者が〔医学の〕深い理論的知識と実際的な技術を有していたことを雄弁に物語っている」[Bos 1992:1]。クスターは、ギリシア文献の翻訳運動の主要な貢献者の一人でもあった。

ラーズィーはラテン名「ラーゼス」として、後のヨーロッパでも医学の権威として尊敬された。彼の著作の中で最も有名な『天然痘と麻疹について』は「ラテン語、英語、そのほかの西洋の言語に翻訳され、その訳本は一五世紀から一九世紀にかけて四〇回も版を重ねた」。彼は「おそらく、中世最大の臨床医であって、彼のもっとも重要な作品『アル・ハーウィー』(総合の書〔『医学集成』とも邦訳される〕)は、一九世紀以前の医師によって書かれた医学書のうちもっとも包括的なものであると思われる」[ターナー 2001:171]。『総合の書』はその名の通り、それ以前のアラブ、オリエント、ギリシア、インド、さらには中国からの医学的な知識とラーズィー自身の臨床的な知見を総合した百科全書であった[ターナー 2001:171-172]。ラーズィーと比肩しうる前近代の医学者は、ラーズィーの一世紀後の巨星であるイブン・スィーナー(61)(九八〇〜一〇三七年)くらいであろう。

ちなみに、ラーズィーは病気の心理的な側面に着目しており、関節リュウマチの心理的原因も論じていた[MAA 1999:Vol.16, 432]。ターナーはまた、ラーズィーが心理学的なセンスと諧謔精神を持ち合わせていたであろうことに、『熟練した医師といえども、すべての疾病を治癒することができるわけではないという事実について』『なぜ人々は、熟練した医師よりもにせ医者の方を好むのか?』といった著作名を引きながら、触れている[ターナー 2001:171]。

先行文明の吸収と新しい文明の形成のプロセスを反映して、医師は最初、ユダヤ教、キリスト教、ゾロアスター教の出身者で占められていたが、次第にムスリム医師たちが育った。優れた哲学者で医師であった者も多かった。その場合、哲学は無償の真理の探究、医学は生業で糧の道であった。その背景には哲学の尊厳ゆえにそれを教えて反対給付を得るべきではないと考えられ、実際の生計を医療で立てていたという事情があった［Nasr 1976:154］。

病院制度を発展させたことも、イスラーム文明の重要な貢献であろう。「今日的な意味合いにおける病院は、一〇〇〇年以上も前にイスラム世界において初めて発達した。最初の、また、もっとも配慮の行き届いた病院は、八世紀のカリフ、アル・ラシードの治下に建てられた」［ターナー 2001:168］。八〇五年建設のこの病院のためにハールーン・ラシードはジュンディーシャープールからイブン・バフティーシューを招いたという。この都市ではギリシア医学の伝統が栄えていたとされる。ただし、最近の研究では、ジュンディーシャープールの重要性は否定されつつある。「イスラームが非常に革新的で洗練された病院を提供するシステムを発展させたため、その先駆を把握する必要があった。そのため最近まで、今では『ジュンディーシャープール神話』と研究者が呼ぶ物語からイスラームの病院の起源を語ることがなされてきた」。しかし、それは「八世紀半ばから一一世紀後半まで、ネストリウス派キリスト教徒のバフティーシュー家が八代一二人も宮廷医としてカリフに仕えた」ため、彼らの栄光がその出身地に投影されたものと考えられる［Pormann and Savage-Smith 2007:20-21］。

先行形態が何であるにせよ、イスラーム文明が病院を発展させたことは疑いを入れない。また、「ジュンディーシャープール神話」が成立するほどに、キリスト教徒の医師がイスラーム王朝の宮廷で重用されたことも、興味深い事象であろう。

ラシードの時代には保健行政も整えられた。カリフ・ムクタディル（在位九〇八～九三二年）は、病院の建設、医療・保健行政に尽くしたことが知られている。九三一年には、医療ミスで患者が死亡した事件から、カリフ・ムクタディルが全医師の資質を審査するよう命じている［Surty 1996:59-60］。

このような医療制度の整備は、医学の観点からのみならず、社会運営という点からも評価されるべきであろう。「イスラム教徒の組織力の才能は、臨床と外科手術の特殊な技術と相俟って中世イスラムの大都市における大病院の発達にきわだった成果を収めた。こうした医療施設は、その規模と専門的な熟練の技のいずれの点においても、古代において知られている、あるいはイスラム圏以外の中世のすべての医療施設をはるかに凌駕していた」［ターナー 2001:167-168］。

医学と関連の深い薬学の分野での先駆者の一人は、八世紀後半に活動したと思われるジャービル・イブン・ハイヤーンであろう。彼は最初の錬金術師として名が高いが、医学、薬学、占星術の著作も残した。ヨーロッパのラテン世界ではゲベルの名で知られる。I・ファラージュによれば、ジャービルが初めて化学の分野に科学的実験を持ち込んだ［Faraj1978:49］。アッバース朝前期に活躍した薬学者としては、アブー・マンスール・ムワッファク（九七五年頃没）も重要である。前述のラーズィーは、初めて薬学に化学物質を導入した［ターナー 2001:427］。

カナートの模式図

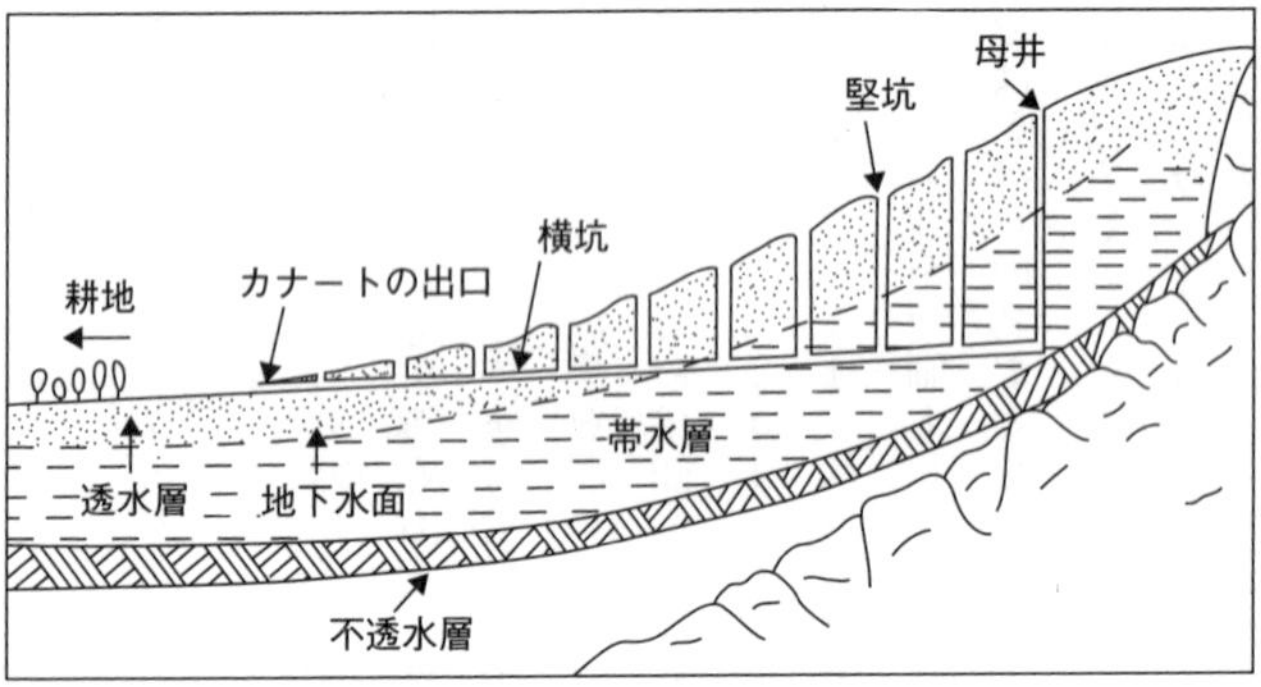

図19●カナート（地下水路）の模式図
出典：岡崎［1988:34］を一部簡略化。

最後に、実学の代表として農業と農学について触れたい。アッバース朝時代に高度な農業技術革新が起きたことは、八〜一〇世紀の農作物の普及と農業技術の発展を論じたアンドリュー・M・ワトソンの著［Watson 1983］に詳しい。そこでは、ソルガム、米、小麦、サトウキビ、綿花、柑橘類、バナナ、ココナツ、スイカ、ほうれん草、アーティショーク、サトイモ、ナス、マンゴーなど、多くが熱帯に出自を持つ農産物が農業革新によって西アジアから地中海地域に広がった様子が描かれている。これらの中でもとりわけ柑橘類の名称は周知のように、西欧語でもアラビア語起源のものが多い（レモン、オレンジ、ライムなど）。これは、それらの農作物が北進してヨーロッパに広まったことを物語っている（ヨーロッパ諸語に入ったアラビア語起源の単語については、［ワット 1984:187-199］参照）。

雨量の多い熱帯または亜熱帯の植物を、西アジア、地中海周辺の乾燥地域に導入することは容易なことではない。当然ながら、それを可能にするには灌漑技術の発展とその普及が必要とされた。その上、イスラーム軍が征服したばかりの西アジアの諸地域では、ダムの決壊、洪水などによってそれまでの灌漑システムがきわめて劣化していた。新しい作物は夏季に恒常的に灌漑する必要があったが、これを実現するために、被征服地に存在した灌漑技術を改良し、広範囲に適用した。典型的なものとして、イスラーム以前のペルシアで使われていたカナート（地下水路）がエジプトや北アフリカ、アンダルス（イスラーム・スペイン）に広まった［Watson 1983:104-111］。カナートはゆるやかな勾配の非常に長い地下水路を通じて水源から用水を運ぶ仕組みで、地上の水路と違って蒸発が防がれるため、

乾燥地域に非常に適した灌漑の方法であった。(図19)

イスラーム時代の農業技術の革新は、「ほとんどの作物は熱帯原産で、冷涼で乾燥した地方での栽培は容易ではなく、それらの導入は農業全体に革命的な影響を与えることになった。実際、これに比肩しうる偉業は、新大陸が発見されるルネサンス期以降までなかった」[アルハサン、ヒル 1999:255]というほどの大きな意義を持っていた。

農業に貢献した分野として工学を論じる中で、ダッラールは機械工学と灌漑技術の結びつきについて「初期のアラビア静力学の成果の多くは、現在機械工学と呼ばれるものの発展にとって非常に重要だった。この時期に考案された新しい装置や機械は数多い。少し例を挙げると、円錐弁の発明、高いトルクを伝導するための複雑な歯車の使用、吸い込み管つき複動ポンプの考案、機械でのクランク機構の使用、高精度な制御機械の発明などがある」と概括した後、「工学知識の応用に関する比較的詳細な指針が残っているのは、灌漑技術の分野である」と述べている。「農耕中心だった古代近東の社会の慣習から多くの灌漑方法が継承され、ムスリムもまた集約的な農業開発事業を支援した。……多くの灌漑事業は巨大な規模でおこなわれたため、たいていの場合、それにともなって河川の流れを制御して調節するためにダムを建設し、揚水機を使って灌漑と給水のための水を運び、必要に応じて水を届けるために運河やカナート(地下水路)の広大なネットワークを建設した。大規模な灌漑事業や給水事業を管理するには、かなりすすんだ専門技術や管理技術が必要とされた」[ダッラール 2005:260-

262］のであった。

「とくに重要なのはカナート灌漑であり、これには標準化した技術を慎重に応用する必要があった。カナートとは、帯水層から特定の場所へ水を運ぶ、ほぼ水平に走る地下水路である。このシステムはイランと北アフリカで広くもちいられた。推定によれば、現代にいたるまで、イランでつかわれる水の七〇パーセントはカナートから供給され、カナートの総延長は一六万キロを超えるとされる」［ダッラール 2005:262］のである。付言すれば、この点において八〜一〇世紀に確立されたイスラーム世界のカナート灌漑は今でも大きな意義を有しているし、さらに、現在の全地球的な水資源の危機やダム灌漑の限界に照らして、カナートを再生させることを真剣に考えるべき理由も認められる。(63)

アッバース朝期に成立したイスラーム文明とその諸科学は、一六世紀に入るまで光輝を放っていた。ルネサンスへの影響を含めて、近代以前の西欧はイスラームからの貢献に多くを負っている。八〜九世紀のイスラーム世界で起こった「アラビア・ルネサンス」［伊東 2006:140-158］の科学革命がヨーロッパに伝わって「一二世紀ルネサンス」が起きたことを実証的に論じた伊東俊太郎の『一二世紀ルネサンス』［伊東 2006（1993）］は、もはや古典に属する。

総じて言えば、八〜一〇世紀におけるイスラーム科学の形成は、その後長らく文明が発展するしっかりとした基礎を生み出したと総括することができる。

第8章　イスラーム法の発展

1　イスラーム法の役割

本章では、社会運営の技術体系を体現するイスラーム法に目を向けてみよう。それを論じるためには、イスラームにおける「法」とは何かを理解する必要があるが、この問いは実はそれほど簡単なものではない。日本人になじみの深い世界宗教と言えば、伝統的には仏教であり、近世以降はキリスト教であろう。この二つとも、聖俗を分け、出家者・聖職者と俗世間の平信徒との間に違いを設ける上に、教えの総体を「法の規定」として具現化するような考え方を持たない。したがって、イスラームに固有の発想、すなわち信徒の間に区別を設けず、宗教事項も俗事もすべてが同じ聖典の対象となるという発想を理解する上では、あまり参考にならない。
宗教と国家の関係を考える場合、仏教にしてもキリスト教にしても、国家がすでに存在しているところへ宗教が現れ、社会に浸透した。仏教が最初に自ら国家を建設することは、仏教の理念からも歴史的現実からも、ありえないことである。ローマ帝国の市民の間にキリスト教が広がったときも、ローマ法＝市民法は確固としてあったし、キリスト教の使命はそれを教会法と置きかえることではなかった。したがって、国家の法が宗教とは別に存在することは、これらの宗教の場合、あまりにも自明となっている。

アラビア半島には、イスラーム登場以前には、強大な国家権力、あるいは中央集権的な行政機構は存在しなかった。そのような国家の「空白地帯」に、新しい宗教としてイスラームが生まれて、宗教的な共同体とともに国家を建設し、共同体の法が国家をも規制するという原則をも樹立した。宗教と国家の関係を考えると、人類史的に見て、これは例外的な「事件」と言うべきかもしれない。

問題は、たとえ希有で例外的であったにせよ、そこからユーラシアからアフリカにかけて広大な版図を持つ帝国が生まれ、この新しい宗教が世界宗教として自己確立に成功し、それに立脚する文明圏が広がったことである。イスラーム世界は、人類史において例外というには、あまりに大きな時空間を占めている。ある法体系がどのくらいの歴史的な時空間を占めているかを考えた場合、七世紀に生まれたイスラーム法は、ローマ法よりは新しいが、明らかにそれに次ぐ広大な時空間を占めている。(64)

文明の観点から見ると、人間生活のすべての面に対して何らかの指針を示すイスラーム法は、本書で言う「社会運営の技術体系」を体現している。そのような技術体系が「法」として具体的な形をとる点がイスラーム文明の特徴の一つであるが、その時に、私たちが法の通常の形として想定する制定法と異なっているのは、イスラーム法が法学者たちの解釈によって具体的な内容が形成される点である。そして、法学者たちの解釈が蓄積する中で、法学派が実体をもつようになった。本章でも論じるように、法学者と彼らの学派こそがイスラーム法の担い手である。

国際的に活躍しているイスラーム法学史研究者のハッラークは、法学者たちが学派を形成した意義について、次のように述べている――「なぜ、一つの文明が特定の文化的形態や制度を採用するのかは、しばしば説明困難である。イスラームはいかなる先行文化からも学派の概念を借りることはなかった。以前の文明には〔同様のものは〕見当たらないからである。かくして、私たちはマズハブ（学派）が、イスラーム文明そのものの土壌から生まれたイスラーム固有の現象であると、確信をもって論じることができる。それが、イスラーム文明が他の面を継承している近東の先行文化には見られないものであることは、学派がイスラーム文明の中でゆっくりと徐々に進化した事実と合わせて、そのイスラーム的な起源を強く証明している」［Hallaq 2005:164-165］。

では「法学者」とは誰かと問うならば、法学的な解釈をする資格を有する者である。言うまでもなく、これは同意反復であるが、実際問題として、正統カリフ時代にムハンマドの弟子たちの間でおこなわれていたのは、その資格を有する（＝知識がある）と互いにみなしている者たちが、協議して決定を下すことであった。特に、第二代カリフ・ウマルは協議（シューラー）を重視し、重要事については長老たちと相談した後に決定を下していた。そこには明らかに、意見を述べる機会が提供されるから意見を述べ、また有益な意見を述べるから有資格者とみなされる、という状況があった。

そのような「法規定に詳しい」者たちから教えを受けた弟子たち、そのまた弟子たちが、次第に法の専門家としての「法学者」という存在を作り出していくことになるが、解釈をする資格の有無は、二つの面で確立される必要があった。

一つは、そのような資格を持たない一般信徒に対してである。後に法学者たちの社会的な地位が確立するに従って、信徒を「知識ある者（ウラマー、学者 'ulamā'）」と「無知なる者（jāhil）」ないしは「一般信徒（'āmma）」に区分し、後者は前者に従わなければならない、というルールも確立される。[65] しかし、このルールを上から押しつけることはできない。一般信徒の側からも従う心性が形成されてこそ、知識ある者たちの権威も確立する。

もう一つの面は、法学者として認知されるべき者の間での相互の承認である。法学者が総体としてその存在と社会的機能を認められることと、個々の法学者が認知されるかどうかは別のことである。さらに、学者たちは師弟関係を軸として学派を形成するようになるが、個別の学派が認知されるかどうかは、学知の内容のみならずその時々の社会のあり方や政治的な背景とも関わっていた。特に法学者という存在が確立される前は、法学の知識を求めて広く学究（タラブ・アル＝イルム talab al-'ilm）の旅をおこない、時に論争し、学者たちの評価についても是々非々の意見交換がおこなわれていた。

さらに、「法学」というジャンルも、このような過程で次第に確立されたものであることを忘れてはならない。イスラーム法の「法規定」とは、ムハンマド時代の規範をそれぞれの時代と場所に適用することで生まれる。ムハンマド時代の規範とは、後には聖典クルアーンとムハンマドの慣行として定式化されるが、最初からそれが明らかだったわけではない。聖典のテクストは正統カリフ時代（ウスマーンの治下）に確定されたが、「ムハンマドの慣行」を伝えるものとしてハディース（言行録）が確定されるには、およそ三世紀を要した（詳しくは本章4）。

また、法の解釈には、狭義の法の知識のほかに、クルアーンの章句、その解釈、関連するハディースの知識、その解釈などが必要とされるが、これらすべてが「法規定」の学問として発達したわけではない。クルアーンのテクストは朗誦学とも深い関わりを持ち、クルアーンの解釈学は法学と縁の薄い、神学や宇宙論、倫理などに関わる多くの章句をも対象とする。ハディースの真贋論議も、内容上、法規定と関わらないものが数多くある。その結果、法学者は、クルアーンの朗誦学者（ムクリウ muqri'）、クルアーンの解釈学者（ムファッスィル mufassir）、ハディース学者などと識別される存在となった。もちろん、同一人物がいくつかの分野にわたって活躍することはあったが、一〇世紀までには学問分野として分化と体系化がおこなわれた。

クルアーンには、「われ（アッラー）は汝らのそれぞれ（の共同体）に法（シルア shirʻa）と道を定めた」【食卓章四八節】、「そして、われは汝を諸事についての法（シャリーア sharīʻa）の上に置いた。それゆえ、それに従い、知識のない者たちの欲望に従ってはならない」【跪く章一八節】とあり、イスラーム共同体には固有の法があることが明示されている。しかし、共同体が宗教・社会・政治などのすべてを司るがゆえに、法の領域は限定されるものではなかった。「フィクフ（fiqh）」は、法学・法源学[66]が成立すると狭義の「法」を指すようになるが、クルアーンには動詞形で「理解する」「知覚する」「知識を求める」という語義で使われている［Badawi and Abdel Haleem 2008:719-720］。初期には、この原義に基づき、行為規範のみならず神学が扱う領域もその中に含まれていた［Maʼmūn *et al.* 1966/67:9］。イブン・マスウード（六五二〜六五四年頃没）やアリーが弟子たちに法の知識を授けたという場合、その「法の知識」は広義のものであった。

最初に成立した法学派の祖であるアブー・ハニーファの著に『大フィクフ』［Abū Ḥanīfa 1955; Abū Ḥanīfa, al-Maghnīsāwī and al-Qārī 2007］というものがある（かつては真筆か否かの議論がなされたが、ほぼ決着している［Wensinck 1965; Ibn Yusuf 2007:24-29］）。これは「大法学」と訳すことができるが、ここでの「フィクフ」の語は、明らかに後の法学の意味ではない。この書の内容を見ると、ほとんどが信仰箇条に関わっている。当時は、まだ「フィクフ」はクルアーンの教えの理解、言いかえると広義の「イスラーム法」を指していたからである。

「ウラマー」という呼称は、このような諸分野の専門家を集合的に指す。単数形（アーリム、ʿalim）は知識を有する者の意である。ウラマーの中で最も数が多く、社会的な機能が高いのは法学者（ファキーフ faqih、複数形はフカハー fuqahāʾ）である。ウラマーは、本書が対象としている一〇世紀までに社会集団として自己確立を遂げた。それ以降は、セルジューク朝時代からマドラサ（学院）制度の整備によって、職業や学統の維持などが保証されるようになる。時代を七世紀に戻そう。

2 クーファの学統――法学者の誕生

法学者の原型として、クーファで教師・指導者として活躍したイブン・マスウード（六五二～四年頃没）がいる。クーファは、イラク南部に六三八年に建設された最初期の軍営都市であった。正統カリフ時代にはここに総督庁が置かれ、メソポタミアから東のイランを押さえる要衝としても非常に重要な都市であった。イブン・マスウードはムハンマドの直弟子の一人で、第二代カリフ・ウマルによってクーファの国庫担当者として派遣され、ここでイスラームを教える教師としても重きをなした。

彼はごく初期からの入信者で、出自が貧しかったためもあり、ムハンマド時代には彼の身辺の世話をする者として仕えた。それだけに、ムハンマドから直接クルアーンを学び、イスラームについても多くの知識を得た。特に、クルアーンのそれぞれの章句がどのような契機や状況で生まれたかについて詳しかったという。マディーナ時代のムハンマドがクルアーン読誦の師範として四人を任命したが、その中にイブン・マスウードが含まれていたことは、ムハンマド自身が彼を高く評価していたことを示している。

第三代カリフ・ウスマーンは、聖典であるクルアーンを「書物」の形で正典化する作業をおこなったが、イブン・マスウードはその編纂委員として招聘されなかった。編纂の責任者として若きザイド・イブン・サービトを当てたことに対して、アブー・ダーウード・スィジスターニー（八八九年没）の『ムスハフの書』によれば、イブン・マスウードは「私がアッラーの使徒〔ムハンマド〕から七〇もの章を直接学んでいたとき、ザイドはまだ年端もゆかない子どもだった」と怒りをあらわにしたとされる［Al-Sijistānī 1985:22］。

ムハンマドの直弟子の中でクルアーン読誦に長けた者として七人が上げられることが多いが、その中にはイブン・マスウードも、ウスマーン自身も、若きザイドも含まれている。ウスマーンによる編纂委員の人選は、専門的知識の点から見て問題があるわけではなく、当時のマディーナの他の長老たちも、イブン・マスウードを遠いクーファから呼び戻さないことを咎めることはなかった。

ウスマーンはクルアーンの公式版を定めると、その写本を主要都市に送り、それ以外にクルアーンが書かれたものがあれば、すべて廃棄するよう命じた。このクルアーンは「ウスマーン版」と呼ばれ、その後作られた写本はすべて、ウスマーン版の様式を守るものとなった。ウスマーン版への統一は徹底しておこなわれた。ウスマーン版の確立以前には、イブン・マスウード版、アリー版などが存在していたことが知られるが、それらも廃棄されたと考えられる。イブン・マスウード版の概要は、一〇世紀のバグダードの書籍商イブン・ナディームがその著『目録』[Ibn al-Nadīm n.d.] において目次情報を伝えているため、公式版と章の配列が違っていたことが推測できる。

クルアーンのテクストは公式版によって確定されたが、個々の章句の解釈やそれらを適用した場合の法規定などについては、クーファでは、マディーナとは別の学統が続いた。イブン・マスウードは、クルアーンの解釈や法学の知識を弟子たちに伝えた。イブン・マスウードはウスマーンの代の終わり頃に、マッカ巡礼に来た後まもなくマディーナで世を去ったとされる。

クーファは、その後も中心的な都市の一つとして栄えた。その理由の一つは、第四代正統カリフとなったアリーが戦略上の理由からマディーナからクーファへと遷都したからである。クーファはアリーの統治期に五年ほど首都であったのち、ウマイヤ朝期にも東方支配の拠点であった。アッバース革命が起こると、サッファーフはクーファで人びとの信任の誓いを受け、初代カリフとなった。クーファの政治的な重みは理の当然であるが、知的な中心としても大きな役割を果たした。クーファの学統には、イブン・マスウードに加えて、アリーの教えも含まれる。

この学統から、やがて、ハナフィー学派が生まれる。その祖となるアブー・ハニーファ(六九九〜

七六七年）［Abū Zahra 1976; Yanagisawa 2007; Nadwi 2010］はペルシア系の出自を持つ。祖父の代にイスラーム征服に出会って、改宗がなされ、アブー・ハニーファの父親は生まれながらのムスリムであった。アブー・ハニーファ自身はウマイヤ朝第五代カリフ・アブドゥルマリクの治世に、クーファで生まれた。このカリフは、第二次内乱を終息させ、イスラームの版図を再統一したことで知られている。貨幣の刻印や行政用語をアラビア語に転換したことについては、すでに第6章2で触れた。

成人してからのアブー・ハニーファは、絹織物の商売を生業としていた。学問に身を入れるようになってからも、生業の経営は続けていた。弟子を抱えるようになってからは、その収入から貧しい弟子を養っていたとも思われる。彼が一八年間仕えた師は、当時のクーファの法学サークルを代表するハンマーダであった。ハンマーダの師はイブン・マスウード直系の法学者で「見解の民」の基盤を作ったイブラーヒーム・ナフイー（七一五年没）［Qalʻajī 1986:7］であり、アブー・ハニーファは教友の時代から続くクーファの学統を継承した。

それぞれの法学者が解釈を駆使しなければならない時代であるから、師に学ぶと言っても、後代のように師の教えをひたすら体得するというものではなかった。アブー・ハニーファが一番弟子となってから､師のハンマーダは長らくクーファを留守にする間､彼に代理をさせたことがあった。師がクーファに戻ってから、留守の間の裁定を聞くと、六〇事案のうち、四〇についてハンマーダも同じ裁定をし、二〇について解釈が異なったという。師の教えを継ぎつつも、解釈が異なる部分も大きいことを悟って、アブー・ハニーファは自分の法学サークルを新たに立てることを考えたようである。しかし、その前に師が亡くなり、彼がそのままクーファ第一の法学者の地位を継ぐことになった。

通常は、これをイラク学派と呼び、アブー・ハニーファ以降に彼の名にちなんでハナフィー学派（ハナフィーは「アブー・ハニーファの〜」を略した形容詞）が確立されたとされている。そして次に現れるマーリク学派は、マディーナを中心とするヒジャーズ学派を継承するものとされる。最近では、地域の学派から名祖の個人名を冠した学派にどのように変容したのか、その意義をめぐってさまざまな論考が出されている。

法学のとらえ方や解釈の方法論から、「見解の民（Ahl al-Ra'y）」と「ハディースの民（Ahl al-Ḥadīth）」という区分も広く用いられている。地域との関わりで見ると、イラクでは「見解の民」が優勢であり、ヒジャーズでは「ハディースの民」が優勢であった。「見解の民」とは、ハディース（預言者言行録）よりも推論や演繹的な解釈を多用する傾向を指す。「見解」とは法学者個人の解釈による見解を意味している。これに対して、可能な限りハディースを典拠にしてムハンマドの慣行にならおうというのが、ハディースの民の立場である。

この二つの立場は、それぞれイラク学派とヒジャーズ学派とある程度重なり合っていた。マディーナは「預言者慣行」生誕の地であり、ハディースも豊富に入手し得たが、クーファはマディーナから遠く、ハディースに詳しい者の数が少なかった上、ペルシア人などの改宗者が多かった。高度な文明地帯を背景とする彼らに対しては、イスラーム法の規定を合理的に説明する必要があった。そもそも、アブー・ハニーファ自身がペルシア系改宗者の子孫であるから、ゾロアスター教自体は過去のものであったにせよ、その体系的な教義を育んだペルシアの文化は継承していたに違いない。

それ以上に注目すべきことは、当時の法学者たちが王朝権力と緊張関係を持っていたことであった。彼らは国家との関係で言えば「私人」であったが、イスラーム法が「ウンマの法」であるという観点から言えば、法学者もカリフも「預言者の後継者」であり、法学者たちは自分たちの役割に高い自負を持ち、権力の専横を警戒していた。クーファは政治的に重要な都市だけに、権力との関係もむずかしかったであろう。マディーナは首都でなくなったため、聖地と学問の都として次第に発展することになったが、そのことが持つ宗教的な磁性もあったから権力から無縁であることはできなかった。

当時は、法学者の多くが市井で法を論じ、権力者に仕えることをよしとしなかった。アブー・ハニーファも、在野の立場を貫いた。ウマイヤ朝期には、マルワーンの代にカーディー（裁判官）の認容を拒絶し、鞭打ち刑に処された。彼はその後、クーファからマッカに逃れて、マッカでも学問を修めた。クーファに戻ってから、アッバース朝革命が起こり、王朝が替わった。しかし、公権力を忌避するアブー・ハニーファの立場は変わらなかった。アッバース朝の真の建設者である第二代カリフ・マンスールが彼にカーディー就任を要請すると、この時も拒絶した。カリフは彼を鞭打ち刑に処した上で、獄につないだ。アブー・ハニーファは節をまげることなく、獄死したとされる。

ウマイヤ朝後期からアッバース朝前期にかけて、つまり八世紀から九世紀前半までは、法学者たちも自己形成の途中であり、彼らと王朝権力の関係も不安定であった。イスラーム法が法学者たちの解釈を通じて形成されるということは、法制が中央集権的ではないことを意味する。学者たちが集まっていたのは、首都のダマスカス、バグダードだけではない。何よりも、マディーナが「預言者の町」として学統の正統性を掲げていたし、巡礼を通じて知識と情報の交換がなされるマッカも重要であった。クーファ、バスラ、ニシャプール、フスタート（カイロの前身）、カイラワーンなども重要な学問の中心であった。

言いかえると、イスラーム法をめぐる「解釈の営為」はいわば地方分権的におこなわれていた。決して、中央政府の力によって推進されていたわけではない。国家が推進した法整備の結果として、イスラーム法が作られたわけではないという点は、形成期のイスラーム法を理解する上で重要なポイントである。しかし、地方分権的なあり方にもかかわらず、イスラーム法が一つの統合体として生成していったという点も重要なことであろう。知識を志す者たちは師を求めて各地を歩き、それが知識人ネットワークを形成し、知識の水準を高く保つ機能を果たした。

イスラーム法が一体性を持った要因として、包括的な「法」の全体が存在すると想定されていただけではなく、その原型がムハンマド時代に存在していたと前提されていたことも重要である。巨大な帝国の版図が生まれ、次々とアラビア半島にはなかったような事態や事物に出会って、法学的な解釈が必要とされたとしても、それはムハンマド時代の法が不十分だったからではなく、個別の規定がいわば「未発見」だからと考えられる。それを「発見」することこそが法学者の役割であり、「神の法」の細則を発見するという意味では、その権威は非常に大きなものであった。

市井の法学者たちと王朝権力の間には緊張関係があったが、誰もが公務を拒否したわけではない。司法を担うことも、法学者の社会的役割であった。イスラーム法が法学者の解釈を必要とするため、ウマイヤ朝もアッバース朝も、彼らの中からカーディー（裁判官）を任命し、雇用する政策をとった。ウマイヤ朝時代には、法学者たちが各地に散在している状況とともに、地方毎に裁判がおこなわれていた。裁判制度が首都を中心として秩序だったものとなっていくのは、アッバース朝になってハールーン・ラシードの時代に大法官、すなわち「裁判官たちの裁判官」の職が設置されてからであろう（それについては本章5で論じる）。

学者たちのネットワークが形成される中で、学派も次第に形成されていった。学派の間で知的な棲み分けが達成されるのは、ずっと後代になってからである。七～一〇世紀においては、その中での対立や論争が激しくおこなわれた。

3 学派の興亡

前節で述べたように、クーファを中心に勃興した「見解の民」が主流の学派は、やがてアブー・ハニーファという偉才を得て、ハナフィー学派という名で知られる「学派」となった。ここに、イブン・マスウードやアリーに発する学統が明確な形をとった。ハナフィー学派はその後広域に展開し、今日ではスンナ派のおよそ半分がこの学派に従っていると考えられる［Wafarishi 1998:335-341］。

「学派」にあたる「マズハブ（madhhab）」という語は、「～へ行く」を原義とする動詞に由来する。特定の場所へ「行く」の代わりに、特定の見解に「至る」という意味で用いられるようになって、そこからその見解を共有する人びとを括って「マズハブ」と表現するようになった。現代では、「学院／学校」を意味する「マドラサ」が学派の意味で用いられることもあるが、こちらの方が語法としては新しい。マズハブは、学問の伝統を継承する場としての学院が作られる以前から、人的関係としての学統を意味する語として使われていた。

今日、イスラーム法の学派を考えるときは、一四世紀に及ぶイスラーム世界の歴史を暗黙裏に前提とすることが多い。通例、スンナ派の「四法学派（al-Madhāhib al-Arba'a）」、あるいはこれにシーア派の主要な学派であるジャアファル学派を加えて「五大法学派（al-Madhāhib al-Khamsa）」という言い方をする。これらの五学派で世界のイスラーム人口のほぼ九八%が網羅される［小杉 1998:66-68］。それを考えると、現代の法学史、あるいは学派・学説の歴史において、五学派がいかに発展し、互いにどのような論争を繰り広げてきたかが中心に語られることには、それなりの正当性がある。しかし、本書が扱っている七～一〇世紀は、法学を含めたイスラーム諸学の揺籃期・形成期であり、法学派が次々と生まれ、一般信徒が誰に従うか自由な競合がおこなわれている状態であった。

さまざまな優れた法学者たちが、学派を形成しようとして——最初はまだ「学派」という意識はなかったが——自らの法学を展開し、それを弟子たちに授けて、活発に活動すると、やがて有力な学派が形成された。形成された学派間では、競合が盛んにおこなわれた。近年は、学派の形成期の研究が進んできているが、それでもまだ不明の点は多い。以下では、現時点で示すことができる範囲で、素描してみよう。

一般に、後にスンナ派の「四大法学派」となる以外の法学派は「消滅した法学派」と呼ばれる。以下では、そのうち五学派を取り上げる。今日まで続く四学派と合わせると、スンナ派系は合計九学派となる。さらに、シーア派系の二学派を取り上げることにしよう。学祖が生きた時代が早い順に見ると、まず、七世紀末から八世紀初頭に生まれたアブー・ハニーファ（六九九～七六七年）、アウザーイー（七〇七～七七四年）、スフヤーン・サウリー（七一六～七七八年）がいる。

前節で触れたように、クーファを中心とする学派は、ハディースよりも演繹的な推論や類推（キャース）のような方法論を用いる傾向が強かった。イラクの地はもともとサーサーン朝の中心部であり、ペルシア系の人びとも多かった。また、クーファやバスラのような軍営都市はアラビア半島から移住した戦士たちとその家族が住んでいたが、マッカ・マディーナの出身者はごく少数であったため、ハディースそのもの流通が少なく、またその信憑性を確認しようとしても専門家が少なかった。その上、新参のペルシア系ムスリムたちには、慣例がこうであるというだけでは説得性がなく、より論理的・体系的にイスラーム法を教える必要性も生じた。このような事情から生まれた「見解の民」が優勢の学統から、最初に「学祖」の個人名が付されたハナフィー学派が生まれた。アブー・ハニーファに対して「最も偉大なイマーム（イマーム・アアザム al-Imām al-Aʻẓam）」と称号が認められているのは、四大法学派の最初の開祖であるという栄誉による。その墓廟があるバグダードの地区は初め「イマーム・アブー・ハニーファ地区」、後に「最も偉大（アアザム）」という称号から「アアザミーヤ」と呼ばれるようになった［al-Aʻẓamī 1999:13-18］。

次のアウザーイーはベカー高原（今日のレバノン東部）のバアルベクに生まれ、(68) 各地を遊学した。最後はベイルートで没した（今日、墓廟が西ベイルートにある）。早熟で学問の道に入り、一三歳の時にはもう一般信徒に対して法学的な見解を示していたという［Shaʻār 1993:5-9］。(69) 生地・没地は今日のレバノンにあたるが、これは歴史的シリアの一部ととらえるべきであろう。このため、彼の学派はかつてシリア学派とされることもあった。その影響力はウマイヤ朝の版図を西方に向かって広まり、イベリア半島にも地歩を記した。

シリアでは、アウザーイー学派の裁判官がいなくなるヒジュラ暦一九七年（八一二／八一三年）まで、アンダルスではヒジュラ暦三四〇年（九五〇／九五一年）まで、同学派の影響力があったという［Sha'ʻār 1993:8］。

スフヤーン・サウリーは名のごとく、純粋なアラブ人であるサウル部族の血統を引いている。後期タービウ世代に当たる父親は、クーファでハディース伝承者として知られていた。祖父は「ラクダの戦い」の際にアリー陣営に属していたというから、サウリーはクーファに移住した三代目にあたる。貧しい家の生まれで、勉学の費用にも苦労したという。長じてから、知識を求める旅に出る時は、隊商の手伝いをして旅費を稼ぎながら移動した。にもかかわらず、権力者たちから贈与を受け取ることはなく、基本的に拒絶の姿勢を貫いたという。商いで生計の足しにしていたが、資本金が少ないため、さほどの稼ぎにはならなかった［Qalʻajī 1990:27-28］。サウリーはブハーラー、バグダード、ヒジャーズ地方（聖地やターイフ）、イエメンなどを訪れてハディースを集め、初期ハディース学者の一人に数えられる。

王朝権力との関係は、決してよくなかった。ウマイヤ朝時代は王朝側では彼に関心を持たなかったようであるが、アッバース朝になって、マンスールが裁判官となるよう要請した。サウリーはこれを断ったのみならず、カリフの奢侈をとがめて、その不興を蒙ったこともある。晩年はカリフ・マフディーの治世であるが、王朝権力から姿を隠して暮らしていたという。

サウリーはクーファで学んだものの、ハナフィー学派に帰結する「見解の民」の学統ではなく、「ハディースの民」の流れに位置づけられる。実際、サウリーの学識に対する高い評価は、ハディース学者としての面が強かった。アウザーイーがシリアを拠点とし、サウリーがイラクで活動したもののクーファの学統には属していないことから言えば、初期の学統に地名を冠して「イラク学派」「ヒジャーズ学派」と差異化する方式では、この二つの学派はうまく収まらない。この点に着目して、そもそも法学の伝統を地域的に区分する認識がおかしい、という説も出されている。それによれば、アウザーイーとサウリーは合わせて「ウマイヤ学派」と呼ばれるべきという。アウザーイーはシリアで、サウリーはイラクで活動したが、弟子たちが両者の間で重なっており、法学の内容も近接している、そして何よりもウマイヤ朝との良好な関係があったことが論拠である［Judd 2005］。

興味深い仮説ではあるが、筆者はやや懐疑的である。アウザーイー学派を、イラク学派・ヒジャーズ学派と弁別することは、アウザーイー自身が「イラクの民の主張から五つに反対し、ヒジャーズの民の主張からも五つに反対する」［Sha‘‘ār 1993:22］と自らの法学的見解を述べていた点からも合理的であろう。しかし、サウリー学派といっしょにするのは、やや無理がある。第一に、直接の弟子が重なっていたとしても、その後の学派形成では両者は分岐している。アウザーイー学派とサウリー学派は一つの学派ではない。第二に、ウマイヤ朝との関係を理由として名付けることもどうであろうか。アウザーイーをシリア学派、サウリーをイラク学派と言えないのは、この地では優位性を持たないハディースの民の系統であったためと理解する方がわかりやすい。

サウリー学派は学派として十分に発展しなかったが、最大の理由は学祖が王朝権力と摩擦をおこし、隠れ住んだためと考えられる。そのため公然と法学サークルを主宰することも、弟子を育てることもできなかった。

アウザーイー学派は、シリアで隆盛であっただけに、ウマイヤ朝の版図、特に北アフリカからアンダルスに広がり、アッバース朝が成立した後も、アンダルスではしばらく優勢であった。しかし、後ウマイヤ朝が成立すると、王朝権力はこの学派ではなく、次に述べるマーリク学派を擁護した。

マーリク（七〇八頃〜七九五年）は、アブー・ハニーファより少し後に生まれ、アウザーイー、サウリーとも同時代人であるが、この三人の誰よりも長く生き、ヒジャーズ学派の学統を広めた。終生マディーナに暮らし、マッカ巡礼に出かけた以外、この都市を出ることはなかった（アブー・ハニーファがマディーナを訪問した際に両者が出会ったことはあるが、師弟関係はない）。言うまでもなく、マディーナはムハンマドがイスラーム共同体を樹立した町であり、ここにはムハンマドの言行を伝える者たちがたくさんいた。ムハンマドの死からマーリクの誕生まで八〇年弱である。預言者モスクとムハンマドの墓廟があるこの都市では、法の解釈にあたってハディースに依拠することがより正統性を持ったことは疑いを入れない。

学統として言えば、ヒジャーズ学派は第二代正統カリフ・ウマル、その息子イブン・ウマル（両者ともに教友に数えられる）、ザイド・イブン・サービト（クルアーン正典化の責任者）、アーイシャの系譜を引き、後続世代の「マディーナの七法学者」などの流れを引いている［al-Hasan 1997:190-198］。

マーリクの学説の特徴の一つは、当時のマディーナでの慣行をも預言者時代の慣行を伝えるものとみなしていたことである。これは他の学派には見られない。マディーナを訪問したアブー・ハニーファの高弟がその根拠は何かと問うた時、マーリクは預言者モスクで日々呼ばわっているアザーン（礼拝の呼びかけ）がムハンマド時代と同じでないことがありえようか、と答えて、相手を納得させたという［Dutton 2007:15］。しかし、アザーンのようなムハンマド時代に創始された慣行はともかく、他の社会的な慣行をもイスラームに起源のある慣行とみなすことには問題がある。この点は他の学派から批判されることになった。

マーリクは『ムワッタア』［Mālik 2000］というハディース集をまとめた。これは最初期のハディース集で、後に六つのスンナ派ハディース集（六正典）が成立した後でも、それらと同様の権威を持つものとされた。マーリクをはじめとして、ハディースを重視する者たちが「ハディースの民」である。ちなみに、上述したように、ハディース重視の「ハディースの民」と解釈重視の「見解の民」という二分法は、イスラーム史で広く認められているが、両方とも自称だったわけではない。「ハディースの民」は自称と見てよいが、「見解の民」という表現は、ハディースの民から見た批判的な呼称の側面も強くあった。

マーリク学派はマディーナで誕生したが、その後はヒジャーズ地方よりも、エジプトで根を張った。この地でマーリク学派は優れた学者が輩出し、地歩を固めた。さらに西進して、イフリーキヤー（チュニジア）では、その中心都市カイラワーンの主要な学派となった。カイラワーンは、北アフリカ征服の功労者であるウクバ・イブン・ナーフィウが六七〇年に建てた軍営都市で、ウクバの名を冠した大モスクが今日でも会衆を集めている。

この地で、マーリク学派の繁栄の基礎を築いたのは、サフヌーン（七七七～八五五年）である。彼はシリアから移住した戦士の息子としてカイラワーンで生まれた。マーリクの没時（七九五年）には青年になっていたが、それまでにマディーナに赴くことはできなかった。そのかわり、エジプトでマーリクの直弟子から法学を伝授された［Mansour 1995:36］。彼が著した『大集成（ムダウワナ・クブラー）』は、マーリク学派で「もっとも権威ある法学書」［柳橋 2002］とされるようになった。没時には、北アフリカとアンダルス（イベリア半島）に七〇〇人もの弟子がいて、各地で活躍していたとされる［Talbi 1995b］。有力な弟子の存在は、学派の発展にとってきわめて大きな意義を持っている。

エジプト自体は、独自の学派に恵まれなかった。すでに見てきたように、イラクはハナフィー学派、サウリー学派、ヒジャーズはマーリク学派、シリアはアウザーイー学派を生み出したが、エジプトはこの点で遅れをとっていた。かろうじて、独自の法学を編み出したのは、ライス・イブン・サアド（七一三〜七九一年）である。ライスは、ペルシア人の両親からエジプトで生まれ、ヒジャーズでナーフィウ（マーリクの師でもあった）などから法学を学んだ。マーリクとも親交があったが、イラクで学んだ後は、マディーナの慣行を法源とみなすことに反対し、独自の道を歩んだ［Mansour 1995:22-23］。生前は知識だけではなく、ホスピタリティ精神でも知られていたという。富裕で二万五〇〇〇ディナールといった年収がありながら、気前よく散財したと伝えられる［Merad 1986］。しかし、著作が少なく、優れた弟子に恵まれなかったためもあり、ライスの法学は独立した学派として確立されることなく、エジプトで埋もれた。「消滅した学派」の中では最も運に恵まれなかったと言える。

マーリクに学びつつも、やがて袂を分かち、自らの学派を生んだ弟子がいる。その最大の人物が、シャーフィイー（七六七〜八二〇年）である。彼は自らの名が冠された学派を興したのみならず、イスラーム法源学の祖と目されるに至った。法学の理論を整備し、体系的な学問としたのは彼の功績とされる。

シャーフィイーはパレスチナのガザで、アブー・ハニーファの没年に生まれた。その祖先はクライシュ族であったから、広義には預言者の血縁者にあたり、生粋のアラブ人である。彼ははじめマディーナでマーリクに師事した後、イラクではハナフィー学派の推論の方法などを学んだ。バグダードに滞在中にも自らの学派を立てたが、後にエジプトに移住し、ここを終の棲家とした(70)。エジプトで大幅に自説を刷新したため、バグダード時代をシャーフィイーの「旧学派」、カイロ時代を「新学派」と言う［Kamali 2008:81］。ちなみに、当時のカイロには、同じようにエジプトに移住してきたムハンマドの子孫の女性ナフィーサ（七六二～八二四）がいた。彼女はマッカ生まれで、かつてマディーナでマーリクからハディースを学んだこともあった。やがてエジプトで「学知のナフィーサ」と呼ばれるようになる彼女は学識と篤信で知られ、シャーフィイーも彼女をしばしば訪れ、ハディースを聞いたとされる［大稔 2002; al-Maḥallāwī 2006:245-247］。

シャーフィイーによって「ハディースの民」と「見解の民」という二つの潮流が統合され、イスラームの典拠としてのハディースと法学が一体化されたと言うことも可能であろう。主著『リサーラ（論考）』［al-Shāfiʿī n.d.］『ウンム』［al-Shāfiʿī 1961］は今日でも広く読まれている。

学派の形成はひとり学祖の貢献によるのではなく、弟子たちによる議論の展開や深化、法規定の細目の判断などが重要である。法源学におけるシャーフィイーの貢献は揺るぎないものと見えるが、ハッラークは、シャーフィイー学派をシャーフィイーと弟子のムザニー（七九一～八七八年）などの理論が合わさったものであるとみなしている［Hallaq 2005:167-168］。実際問題として、シャーフィイーがエジプトに在住したのは晩年の六年にすぎないから、存命中には学派は確立しなかった。ハナフィー学派にしても、学祖アブー・ハニーファから一一世紀のサラフスィーに至るまでの間に内容が固まったのであり、マーリク学派も孫弟子のサフヌーンの著作が同学派の最も主要な典拠となっているように、学祖だけで法学派は成立しない。

シャーフィイーの最大の貢献は、イスラーム法の典拠をクルアーンとハディースに限定したことである。クルアーンが典拠であることについては、それ以前もそれ以後も、基本的な違いはないが、スンナ（慣行）については、それまでさまざまな立場があった。「スンナ＝慣行」とは先例に規範性を認めてそれを典拠とするものであるが、それまで、ムハンマドの「預言者慣行」以外にも、教友の決定や行為を先例としたり、マーリク学派のようにマディーナの慣行を典拠としたり、さらには自分たちが権威を認める法学者たちの判断を継承したりしていた。さらに、何が預言者のスンナであったかについても、スンナとして現実に続けられてきた行為と、ハディースに記録されてきたスンナとがあった。[71]

シャーフィイーによって定立された立場では、ハディースに記録されていて、それが預言者時代のスンナと確認できるものだけがスンナとされる。ある地域で、人びとによってずっとスンナとして実践されてきた行為があっても、それだけではスンナとは認められない。当然ながら、シャーフィイーは、マディーナでの慣行は預言者時代のスンナを継承しているに違いない、というマーリク学派の考え方を否定した。

シャーフィイーの法理論は、二つの典拠だけを認め、その典拠に依拠して解釈をおこなうことを基本としている。やがて、この基本は他の学派においても、おおむね認められていくことになる。解釈の方法論については各学派に独自の主張があり、それがそれぞれの学派を際立たせ、また学派の魅力を作るものであるし、またマーリク学派の「マディーナの慣行」のような二次的な典拠もあったが、クルアーンと（ハディースに記録された）スンナという二大法源は次第にゆるぎないものとなっていく。ただし、何がそのスンナを記録したハディースであるかについては、ハディース学の確立という別な次元の史的展開が必要であった（次節で論じる）。

このように後代へ影響を与えたシャーフィイーではあったが、その弟子の中には、師の学統を広めることに寄与した者のほかに、袂を分かっていく者もいた。一人は、イブン・ハンバル（七八〇～八五五年）である。彼がとった道は、法理論を援用するのではなく、典拠としてのハディースを徹底して求めていくことであった。いわば、先々代の師であるマーリクに戻る立場とも言えるが、マーリクのようにマディーナでの慣例などは認めず、より純粋な「ハディースの民」の道を歩んだ。イブン・ハンバルによって、伝承経路が一つしかなくても、信頼性が認められるハディースは典拠として採用する――法学者の「見解」よりハディースを優先する――という考え方が生まれた。彼は自らのハディース集を編み、理性主義的な神学との戦いで、「ハディースの民」を代表する主要な登場人物となる（本章6）。

もう一人は、ダーウード・イスファハーニー（八一五／一八～八八四年）である。その出自名はイスファハーン出身であったが、本人はクーファで生まれ、バグダードで活動した。バグダードでシャーフィイーの直弟子に師事したが、師の解釈の方法論に承服できず、典拠の字義にこだわる学派を立てた［Melchert 1997:179-180］。その学派は、彼の名を取ってダーウード学派ということもあるが、それよりも「ザーヒル学派」の名で知られる。「ザーヒル（外面）」すなわち、典拠の字義を重視するからである。彼は、見解重視のハナフィー学派が得意とし、シャーフィイー学派でも採用された「類推（キヤース qiyās）」を解釈の方法論として全面的に否定した（ハンバル学派さえも、抑制的ではあるがキヤースを認める）。そのため、「ダーウード・キヤースィー」とも呼ばれる［Adang 2005:118］。キヤースを否定した彼を「キヤースのダーウード」と呼ぶのは奇妙に見えるが、アラビア語の命名法として反対語を用いるものがある。たとえば、子どもに生命力を期待して死にまつわる名前を付けるような用法で、この場合は「キヤース嫌いのダーウード」と読み取るべきであろう。

ザーヒル学派は、北アフリカからアンダルス（イベリア半島）で栄えた。マーリク学派は西進して、それまで北アフリカ、アンダルスで勢力を持っていたアウザーイー学派をおおむね駆逐したが、ザーヒル学派との対抗関係は長らく続いた。ザーヒル学派は、東方ではイラクなどで一一世紀頃まで勢威があったが、その後は西方、特にアンダルスが拠点となった。

今日、ザーヒル学派の学説の全体を知りうるのは、アンダルスで活躍した多才なイブン・ハズム（九九四～一〇六四年）の著作が残されているからである。イブン・ハズムは、愛を論じた文学作品『鳩の首飾り』が邦訳されている［イブン・ハズム 1978］。法学、神学、文学から比較宗教論まで幅広い知的な活動をおこなった。ザーヒル学派は法学者が自立的に解釈をすること（イジュティハード）を重視したが、イブン・ハズムはそれを学祖のダーウード以上に徹底して主張した［Montada 2001］。なお、さらにその後のザーヒル学派の法学者として、スーフィズム（イスラーム神秘主義）の最大の理論家として知られるイブン・アラビー（一一六五〜一二四〇年）をあげることができる。彼の時代がザーヒル学派の最後期であろう。ザーヒル学派が長く続きながらも影響力を失ったのは、字義および独自の解釈にこだわるため、体系化できなかったためとも考えられる［Melchert 1997:187］。

アンダルス（イスラーム時代のイベリア半島）は欧米では「イスラミック・スペイン」とも呼ばれる［ワット 1976］。大征服の過程で七一一年にイスラーム軍がジブラルタル海峡(72)を渡ってヨーロッパに侵攻してから、一四九二年にイスラーム勢力が半島から駆逐されるまで、その時代は八世紀近くに及ぶ。ウマイヤ朝時代は、アンダルスはその属州の一つであったが、アッバース朝がウマイヤ朝を打倒すると、ウマイヤ家の生き残りが西に逃れ、アンダルスで後ウマイヤ朝を樹立した（七五六〜一〇三一年）。この王朝はマーリク学派を擁護した。学派が繁栄するには、名祖の優れた功績、熱心な弟子たちの活動、一般信徒の社会的ニーズを満たす内容などいくつかの要素があるが、王朝による保護や奨励も重要な要素であった。後ウマイヤ朝がマーリク学派を採用したのはアッバース朝に対抗するためで、マーリクとアッバース朝に軋轢があったこと、アッバース朝がハナフィー学派を擁護していたことなどがこの選択の背景にある［Mansour 1995:43-44］。

学祖が登場した順番で言えば、最後にタバリー学派が来る。イブン・ジャリール・タバリー（八三九〜九二三年）は、カスピ海の南に位置するタバリスターンで生まれたため、出自からタバリーと呼ばれる。(73) 彼の名声は、最初の啓典解釈学書である『クルアーン章句解釈に関する全解明』［Al-Ṭabarī 1968］と、膨大な歴史情報を記した『諸使徒と諸王の歴史』［Al-Ṭabarī 1987］によって、あまねく広がっている。この二つの著作は「タバリーの歴史」「タバリーの啓典解釈書」として知られており、歴史学者、啓典解釈学者としての名声は揺るぎない。しかし、法学者としてはほぼ無名となってしまった。タバリーは初めシャーフィイー学派に属していたが、後に独自の学派を立てた。ハンバル学派の祖イブン・ハンバルとは対抗関係にあった。そのため、イブン・ハンバルをハディース学者に過ぎないとして、その法学上の意義を否定したため、かえってハンバル学派の信奉者たちから激しい批判を浴び、法学派としては消え去ることになった［Makdisi 1979:7］。

以上に九学派が登場した。そのうち四つが残り、五つが一三世紀までに消えた。これらの九学派はいずれも、後にスンナ派となった潮流に属している。次にシーア派の法学派を見てみよう。「アリーの党派」として始まったシーア派は、アリー以降に誰がイマーム位を継ぐかをめぐって多様な派に分かれたが、最初期には法学を確立するほどにはならなかった。長い歴史を生き延び、独自の派を形成するに至ったのは、一二イマーム派、ザイド派、イスマーイール派である。イマームの系譜（数や分岐点）で区分するのは、イマーム論を重視するシーア派の特徴である。

シーア派はウマイヤ朝期からアッバース朝前期においては、急進的な各派が自分たちの奉じるイ

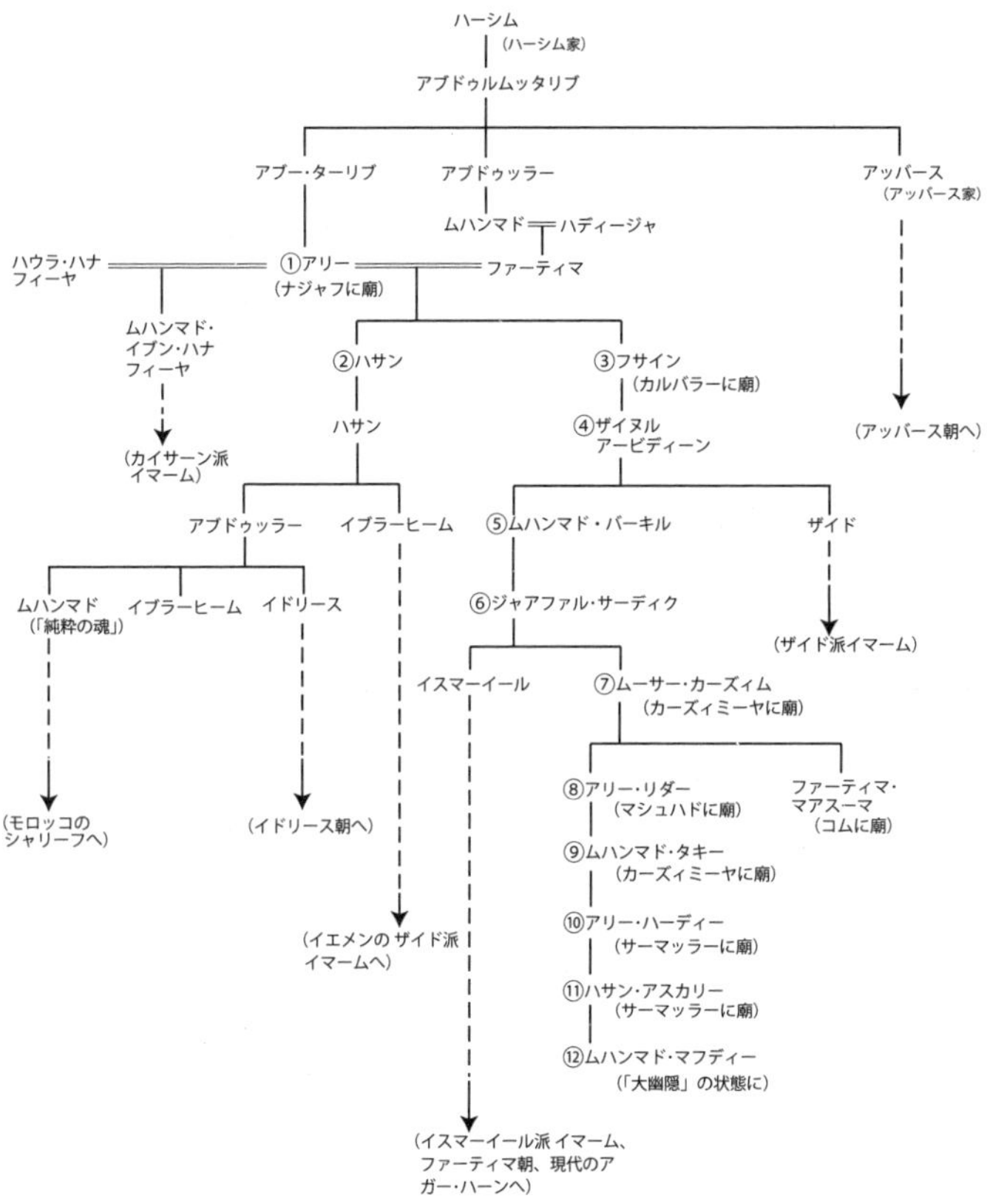

図20●シーア派イマームの系譜
═══ 婚姻関係
番号は、12イマーム派による継承順
出典：『岩波イスラーム辞典』付録の系図を基に、著者作成

マームを戴いて、武装蜂起を繰りかえした。そのような急進的な諸派に対して、穏健主義を貫いて隠忍の生活を送っていたイマームたちを認める派が、次第に主流派として勃興することになる。この穏健な主流派が「一二イマーム派」である。その法学派は、法学の発展に大きく寄与した第六代イマーム・ジャアファル(六九九/七〇二~七六五年)の名からジャアファル学派とも呼ばれる。ジャアファルは、アブー・ハニーファの同時代人であり、アブー・ハニーファは、ジャアファルのみならず、その父バーキルとも会っている。ジャアファル学派は、「お家の人びとの学派(Madhhab Āl al-Bayt)」あるいは「イマーム学派(al-Madhhab al-Imāmī)」とも自称される。「お家の人びと」とは預言者ムハンマドの子孫、特に一族の長(かつウンマ全体の指導者)であるイマームたちを指す。

一二イマーム派は、名の通り一二人のイマームを認める。アリーを第一代として、第一二代マフディーまでの一二人をイマームとする。第一一代イマーム(八四六~八七四)の没後、その子マフディーは初め「小幽隠(ガイバ・スグラー al-ghayba al-ṣughrā)」に入って代理人とだけ交信し、さらに「大幽隠(ガイバ・クブラー al-ghayba al-kubrā)」に入って終末まで姿を現さないとされる。このため、イマームの人数は一二人に限られている。イマームの「幽隠」説はシーア派の思想史を彩る特徴の一つで、この派の独創ではないが、大幽隠の時代を「イマーム不在時」として、法学者たちの役割を整備したため、ジャアファル学派は法学を大いに発展させることになった。

ジャアファル学派を「最初の法学派」[al-Faḍlī 1998:9]とする記述も散見するが、それは名祖の年代を比べたら、ということで、ハナフィー学派がスンナ派法学派の中で「最も古い」と言うのと同種の表現である。ハナフィー学派も、クーファにおけるイブン・マスウード以来の学統を受け継いで成立したものであるし、ジャアファル学派も初代から五代までのイマームを受け継ぎ、さらに残る六代をも法学上の権威として尊重している。

これに対して、ザイド派は第五代をザイドとして分岐した派であり、イスマーイール派は第七代をイスマーイールとして分岐した派であるが、どちらの派でもイマームの数は限定されない(74)。

ザイド派は、はじめはカスピ海沿岸で王朝を形成した。その後はイエメンの山岳地帯で勢力を伸ばし、ここがハーディー・イラルハック(八五九〜九一一年)以降、ザイド派の拠点となった。ザイド派の起点となっているザイド(六九八頃〜七四〇年)が法学を作ったわけではないので、学祖という点から言えば、イエメンではハーディー学派というべきである[Sharaf al-Dīn 1991:21]。

ハーディーはタバリーとほぼ同時代人であるから、学祖としては最後の世代に属する。八世紀前半から活躍したアブー・ハニーファ、アウザーイー、サウリー、マーリクの時代から、タバリー、ハーディーが活躍し終える一〇世紀初頭までの間に、法学派の祖となるべき学者たちが出そろったことになる。これ以降は、学派間の競合がさらにおこなわれ、次第にわずかな数の法学派による寡占状態へと向かう。やがて、スンナ派とは、法学的に言えば「四大法学派」として表現されるものとなった。具体的には、ハナフィー学派、マーリク学派、シャーフィイー学派、ハンバル学派である。この順番は開祖の生没年の順であり、必ずしも序列というわけではないが、その順番に敬意が払われるべきという程度には「序列」的な側面を持っている。そして、シーア派はジャアファル学派が主流派としてほとんどを占め、少数学派としてザイド学派／ハーディー学派が存在する状態となっている。(75)

主要な五つの法学派による「寡占」は、二一世紀初頭で見れば、イスラーム世界のほとんどを網羅する状態となっている。そのため、現代におけるイスラーム法学史では、これらの主要な学派が史的な発展を遂げて支配的となることが、あたかも必然であったかのように描かれることが多い。

法学派の興亡、スンナ派四大法学派の優勢などは、どのように解釈すべきであろうか。「スンナ派四法学派が生き残り、広大な地域に広まったのは、〔イスラーム法学の〕理論上の要請によるものというより、歴史の偶然である。……法学派の数が時と共に減少したことが何らかの向上〔や進歩〕にあたるという考えは、理論的に支持されえない」［Weiss 2005:2］というのは、やや極端な見方であろう。広まるには広まるだけの理由もあったであろう。逆に、ハッラークは、「なぜ、これらの〔消滅した〕学派は失敗したのであろうか。あるいは逆に、なぜ四法学派は成功したのであろうか」という問いを立て、「短い答えは、個人的な学派は、四学派を除いては理論的学派に変容できるほどの理論構築をおこなうことができなかったということであろう」［Hallaq 2005:169］と述べている。彼が「個人的学派」と呼んでいるのは、名祖となるような偉大な法学者たちの力量と名声で成立した学派であり、「理論的学派」は、理論と方法論の構築によって名祖が「無限定ムジュタヒド」の地位にのぼるような権威の確立がなされた学派である。当然ながら、この答えは「次の質問を生む――なぜ、これらの〔消滅した〕学派は、権威形成の段階に進むことができなかったのか」[Hallaq 2005:169]。

ハッラークは、王朝権力の支持の欠如といった二次的な要素にも言及するが、最も重要な問題点は優れた弟子たちが出なかったという点に帰結する。学派形成についての彼の詳細にわたる議論は、耳を傾けるべき論点を多々含んでいるが、管見では、「成功した学派は成功した／失敗した学派は失敗した」ことを同意反復的に説明する側面を持っているのと、法学者にもっぱら注意を払っている点でやや狭い。その時に、学派を形成した法学者の側だけではなく、彼らに従う一般信徒の働きをも考慮する必要がある。

学派形成の成否は、学祖が編み出した方法論の確かさ、一般信徒にとってのわかりやすさ、社会的ニーズへの対応力、弟子たちの活動、王朝権力との関係などが作用していた（その作用が働く「場」としてのウンマについて、次章でもう一度考察する）。

各学派の地域的な分布に特徴が生じたのは、そのような諸作用の総和の結果と見るべきであろう。今日の分布で言えば、中央アジアやトルコ、南アジアはハナフィー学派、東南アジアはシャーフィイー学派、北・西アフリカはマーリク学派、アラビア半島などがハンバル学派となっている。この分布は単なる偶然の産物ではなく、学派のネットワークの展開やそれに対する一般信徒の支持、公式学派として採用した王朝の版図などの歴史的な要因が見られる。ただし、今日につながる地域的な広がりは学派の興亡期が終わって以降のことである。本書の対象となっている七～一〇世紀がイスラームの体系化の時期であるとすれば、社会運営の技術体系を体現するイスラーム法についてもその体系化がおこなわれ、一般信徒たちの信任を得るべく、それぞれの学派が自分たちの主張する定式の優劣を競ったのであった。

4 ハディースの収集

これまでハディースについて言及する時は、もっぱら法学的な規定の典拠という観点から見てきた。初期においては、法規定の典拠を伝えるものとしてのハディースは法学と深く結びついていた。その頃は、法学とハディース学が分かれていたわけではない。しかし、法学が発展すると同時に、ハディースそのものを検証する学問分野が誕生するようになった。その理由は、大きく分けて二つある。

一つは、イスラームの教えが法学として定式化されるにしたがって、ハディースの重要性が認められるようになるとともに、どれほどの重要性を付与すべきか、その位置づけについて議論が深まったことである。その議論の一端は、「ハディースの民」対「見解の民」という立場の違いに現れた。また、シャーフィイーによって、ハディースを法源として位置づける考え方が理論化されたことも、ハディースの重要性と位置づけをめぐる史的展開の中で大きな節目となった。このような経過の中で、ハディースをより専門的に扱うウラマーが登場するようになった。彼らをハディース学者（ムハッディス muhaddith）という。

もう一つは、ハディースの重要性が認識されるとともに、ハディースが非常に多く語られ、ハディースと称する語りも急速に増大したことである。その中には、ムハンマドの伝承を忠実に語り継ぐ知的な伝統もあれば、政治的あるいは宗派的な動機から、自派の主張を正当化するために本来のハディースを改竄したり新たに偽造する者もあり、また語り物によって日銭を稼ぐ物語師が自由にハディースなるものを創作することもあった。ウマイヤ朝樹立後の政治闘争は、ハディースの改竄・偽造にも大きな影を落とした。一般に、ウマイヤ朝の初代カリフ・ムアーウィヤを称讃するもの、アリーの神秘性を過剰に称讃するものなどは、それぞれウマイヤ朝支持者やシーア派信奉者が関与したものと疑われることが多い。物語師の創作は荒唐無稽なものが多い。[76]

ハディースの増大には、ハディース学者たちの登場も寄与している。彼らはハディースを求めて旅をして、各地のハディース学者から聞き取りをおこない、ハディースの知識を互いに交換した。彼らはハディースの専門家として、本文のみならず、それを代々伝えた者たち（「伝承者の鎖」という）を合わせてハディースと呼ぶようになった。そのため、一見同じハディースのように見えても、伝承者が異なったり語句がわずか違うと、別なハディースとして数えられる。ハディース学者が交流すればするほど、ハディースの数が膨張するのは当然であろう。

ハディースはどのようにして生成し、どのように収集されたのであろうか。もともと「語り」を意味するハディース（ḥadīth）は、預言者ムハンマドについて弟子たちが語ったところから始まる。そのような語りは、ムハンマドの生前にもしきりとなされた。その中には、ムハンマドの指示によって、あるいは高弟たちが率先して、ムハンマドの命令や教えを伝え広める事例もあったであろうし、弟子たちが「噂話」に花を咲かせたこともあったであろう。実際、ハディースの中には、伝聞を聞いて「本当ですか」とムハンマドに確かめに来るケースも記録されている。

どのような社会でも、重要人物について人びとは語り合い、噂を広める。預言者時代とは、ムハンマドを中心としてイスラーム社会が展開されていた時代である。マディーナ時代には、イスラームに反対する人々にとってもムハンマドはその動向が気になる重要人物であった。言うまでもなく、ムハンマドが伝える言葉の中で死活的な重要性を持っていたのは、クルアーンの啓示であろう。初めの頃に、ムハンマドがクルアーン以外は記録しないように、自分についてはやたらに語らないよう指示していた形跡も見られる。

やがて、マディーナの社会と国家が複雑となり、アラビア半島での版図が広がって各地に代理人や教師を派遣する時代となると、ムハンマドの指示や教えを伝達することは当然の業務となった。弟子のムアーズがイエメンに派遣される際に、遠方にいて直接指示を仰げない状況でどのように対処するかを、ムハンマドが問うたハディースがある——「〔ムアーズよ、イエメンで〕汝はいかに裁くか？」。ムアーズが「アッラーの書〔クルアーン〕の中にあるものによって、私は裁きます」と答えると、さらに問われた。「もし〔該当する教えが〕アッラーの書の中になかったならば？」「その時は、アッラーの使徒〔ムハンマド〕のスンナ（慣行）によって〔裁きます〕」。「アッラーの使徒のスンナにもなかったならば？」「努力して、自分の見解を出します」。この答えに満足したムハンマドは「アッラーの使徒の使徒〔ムアーズ〕を嘉し給うたアッラーに称えあれ」と言ったとされる〔ティルミズィー『ハディース集』〕。

このハディースは、後に「努力して自分の見解を出す」こと、すなわち法学者たちのイジュティハード（ijtihād、学的努力）の根拠とされるようになった。しかし、ムハンマドが世を去っても、正統カリフ時代には教友はたくさんいたから、ムハンマドの裁定やそのやり方を知ることはむずかしくなかった。第二代正統カリフ・ウマルが教友たちの長老を集めて、彼らの知識を聞く「協議（シューラー）」を重視していたことはよく知られている。やがて、教友たちが世を去り、彼らから知識を得た世代となる。第二世代である。ムハンマドの直弟子たちが「サハーバ（教友）」で、彼らから直接教えを受けた者が「タービウーン（従う者たち）」と呼ばれる。教友たちは、自分たちが見聞きしたムハンマド像を伝えた。それを聞いたタービウーンたちはその「伝聞」を伝えた。記録すれば伝聞の「聞き書き」となり、それが記録としてのハディースの始まりとなる。

ここで焦点を当てたいのは、第二世代の一人、ウルワ・イブン・ズバイルである。イブン・ズバイルと聞けば、第6章に登場した「僭称カリフ」イブン・ズバイルが想起される。彼の名はアブドゥッラーであった。ウルワはその弟である。

彼ら兄弟の父ズバイルはもともとマッカの豪商で、早くからイスラームに加わり、マディーナでも重きをなした。第二代カリフ・ウマルが死の直前に「あなたたちの中から必ずカリフを選出するように」と遺言した六人の一人であった。ズバイルを含む六人は「シューラー（協議）の民」と呼ばれ、全員がカリフ候補であった。彼らの間の話し合いの結果として第三代にウスマーンが選ばれ、次点であったアリーが後に第四代に選出されたことは、第5章3ですでに述べた。

ズバイルがアリー選出の後に反乱を起こした背景には、自分がカリフ候補として同格であったことも作用していたであろう（第一次内乱）。しかし、ムスリム同士がいざ戦場で争う段になってその恐ろしさに考えを変えたのか、ズバイルは戦線を離脱してマディーナに戻ろうとして、途中で斃された。その息子のアブドゥッラーは、二四年後にウマイヤ朝に対抗して、マッカでカリフ位を唱え、第二次内乱を引き起こした。(77) かくして、ズバイル父子の名は二つの内乱と結びついて、歴史に残った。アブドゥッラーのもう一人の弟ムスアブは、兄のカリフに任命されたイラク総督として、武勇と豪気で名を残している［清水 2005:150-155］。

その陰で、ウルワは政治党争に参加せず、静かに知と学問に生きた。誰もが多くの師に学んで自分の知識を集めていく時代であるから、後代のような単線的な師弟関係ではなかったものの、ウルワの第一の師は、アーイシャであった。彼女については第5章4でも触れたが、第一代正統カリフ・アブー・バクルの娘であり、ムハンマド晩年の愛妻であった。ムハンマドは彼女の許で息を引き取り、その部屋に埋葬された。正統カリフ時代のマディーナでは重きをなし、政治的にも活発であった。

しかし、アーイシャは、ズバイル、タルハとともに反アリー蜂起に参加し、「ラクダの戦い」で敗北してから、政治から一切身を引き、ムハンマド時代のことについて語り、教えて人生を終えた。妻として連れ添っただけに、ムハンマドについての知識は膨大で、数多くのハディースを残した(78)。ウルワは、この時期のアーイシャの弟子であった。

二人は、師弟というだけでなく、叔母と甥の関係にある。ウルワはもともと、預言者ムハンマドと濃密な関係を持っている。父方の祖母はムハンマドの叔母であり、ムハンマドの最初の妻ハディージャも大オバにあたっている。ウルワの母はアブー・バクルの娘アスマーであるから、アブー・バクルは母方の祖父、母親の妹アーイシャは叔母にあたる。

ウルワは、アーイシャをはじめ、多くの教友たちの教えを受けた。アーイシャが後半生を政治から身を遠ざけ、続く世代の教育に専心したことと、ウルワが同じような道を選んだことは無縁ではないと思われる。ウルワがその点で非常に一貫した人生を送ったことは、兄の蜂起に加わらなかったことにも示されている。それどころか、ウマイヤ朝軍のマッカ攻撃によってイブン・ズバイルが敗死し、彼のカリフ体制（歴史的には僭称カリフ体制）が崩壊すると、首都ダマスカスまで急行し、その第一報をウマイヤ朝軍よりも早くウマイヤ朝カリフに伝えた［Schoeler 2000］。

ウマイヤ朝の側も、彼を知識ある貴人として認め、ウルワは宮廷でも一般信徒に向けてもハディースの講義をおこなった。ウルワの存在と協調はウマイヤ朝を正当化する働きもしたであろうが、ウルワが王権者に対してもイスラームのあるべき姿を伝え、教えたことは、知の伝統を継ぐ者としての社会的立場を強める働きもした。

ウルワが伝えた伝承を、サルワー・ターヒルが『アラブにおける最初の歴史記述』［al-Ṭāhir 1995］として再構成している。「最初の預言者伝」という副題に示されているように、ウルワが伝えたのはムハンマドをめぐる事績であった。当時はまだ、学問の領域として、ハディース学と預言者伝は分岐していなかった。

清水和裕は、初期イスラーム時代の政治史における勢力を、（一）有力教友、（二）ウマイヤ家、（三）アリー家、の三つに区分している［清水 2005:167］。有力教友とは、アブー・バクル、ウマルを筆頭とし、二人の死後はズバイル、タルハ、アーイシャを中心とし、さらにイブン・ズバイルに受け継がれた。これは、教友の時代に関する限り正しいであろう。後になると、ウマイヤ家とアリー家の対立が、ウマイヤ朝体制とアリー家を担ぐシーア派の対立として展開する。

問題は有力教友に代表される勢力は、どこに行ったか、ということである。彼らは、正統カリフ時代が第一次内乱のうちに終わり、その勢力の最後の戦いが第二次内乱の終焉とともに潰えると、歴史的な役割を終えたということになるであろう。この問題を思想史の観点から見るならば、政治史の表には出ない人びとに着目することができる。引退後のアーイシャ、その弟子ウルワは、彼らの代表格と見ることができる。彼らとその思想的な後継者たちは、確かに政治闘争の表舞台から姿を消した。そして、自分たちの信ずる「イスラームの教え」を明示化するための長く、ゆっくりとした道を選んだ。

ウルワは数多くの弟子にハディースを伝えた。その中で初期のハディース学者として特筆に値するのは、ズフリー（六七〇頃～七四二年）である。ズフリーの父親は、イブン・ズバイル（ウルワの兄アブドゥッラー）がカリフと名乗って独立政権を作った時、その陣営に参加していたというが、ズフリー自身は政治に関与しなかった。ウマイヤ朝との関係もよかった。ズフリーは、最初期のハディース学者と言える。自分が集めたハディースを編纂し、記録した最初の人物と考えられている。ただ、その著作は散逸して、残っていない［al-Khaṭīb 1981:487-500］。

ズフリーからハディースを学んだ弟子の中に、法学派の学祖として上述したマーリク、アウザーイーが含まれている。この世代から「原スンナ派」について、語ることもできるであろう。言いかえると、政界引退後のアーイシャから、ウルワ、ズフリーと続く世代は、ウマイヤ朝時代において預言者伝承を語ることによって、静かに「分裂前のウンマ」を再構築しようとする人びとであった。

一〇世紀にはっきりとスンナ派として姿を現す潮流は、七世紀後半には、まずスンナ（預言者慣行）を求める運動として展開した。ムハンマドはすでに世を去った人であるから、スンナを求めることはスンナについて語ることにほかならない。つまり、ハディース＝語りである。

後の時代には、ハディース＝預言者言行録という認識になるが、ハディース集を初めて作ったのはズフリーであるから、それ以前には、それはムハンマドに関する口承の「語り」であった。ムハンマドの弟子たちは彼について語ることを好んでいたであろうし、正統カリフ時代には統治や行政の必要性のためにも、生前の彼の事績、決定、慣例などについて、互いに聞くことが習慣化していた。

語り手の一人であるアーイシャは、「ラクダの戦い」（六五六年）の後二二年生きた。彼女同様に、数多くのハディースを伝えている人物に、アブー・フライラ（六七九年没）がいる。この渾名（子猫の父）の通り猫好きとして知られている。彼はハイバル遠征の年（六二八年）にイスラームに加わったため、弟子としては晩年の四年間しか、ムハンマドの教えを受けていない。しかし、貧しさゆえに預言者モスクの回廊に住み、ムハンマドに常時接して、その没後は彼について語り続けた。アーイシャとも親交があり、彼女の葬儀礼拝の導師を務めたと伝えられている(本人は翌年没)。ウルワは、アブー・フライラにも師事した［al-Khaṭīb 1981:411-435］。

ウルワは「語り」の世代に属する。その次の代のズフリーになって、「記録」がようやく始まった。ズフリーがおこなったとされるハディースの記録はながらく、欧米の東洋学において一つの焦点となってきた。二〇世紀半ばに、ドイツ系イギリス人のジョセフ・シャハトが『ムハンマド法〔イスラーム法〕の起源』[Schacht 1950] によって、いわゆるハディースとされるものは偽造されたもので、ヒジュラ暦二～三世紀（八～九世紀）の社会を反映しているにすぎない、という仮説を提示した。この仮説は非常に広く受け入れられ、シャハト学説は半世紀近く、欧米でほぼ定説となっていた。

この説を認めると、預言者言行録とされているものは、すべて後代の捏造であるから、ムハンマド時代の史料としては使うことができないことになる。今から振り返れば、シャハト学説はあまりにも極端な説であり、なぜこのような極論が受け入れられたのか、首をかしげざるをえない。

英国のイスラーム法の専門家クールソンは、当時広まりつつあったシャハト学説に、きわめて合理的な問題提起をおこなっている。法の実践はムハンマド時代から途切れなくおこなわれていたわけであるから、いかなるハディースもヒジュラ暦二世紀以前にはさかのぼらないと断定すると、「イスラーム法の発展に、空白が想定されてしまう。むしろ、空白が創り出されてしまう。実際的な観点から見て、そして当然の歴史的環境を考慮に入れるとすれば、そのような空白の観念を受け入れることはむずかしい」[Coulson 1964:65]。

シャハトの議論の一つの鍵は、ハディースの本文とそれを伝えた伝承者の鎖が別々に作られたとして、ズフリーが伝承者の鎖に含まれている事例を、捏造したハディースに勝手にズフリーを伝承者として添付したのだ、と論じた点にある。実際のズフリーはヒジュラ暦一世紀から二世紀初めにかけて生きた人物であるから、ハディース本文がヒジュラ暦三世紀の創作であるならば、そこに書き加えられているズフリーは神話的人物たらざるをえない。シャハトの仮説の背景について、日本で初めてのイスラーム法の通史の中で、堀井聡江は「シャハトの研究はこのように概略のみを示せばずさんな印象を与えるかもしれないが、その当時にあっては利用可能な資料を綿密な方法論に基づいて考証した実証的研究であった」［堀井 2004:43］としている。確かに研究の水準から言えばそうであるにしても、方法論的に言えば、問題はもう少し深刻である。シャハトは史料として限られた数の法学書のみに立脚して論を展開し、ハディース学の文献を検証していないという根本的な欠陥を有していた［小杉 1985:115］。法学史の議論を、ハディース全体にあてはめるのは本来無理がある。実際には、初期ハディース集や人名辞典を丹念に検討すると、全く異なる結果が得られると指摘されている［Lucas 2004:6-9］。

最近の研究では、サヌアーニー（八二六年没）のハディース集『ムサンナフ』などを研究したモツキ［Motzki 1991;2010］などによって、ハディースの伝承は七世紀末までさかのぼることができ、それらのハディースの信憑性をおおむね認めることができることが確認されている。大前提としてすべてのハディースを八〜九世紀における捏造と考えるシャハト仮説は、もはや過去のものとなったであろう。(79)

その一方で、七〜八世紀にたくさんのハディースなるものが偽造されたことは疑いを入れない。知識人集団として形成過程にあったハディース学者たちは、彼らが真性のハディースとみなすものをそうでないものから識別するために、精力的にハディースを探す旅をし、その伝承者についての情報を収集した。当然ながら、その過程でハディース学者の間での切磋琢磨もおこなわれ、誰を優れた学者と認めるかをめぐる競争も生じた。

ここで、スィーラ文字／預言者伝についても触れておこう。ムハンマドの言行録としてのハディースと彼の伝記である『スィーラ（預言者伝）』は、ウルワやズフリーの時代には明確には区別されるものではなかった。どちらも、ムハンマドや彼の弟子たちの言動を伝える点は同じである。預言者伝は当初は「マガーズィー（maghāzī 遠征／戦記）」と呼ばれ、実際、戦役を中心とする記述となっていた。預言者伝というジャンルには、ムハンマドと彼の共同体に何がおこったか、その事績を時系列的に知りたいという欲求、つまり歴史に対する関心が背景にある。これに対して、ハディースの収集は、法学の形成と深く結びついていた。そこでの欲求は、個人や社会の生活を律する法規定を知りたいというものであり、その典拠となる事績がいつ起きたのかは主要な関心事ではない。むしろ、それが本当に起きたのか、典拠として信用できるのかという信憑性が常に問題とされた。

その結果、預言者伝は編年体で書かれるようになり、ハディースは個別の語りの断片またはその集積として書かれた。預言者伝の専門家としてイブン・イスハーク（七〇四頃～七六七年）が名高い。彼は『マガーズィーの書』を著したが、これはイスラーム以前を含む歴史書であった。彼の弟子イブン・ヒシャーム（八三三年没）がそれを編纂し、ムハンマド時代だけを『預言者伝』として伝えている。これは預言者伝のジャンルの中では最も名高い著となり、現代でも非常に広く読まれている。[80] イブン・

ヒシャームが師の書から削除した部分は、他の歴史書に収録されて、一部が残っている。後のハディース学者たちは、この預言者伝を必ずしも高く評価しなかった。少なくとも、ハディース学の一部とはみなさなかった。それは、預言者伝には伝承経路が掲載されていないからである。

ワーキディー（七四七～八二三年）も『マガーズィーの書』［al-Wāqidī 1966］を著した。彼はカリフ・マアムーンに仕え、裁判官も務めた。ワーキディーの弟子であり書記であったイブン・サアド（七八四頃～八四五年）は、『伝記集成（タバカート・クブラー）』［Ibn Sa'd 1968］を著しているが、これは四〇〇〇人以上の学者の評伝である。その前半はムハンマドとその弟子たちの伝記であるため、この部分を「預言者伝」として理解する場合もある。彼は総じて、歴史学とハディース学を合わせた地点に立っていたと言える。なぜなら、この伝記はハディースの伝承者たちについて知るための重要な情報源となったからである。

歴史書は、タバリー（九二三年没）の『諸使徒と諸王の歴史』において、一つの結晶を見た。タバリーの歴史は、伝承経路を明示した上で、同じ事件についていくつもの情報が掲載されている点に特徴がある。クルアーン解釈書についても、タバリーの書はムハンマドや教友たちの解釈を、伝承経路とともに列記している。しかし、タバリーはハディース学者とはみなされなかった。タバリーが法学者の学祖としても成功しなかったことは、前節で触れた。

このように、預言者伝と歴史書の形成とは分岐する形で、ハディース集が作られた。ハディース学者の専門化が始まったのである。ただし、法学との結びつきはまだ強かった。ハディース集の最初の形式は「ムサンナフ」と呼ばれる。これは「〔主題別に〕記述されたもの」を意味し、明らかに口頭の伝承と区別する呼び名であろう。初期のムサンナフとして、マーリク学派の祖マーリク（七九五年没）の『ムワッタア』[Mālik 2000]、イブン・ジュライジュ（七六七年没）の『ムサンナフ』が知られている。前者はマーリク学派の基本書の一つとしていくつかのバージョンが伝わっているが、後者は残っていない。サウリー学派の祖サウリーも『ムサンナフ』を作成したが、これも残っていない。前出のサヌアーニー（八二六年没）は、イブン・ジュライジャの弟子で、彼の『ムサンナフ』は現存する貴重な史料である。サヌアーニーはマーリクからも学んだが、彼の著はすでに『ムワッタア』よりはるかに大部の書となっている [Brown 2009:25-28]。

「ムサンナフ」の時代は、「ハディース」と「スンナ」の定義がまだ確立していない。マーリクの『ムワッタア』は「踏みならされた道」を意味するが、これは先人たちやマーリク自身の法学的な見解を集めたものとなっている。一七二〇の報告のうち、ムハンマドのハディースは三分の一弱、教友たちの見解もそれ以上に含まれている。

実際問題としては、後代のハディース集と比べると、「ムサンナフ」形式の著書は「法学見解集」とでも言うべきであろう。そこにムハンマド自身の指示・見解も含まれていたが、それ以外の伝承と混在していた。これに対して、八世紀末から九世紀初めの「ムスナド」形式のハディース集は、伝承経路（イスナード）となっている人物の順に並べられたハディース集である。この形式で最初期のものはタヤーリスィー（八一八年没）のもので、最も有名なのは、ハンバル学派の祖イブン・ハンバルの大部の『ムスナド』[Ibn Hanbal 2009]である。単に『ムスナド』と言えば後者が連想されるほどである。分量的に最大のものはイブン・マフラド（八八九年没）の『ムスナド』とされるが、現存しない[Brown 2009:30]。

次の時代に盛んとなる「スンナ集」と呼ばれる形式は、スンナ（慣例）の内容（主題）に沿ってハディースが並べられているため、読みやすく、内容の把握も容易である。ところが、伝承者の名前順に編纂されている「ムスナド」は、専門のハディース学者でない限りほとんど扱うことができない。「ムスナド」形式の背景には、ハディース学がはっきりとその姿を現し、ハディース学者というカテゴリーも成立していたことが指摘できる。

伝承者の径路を明示することは、ムハンマドにまでたどれる言説のみを「ハディース」と定義することと同義となる。前節で触れたように、イブン・ハンバルの師であったシャーフィイーが、ハディースに記録されていなければスンナと認めない、という立場を確立した。イブン・ハンバルは、師のこの立場を継承しつつ、さらにいっそうハディースに依拠する法学をうち立てた。

まもなく「スンナ集」形式と呼ばれるハディース集が普及するようになる。これは、主題別という初期の「ムサンナフ」形式と、伝承経路がムハンマドまでさかのぼることを重視する「ムスナド」形式とを合わせたものである。つまり、ハディースを「預言者言行録」に限定し、教友やその次の世代の言行は例外的な場合を除いて収録せずに、主題別にハディースを並べたものが「スンナ集」であった。それが九世紀半ばから一〇世紀初めにかけて、広く普及し始めた。

このようなハディース集を「スンナ集」と呼ぶことには、ハディースによって典拠づけられたものだけが「スンナ」の名に値するという、それまでに確立した新しい常識も含意されていたであろう。「スンナ集」の意義については第9章3で論じることにして、ここで法学者と王朝権力の関係に目を向けてみたい。

5　大法官アブー・ユースフ

時代は少し戻る。ハナフィー学派の学祖であるアブー・ハニーファには、二人の高弟があった。ふつう、アラビア語の法学書で「アブー・ユースフとムハンマド」と言えば、その二人を指す。アブー・ユースフ（七三一～七九八年）は、ニスバ（出自名）をアンサーリーといったから、マディーナの初期共同体をうち立てたアンサール（援助者）の子孫である。ムハンマド（七五〇～八〇五年）の方は出自の「シャイバーニー」の名でも知られる。彼はアブー・ユースフより二〇歳ほど年が若く、入門してまもなく師のアブー・ハニーファが没したため、兄弟子のアブー・ユースフにも師事した［al-Nadwī 1994:26-28］。

ハナフィー学派は、開祖だけが樹立したというよりも、この三人の協業によって生み出された学派である。弟子の二人も、師に匹敵する水準の創造的な法学者であったとされる。師と弟子の法学的見解が異なる場合もあり、その場合にハナフィー学派では、三人のうちの誰の説が最終的に採用されるかは事例によって異なる。たとえば、この学派では午後の礼拝（アスル礼拝）をその刻限にきちんとおこなうことを重視するが、刻限がいつ始まるかについて、アブー・ハニーファとアブー・ユースフはモノに対してその影が二倍になった時という解釈をおこない、シャイバーニーは等倍説を唱えた。著作という点では学祖と一番弟子は少なく、もっぱらシャイバーニーが著したが、この事例では師の説が優った。シャイバーニーの六書をハナフィー学派では「伝承の顕現」と呼び、重視している［Kamali 2008:70］。

前述したように、アブー・ハニーファは王朝権力から身を遠ざけ、ついには裁判官への任用を拒んで、アッバース朝カリフ・マンスールの不興を買い、獄中に生涯を閉じたとされる。これに対して、弟子のアブー・ユースフはカリフ・マフディーの代に裁判官となり、次代のハーディー、そしてラシード（在位七八六〜八〇九年、七六六年生まれ）の代にはさらに重用されて、「裁判官の中の裁判官（Qāḍī al-Quḍā 大法官）」の称号を得た。この称号を用いた最初の例であり、また彼はウラマーが独特の衣服を用いることを最初に提案したとされる〔Ismāʻīl 1981:55〕。彼は司法の頂点に立ち、ハナフィー学派の法学者たちをできるだけ各地の裁判官に任用した。アッバース朝においてハナフィー学派が伸張したのは、彼の貢献によるところも大きいであろう。

彼の著書として、カリフ・ラシードの依頼で著述しカリフに献上された『ハラージュの書』〔Abū Yūsuf 1999〕がある。「ハラージュ」とは地租を指し、内容は税制を扱う法学書である。序文がイスラーム政治思想を表現した最初の書となっている。もちろん、ムハンマド時代の政治についてクルアーンなどから読み取ることも可能であるが、イスラームを確立した神権政の時代と、それをモデルとしつつも、預言者時代との断絶を前提として政治がおこなわれるようになった時代は質的に異なっている。後者について意識的に書かれた最初の表現が、『ハラージュの書』の序文であった。

この書は、カリフ・ラシードの求めに応じて著されたため、序文で「信徒たちの指揮官〔カリフ〕が私に、ハラージュ税、ウシュル（十分の一）税、サダカ〔喜捨〕、庇護民〔の人頭税〕や、そのほかの検討し実行すべき事柄について包括的な書を著すよう、依頼した」と執筆の理由を述べたあと、カリフに向かって、次のように述べられている。

おお、信徒たちの指揮官よ、まことにアッラー――かれに称讃あれ――は、あなたに偉大な責務をお任せになった。〔正しく執行した時の〕その報奨は最も偉大な報奨であり、〔過った時の〕その罰は最も痛烈な罰である。すなわち、あなたにこのウンマの諸事をお任せになった。それゆえ、明けても暮れてもあなたは、アッラーがあなたにお任せになり、彼らの安全を託し、また彼らをもってあなたを試され、彼らの諸事をあなたの権限となされた多くの人びとのために、建設をおこなうのです。いかなる建物も篤信に基礎づけられているのでなければ、やがてアッラーが基礎から引き倒し、それを建てた者とそれを助けた者の上に倒壊させることでしょう。それゆえ、アッラーがあなたに任せたこのウンマと庇護される者〔臣民〕の諸事を喪失してはなりません。アッラーのご許可によって、実践の中にこそ力があることでしょう。

今日の実践（業務）を明日に延ばしてはなりません。それをするならば、あなたは喪失することでしょう。時は、希望を〔待っては〕くれません。〔今という〕時を実践で始めなさい。時が過ぎてしまえば、実践することもかないません。責任ある者たちはみな、あるべき責務を主〔アッラー〕のために捧げるのです。それゆえ、アッラーがあなたに権限を与え、あなたに任せた諸事について、たとえ日中の一時であっても、正義をうち立てなさい。責任ある者で復活の日〔の審判〕において最も幸福な者は、その者によって庇護される者たち〔臣民〕が幸福となった者です。逸脱してはなりません。さもないと、庇護される者たち〔臣民〕を逸脱させてしまうでしょう。我欲で事を決し、怒りによって決済しないよう気をつけなさい。二つの事があって、一つが来世のためであり、もう一つが現世のためである時、現世の事よりも来世の事を選びなさい。来世は永続し、現世は消え失せます。アッラーを畏れて、〔過ちを〕警戒して下さい。あなたの許では、アッラーの事項に関して、近い者も遠い者も人びとをすべて同等に扱いなさい。そして、非難する者の非難も、アッラーの許では恐るに足りません。〔過ちを〕警戒なさい。警戒は、舌〔言葉の上〕ではなく、心からおこないなさい。アッラーを畏れなさい。〔神への〕畏れは、〔過ちへの〕警戒によります。アッラーを畏れる者は、かれ〔アッラー〕がその者をお守りになるのです。［Abū Yūsuf in Ībish and Kosugi 2005:3］

古典的なアラビア語は、敬語的表現が希薄である。同じ動詞一つでも、日本語に訳する時は、神への祈りであれば「どうぞ、〜してください」とし、君主が臣下に命令する時は「〜せよ」と訳す必要がある。ラシードはウンマの長であり、巨大なイスラーム帝国の君主であったが、大法学者が三〇歳以上も年下の君主に与える忠告を「神を畏れよ」と訳するべきか、もう少し敬語のトーンを加えるべきか、判断に悩むところであろう。しかし、どのように訳しても、そこに述べられている主張は明確である。

カリフは神の定めによってその地位に就けられたのであり、それには責任が伴っている。責任を果たせば、来世で報奨があり、怠れば、同じように来世で痛罰がある。それを自覚し、責務を全うせよ、ということにほかならない。アブー・ユースフはこの序文の他の箇所で、従うべき「イスラーム法の規定」について「ハッド刑の確立」「権利をその所有者に戻す」「不義を取り払う」などの表現によって示している。

この書によって、アブー・ユースフがカリフを「神のカリフ」として神権的なものを承認したという主張があるが、そうは読めない。嶋田襄平は、この序文の中の「神は恩寵と慈悲とをもって、権威の保持者を地上におけるかれの代理とし給うた」をもって「アッバース家のカリフたちは正統派の法学者、大法官アブー＝ユースフその人により、『地上における神の代理《カリフ》』と認められた」「〔アブー・ユースフはマンスール的な〕『神のカリフ』の観念を承認し、そのようなものとしてカリフに絶対的に服従することを人々に求めた」〔嶋田 1977:155〕と述べているが、首肯しかねる。そもそも当該箇所は「権威の保持者たちをかれ〔アッラー〕の大地において代理人たちとした」であって、「代理人たち」は無限定で、厳密には「地上におけるかれの代理」とは書かれていない。どちらの場合でも「権威の保持者たち」が神の「代理」であると言われていると解釈はできるが、この言葉の直前にも、「アッラーがあなたに権限を与えた事項を実施することを忘れてはならない。あなたが〔そのおこないについて〕見逃されることはありえない〔＝終末の日の審判が待っている〕」と述べている。

嶋田自身も指摘しているように、「かれ〔アブー・ユースフ〕」は『ハラージュの書』において、カリフはすべてアミール＝アルムーミニーンとよんで、決して『神のカリフ』という言葉を使用しない」〔嶋田 1977:155〕のであり、このことに注目すべきである。「信徒たちの指揮官」という称号は、ウンマの指導者としてウンマの公衆に服従を要求する権限を意味している。アブー・ユースフはそれを承認し、それと同時にカリフに神の命（クルアーン）に従うことを要求しているのである。

この序文において神の側に立っているのは、むしろアブー・ユースフである。彼は「まことに選別の日〔審判の日〕は彼らすべてに定められた時である」【煙章四〇節】「あたかも、約束されたものを見る日まで、彼らは日中の一時を〔墓の中で〕過ごしたにすぎないかのようである」【砂丘章三五節】と聖典を引用し、「アッラーはあなたに責任とおこないを問うでしょう。それゆえ答え〔が何か〕を見なさい」[Abū Yūsuf in Ībish and Kosugi 2005:3] と警告を発する。

アッバース朝カリフは神権的な権威を身にまとおうとしたであろうが、法学者がそれを認証することの間には大きな違いがある。確かにアブー・ユースフは、師のアブー・ハニーファとは異なり、王朝権力と連携する道を選んだ。しかし、それはウラマーの権威を高めることをめざすものであった。

アブー・ユースフは序文の最後に「私はあなたの命じたことを著し、それを説明し、解説した。よく理解に努め、考え、何度も読んで、暗記してください。私はあなたのためにイジュティハード〔解釈の努力〕をし、あなたとムスリムたちのために助言を惜しみません。それはただ、アッラーの満悦と報奨を望み、その罰を恐れてのことです」[Abū Yūsuf in Ībish and Kosugi 2005:4] と述べている。租税をめぐる法学書を著し、「私が示した解釈に従って統治をおこないなさい。神によってカリフとされた者にはその務めがある」というのがこの序文の主張であった。

アブー・ユースフは、法学者と君主の関係を「法の解釈者」と「法の執行者」として連携するものとみなした。アッバース朝は法体制を安定させるために、ハナフィー学派を積極的に登用した。明らかに、ハナフィー学派が他の学派に先行していたことは、彼らが帝都と各地で優勢となった一因であった。アブー・ユースフはさらにハナフィー学派の法学者たちを、機会があれば各地に裁判官として送り込んだ。

彼はムジュタヒド（法学の解釈者）としてはアブー・ハニーファと同格であったとされる。後に整備された法源学によれば、ムジュタヒドの位階の頂点に位置するのは「無制限のムジュタヒド」、すなわち全領域において自由に解釈をおこないうる法学者である。法学派の学祖たちは、皆この位階にあったとされる。アブー・ユースフも、能力的にはこの位階に達していた。そうであるならば、彼が独自の学派を立ててもおかしくはなかったであろう。実際に、彼はしばしば師と異なる見解を出した。前述のように、この時代には師と意見を違え、独自の学派を立てる者がいく人もいた。しかし、アブー・ユースフの場合、師アブー・ハニーファへの忠誠を重んじ、あくまでその学統にあると主張し続けたのであった。

6 理性主義神学をめぐる闘争

アブー・ユースフが仕えたラシードは、「文人カリフ」の面を持ち、宮廷においてウラマーや詩人などを厚く遇した。王朝は黄金期にあって、同時代の世界のどこよりも繁栄を享受したし、アブー・ユースフの事例に代表されるように、王朝権力とウラマーの連携も円滑なものであった。ラシードは自ら八回ものマッカ巡礼――父親に同伴した一回を入れれば九回で、ウマイヤ朝・アッバース朝を通じて最多――をおこない、また対ビザンツ戦を伝統的なジハードの一環として遂行し、イスラーム王朝の君主として存在感を示した［Kennedy 2004:65］。

しかし、ラシードの後、息子の二人の間の争いが戦乱に発展し、深刻な危機が生じた。第六代カリフ・アミーン（在位八〇九〜八一三年）を打ち破って、兄のマアムーン（在位八一三〜八三三年）がカリフの座に座ったが、異母弟を処刑したことは彼の評価に暗い影を落としている。

その影を振り払おうとしたためもあってか、その二〇年に及ぶ治世は、新奇性に満ちている。軍制を変えて、ホラーサーン出身者を中心とする王朝軍の代わりに奴隷軍人を導入したこともその一つである。ギリシア諸科学の翻訳運動を積極的に進めたことも、功績の一つに数えられる。しかし、理性主義的な神学を公認教義として社会に押しつけようとしたことは、大きな摩擦を生んだ。

アッバース朝第七代カリフのマアムーンから始まって、第一〇代のムタワッキルが終結させるまで「ミフナ（miḥna）」がおこなわれた。この語は「試錬」「試問」などを意味するが、カリフの命令によってウラマーの信条を問い、王朝が命じる理性的な信条（ムウタズィラ神学派の教説）に同意しないウラマーを弾圧する仕組みであった。この「ミフナ」をめぐる争いとその帰結は、いくえにもわたって重要性を持っている。それは、王朝権力とウラマーの関係、あるいはウンマの代表権をめぐる両者の――さらには一般信徒との――関係について、決定的な意味を持つプロセスであった。

それを考えるために、まず何が起きたかを見てみよう。「ミフナ（試問）」は、権力者が個人や集団に対して信条を問い、それを断罪する、またそれを通して権力側が正統とする信条を社会に対して強制する、という点では、ヨーロッパの「異端審問」に似ているように見える。しかし、少なくとも三つの点で、キリスト教世界での異端審問とは決定的に異なっている。第一に、イスラームにおいては正統・異端を決定する制度はなく［菊地 2009:42-56］、したがって、「王朝が支持する教説」を押しつける試みではあったが、その教説を正統とする制度的裏付け（キリスト教の公会議のような）が先行したわけではないこと。第二に、教説の押しつけとそれに対する抵抗の結果、抵抗側が勝利することによって、カリフが推奨しようとした教説の方が非正統的な立場に転落したこと。第三に、この結果、異端審問は一時的な政策にとどまり、ヨーロッパに見られるような制度は全く確立されなかったことである。したがって、ヨーロッパにおける異端審問を宗教的・政治的制度であるとすると、「ミフナ」はその構築を模索し、かつ致命的に失敗した事件であった。

マアムーンも文人カリフであったが、ラシードとは違い、ギリシア的な思想に惹かれ、知的エリート主義をもって大衆の蒙昧さを嫌っていた。ギリシア科学などの翻訳運動においてマアムーンが大きな役割を果たしたことは、第7章でも触れた。マアムーンから三代のカリフの時代は、ギリシア的な思潮が滔々と流れ込んだ時期であった。「科学と翻訳運動の庇護は、当時の文化に対する彼〔マアムーン〕のきわだった個人的貢献であった。彼の投力がなければ、この創造的時代は全く異なる性格を帯びたことであろう。後継者のムウタスィムは軍人であり、〔新都〕サーマッラーの建設者であったが、兄のように著作家と科学者の庇護を続けた。その息子で後継者のワースィクはもっと知的な討論に関心を持っていた。〔歴史家の〕マスウーディーの描写によれば、マアムーンは研究とそれに従事する者たちを好んでおり、フナイン・イブン・イスハーク（第7章3に登場）を初めとする先端的な哲学者、科学者たちを集めて、医学や天文学の理論を論じていた」[Kennedy 2004:244]。

マアムーンたちが好んだのは、ムウタズィラ学派の信条であった。この学派は、哲学をはじめとするギリシアの思潮などの影響を受けて成立した思弁神学であった。アラビア語で思弁神学を「カラーム（kalām 言葉、論議）の学」、思弁神学者を「ムタカッリム（mutakallim 論ずる者、弁ずる者）」と呼ぶ。そこには「あれこれ論じる者たち」というニュアンスも感じられる。「イスラーム（帰依）」の一つの側面が「私たちは確かに聞きました。私たちは従います」【雌牛章二八六節】という信徒の態度に示されるとしたら、信仰箇条を議論することはそれとは異なる姿勢であった。

しかし、聖典を信じ、神にすべてをまかせて生きるという古典的な人生態度だけでは、もはや世界帝国が確立した後の宗教・文明としてのイスラームには、十分ではなかった。ムウタズィラ学派の理性主義、あるいはそこにおけるギリシア的な影響を過度に強調することは正しくないであろう。このような神学が生まれた背景には、普遍的な文明にふさわしい世界観・社会観に対するイスラーム社会の内的必要性があったと考える必要がある。ムウタズィラ神学とは「世界と人類を説明する実体的なシステム」[Schoeler 2009:106] であった。

実際、それ以前にも神学的な議論はあったが、多くが特定の問題をめぐって立場が形成されており、社会や世界に対する総合的な説明を提供するものではなかった。たとえば、人間の自由意思と神の予定(全能の神が定める運命)の関係をめぐって、自由意思を説くカダル派と神の予定説に立つジャブル派があった。また、神の属性や能力をめぐっては、擬人神観を採用する派と神の超越性を強調する派に分かれていた。信仰と不信仰の間にあって、信仰はあるが大罪を犯す者をどう評価するかをめぐっては、三つの派に分かれていた(信仰者とみなすのか、不信仰者なのか、あるいはその判断を延期するのか)。これらは、いずれも重要な神学的命題ではあったが、どの派も「神学派」というほどの体系性は持たなかった。

ムウタズィラ学派は、すべての命題に対して明確な原理と説明をもたらそうとした。その点から言えば、文人カリフ・マアムーンがこれに惹かれたのは、むしろ当然というべきであろう。「アラブ文学の誕生」(第7章4)で、多才な散文家ジャーヒズに触れたが、彼も神学的にはムウタズィラ学派に属しており、マアムーンの宮廷でも寵を受けた。

ムウタズィラ学派は、通常はバスラで活動したワースィル・イブン・アター(六九九~七四八年)が祖とされる。同派の名称は「身を引く人びと」という奇妙な意味であるが、ワースィルが師であるハサン・バスリーの許から袂を分かって出て行ったため、この呼称が生まれたとされる[塩尻 2002]。師と意見が違ったのは、ワースィルがムスリムの罪人は「不義者(fāsiq)」として信仰者と不信仰者の「中間の立場」にあるとした点であった。この「中間の立場」はムウタズィラ学派の主張の一つとなる。同学派の学説の成立には、アッバース朝の成立期からほぼ一〇〇年を生きたアブー・フザイル(七五一~八四九年)が大きな役割を担った[塩尻 2001:20]。イスラーム内部での神学的な論争から生まれたというだけではなく、「当時、高度に発達していた周辺地域の諸宗教思想、特にキリスト教やマニ教、ペルシアの伝統やインド思想に対抗するための理論武装としての役割を担った」[塩尻 2001:10-20]。

ムウタズィラ学派の教説はかつて同時代的な史料、特に当人たちが書いた原典がほとんど残っていなかったため十分研究されていなかった。ところが、ムウタズィラ学派後期に属するアブドゥルジャッバール(一〇二四/五年没)の著作の写本が一九五一年に発見され、その中に彼自身の主張もそれ以前の教説も述べられていたため、ムウタズィラ学派の研究は格段に深まってきた。

ムウタズィラ学派は自らを「タウヒードと正義の民（Ahl al-Tawḥid wa al-'Adl）」と規定する。「タウヒード」とは「神の唯一性」を認めることを指し、そのような用語としてはイスラームの基本教義そのものである。[81] 多神教や偶像崇拝を否定するという意味での唯一神の信仰は、ムウタズィラ学派に限らない。しかし、哲学的な思考様式が流入する中で、「神が唯一である」と言う場合に神の何が唯一なのか、問う人びとが登場した。すべての物事に本質と属性がある以上、神にもその本質と属性があると考えられる。神が唯一であるならば、本質と別に属性があるとは、いったいどのように可能なのであろうか。

聖典クルアーンを「アラビア語の啓示」という奇蹟（超常現象）として、聖典の朗誦を信仰行為としておこなう一般信徒は、このような論点を出さない。クルアーンの語彙には、「本質」も「属性」もない。「アッラーはかれ〔アッラー〕のほかに神なしと証言する」【イムラーン家章一八節】という叙述的言明は、「汝らの主は唯一の神である。それゆえ、かれに傾倒し、かれに赦しを乞いなさい」【解明章六節】という命令的な言明によって、偶像を排し、アッラーのみに崇拝を捧げるという信徒の主体的行為に転化されるのが、神学論争が生まれる以前の「タウヒード」だったであろう。

しかし、思弁的な思考を学んだ知識人たちは、それでは納得しなかった。さらに当時に思想的な要請として、彼らは「マニ教の二元論を論破し、かつキリスト教の三位一体説を論駁するために、イスラムの根本教義であるタウヒードすなわち神の唯一性の説を論理的に徹底し、理念的に深化させようとした。おそらく、この論理の徹底化作業の過程で彼らはヘレニズム思想の理論と方法を本格的に知ることになったと思われる。というのも、論争相手のマニ教徒やキリスト教徒達は、すでにギリシア哲学の方法を援用して理論武装していたからである」。ムウタズィラ学派は、「論証の精密さと整合性を尊んだため」、神の唯一性を徹底していく道を選んだ［松本 1985:80-81］。

彼らは、神は唯一であり本質（本体）だけが存在する、として、本質とは別に属性があることを否定した。「神は全能である」とは、神自身（神の本質）が全能なのであり、全能という属性が別途あるわけではない、という。「神が語る」という場合も、神の言葉が神自身（神の本質）と別に存在するのではなく、神自身が語ることを意味している。

「神が言葉を持ち、神が語る」という認識は、セム的一神教に共通するものであり、イスラームでもそれは基本教義となっている。それがなければ、ムハンマドが神の言葉を預かる預言者ではありえない。問題は、イスラームの基本教義の不可分の一部として、ムハンマドに下された聖典クルアーンそれ自体が「神の言葉」とされる点である。ムウタズィラ学派は、神自身のほかに神の言葉がありうるかと問い、ありうるはずはない、ありうると言うのであれば、神の唯一性に反する、と論じた。

実際、クルアーンを耳で聞く時、その音は明らかに被造物であり、クルアーンを書き記せば、聖なる言葉を書いた紙もインクも被造物であろう。クルアーンが永遠の絶対者の一部ということはありえない。ここから、「創造されたクルアーン」という教義が生まれる。カリフ・マアムーンが支持し、ウラマーたちに強制しようとし、激しい抵抗を受けた教説の中心は、神による「クルアーンの創造」というものであった。マアムーンが開始した「ミフナ」は、このクルアーン創造説を中心としている。

これに抵抗した側の信条は、クルアーンとハディースに立脚していた。激しい弾圧にさらされ、抵抗側の代表格となったイブン・ハンバルは「クルアーンが被造物であるとは〔ハディースでも〕聞いたことがない」と頑強に抵抗したという。クルアーンには、クルアーンが神の啓示であると繰り返し述べられているが、それが被造物であると明示または暗示する章句はみあたらない。一般信徒たちは、クルアーンは絶対的な神の言葉である、と断言するウラマーたちを支持した。

マアムーンがムウタズィラ学派の教説である「クルアーン創造説」を公式教義としたのは八二七年であったが、ミフナに踏み切ったのは晩年の八三三年である。この六年ほどの間に「ハディースの徒〔本書でいうハディースの民〕の間にはこの教義に対抗すべく理論武装がなされていたようであり、また、彼らの主張はムスリム大衆の一般的支持を獲得していた」。マアムーンはバグダード長官にミフナ実行の命令書を送り、カーディー〔裁判官〕やハディース学者たちを召喚、審問するよう命じた［医王 1993:3-4］。

医王秀行は、マアムーンが発した五つの命令書を検討し、その中に「神権カリフ」の概念が強調されていると述べている。カリフを「地上における神のハリーファ〔代理人〕」とする。他方、イブン・

ハンバルのハディース集には、第一代正統カリフ・アブー・バクルが就任時に、「神のハリーファ（代理人）」と呼ばれて、「アッラーの使徒のハリーファ（後継者）」であると訂正した故事が収録されており、カリフを何とみなすかについて両者の間に明確な対立があったことが看取される［医王 1993:6］。

マアムーンの時代は、アッバース朝カリフ権力の絶頂期であった。マアムーンは、ギリシア哲学・科学の翻訳運動を強力に推進し、自らも理性主義的な神学を信じた。一代の治世の仕上げとして、彼から見て迷妄の徒と思われる者たちを啓蒙しようとした（それに応じない場合は公の職務から外した）ことも、動機は十分に理解できる。

イブン・ハンバルは投獄され、鞭打ちの刑にも処された。しかし、権力に屈して信条を放棄することはなかった。王朝に対する不信は強く、拷問で傷ついた時にも、毒殺を恐れて医者の治療を断ったという。マアムーンの没後にイブン・ハンバルは釈放されたが、暗殺や投獄を恐れて、家族とともに隠れ住んだ［Hurvitz 2002:145］。

ミフナの執行はマアムーンの没後も、後継した二代のカリフによって続けられた。抵抗も頑強に続いた。イブン・ハンバルを筆頭として、抵抗するウラマーは社会の中で支持を集め、王朝権力はそれに相応する批判の的となった。カリフの宮廷も、一般民衆の動向を気にしないわけにはいかなかった。第一〇代カリフとなったムタワッキル（在位八四七～八六一年）は、宰相やマムルーク軍人たちの勢力をおさえ、カリフ権力を増強しようとしたが、その一方で一般信徒たちの支持を取り付けようとした。彼はついに、ムウタズィラ学派の教説の公認を取り消し、ミフナを終わらせた。
王朝が信条を強制しようとするミフナに対する抵抗側は勝利したが、彼らは自分たちの教説を王朝権力によって他者に強制してもらいたかったわけではない。むしろ、ウラマー（学者）こそが教義・教説を論じる資格を持つという原理を確立することに成功した。端的に言って、異端審問を制度化する試みそのものが葬り去られたのである。

ちなみに、ミフナにおいて審問を担当した者の中には、多くのハナフィー学派の裁判官たちがいた。アッバース朝は法秩序を作るために、早くから学派形成を遂げたハナフィー学派の法学者たちを積極的に登用していたから、これは不思議ではない。ただし、ハナフィー学派がムウタズィラ神学を信奉していたわけではなく、イブン・ハンバルと同様にそれに反対した側にも、多くのハナフィー学派の法学者はいた。要するに、ハナフィー学派は神学的には統一されていなかったのであり、ハディースの民が勝利すると、かつてムウタズィラ学派を支持した者も反対側に舵を切ったようである。ここで重要なことは、アッバース朝がミフナを執行するにあたっても、人材としては法学者たちに依存せざるをえなかったということであろう。ムウタズィラ学派の神学者たちがミフナにあたったわけではない。その意味では、社会集団として勃興しつつあったウラマーの優位は、ミフナが失敗する過程でも明らかであった。

第9章　イスラームの体系化

1　文明形成期の危機

これまでイスラームの宗教、国家、文明がどのように形成されてきたかを、重要な側面に焦点を当てながら検討を重ねてきた。本章では、イスラームそのものの体系化が文明の形成期にどのように展開したか、検討を加えたい。以下では、イスラーム文明史、イスラーム思想史をめぐる一つの新しい「解釈」を試み、私なりの概括的な眺望を示したい。

これまでの各章の論議からすでに明らかなように、イスラームの発展は七世紀に成立した新しい宗教が、先行文明の成果を吸収しながら次第に成長していく、というだけの単系的な過程ではなかった。

また、最初のムハンマド時代から正統カリフ時代前半の「初期イスラーム」をイスラームの「原型」ないしは「未分化の理想型」とみなすとしても、その後は、それが順次「分化」と「分節化」の過程を経て複雑な体系へと組み上がっていく、というだけの予定調和的な道が続いたわけではない。

どのような宗教にしても——特に広域に広がる世界宗教であればなおさらのこと——内発的・外発的な要因によってさまざまな思潮や対立が生じ、危機が生まれ、それに対する対応がなされる。対応が優れていて危機が収拾される場合も、かえって危機を深める場合もあり、いずれにしても次の段階へと進みながら、宗教思想の充実、変容、革新などが起きる。

イスラームはそのような過程が、他の宗教と比べた場合に、人類史の中でもきわだつような独自の特性を帯びていた。それにはいくつもの要素が関連するが、筆者の考えでは、その中でも次の五つの点が特筆に値する。

第一は、宗教と政治・社会との深い結びつきである。宗教者が政治に介入する、あるいは国家と教会が連携または競合・対立することは他の宗教にも見られるが、イスラームでは成立時から、宗教と政治・社会が有機的に結びついたものとなっていた。この特徴を筆者は「政教一元論」と呼んできたが、さらにその基底では、宗教、政治、法などを包摂する主体としての「ウンマ」が決定的な重要性を持っている。

第二は、文明の形成に関わる点である。イスラームにおいては、宗教が国家を擁する——そして国家が宗教を正当性の基盤に置く――ことの当然の帰結として、宗教と国家が文明の形成に深く関わった。キリスト教や仏教の例を見ても、世界宗教が特定の地域においてその文明と深く結びつくことは珍しいことではない。しかし、宗教、あるいは宗教を基盤とする国家が直接的に文明の形成を促すことは、類例が少ない。しかも、この文明は西アジアの乾燥地域でのイスラーム誕生という背景もあって、都市・農耕・遊牧文化の「三項連関」という固有の性格を持つ文明となった。ユーラシアの東西の端に見られるような定住文明とは、明らかに型が違っている。

第三は、「大征服」によってきわめて短期間で広大な版図を獲得したために、住民のほとんどが信徒ではないにもかかわらず、イスラームの政治的・文化的な覇権が確立したことの影響である。このため、イスラームが体系化される三世紀ほどの間は、住民がイスラームに改宗し、社会がイスラーム化を深める過程と並行した。この過程は、「ウンマ」の実体的な構成を「ウンマ＝エスニシティー複合体」とする働きをしたし、また、イスラーム帝国の住民構成を非常にコスモポリタンなものとした。バグダードは、きわめてコスモポリタンな帝都として発展した。それによって、アッバース朝前期のイランやインド、ギリシアなどからの巨大な「翻訳運動」に、多様な宗教・民族を背景とする担い手が参加することになった。

第四は、イスラームの基本教義に関わる問題である。周知のように、唯一神を信仰し、ムハンマドをその神の預言者・使徒とすることがイスラームの最も基本的な教義であり、このことにはムハンマドが「預言者（言葉を預かる者）」として神からさずかった聖典クルアーンを「神の言葉」とすることも含まれている。宗教と文明の形を規定したきわめて重要な要素は、ここに「最後の預言者」「最後の啓示」「最後の聖典」というドグマが内包されていることである。このドグマは、聖典をそのままに伝えなければならないという認識を生み、ムハンマドが伝えたアラビア語のクルアーンだけを聖典とみなす立場、ひいてはアラビア語がイスラームの「聖なる言語」として世界語の一つとなり、さらにはこの言語がイスラーム文明の媒体として発展する道を開いた。イスラーム科学がアラビア語を媒体とする「アラビア科学」でもあるのは、この「最後の聖典」のドグマと無関係ではない。また、このドグマは、初期イスラームを尊び、ムハンマドがもたらした教えを可能な限り保存し、遵守するという立場を生んだ。

最後に、第五として、イスラーム固有の法の概念とその実践を数えることができる。イスラーム法は、聖典クルアーンやハディースなどの典拠に基づき、法の知識に通暁した専門家がおこなう解釈によって構築されるものとして発展した。それは「学説法」であり、「問題解決型」の法であると同時に、「ウンマ」の法であって、王朝権力／国家を超越するという側面も持った。解釈の体系と個別の判断の蓄積は、「学派」として結実した。

以上に、筆者が最も重要と考える五点をあげたが、本書が扱ってきた時代においてイスラームが直面した危機およびそれに対する対応のあり方は、いずれもこの五点と深く関わっている。

最初の危機は、ムハンマドが世を去ったことから生じた。神権政が終焉し、「ムハンマドなき後のイスラーム」を構築する必要が生じた。それをめぐって、ウンマが分裂する可能性も生じた。しかし、アブー・バクルを初めとするウンマの長老たちはこの危機を克服し、「カリフ政体」を樹立することに成功した。第一代アブー・バクル、第二代ウマル、第三代ウスマーンの治世の前半まで、およそ二〇年にわたってこの政体は成功をおさめた。大征服によって大きな版図を獲得して、領土と財政の両面においてイスラーム国家の基盤を確立し、行政制度の原型を作るとともに、先行文明からの制度的継承も始まり、さらにクルアーンの正典化がおこなわれた。総じて言えば、統一されたウンマを維持し、統一されたウンマとはどのようなものかという理念型も示された。この成功体験は、大きな資産となった。

しかし、マディーナ都市国家から世界帝国への移行は容易ではなく、ウスマーンの代の後半から第四代アリーの治世は第一次内乱期となった。ウンマ内部での流血の対立が生じ、統一は崩壊した。特に、カリフに就任したアリーに対して、ムハンマドの未亡人アーイシャや他の高弟など、長老たちが武力で争ったことは思想と信条をめぐる危機を生み、これをめぐる歴史解釈の対立がながらく続くことになった。アリーの統治にはシリアの実権的な支配者ムアーウィヤも対抗したが、アリーの暗殺後にムアーウィヤがカリフとなり、ようやくウンマの分裂は終わった。しかし、内乱の間にハワーリジュ派という分派が生じていた。しかも彼らがアリーの暗殺に成功したため、アリーの支持者の間ではアリーを失ったゆえの党派形成への動きが始まった。思想的な対立はウンマに深い亀裂を入れるものとなった。

ムアーウィヤがカリフ位を息子に継がせることによって、ウマイヤ朝という世襲の王権がはっきりとした姿を現し始めた。ウマイヤ朝の成立によって、ウンマと国家（共同体／社会と王朝権力）が分岐し、その競合が始まった。それに対する不満は、フサインの蜂起と非業の死（カルバラーの悲劇）、イブン・ズバイルの蜂起による第二次内乱という、いっそう大きな危機を生んだ。これを軍事力で制覇したアブドゥルマリクは、ウマイヤ朝の版図を再統一し、アラビア語を行政言語とすることによって、イスラーム文明が形成される基礎を作った。

ウマイヤ朝の最大の問題は、アラブ的な紐帯によって統治をおこなったことであった。アラブ人同士の間で「北アラブ」と「南アラブ」の党争が生じるという問題もあったが、何よりも、世襲化した王権という実態が、征服事業の拡大やイスラーム的表象を持つ貨幣の鋳造などによっては中和しきれない矛盾を内包していた。その「不義（の嫌疑）」は、ハワーリジュ派の反乱、アリー家による権力奪還をめざすシーア派の活動、正統カリフ時代を懐かしむ「沈黙の大多数」による批判の的となった。

ウマイヤ朝の構造的な脆弱性は、征服地の住民の大半が以前からの宗教に従っている――ウマイヤ朝は信教の自由を保証し、税収の確保に努めた――ことに由来する。イスラーム王朝は、いわば多数の被征服民の上にかぶさっているにすぎなかった。そのため、征服地に散ったアラブ人支配エリートを緩やかに結びつける「アラブ帝国」の支配がおこなわれた。住民の改宗が進むならばイスラーム的覇権の安定性は生まれるはずであるが、アラブ人優位政策はかえって、新入の非アラブ人改宗者から不平等に対する不満を生み出すものとなった。この不平等はイスラームの原則（信徒は平等な同胞）に反するがゆえに、王朝の正当性を掘り崩す面を持っていた。

このような危機の深まりに対して、アッバース朝革命が起きた。八世紀半ばの王朝の交替は、蓄積した矛盾を一気に解消する面を持っていた。アッバース朝は、バグダードの地に新都として、巨大な円形都城を建設した。ここは、地中海世界とインド洋交易圏を結ぶ世界的な貿易ネットワークの中心となり、空前の繁栄を享受することになった。アッバース朝は本格的な「イスラーム帝国」として統治をおこない、先行する諸文明から諸科学を導入し、独自のイスラーム科学の基礎を作り、イスラーム文明の形成を促進し、名実ともに「イスラーム世界」を成立させた。

その一方で、帝国の軸足をより東方に移したアッバース朝は、サーサーン朝ペルシアの遺産を吸収し、政治的占星術を含むペルシアの帝国的伝統をも、その統治に持ち込んだ。バグダードの円形都城も、古代オリエントやサーサーン朝の首都クテシフォンの伝統に由来すると考えられる［佐藤 2004:34］。総じて言えば、カリフ権力の神聖化をめざす動きが見られた。また、アッバース朝の最盛期には版図の住民の改宗が進んだが、それは彼らが自分たちの文化や思想を持ってイスラームに参入することを意味した。清水和裕の表現を借りるならば、「西アジアの人々が、自分たちの文化伝統をそのまま保持しつつイスラーム教徒となり、その文化伝統をイスラームに馴染ませていく過程」［清水 2006:19］が生じたのである。それは、彼らがイスラーム化するとともに、イスラームが現地化する過程を意味する。当然ながら、許容しうる現地化と逸脱的な現地化をめぐる論争や対立も生じることになった。

ハワーリジュ派、シーア派はもともとイスラーム内部の文脈から生まれたが、新入者がそのような思想に惹かれることも起きる。たとえば、北アフリカのベルベル人の間で最初はハワーリジュ派が広まった。ハワーリジュ派を危険視する側にしてみればこれは逸脱であり、ハワーリジュ派の持つ反体制的な志向は王朝にとって危険なものであった。その一方で、そもそも非イスラームであった住民がハワーリジュ派を受け入れることは、イスラーム化の一環としてとらえることができる。

アッバース朝前期にイスラームが住民の間で広がり、また王朝のイスラーム的な正当性が自明のものとなるにつれて、今度はイスラームの定式化が大きな問題となった。聖典の章句をめぐる解釈や神学的・哲学的な問題についても諸派が生じた。ウンマと統治者（社会と王朝権力）の関係は、全体としてはカリフ権力を認める方向にあったが、法学者をはじめとするウラマーとアッバース朝権力の関係は、是々非々であった。

社会と権力者の緊張関係が危機のレベルに達したのは、前章で触れた「ミフナ（試問／異端審問）」の時であった。ミフナにおいて、ウラマーと彼らを支持する社会の側が勝利したことは、政教関係においてきわめて大きな意味を持っていた。その影響は広範で、これによってイスラームにおける「ウンマ」のあり方、イスラーム法の性質、政教一元論、宗教と科学の関係などがほぼ決定されたと言うことができる。

このように、およそ三世紀間に、五つの特質と結びついたイスラームは、その宗教・社会・文明が、外的・内的な諸条件に規定されたいくつもの危機に対応しながら、しだいに明確な形をとるようになった。これをイスラームの体系化、定式化と理解するならば、それは危機への対応、克服を通じてなされたものであった。

危機は常に、さまざまな政治的・経済的・社会的な内実を包摂していたが、五つの特質と結びつけて言うならば、次のような課題群として立ち現れた――宗教と政治（ないしはウンマと王朝権力）の対立と拮抗を抑制し、両者の関係をいかにして統合的に保てるかという問題、先行する諸文明を継承しながら、それに呑み込まれずに独自の文明を形成できるか（言いかえると、原則レベルでのイスラーム化が個別レベルでの現地化を制御できるか）という問題、コスモポリタンな人口構成を分裂が生じないようにいかに統合するかという課題、社会や思想状況の変容と発展にもかかわらず「原初」的なイスラームを中核に保った体系化をおこなうという課題、イスラーム法が社会の諸問題すべてに対応可能なものとして構築しうるか、その役割をウラマーが担って、ウンマの知的指導権を確立できるかという問題などである。

総じて言えば、それはイスラームを軸とする宗教、社会、国家、文明が、それなりの統合性をもって発展しうるのか、分裂や内的矛盾の力がまさって衰退していくのか、という問題であった。危機の様相はそれぞれの段階で非常に深いものがあったから、後の時代から見て、統合性の諸要素がまさる結果となると安易に想定することはできないであろう。

2 分派と党派の先鋭化

ウンマの統合性を掘り崩す最大の問題は、ウンマと王朝権力の分離、それに伴う思想的な分極化であった。最初の分派は、その名も「出て行った者たち」と呼ばれる。ハワーリジュ派（al-Khawārij）は、アリーの陣営から離脱した者たちである（個人を指す単数形はハーリジー Khārijī）。

彼らはもともとアリー軍に属して、ムアーウィヤ軍と戦っていたが、スィッフィーンの戦い（六五七年）で決着がつかず、両者の間で調停がおこなわれることになった後、アリー軍から抜け出た。彼らの主張では、正統なカリフと反乱者（ムアーウィヤ）の間で調停をすることはありえない。そのような不法なことをする以上、アリーもイスラームから逸脱したとされた。「出て行った」という言葉の通り、彼らは大挙してクーファから立ち去った。

ハワーリジュ派の主張は、過激なだけにわかりやすい。彼らは、真の信徒をイスラームの教えをすべて実践する者と規定した上で、そうでない者（少しでも罪を犯す者）を認めない過激な態度をとった。それは統治者についても、一般信徒についても同じである。悪い統治者も、悪い一般信徒も、本当のムスリムとは言えない、と彼らは言う。そして、政治においては、真の信徒だけがウンマの代表（統治者）になることができる、とする。彼らはアリーすら認めなかったから、ウマイヤ朝を全く否定していた。このような狭隘な思想を持ったため、政治的には無政府主義に近いものとなる。歴史の中でハワーリジュ派の反乱はいくつも起こったが、独自の国家は初期の北アフリカなどを除けば、それほど多くはない。(82)

ハワーリジュ派の次に登場したのは、シーア派である。シーア派は元来が第四代正統カリフのアリーの支持者を「アリーの党派」と呼んだことに由来するから、分かれて出たという意味での「分派」ではない。主流派から脱落して党派となったと言うべきであろうか。

シーア派の主張も、政治的にはわかりやすい。アリー家の血を引くイマームこそが、ウンマ全体を率いるべきだという。本来は、預言者時代が終わった時から、そうあるべきであった。にもかかわらず、アブー・バクル、ウマル、ウスマーンの三代にわたって指導権が簒奪されたのは、誤った歴史であった。ウマイヤ朝もアッバース朝も同じである、と彼らは言う。主張はわかりやすいが、実際に起きた歴史に反対する分だけ非現実的に聞こえるであろう。

シーア派の淵源は「アリーの党派」だとしても、その具体的な起源については、議論が分かれる。

ムハンマドの没時にすでに、彼の従弟で娘婿のアリーを好む者たちがいたと考えられるが、彼らは党派をなしていたわけではない。アリーが六五六年に第四代正統カリフに就任した時、ウンマの多くの者は彼を正統なカリフとして、戦線にも従った。教友に関する限り、アリーに対抗したムアーウィヤの側についた者は少ない。(83)

「シーア派」の語源については、この両者の対立に帰するのが通説である。つまり、両者が対立する中で「アリーの党派（シーア）」「ムアーウィヤの党派（シーア）」という表現が生まれ、アリーの死によってムアーウィヤがウマイヤ朝を開いて体制側となり、「党派（シーア）」と言えばアリーの支持者たちを指すようになった、とされる。これは、なぜシーア派が「党派（シーア）」という名称であるのかを示しているが、しかし、ウマイヤ朝ができた直後には、まだシーア派は成立していない。

アリーの支持者たちはこの時点でアリーの後継者を支持したが、長子のハサンはムアーウィヤに指導権を明け渡し、人気を失った。ムアーウィヤ自身は、アラブの族長にふさわしい「ヒルム（hilm）」の持ち主として、安定した統治をおこなうことができた。ヒルムを有する指導者は、卒なく温和で自制心を持ち合わせて、状況に対応できる［Kennedy 1986:83］。しかし、放縦な息子ヤズィードがカリフ位を世襲する事態となって、ハサンの弟フサインが蜂起することになった。フサインは、後に定式化されたシーア派の信条では、第三代イマームにあたる。

フサインは、クーファの民に蜂起をうながされ、マディーナからクーファに向かった。しかし、カルバラーの地でウマイヤ朝軍に包囲され、全員が討ち死にした。この時に、座して指導者の死を見逃したクーファの支持者たちが、「タウワーブーン（悔悟する者たち al-Tawwābūn）」となのった。筆者は、彼らをシーア派の原型とする説、すなわち「フサインの殉教に続くタウワーブーンの登場によって、シーア派運動の最初の明白な宗教的顕在化が現れた」[Momen 1985:60] との見方に賛成である。つまり、カルバラーの悲劇によって党派としての凝縮力が生まれたと見るべきであろう。

フサインの息子の中で唯一、病床にあったために悲劇を避けたのが、ザイヌルアービディーンである。彼自身は、一族の追悼に残りの生涯を費やしたとされる［山岸 2002; Momen 1985:36］。それゆえ、その著として祈祷集 [Imam Zayn al-ʻĀbidīn 1988] が残されている。ザイヌルアービディーンの息子は二系統に分かれる。バーキルとザイドの異母兄弟である。兄バーキル（六七六〜七三三年）は知識の道に生き、先駆的な法学者となった。年若いザイド（六九八頃〜七四〇年）は、無謀とも言える蜂起の指導者として担がれ、斃れた（第8章3で触れたザイド法学派の祖）。

この時代の初期シーア派にとって、アリー家を担ぎ、正統性を持たない王朝権力に対抗することをめざし、武装蜂起によって権力奪取を図ることはごく当然の道だったであろう。決起する条件が揃わない場合には、バーキルのように隠忍の生活を送る者もあった。この当時はまだ、誰がアリー家を代表するイマームであるか——それはとりもなおさずウンマ全体の指導者となるべき人物である——をめぐって、コンセンサスはなかった。そのため、ザイドのように、一族の長であることを示すために、成功の見通しが薄いにもかかわらず反乱の先頭に立つこともあった［清水 2005:175-179］。ザイド派は、彼以降も、勇気と行動をイマームの重要な資格とみなしていく［菊地 2009:92-93］。

ハワーリジュ派が、過度の平等重視のために無政府主義的な傾向を帯び、分派を重ね、まとまりがつかないという問題を抱えていたとすれば、ウンマ全体の指導者（となるべき人物）をアリー家の中から選ばなければならないことは、シーア派に特有の問題であった。ザイドが反乱に斃れた頃は、アリーの息子たちの誰を継承者とするかについても合意がなかった。上に名前のあがったハサン、フサインの兄弟は、ムハンマドの末娘ファーティマとアリーの間の子であるが、アリーには別な妻との間に生まれたムハンマド・イブン・ハナフィーヤ(84)（六三三〜七〇〇年）もあった。第二次内乱の最中の六八五年にクーファで、いわゆる「ムフタールの乱」が起きたが、この時首謀者のムフタールがイマームとして戴いたのがこのムハンマドである。

ちなみに、ムフタールの乱は六八七年に終息するが、イマームとなったムハンマドはさらに一〇年以上も生き続けた。彼が世を去ると、信奉者たちは、彼の息子をイマームとする派と、彼がガイバ（幽隠）の状態に入り、やがて再臨すると信じる派に分かれた。「ガイバ」論はシーア派特有の思想となるが、この時それが初めて登場した［菊地 2009:87-88］。

なお、ムフタールの乱はアリー家を立てて独立する運動ではあったが、それまで「基本的にアラブ人のものであったシーア派の大義の下に初めて、［アラブ人優位の］イスラーム帝国の社会構造の中でマワーリーとして劣位に置かれていたイラン人〔ペルシア人〕を動員した」［Momen 1985:35-36］という意義を有する。当時は第二次内乱の時期であり、蜂起した時点でクーファを支配していたのは、当時マッカでカリフを名乗っていたイブン・ズバイルであった。ムフタールの乱を鎮圧したのはウマイヤ朝ではなく、イブン・ズバイルの弟ムスアブが率いる軍である。その意味では、反ウマイヤ朝勢力が二派に分かれ、互いに損耗したと見ることもできる。

アッバース朝革命は、ホラーサーンで革命軍が蜂起したところから始まる。革命軍の性格付けについてはこれまで、彼らの主力がシーア派であったのか、ペルシア系の新参ムスリムであったのかといった議論が長らく続けられ、決着がついていない［Humphereys 1991:104-127; Agha 2003］。革命運動がシーア派的な色彩を帯びていたことは疑いを入れないが、この時点ではシーア派に体系的な思想はなく、アリー家の正統なイマームを求める心情的な面が強かった。しかし、革命の成果を刈り取ったのはアッバース家であったため、アリー家を支持するシーア派は本来の目的を達成することができなかった。

アッバース朝はシーア派的心情を利用しておきながら――あるいは、利用したからこそ――シーア派に対して警戒心を持ち、反乱や革命を恐れた。両者の関係が最も宥和されたのは、カリフ・マアムーン（在位八一三～八三三年）が当時のアリー家の長であったリダー（八一七年没）を自分の後継者の指名した時であろう。しかし、リダーはマアムーンより年長であったから、この指名が本気であったのか判然としない。シーア派の理解では、リダーが後継者とされていた時期はシーア派も多少なりとも自由を享受できたが、まもなくリダーはマアムーンに毒殺されてしまった［タバータバーイー 2007:64,207-208］。

しかし、リダーが属する系統のシーア派は穏健派で、武装蜂起路線はとっていなかった。学派の興亡（第8章3）で触れたように、第五代イマームのバーキルとその息子である第六代のジャアファルは法学の確立に尽くした。「彼〔バーキル〕は、独立した法学派、すなわち『お家の人びとの学派』の基礎を据えた」［Lalani 2000:116］。そして、それを継いだジャアファルは三〇年にわたって弟子や信徒の指導をおこなった。同時代人であるアブー・ハニーファはジャアファルを「諸学者の見解を最も知悉する者」と高く評価したという［al-Ṣāliḥ 1980:50-51］。この学派は彼の名を冠して「ジャアファル学派」と呼ばれるようになった。リダーはその孫にあたる。この系譜は、イマーム位を天啓的知識の維持者として（政治権力の希求者としてではなく）、つないでいくことになる。

アッバース朝に脅威を与えたのは、シーア派の他の分派であった。ザイド派とは、第五代イマームとして、穏健なバーキルではなく、その異母弟のザイドを担いだ人びとである。彼らはイマームの条件として、先代イマームによる指名よりも、武装闘争の先頭に立つことを重視した。ザイド本人は、七四〇年にウマイヤ朝打倒をめざして蜂起し、クーファで処刑された。ザイド派は、九世紀後半から一〇世紀初めにかけてカスピ海南岸に政権を立て、しばらくアッバース朝に脅威を与えた。

さらに大きな脅威を与えたのは、イスマーイール派である。この派は、第六代イマーム・ジャアファルの息子イスマーイールに由来する。ジャアファルの死に際して、長子のイスマーイールを次代イマームと考えた人びとがイスマーイール派となった。実はイスマーイールはすでに世を去っていたので、この主張の持ち主たちはイスマーイールの再臨を望むか、イスマーイールの息子を次のイマームとして担ぐことになった［菊地 2005:13-15］。現実離れした傾向を持った人びとであった印象を与えるが、この派の中でも特にカルマト派は、イラクやアラビア半島で九〜一〇世紀に過激派として猛威を振るった。彼らが歴史に悪名を残したのは、九三〇年にマッカを襲い、カアバ聖殿の黒石を自分たちの本拠地に持ち帰った事件である。(85)

イスマーイール派の主流派は、アッバース朝にとって決定的な脅威となる。彼らは九世紀末に、隠れイマームが再臨するという主張を広めていたが、その人物としてアブドゥッラー・マフディーがイフリーキヤー（今日のチュニジア）に独立王朝を建てたからである。彼はアリー家のイマームにして、ムハンマドの娘ファーティマ（アリーの妻）の血を引くことを強調して、九〇九年に「ファーティマ朝」を樹立した。これがアッバース朝にとって深刻な打撃を与えたのは、カリフ位を名乗ったためであった。マフディーは「信徒たちの指揮官にしてムスリムたちのイマーム」［Jiwa 2009:2-3］と称した。

シーア派のカリフが登場したことは、アッバース朝を根底から揺るがす事件であった。この頃のアッバース朝はすでにミフナを終了し、ウラマーとも和解していた。スンナ派は形成期の最終段階に入りつつあり、アッバース朝はスンナ派のカリフ政体論を基盤とするようになっていた。カリフ政体論は、ウンマの単一の指導者としてカリフを擁立する思想である。ファーティマ朝はシーア派であるから、自分たちが正統なイマームで、アッバース朝は単に不当な簒奪者であると主張すればよい。しかし、スンナ派の歴史解釈は、現実を容認する前提に立つ――そうでなければ正統カリフ時代を理想とできない――から、現実にカリフを称する者が二人存在することは、アッバース朝の正当性とスンナ派のカリフ政体論の根幹を揺るがすものであった。

アッバース朝初代カリフ・サッファーフが即位したのは七四九年で、対抗するファーティマ朝カリフが誕生したのは九〇九年である。したがって、アッバース朝の最初の一六〇年間は、単独のカリフがウンマの統一を象徴していたことになる。しかも、九二九年にはアンダルスに割拠していた後ウマイヤ朝もカリフ位を名乗った。その背景には、アンダルスの他のアミール（首長）たちを超越する位階を必要としたことや、アッバース朝の弱体化などもあったが、ファーティマ朝カリフの登場も大きな要因であった [al-Sāmarrā'ī *et al.* 2004:162-163]。カリフの鼎立状態で、ウンマの一体感は著しく失われた。

アッバース朝カリフ体制は、地方では事実上の独立政権が生まれ、また宮廷においてはマムルーク軍人の専横が激しく、すでに弱体化していた。それは確かであるが、それにしても対抗カリフの登場は、アッバース朝のレジティマシーを著しく掘り崩すものであった。そして、さらに大きな打撃は、ブワイフ朝が九四六年にバグダードを占領したことであった。ブワイフ朝はシーア派を奉じていたが、

図21●サーマッラーの大モスク――アッバース朝が築いた首都バグダードは世界最大の都として繁栄したが、13 世紀半ばのモンゴル軍来襲で灰燼と化した。アッバース朝カリフは 9 世紀にしばらく、新都サーマッラーに遷都した。今日に残る遺跡から、その威容を偲ぶことができる。サーマッラー・大モスクの螺旋形ミナレットは、きわめて珍しい形をしている。同じ形のミナレットが、同時代のエジプトのイブン・トゥールーン・モスクにも付けられた。出典：Khalili［2005:159］

アッバース朝を倒さずに利用した。アッバース朝カリフは、シーア派系のブワイフ朝実権者の傀儡と化したのである。

「イスラーム世界の中央の各地においてファーティマ朝とブワイフ朝が優勢であった時期」は「シーア派の世紀」と呼ばれる［Hodgson 1974:Vol.2,36-37］。後ウマイヤ朝の滅亡が一〇三一年、ファーティマ朝の滅亡が一一七一年であるから、鼎立状態が一世紀、シーア派のカリフが対抗している状態が一世紀半以上も続くことになった。ブワイフ朝による支配は、スンナ派のセルジューク朝が一〇五五年にバグダードに入城することによって、ようやく終わりを告げる。

このような一一世紀以降の展開は、本書が対象とする時代を時間的に超えるだけではなく、トルコ系諸民族がイスラームに参入する時代となり、主題的にも全く異なる時代に入る。それを論じることはしないが、次節で論じるスンナ派の形成を理解するために、もう少しシーア派の問題を考えておきたい。

ファーティマ朝は、武力によってウンマの指導権を奪還するというシーア派の課題に忠実であった。そう考えるならば、フサインの決起とカルバラーの悲劇（六八〇年）、ムフタールの乱（六八五〜七年）、ザイドの蜂起（七四〇年）、ハサンの曾孫で「純粋の魂」と呼ばれたムハンマドの蜂起（七六二年）などの系譜に連なっている。シーア派としては正統な流れと言えよう。しかし、いくたの反乱、蜂起の失敗の後、シーア派の中にも穏健主義が生まれた。その立場からは、たとえ政治的な指導権は実現していなくとも、理念上はイマームがウンマを率いていると見ることができる。

穏健主義の者たちは、第五代イマームとして、武装闘争派に担がれたザイドではなく、隠遁の学究生活を送ったバーキルを奉じ、第六代のジャアファルの後も（亡くなった長子イスマーイールの系統だと言い張らずに）存命している息子カーズィムを第七代として立て、第八代リダーがアッバース朝カリフによって後継者に指名されても無理押しはせず、リダーが（おそらくは）毒殺された後も、第九〜一一代イマームがアッバース朝の抑圧下に隠忍した。第一二代イマームは隠れ住んで表だった活動をせず、さらに八七〇年代に「大幽隠」状態に入ったとされた。つまり、イマームがいわば霊的な存在として信徒を見守っているという立場をとり、ファーティマ朝が成立した時も穏健主義を堅持した。

この派は一二人のイマームのみを認めるため、一二イマーム派として知られるようになる。ブワイフ朝はこの派を奉じており、その支配下のバグダードではフサイン哀悼祭などのシーア派的な行事・祝祭がおこなわれるようになった［清水 2005:9,146-147］。一二イマームは、第四代イマームがサーサーン朝最後の皇帝の娘を母に持つという伝承によって、ペルシア人の民族意識にも訴えるような性質を持つようになった［清水 2008］。

一二イマーム派は、一二人のイマームの宗教的・知的な遺産を継承するとともに、九世紀末からはイマームの不在を前提とする派となった。イマームが不在であれば、イマームたちの知を継承するウラマーたちが代わりの役割を果たすようになる。ファーティマ朝という王朝権力を生み出したイスマーイール派とは、全く異なる道であった。

武装蜂起主義と穏健主義の二つの流れは、本書が対象とする時代にも、ずっと並行して続いていた。どちらが優勢であったかは、いちがいには言えない。特にシーア派では、弾圧の危険がある場合に自分の信条を隠すこと（タキーヤ taqīya という）を認めていたため、正体を隠した武装主義なのか、実際に穏健主義なのか判然としない場合もある。しかし、一〇世紀前半までは、武力によってでも権力を奪取する思潮が強かったように思われる。このように政治をめぐる思想と行動が宗教的な信条を結びついていることは、イスラームの特徴としての政教一元論をよく示しているであろう。武装蜂起主義はファーティマ朝の成立によって、ひとたび成功を収めた。穏健主義は、逆に「イマーム不在」を前提とする信条へと体系化するようになった。

一二イマーム派の知的指導者として、一〇世紀前半に活躍したクライニー（九四一年没）をあげることができる。[86] 彼はイラン中北部のレイでシーア派のウラマーとして頭角を現し、バグダードに移り住んでからはカリフ・ムクタディルの時代に一二イマーム派を率いた。彼が編纂したハディース集『カーフィーの書』は、後に一二イマーム派の四大ハディース集の一つとされるようになった。

クライニーはイマームたちの言葉を引いて、自分たちのイスラーム観を次のように明示している――「アッラーの偉大さは、公正なイマームなしに大地〔世界〕を放置することはなさらない〔必ずイマームが存在する〕」「私たち〔イマームたち〕はアッラーの事項の権限者であり、アッラーの知識の保存者であり、アッラーの啓示の貯蔵庫である」「イマームたちは地上におけるアッラーの代理人である」[al-Kulaynī in Ībish and Kosugi 2005:143, 149]。

クルアーンの章句の解釈にも、シーア派的な世界観が反映するようになる。クライニーによれば、「アッラーはその光を完結させる」【戦列章八節】という章句の「光」はイマーム位と解される [al-Kulaynī in Ībish and Kosugi 2005:151]。このような解釈はその後さらに発展し、マーザンダラーニー（一一九二年没）の著では、「アッラーは天地の光である」で始まる「光の節」【光章三五節】の中に一二人のイマームの名が隠されているという [al-Māzandarānī in Ībish and Kosugi 2005:173]。

ファーティマ朝の滅亡後、イスマーイール派は少数派に転落した。かわってシーア派の主流となったのは、一二人のイマームのみを認め、さらにイマームの不在を前提として穏健主義を徹底した一二イマーム派であった。その状態は一三世紀以降、ずっと続く。

3　スンナ派の静かなる革命

前節で描いたような分派と党派が先鋭化していた七〜一〇世紀に、「沈黙の大多数」はどのように自己を結晶化させ、主導権を自分たちの手に取り戻したのであろうか。それが本節の主題である。その過程を彼らの「静かなる革命」と呼びたい。もし革命の語が、ウマイヤ朝打倒に成功したアッバース朝革命や、何度も失敗したシーア派の蜂起などに適用されるべき語だとすれば、目に見える権力の転覆も奪取もない現象を「革命」と呼ぶには、「静かなる」というような形容が必要であろう。

この言葉で、王朝権力がウンマの指導権を奪った後、「沈黙の大多数」（ないしは「ウンマの公衆」）がウンマを自分たちのものとして奪い返した、という思想史的な過程を指している。その過程において、彼らは自らを「スンナとジャマーアの民（スンナ派）」と自称するようになった。この名称には、ウンマの主体とはウンマの構成員の大多数を結集するべきものであり、そのような主体は必ずや、ウンマの創立者にして初代首長たるムハンマドの慣行（スンナ）に従うとともに、ジャマーア（団結／大多数）を体現する、という主張がこめられている。

「スンナとジャマーアの民」という名称は一〇世紀まで登場しない。言いかえると、彼らが自己形成する時期とは、イスラームが体系化される時期であった。イスラームは、確かに七世紀に誕生した。それを「理念型」なり「未分化の原型」とするならば、その後の三世紀間は、イスラームのあり方をめぐって、内乱、対立、分派、アラブ人優位、権力の専横、外来思想の席巻などがあって、大きな困難と試行錯誤が続いた。その中から、最初の理念型を体系的に再定義する形で、主流派が姿を現したのである。

そのような主体形成がなされ、彼らがウンマの主導権を奪取するに至るには、最初の「理想時代」

と連動していた。

とそれ以降の「分裂の危機」という大きな歴史的経験があった。その歴史的経験を共有し、それに対する評価と対応を「集団的記憶」として共有することによって、彼らは自分たちを名付けられるような存在として定立することができた。分裂の危機はいずれも、本章の初めに述べたウンマの「危機」と連動していた。

共有化されるようになった歴史的経験とは、第一に、単一のイスラーム共同体が実現した「幸福な時代」である。預言者時代から正統カリフ時代が、その時代であった。スンナ派となる人びとは、自分たちは——厳密には自分たちの先行者たち——はその時代において、単一のイスラーム共同体に参加し、その指導者たちに従い、イスラームのために尽くした、という「記憶」を継承した。言いかえると、自分たちはムハンマドの直弟子たちを後継している、という歴史認識である。ところが、第一次内乱が生じ、その直弟子たちの間で争いが生じた。これは悲劇的な歴史体験となった。

第一次内乱では、第三代カリフ・ウスマーンが叛徒に殺害され、第四代カリフとなったアリーは、同じく高弟であるズバイル、タルハ、ムハンマドの愛妻アーイシャが加わった反乱を鎮圧せざるをえず、さらにダマスカスを拠点とするムアーウィヤについては軍事的な制圧に失敗し、版図の再統一を実現できずに世を去った。「幸福な時代」には、ウンマの多くの構成員は、ウスマーンもアリーも、ズバイル、タルハ、アーイシャも皆が——ウマイヤ朝を開いたムアーウィヤさえもが——ウンマの長老であり、自分たちと預言者ムハンマドをつなぐ指導者であると信じることができた。それが流血の対立の中で崩れ去った。

次の悲劇的な歴史的体験は、王朝権力者によるウンマの指導権の簒奪である。アリーの没後にムアーウィヤがカリフ位に就いたことは、多くの者にとって内乱の終結、ウンマの再統一として、容認できることであった。ムアーウィヤは、ムハンマドの晩年の弟子であるから高弟とは言えないにしても、直弟子であり、ムハンマドの書記も務めていた。しかし、彼が自分の息子ヤズィードにカリフ位を世襲させたところから、王朝権力によるウンマの簒奪があらわとなった。これに対して、ムハンマドの孫にしてアリーの次男フサインが決起したが、王朝軍に斃された（カルバラーの悲劇）。さらに、高弟ズバイルの息子にして、本人もムハンマドの直弟子であったイブン・ズバイルがマッカで対抗権力を打ち立てるも、これも王朝軍によって打倒された。正義であるはずの人びとが不義に負けるという現実も、第一次内乱の後わずか二〇年余で、再び分裂と流血の第二次内乱となったことも、苦い教訓を残した。

次の歴史的経験は、継続的な形でのウンマの分裂、すなわち分派と党派の登場であった。イスラーム最初の分派は、「出て行った者たち」すなわちハワーリジュ派であった。彼らは、正当な統治権者であったアリーがムアーウィヤに妥協的な対応をした時（調停に同意した時）、両者を不信仰者と断罪して、アリーの陣営を去った。アリーは彼らをイスラームからの離脱者として討伐したが、その報復として彼らが放った暗殺者の手で命を落とした。ウマイヤ朝の時代には、多くのハワーリジュ派の反乱がおこった。

アリーの支持者は、その後は息子のハサン、フサインを擁立し、フサインがカルバラーの悲劇で倒れた後は、アリーの子孫たちの誰かを担いで、しばしば反ウマイヤ朝の行動に決起した。シーア派の発展については、前節で検討したが、アリー支持者がすべてシーア派に流れ込んだわけではない。アリーの治世期には、マディーナの共同体の主だった人びと――すなわちムハンマドの教友たちの多く――は、アリーの陣営に属していた [Jabali 2003]。教友の中でもとりわけアリーに近かった者はいたが、彼の子孫を奉じる者たちの党派性がはっきりしてくるのは、フサインがウマイヤ朝軍に斃された「カルバラーの悲劇」(87)以降である。シーア派に加わらない多くの者は、アリーやムハンマドの血統に対する敬慕は持ちつつも、ウンマの指導権を特定の家系に限定する党派性に対して反対ないしは保留することが多かった。

ここに概括した悲劇的な歴史経験は、「沈黙の大多数」を困惑させるものであった。長老たちの間の対立を認めることもできず、かといってどれかの派に属する気にもなれず、王朝権力をそのままに肯定することもできず、誰かを信じて反乱に蜂起するつもりもなく、初期の理想時代はよかったという気持ちとともに、彼らの困惑は続いたと考えられる。彼らは、多数派形成ができていない間は「多数派」ではないとするならば、沈黙の「その他大勢」というべき存在かもしれない。

筆者が「沈黙の大多数」と名付ける人びとは、党争に参加しなかったか、一時的に参加しても、党争そのものを反省・批判するに至った人びとである。「沈黙」でありながら、その存在を推定できるのは、初期の歴史書を見ると、第一次内乱が終結してウマイヤ朝が成立した年が「ジャマーアの年」と呼ばれ、カリフ・アブドゥルマリクによって第二次内乱が終結した年も同様に「ジャマーアの年」と呼ばれるからである。ウマイヤ朝の支持者だけが、そう呼ぶことに賛成したとは考えられない。ウンマの分裂や流血を好まない人びとは、たとえウマイヤ朝を好まないとしても、内乱の終結を喜んだであろう。彼らが「沈黙」であったのは、その指導者たるべき者たちが先鋭な政治的主張をしなかったからである。少なくとも、八世紀後半までは、明示的な主張は姿を現さない。

人数的に見た場合も、彼らの共有する歴史認識のレベルでは、ムハンマド時代から正統カリフ時代において「多数派」であったにせよ、その後は必ずしも多数とは言えない。巨大な版図の中で膨大な非ムスリム人口に囲まれ、彼らが次第にイスラームに加わるにしても、新参者たちはハワーリジュ派やシーア派にも惹かれたであろうから、ムスリム人口の増大とその間での「多数派」形成が平坦な道であったとは思われない。「幸福な時代」の集団的記憶を継承し、分裂を嫌い、ウンマの平安を望む者たちにとって、やがて明示化されるあるべきイスラームの定式化は、「理想時代」の正当化（内乱の原因に関する合理的解釈を含む）、王朝権力への批判ないしは警戒、ハワーリジュ派の否定、ムハンマド一族への一般的な敬慕とシーア派への距離感などに彩られるものとなった。

生き残った教友や、その弟子・孫弟子たちがこのような多数派形成の思想的な中心にあったことは容易に想像できるが、彼らの多くは、内乱期からウマイヤ朝期にかけては市井にあって、イスラームの知識を専門家の学知として結晶化させる道を選んだ。ハワーリジュ派やシーア派のような蜂起の道をとることはなかった。いわば知識の力をもって権力に対抗するとともに、一般信徒に対する指導権を確立しようとしたのである。ウラマーが一つの社会集団として勃興したのは、そのような営為が結実したものと言えよう。

静かなる革命においては、王朝権力との関係は、対立と対抗だけではない。たとえば、ウマイヤ朝に対抗した「僭称カリフ」のイブン・ズバイル政権がウマイヤ朝軍によるマッカ猛攻によって終焉した時、当のイブン・ズバイルの弟ウルワは、ただちにダマスカスに赴き、ウマイヤ朝軍の伝令より早く戦いの帰結を知らせ、ウマイヤ朝と和解した。ムハンマドのハディース（言行）を伝える学者であったウルワは、その権威をウマイヤ朝に認めさせ、ハディースの普及に努めた。ウマイヤ朝の側でも、第八代カリフとなったウマル・イブン・アブドゥルアズィーズ（在位七一七〜七二〇年）はハディースの収集にも強い関心を示し、政治的にもイスラーム的な政策を試みた。後には「第五代正統カリフ」と目されるに至る。(88)

これに対して、権力を徹底して忌避した代表例は、ハナフィー学派の名祖アブー・ハニーファであろう。彼はウマイヤ朝を嫌い、一私人として法学を構築し続けた。アリー家のザイドがシーア派反乱を率いた時には、共感を示していたとされる。しかし、その決起には参加しなかった。アブー・ハニーファの道は、ウンマの法としてイスラーム法を確立し、権力者に対抗することであった。彼はアッバース朝革命後も権力との協調を拒絶し、裁判官としての任用を拒み、ついには獄中で生涯を終えた。

ハナフィー学派はクーファで始まり、バグダードで栄えた。権力との関係が劇的に変化したのは、アブー・ハニーファの高弟であるアブー・ユースフが裁判官、ついで大法官に就任してからである。彼がカリフ・ラシードに仕え、『租税の書』を献じ、アッバース朝がイスラーム法を適用することを助けようとしたことは、第8章5で述べた。もっとも、アブー・ハニーファのもう一人の高弟であるシャイバーニーは、権力を忌避する師の道を続けた［al-Nadwī 1994:229-230］。

マーリク学派の名祖マーリク・イブン・アナスは、預言者の町マディーナの学界を宰領していただけに、マディーナを訪れるカリフに対しては、十分な敬意を払い、またカリフからの贈与も受け取っていた。カリフのいる座ではつねにカリフの横に座って、学知の重要性を誇示するとともに、贈与を受け取ることを弟子たちには禁じていたという。その一方、彼のハディース集『ムワッタア』を帝国全体の公式のテクストにしようとするアッバース朝の提案を、「それぞれの土地の民の選択の自由にまかせなさい」という言葉で拒絶している［al-Nadawī 2002:126-127］。王朝権力が自己正当化にハディースの権威を用いること、あるいは王朝権力が法学を操作することを彼は認めなかった。

王朝権力とウラマーの対立が最も激化したのは、第8章6で述べた「ミフナ（試問）」の時代であった。しかし、その前段階として、またもや内戦の時期があったことを忘れてはならない。大法官アブー・

ユースフが仕えたハールーン・ラシードの時代は帝国も安定し、バグダードの都も繁栄をきわめたが、彼が名君だったとしても、後継者の選定にあたっては過ちを犯した。一人を選ぶ代わりに、二人の息子の分割統治を意図したからである。ラシード没（八〇九年）の後、東方のホラーサーンを支配した息子（後のマアムーン）は、カリフとなった異母弟アミーンが支配の手を伸ばすのを拒み、戦端を開いた。これは、正当なカリフに対する反乱となる。第四次内乱とも言われるが、ウラマーにとっても一般信徒にとっても忌避すべき事態であった。マアムーンは自らカリフ位を名乗り、彼の派遣した軍勢がバグダードを包囲攻撃した。彼らは、アミーンを殺害した。マアムーンの支配をよしとしない反乱も相次ぎ、カリフが帝都に入るまで数年間は混乱をきわめた。王朝内部でのカリフへの公然の反乱、さらに弟のカリフを殺害したことなどは、当時の社会にショックを与えたに違いないが、エル・ヒブリーの研究によると、マアムーンがカリフ権を握ったため、後の史料は彼に対してそれほど厳しい評価を与えていない。ただ、「ミフナ」が始まる前にも社会はカリフに不満を持っていたと考えられる［El-Hibri 1999:111-119］。

実際に、マアムーンが「ミフナ」を開始した時、ウラマーたちが「信徒たちの指揮官」である自分の命令に服すると思ったとすれば、その期待は失望に終わった。マアムーンは理性主義神学を強制しようとして、「クルアーン創造説」を否定する法学者たちを弾圧したが、イスラームの教えを理性主義によって再編しようとするこの政策に対して、イブン・ハンバルを筆頭とする「ハディースの民」

が激しく抵抗した。後者の主張は、ハディースに示されたムハンマド時代の教えを字義通りに信奉するという立場であり、それに基づいた法学であった。

第8章6で述べたように、「ミフナ」は一六年間にわたって続き、イブン・ハンバルたちが過酷な弾圧にもかかわらず節を曲げずに抵抗した。マーリク学派を北アフリカからアンダルスに普及させたサフヌーンも、ミフナの弾圧の対象となった［Talbi 1995b］。しかし、王朝権力の専横に対して反感を募らせる一般信徒の前に、アッバース朝はこの政策を放棄せざるをえなくなった。王朝との関係で言えば、ここにスンナ派の「静かなる革命」が勝利の段階に入ったと言えるであろう。

ミフナをめぐる争いは、アッバース朝カリフ・ムタワッキルがムウタズィラ学派を放棄し、ハディース学者たちに代表される主流派の信条を認めた時に終わった。しかし、ハディースのままにイスラームを信じるという素朴な信仰だけでは、当時の思想状況は収まらないものとなっていた。理性主義的な神学を否定するだけではすまず、神学をめぐる思想闘争はアシュアリー神学派の成立へとつながった。

同派の思弁神学は、やがてスンナ派の主流となる――つまり最終的な多数派形成の段階において、彼らの信条や心情に対して神学的な表現を提供する――のであるが、実はムウタズィラ学派の内部から、その最大の批判者として登場した。それは皮肉のようでもあるが、理の当然とも言える。先行文明の遺産、特にギリシアの哲学や論理学を吸収した結果、その思考様式によってものを考える人びとが生まれていた。ムウタズィラ学派が誕生したのも、文人カリフとしてのマアムーンが彼らの教説に共感したのも、そのような社会的・文化的な背景を抜きにしては考えられない。その意味では、その中からこそ批判者が登場するのは自然のなりゆきであろう。その役割を担ったのが、アブー・ハサン・アシュアリー（八七三／四〜九三五／六年）であった。

彼は、ムウタミド治下のバグダードに生まれ、ラーディーの時代に世を去った。師ジュッバーイーの許でムウタズィラ学派の教説を学んだが、四〇歳になる頃（九一二〜三年頃）、突然に同学派を離脱し、クルアーンやハディースを重視する人びとの信条に近づいた。

彼は『宗教の根本原理解明』[al-Ashʻarī 1977] において、「真理とスンナの民の見解の解明」の章で、自らハンバル学派を支持すると断言している。

私たちが採用している見解、私たちが信奉している宗教信条は、われらが主の書〔クルアーン〕とわれらが預言者のスンナ、教友と後続世代の指導者たちおよびハディース学のイマームたちから伝わっていることを護持することで、私たちはそれをしっかりと堅持する。そして、イブン・ハンバルが述べているところを私たちの見解とし、彼の見解に反する者たちを忌避する。なぜなら、彼こそは優れたイマームにして完璧な長であり、迷妄が現れた時に、アッラーが彼によって真理を明らかにし、あるべき道を明確にし、逸脱者たちの逸脱・誤謬者たちの誤謬・懐疑者たち

の懐疑を防いだからである。[al-Ash‘arī 1977:Vol.2,20-21]

しかし、彼はムウタズィラ学派の特徴である理性の信奉、合理主義的な論証方法などを捨てたわけではなかった。むしろ、ハディースの民の信条を、ムウタズィラ学派が用いるような思弁神学的な議論によって整理・説明し、論理的な一貫性を可能な限り追究して、クルアーン的な教義を正当なものとして位置づけようとした。この立場は簡単に言えば、スンナ派の信条として確立される内容を、思弁神学によって擁護するものであった。それゆえに、やがて正統な神学と位置づけられることになる。

ムウタズィラ学派とアシュアリー学派の違いは、合理主義的な解釈に限界を設けるか否かにある。前者はクルアーンやハディースに対して思弁的な解釈を徹底して加え、自分たちの合理主義的な世界観に合致するようにしたが、後者は、クルアーンやハディースに明示されている限り、一見すると不可思議に見える事柄さえも理性と矛盾しないものとして説明しうるという立場を貫いた。松本耿郎の表現によれば、アシュアリーは「神学的概念の分析とそれに基づく推論の結果がムスリム大衆の信仰内容と背馳する場合は前者を捨て、むしろ後者を明確に定式化し論理的に証明していくという態度」を採ったのであった［松本 1985:86］。

たとえば、アシュアリーは、不可視界の実相については理性が及ばず啓示による知識が必要であると、理性の役割を限定した上で、理性主義的な世界観になじまない事項を「ビラー・カイファ（bilā kaifa いかにと問うことなく）信じる」ことを勧めた。たとえば、「アッラーの手は彼らの手の上にある」【勝利章一〇節】「恵みはアッラーの手の内にある」【鉄章二九節】という場合の「アッラーの手」（yad Allāh）をめぐって古くから、字義通りの「手」と解するか（擬人神観の立場）、超越論的な立場から比喩的に理解するかの議論があった。ムウタズィラ学派は、後者の立場を徹底した。彼らは、「神の唯一性」の理解を徹底させて、神の「本質」以外に「属性」さえも認めない考え方を採用した。ハディースの民は、「手」とあれば、それがどのようなものであれ「手」である、と字義的に理解する傾向を持っていたが、アシュアリーは「手は手であるが、どのようなものであるか問うことなく（ビラー・カイファ）信じる」のが正統であるとして、ハディースの民の立場を擁護した。(89)

アシュアリーの同時代人で、同様にムウタズィラ学派を批判したのが、マートゥリーディー（八七三以前～九四四年頃）であった。後者はより東方の地域において影響力を持った。二人が登場した時代には法学派の形成期はほぼ終了しており、彼ら二人の神学が登場すると、やがてスンナ派の法学と神学を担う「四つの法学派・二つの神学派」が出そろうことになる。

では、法学派と神学派の関係は、どうであろうか。実は、アシュアリーがイブン・ハンバルを称揚したにもかかわらず、ハンバル学派は彼の神学を取り入れることはなかった。「ハディースの民」であるだけに、ハンバル学派は法学の方法論においても可能な限りハディースの典拠を用いて、演繹や推論を最低限にする。信仰箇条についても同様の態度を取り、同学派の法学者たちが思弁神学を好むことはなかった。

マートゥリーディー神学派の場合は、ハナフィー法学派と結びついていく。その背景には、ハナフィー学派が首都バグダードから東方に向かって、中央アジアへと広がったという事情がある。マートゥリーディーは、中央アジアの都市サマルカンド[90]に生まれたが、すでにこのあたりにはハナフィー学派が浸透していた。アブー・ハニーファが神学的な内容の『大フィクフ』を著したことは第8章1でも言及したが、マートゥリーディーは「中央アジアに伝えられ精緻にされたアブー・ハニーファの教説にもとづきつつ、アシュアリー派とは別の神学を樹立した」［濱田 2008:20-21］のであった。これ以降も、両学派の結びつきは続いた。

これに対して、アシュアリー神学派とシャーフィイー法学派が結びついていくのであるが、それは一一～一三世紀のことであろう。マクディシーは、イスラーム世界には「神学校」はないため、神学は法学者を養成する学院（マドラサ）に浸透することで生き延びたという説を述べている［Makdisi 1962:46］。いずれにしても、それは学院制度が広がる一一世紀以降のことになる。

4 ウンマの一体性

「静かなる革命」を通じて、スンナ派は一〇世紀半ばまでに、法学と神学の基本的な姿を整えた。さらに、もう一つの重要な側面として、九世紀末から一〇世紀にかけてのハディース学の確立があった。それ以前には、法学と不可分な形でハディース集が編纂されていた。ハディースを主要な典拠とする人びとは「ハディースの民」と呼ばれるが、ハディース学者とは限らない。法学派形成の草創期には、「ハディースの民」は「見解の民」と対比されていたが、シャーフィイーが両者の方法論を統合した後は、「ハディースの民」が対抗する相手はギリシア的な「外来の学問」や理性主義的な神学となった。「ミフナ」の際には、イブン・ハンバルは「ハディースの民」の代表格として、その対立の最前線に立つことになった。

イブン・ハンバルは「ムスナド」形式のハディース集を編纂した。彼の『ムスナド』[Ibn Ḥanbal 2009]は、この形式のハディース集の代表として燦然と輝いている。しかし、次の段階のハディース集は「スンナ集（スナン）」形式となった上に、それを編纂したハディース学者たちはもはや法学者ではなかった。ハディース学が、法学から分岐するのである。そして、この時代に編纂されたハディース集によって、スンナ派の内容が固まることになる。

スンナ派の正式名称「スンナとジャマーアの民」のうち、前段の「スンナ」についてもう一度、概括してみよう。単に「慣行」という意味でのスンナは、最初はムハンマドのみならず、教友や後継世代の決定や判断、あるいはマディーナでの慣例なども含んでいた。しかし、法学の発展と法学派の形成過程で、ハディースに記録されたムハンマドの慣行のみを「スンナ」とするようになった。(91)

その一方、ハディースの権威が高まるとともに、ハディースを偽造・改竄して、自分たちの役に立てようとする人びとも登場した。偽造ハディースの氾濫に対して、法学者・ハディース学者が真性のハディースを集め、捏造と識別する動きも盛んになった。学者たちが旅をしてハディースを集積することも、ハディース数の増大をもたらした。ムハンマドの慣行に従うという態度は、その淵源を探すならば、初代カリフとなったアブー・バクルの「ムハンマドなきイスラーム」の確立ということになろう。彼によって、「ムハンマドは世を去ったが、彼の教えは残っている」という立場が確立した。しかし、その慣行を内包する典拠としてのハディースがひたすら増え続けるとしたら、「ムハンマドの教え」が何か、どのようにしてコンセンサスが成立しうるであろうか。

ここに、膨大なハディースをいかに管理し、典拠とすることができるか、という課題が生じた。「スンナ集」の編纂は、その課題に応える運動であった。信憑性の高いハディースだけを「スンナ集」として編纂するということは、通常は、偽造されたハディースや伝承の脆弱なものを排除し、ハディースの信頼性を高める動きと考えられているが、それだけではなかったのである。ハディースの数を限定し、スンナの輪郭を明確にする働きがあったと見るべきであろう。

九世紀を舞台に、スンナ集を編纂する運動が展開された。さらに、スンナ集の中でも、真正（サヒーフ）のハディースだけを厳選する立場が登場した。真正のハディースばかりを集めたものを『サヒーフ集／真正集』と呼ぶ。九世紀後半以降、二つの『サヒーフ集』が屹立するようになった。ブハーリー（八一〇～八七〇年）とムスリム・イブン・ハッジャージュ（八一七／八二一～八七五年、通常はムスリムと略して呼ばれる）[92]の『サヒーフ集／真正集』[al-Bukhārī 2000; Muslim 2000]である。数あるスンナ集の中からこの二つがハディースの「正典」となったのは、二人の時代から一一世紀に至るまでにハディース学者による評価が広まるとともに、法学と神学の諸学派を同一舞台に統合するのに役立ったからであった[Brown 2007:362-368]。言いかえると、この二つをハディース集の最高峰とみなすコンセンサスが成立した背景には、スンナ／ハディースを厳選し、その総体の輪郭を明示することが社会的な要請に合致していたことが読み取れる。

二つの『真正集』がハディース学の頂点に立つものとされるとともに、それに次ぐものとして、四つのスンナ集に権威が認められるようになった。そのうち三つは、異論なく選ばれている。編者名をあげると、アブー・ダーウード（八一七～八八九年）[Abū Dāwūd 2000]、ティルミズィー（八二五～八九二年）[al-Tirmidhī 2000]、ナサーイー（八三〇～九一五年）[al-Nasāʾī 2000]である。最後の一つは、イブン・マージャ（八二四～八八七年）[Ibn Mājah 2000]があげられることが多いが、この代わりにマーリクの『ムワッタア』またはイブン・ハンバルの『ムスナド』を入れる場合もある。

これらの「スンナ集」は、初期に作られた主題別の「ムサンナフ」形式を継承すると同時に、その次の時代の「ムスナド」形式が信憑性の高い伝承者を選別し、その名前順に列記するようになった成果を受け継いでいる。その意味では、「ムサンナフ」形式と「ムスナド」形式を統合したのが「スンナ集」形式であり、その中でも信憑性を最大化したのが「サヒーフ集／真正集」であった。

ハディース学においては、それぞれのハディースがムハンマドまでさかのぼることが確証できるかどうか、という信憑性が大きな問題とされてきた。そのため、本文（マトン matn）と伝承者の鎖（イスナード isnād）の両方を調査し、検証し、信頼性のランキングがおこなわれた。多数の伝承者の鎖を通して、同じ本文（あるいは多少の字句が異なるバージョン）が伝わる場合、そのハディースに対する信頼性は高まる。逆に、非常に信頼性が高い伝承者の鎖があっても、鎖が一本だけ（伝承経路が一つしかない）の場合、複数の場合よりも信頼性は低くなるであろう。

ところが、法学は「社会生活の運営」と「問題解決」を責務としているため、「真正のハディースがないので、答えが出せません」という態度を取ることができない。法学派の形成を論じた際に、「見解の民」と「ハディースの民」の対立があったことに触れた。演繹・推論を重視するにしても、ハディースを重視するにしても、解答を出すのが目的であった。九〜一〇世紀のスンナ集は、イスラーム社会に必要なすべての項目・主題について信頼性の高いハディースを列挙するという方式で、両者のギャップを埋める性質を持っている。

その際に、ブハーリーおよびムスリムの『真正集』は、真正なハディースに限定した。「六書」の中で、イブン・マージャの『スンナ集』はよりランクの低いハディースも収録しているということで、低く評価されることがあるが、それは編者イブン・マージャの信頼性が低いという意味ではない。スンナ集の時代には、それぞれのハディースの信頼性の高低を明示するようになったからである。

ハディースが「預言者までさかのぼる伝承」であるか否かは、常にハディース学で問題とされてきた。近現代のオリエンタリズム（西洋の東洋学）でも、ハディースの信憑性についてしきりと議論してきた。そこでは二〇世紀半ば以降、ハディース全体を八〜九世紀における偽造とみなす極論がしばらく優勢であったが、最近ではより厳密な史料批判がおこなわれ、穏当な学説が広がりつつある。

しかし、ここで考えるべきことが一つある。それは、ハディースが預言者ムハンマドの言行そのものを伝承しているとすれば、それは彼が意図した教えなのか、という点である。誰かが何かを語り、その語りが伝えられた場合、語った時の文脈・意図・意義および聞き手の理解・解釈と、次に伝えられた時のそれは同じではない。これは、ハディースだけではなく、すべての言説について言えることである。ムハンマドの語りを九〜一〇世紀に明確な輪郭をもって提示したのはブハーリーなどの編纂者たちであり、その役割は大きい。個々のハディースがムハンマドにさかのぼるとしても、『真正集』の全体によって示された「ムハンマドの教え」は、それぞれの編纂者が自分の学問を経て描き出した全体像――ブハーリーならブハーリーによる全体像の提示――にほかならない。

ブハーリーは、その名の通り、中央アジアのブハーラーで生まれ、ハディースを求めてアラビア半島はもとより、ホラーサーンからエジプトに至る各地を回った。『真正集』を編むにあたって、六〇万とも九〇万とも言われるハディースの中から厳選に厳選を重ねたという。『真正集』には七〇〇〇余りのハディースが収録されているが、同じハディースが異なる主題のところに掲載されていることもあり、繰り返しを除くと約二七〇〇となる。仮に六〇万が分母であったとすると、わずかに〇・四五パーセントだけが残されたことになる。その他の五九万余の中には、ブハーリーが偽造と断定したものも、ムハンマドにさかのぼるものの、ブハーリーの基準では真正と確証するにあたらず、というハディースもあったであろう。

この厳選したハディースを、ブハーリーは多くの「書（キターブ）」に分けている。現代風に言えば「章」にあたる。最初の章は「啓示の始まり」で、続いて「信仰」「知識」とあって、それから信仰行為に入る。「清め」関連で四章、「礼拝」関連は一八章と非常に数が多く、次に喜捨・巡礼・断食が扱われ、売買、契約、債務、破産などが続き、さらにジハード、課税が来た後、天地創造、諸預言者、教友たちの美徳、戦記と、いわば歴史的な事項があって、一転してクルアーンの解釈と価値に関するハディースが続き、再び現実的なテーマに戻って、結婚・離婚・扶養、飲食、病気と癒し、服装、礼儀、誓言、遺産、刑罰などが続き、最後は「クルアーンとスンナを守ること」「タウヒード（神の唯一性)」で終わる。

ムスリム・イブン・ハッジャージュは、ブハーリーに師事し、やがて師の真正集と同格とみなされるハディース集を編んだ。彼は三〇万のハディースを集め、『真正集』には、重複を除いて約四〇〇〇のハディースが収録されている。分母を三〇万とすれば、一・三パーセントを残したことになる。

ムスリムもハディースを主題別に章に分けているが、冒頭に「序」がついており、「信頼できる伝承者から伝え、捏造者を避け、捏造について注意する責務」に始まって、ハディース学の基本が述べられている。内容に入ると、「信仰」「清め」「礼拝」「喜捨」「断食」「巡礼」と信仰行為を扱った後、結婚、離婚、売買、贈与、相続などの民法的な項目が続き、さらに刑罰、司法、ジハードなどをあげてから、飲食、服装、礼儀などと続き、最後は来世や終末などを扱った後、クルアーンの解釈で終わっている。ブハーリーと似ているようにも見えるが、主題の区分には独自色が強い。

また、両者ともに、ハディース集と言いながらも、それぞれの主題の冒頭にそれに関わるクルアーンの章句が置かれている。これらの特徴から、『真正集』が単に信頼できるハディースを集合したものではなく、編纂者がそれぞれの理解に応じて、イスラームの教えとは何かを一つの著作として提示したものであることがわかる。言いかえると、ブハーリーとムスリムの『真正集』とは、ハディース学者がまとめた「イスラームとは何か」の決定版にほかならない。当然ながら、彼らは先行するハディース学の遺産を継承しており、彼らの生きた時代までの二世期間におけるハディースをめぐる知的共同体の営為を結集させたとも言える。
スンナ集は、二つの『真正集』にほかにいくつも作られた。作成順に言えば、アブー・ダーウード『スンナ集』、ティルミズィー『スンナ集』、ナサーイー『スンナ集』、イブン・マージャ『スンナ集』があり、結果としてこの順番で『真正集』に次ぐ権威を認められるようになった。これらがスンナ派のハディース「六書」とされる。イブン・マージャが六書に含まれたのは一一世紀初めのことで、それ以降も六書に含めるかどうかの議論はあるが、それ以外の五書については、揺れがない［Ṣiddīqī 1993:73-74］。

それぞれのスンナ集に特徴がある。『真正集』に次ぐスンナ集を編んだアブー・ダーウードは、ホラーサーン南方のスィジスターンで生まれ（出自名はスィジスターニーと呼ばれる）、ニシャプール、バスラ、クーファで学び、さらに広く学究の旅をした。二〇年を費やして五〇万のハディースを集め、四八〇〇を自身のスンナ集に収録した［Ṣiddīqī 1993:61］。晩年は、カリフの兄弟で実権を掌握していたムワッファクの依頼で、バスラに移り住み、後進の指導にあたった。当時のバスラはザンジュの乱（八六九〜八八三年）の直後ですっかり荒廃していたため、ムワッファクは学者と学生を集めて、その復興に寄与せしめようとしたのである。彼が息子たちのために私的な講義を依頼すると、アブー・ダーウードは「知識については誰もが平等である」と特別扱いを断り、他の弟子たちとともに学ばせたという［Ṣiddīqī 1993:62］。ウンマの知的指導者としての気概を示す出来事であろう。

法学との関係が最も興味深いのは、次のティルミズィーのスンナ集である。ティルミズィーは、その名の通り中央アジアのティルミズで生まれ（マッカ説もあり。いずれにしてもティルミズ出身の一族）、学究の旅の果てに、同地で没した。彼は上の三人（ブハーリー、ムスリム、アブー・ダーウード）にも師事している。絶大な記憶力を持っていたとされる［Siddīqī 1993:64］。彼の『スンナ集』を見ると、ハディースがどの法学派で典拠に使われたのかを詳細に記している。前述のように、スンナ集編纂期には法学者とハディース学者が分岐したが、その中でも、法学に直接役立つような注釈を加えたのが、ティルミズィーであった。一例をあげよう。これは礼拝の清めが夫婦の接吻後も有効かどうかについて、ムハンマド晩年の愛妻であったアーイシャが、後にムハンマドの事績を甥のウルワ・イブン・ズバイルに語ったものである（アーイシャとウルワについては、第8章4で触れた）。

〔ウルワから四世代を経て、六人がティルミズィーに伝えている伝承者の鎖は略〕ウルワによれば、アーイシャは「預言者が妻たちの誰かと接吻をした後、〔家からモスクへと〕礼拝に出て、清めは〔あらためて〕しませんでした」と述べた。ウルワはさらに伝えている、「私は彼女に『それは貴女のことではありませんか』と訊いた。すると、彼女は笑った」。アブー・イーサー〔ティルミズィー〕は〔解説して〕述べている――これと同様のものを、預言者の教友と後続世代の知識の民が一人ならず伝えている。これはスフヤーン・サウリー〔サウリー学派の祖〕とクーファの法学者〔ハナフィー学派〕の見解で、彼らは接吻の場合に清めは不要との立場を取っている。〔それに対して〕マーリク・イブン・アナス〔マーリク学派の祖〕、アウザーイー〔アウザーイー学派の祖〕、シャーフィイー〔シャーフィイー学派の祖〕、アフマド〔イブン・ハンバル＝ハンバル学派の祖〕、イスハーク〔イブン・ラーフワイヒ＝ハディース学者で、『法学におけるスンナ集』編纂者〕は、接吻すれば清めが要るとしており、これも預言者の教友と後続世代の知識の民が一人ならず述べているところである。我らの同朋〔ハディース学者たち〕がこのアーイシャのハディースを採用しなかったのは、伝承者の鎖が信頼に欠けるからで、私〔ティルミズィー〕は、バスラのアブー・バクル・アッタールから、ヤフヤー・カッターンがこのハディースを薄弱と判断した、とアリー・イブン・マディーニーを通じて伝えているのを聞いている。〔以下略〕［ティルミズィー『スンナ集』］

このハディースとそれをめぐるティルミズィーの議論が示しているのは、アーイシャ、ウルワに始まって、世代と地域にまたがって広がっている知的な共同体のネットワークであろう。そして、それを通じて伝えられ、伝承され、論じられてきた主題群があることがわかる。夫婦の接吻と礼拝のための清めという日常的な宗教儀礼をめぐる論点をめぐって、一方にサウリー学派、ハナフィー学派の見解があり、他方にそれと異なるマーリク学派、アウザーイー学派、シャーフィイー学派、ハンバル学派の見解があることもわかる。ハディースを信頼するか、批判するか、どのような法規定を導くかという賛否は対立しているが、そのような論点を共有し、見解を戦わせる共通の場が成立してきたことは、容易に読み取れる。

このハディースをめぐる専門的な議論の参加者は、法学者とハディース学者たちである。その背後には、彼らに従う一般信徒たちが存在する。言うまでもなく、一般信徒が彼らをどれだけ支持し、彼らの「指導」にどれほど服しているかを知ることは簡単ではない。手がかりはある。

たとえば、葬儀への参列者の数である。イブン・ハンバルは「ミフナ」に耐え抜いた後、およそ八年間生きて没した。その葬儀に六〇万人、あるいは二〇〇万人が参列したという [Siddīqī 1993:48]。後者の数字はあまりに多すぎる気がするが、六〇万人でも恐るべき数字である。著名なウラマーや指導者が亡くなった時、遺体を墓地に運ぶ人びとの葬列ができる。それは故人がどれだけ敬意を受けていたかを示す社会的な機会であろう。

もう一つは、ウンマの合意形成である。二つの『真正集』を頂点とする「六書」をもって、預言者のハディース／スンナとするという認識は、イスラーム世界に広範に広まった。六書そのもの——より厳密には六書を含むハディース集群——が成立してから、それを権威ある六書とみなすまでは一世紀ほどかかった。それはとりもなおさず、それに「合意」した集団としてのスンナ派の確立を意味する。表面に現れるのはウラマーであるにしても、一般信徒が彼らに従わなければこのような広範な合意は成立しえない。

もう一つ、きわめて興味深いのは、いったん「合意」が成立すると、その合意自体が全体を拘束するという認識が成立したことであろう。この概念がどれほど強いものであるかは、一〇世紀前半までに出そろい、その後の一〜二世紀の間に広く「合意」が成立した内容が、その後ずっと長く安定的に維持されてきたことに示されている。その内容は、具体的には四つに収斂する法学派であり、二つの神学派であり、本節で論じてきたハディース集群である。

さらに付け加えれば、聖典であるクルアーンの読誦法がある。クルアーンのテクストは正統カリフ時代に確定されたとしても、「読まれる／誦まれる」聖典としてのクルアーンは朗誦法が加わらなければ、有効に機能しない。その朗誦法は、クーファで確立されたアースィム流派、マディーナで確立されたナーフィウ流派、バスラで確立されたアブー・アムル流派が、ウンマ内で認められた流派として現在まで伝わっている。クーファの流派は、教友からスラミー（六九三年没）、アースィム（七四五年没）と伝えられ、その弟子の朗誦学者ハフス（八〇五年没）の流れがひろまったため、「アースィムをハフスが伝えたもの」略して「ハフス伝承」と通称される。これはイスラーム世界のほぼ全域で流布している。マディーナの流派は、ナーフィウ（七八五年没）の流派を二人の弟子の系統が伝えているため、ワルシュ（八一二年没）の伝えた「ワルシュ伝承」、カールーン（八三五年没）が伝えた「カールーン伝承」の名で知られる。前者はモロッコをはじめとするマグリブ諸国、西アフリカなどで、後者もマグリブ諸国、特にチュニジア、リビアなどで読まれている。最後にバスラの流派が、アブー・

アムル（七七〇年没）の流派をドゥーリー（八六四年没）が伝えている。これは流布している範囲が比較的狭く、今日のスーダン、チャドなどで誦まれている［小杉 2009:49-50］。

ここでも、聖典の読誦学がアラビア半島とイラクを中心に九世紀に確立されたこと、すなわち他の学問領域と並行していたことがわかる。クルアーンは当然ながら、章句の解釈を必要とする。法規定に関わる章句、あるいは神学的な内容を含む章句は数が限られているので、クルアーン全体を解釈する啓典解釈学（タフスィール学）が扱う範囲はさらに広い。徐々に発展した啓典解釈学が一つの体系的な解釈書に結晶したのは、タバリー（九二三年没）の功績による。啓典解釈学者、歴史家として不朽の名を残した彼も、法学派の祖としては成功しなかった。タバリー学派は「消滅した学派」の一つである。しかし、彼の解釈書をクルアーン解釈の基礎として受け入れることには、広範な「合意」が成立しており、タバリーがスンナ派的なクルアーン解釈を確立したと言うことができる［小杉 1994］。

「合意」は通常、イジュマー（ijmāʻ）と呼ばれる。法学の専門用語としては一般に、クルアーン、スンナに次ぐ法源とされる［Jumʻa 2007:310］。合意の主体は、理論上はウンマであるが、歴史上のウンマは正統カリフ時代から多くの分裂、分派、党争にさいなまされてきた。本章で論じている「沈黙の大多数」は、ウンマの大半と呼びうる人びとを結集し、合意する主体を形成しようと努めた。その主体が、スンナ派（スンナとジャマーアの民）のいう「ジャマーア（集団）」にほかならない。次に、「スンナ」と並ぶもう一つの鍵概念「ジャマーア（集団／団結）」を検討してみよう。[93]

歴史学では、ジャマーアをイスラーム国家とみなす考え方がある。初期イスラーム史研究の泰斗であった嶋田襄平は、「のちにイスラム国家を意味する言葉になったジャマーア」［嶋田 1977:40］として、「ウンマとジャマーアとの同心円的二重構造こそ、イスラム国家の原初形態の最もいちじるしい特徴であった」［嶋田 1977:43］と述べている。花田宇秋はこの用語法を初期にあてはめることに反対して「ジャマーア本来の意味である『集団』『統一』などに『イスラーム国家』『イスラーム共同体』の意味が付加されたのは、……後世のイスラーム史の展開の中でであった」［花田 1999:203］としている。「ハワーリジュ派の他への不寛容、独善と過激的行動主義は、それへの反動として一般ムスリムを現実的政治体（ジャマーア）との妥協、そのあるがままの受容を促した」［花田 1999:210］というのは正鵠を射ているが、「これら分派・少数派との対立抗争の中から『スンナとジャマーアの民』が生まれた」［花田 1999:203］と、ウマイヤ朝時代にすでにスンナ派があったかのように見る点は賛成しがたい。

佐藤次高は「ジャマーア＝イスラーム国家」説に賛成せず、「一〇世紀以降のアラビア語史料のなかで、イスラーム国家を意味するジャマーアの用例はほとんどみあたらない」［佐藤 2004:16］として、「一般にスンナ派のムスリムが『スンナとジャマーアの人びと』（アフル・アッスンナ・ワルジャマーア）と呼ばれるように、ジャマーアはスンナ（預言者の言行）にもとずく諸慣行を大切にする信者の集合体としての性格を備えていた」［佐藤 2004:15］と「信徒の集合体」としての語義を指摘している。本書で論じてきたように、ウンマと国家の乖離と拮抗は、ウマイヤ朝期からアッバース朝前期において非常に大きな問題であったから、ジャマーアを一時的に——特に内乱の後で——王朝権力が代表する場合はあっても、ジャマーア自体は王朝を指すものではなかった。では、「ジャマーア」の理解をどこに求めるべきであろうか。

一〇世紀初めまでに権威あるハディース集が出そろい、預言者の言葉が何であるかの輪郭が定まったとすると、それらのハディース集の中で「ジャマーア」がどのように用いられているかに着目することができる。一般名詞としての「ジャマーア（jamāʿa）」は「集める」を意味する語根（j-m-ʿ）から派生し、「集団」を意味する。クルアーンにはこの語はなく、同じ語根から派生した「ジュムア（jumʿa）」【集団礼拝章九節】が、金曜日の集団礼拝を指すものとして登場する。

ハディース集に登場する「ジャマーア」の語義は、おおむね五つに分けられる。すなわち、（一）モスクでおこなわれる集団礼拝（ジャマーア礼拝）の集団、つまり一緒に礼拝を捧げる信徒の集団。この場合、同一モスクで二つの集団礼拝は同時にできないので、その集団礼拝は一人の導師（イマーム）を前提にする。これは、（二）単一の指導者に率いられた集団、という語義にもつながる。（三）一体であること。団結や連携。（四）大多数（sawād aʿẓam）と同義。（五）指導者たちの合意［Ismāʿīl 1986:37-52］。

具体的なハディースの文言を見てみよう。ブハーリー『真正集』から「誰かが指揮官に対して気に入らないことがあれば、それは忍耐せしめよ。少しでもジャマーアを離れて死ぬ者は、無明時代〔イスラーム以前〕に死ぬのと同じである」。これは、指揮官に率いられた集団という意味で、（二）に当たる。ブハーリー『真正集』に、ムハンマドが教友フザイファに将来の分裂の危機について述べたハディースが収録されている（要点部分だけ訳する）――フザイファが「その時は、私にどうするようお命じになりますか」と問うと、ムハンマドは「ムスリムたちのジャマーアと彼らのイマームに従いなさい」と答えた。フザイファが、さらに「ジャマーアも、イマームもない時は？」と問うと、ムハンマドは「分かれた諸派から身を遠ざけなさい」と答えたという。ここにはイマームも言及されているので（二）であろう。ジャマーアが失われる時もありうることが示唆されている。

ブハーリー『真正集』には、アリーの言葉として「私は、人びとがジャマーアであるように、〔裁く者たちの見解が〕異なることを嫌う」もあるが、この場合は（三）の「一体」であることを意味している。アブー・ダーウードの『スンナ集』に「アッラーの使徒〔ムハンマド〕は、私たちが恐れおののく時や戦う時には、ジャマーアと忍耐と静謐を命じた」とあるのも、「一体」「団結」と理解することができる。イブン・ハンバル『ムスナド』には、「羊が離れたり孤立すると狼が襲うように、汝らが分かれていると、悪魔は人間〔にとって〕の狼となる。汝らには、ジャマーアと公衆（アーンマ）とモスクが課せられている」とあるが、これは羊ならば群れに相当するので、（四）と理解できる。このハディース集で「公衆」と訳した語は「一般の人びと」を指し、これも（四）にも通じる。ティルミズィー『スンナ集』に「アッラーの手はジャマーアと共にある」とあるのは、（二）～（四）のいずれにも当てはまる。

ティルミズィー『スンナ集』の別な長いバージョンでは、「アッラーはわがウンマ——あるいはムハンマドのウンマ——を迷妄に集合させることはなく、アッラーの手はジャマーアとともにあり、〔そこから〕離れる者は火獄へと離れていくのである」となっており、ウンマも明確に言及されている。類似のハディースとして、イブン・ハンバル『ムスナド』には、「二人は一人よりもよい。三人は二人よりもよい。四人は三人よりもよい。それゆえ汝らにはジャマーアが課せられている。アッラーは導きの上にのみわがウンマを集合させる」とある。ここでは、ウンマの合意、多数であることと結びつけて、ジャマーアが述べられている。

クルアーンにはムスリムたちの団結を促す章句が、いくつも見られる。その一つは「汝らはアッラーの絆でしっかりと結び合わさって、決して分裂してはならない」【イムラーン家章一〇三節】であるが、タバリーの解釈書では、イブン・マスウードのハディースを引いて「アッラーの絆」とは「ジャマーア」を指すという解釈を紹介している。(94)

最後に、ブハーリー『真正集』で、クルアーンの「われは汝らを中道のウンマとした」【雌牛章一四三節】の章句との関連で、ブハーリー自身が「ジャマーアとは知識の民（ahl al-ʿilm）である」と明言している。（五）の語義にあたるが、これは「ウンマの合意」（ハディースの表現に従えば「アッラーがウンマを導きに集合する」こと）を「ウラマーの合意」と解する立場と一致する。ウンマの指導者たちが合意をした時、ウンマ全体が合意したとみなしうるという立場は、一般信徒の支持を集めることでウラマーが指導権を確立してきた歴史を背景としている。

以上のことから、「ジャマーア」がウンマを代表するような多数派の集団を指し、その集団が一人の指導者（イマーム）のもとに団結していることが理想とされることが明らかとなった。スンナ派が自らをそうであると規定する「ジャマーア」とはこのような集団であり、それこそがウンマを代表しうる正統な集団である、というのが彼らの主張であった。

言いかえると、ウンマとジャマーアは二重の同心円として描くことができる。ウンマが信徒のすべてを包摂するとすれば、ジャマーアは少なくともその大多数を糾合していなければならない。ムハンマド時代にさえ、ウンマの中にはムハンマドに全面的な忠誠を尽くさない者がいたであろうから、二つが完全に同じ大きさの円であることはありえない。しかし、指導者（または指導者群）があって、多数がそれに従っているならば、基本的にウンマとジャマーアは一致する。正統カリフ時代は、末期を除くとそのような状態にあった。したがって、ジャマーアを重視するならば、正統カリフ時代を肯定しなければならない。

この点においてスンナ派は、アリーに先行するカリフを簒奪者と見るシーア派の主張と対立した。スンナ派の政治論は、「カリフは選出とバイア（誓い）によって成立する」という立場を堅持するが、これは、正統カリフがマディーナの共同体の中で選出され、中央モスク（預言者モスク）でのバイア（誓い）をおこなうことで、ウンマから統治権が委任され、一般信徒たちに服従の義務が生じたという認識を表している。

スンナ派形成においては、正統カリフ制を支持し、教友たちを擁護することが重要なポイントとなった。アシュアリーは、ウンマを代表するイマーム位をめぐって、『イスラーム諸家たちの言説』［al-Ashʻarī 1950］において異なる立場を次のように要約している。

〔諸家は〕イマーム位について、見解を異にしている。果たして、それは天啓的指名によるのか、それ以外なのか。こう言う者たちがある――それはアッラーからの天啓的指名とその受諾によるほかなく、そのように、すべてのイマームが次のイマームを指名する。それがアッラーからの天啓的指名とそれに対する〔信徒による〕受諾である。また、こう言う者たちがある――それは天啓的指名でも受諾でもない。締結の民〔ウンマの指導者たち〕による〔統治委任の〕締結によるものである。［al-Ashʻarī 1950:Vol.2,132］

〔諸家は〕イマーム位が成立するための人数について、見解を異にしている。それについては、二知識と知恵と奥義の民ならば、一人が認めるだけでも成立する、と言う者たちがいる。また、二人以下では成立しない、と言う者たちがいる。また、四人以下では成立しない、と言う者たちがいる。また、五人いなければ成立しない、と言う者たちがいる。また、虚言に合意したり懐疑に陥ることがないほどのジャマーア〔多数集団〕によらなければ成立しない、と言う者たちがいる。
[al-Ashʻarī 1950:Vol.2,133]

アシュアリーは言うまでもなく、イマーム位はジャマーアが統治委任の契約を結ぶことで成立する、という立場に立っている。『宗教の根本原理解明の書』の最後では、正統カリフを全面的に支持して、次のように言う。

〔預言者を後継する〕イマーム位については三つの見解しか存在しない。預言者がアブー・バクルを指名し、彼がイマームとなるか、アリーのイマーム位が指名されたか、次のイマームはアッバースであるとするか。アブー・バクルであるとする見解は、ムスリムたちの合意（イジュマー）とそれに対する証言によるものである。そして、私たちは〔歴史的に〕アリーとアッバースが彼に誓いをおこない、彼のイマーム位に合意したのを見た。したがって、ムスリムたちの合意によって、彼が預言者の後のイマームでなければならない。アリーとアッバースが外面とは違って、〔アブー・バクルに反対する〕内面を隠していたという見解は、許されない。それが許されるならば、すべての合意についてそれを言うことができ、合意の正当性は消滅してしまう。アッラーは人びとの内面による合意を尊重せしめたのではなく、彼らの外面〔の合意〕を尊重せしめたのである。もし、そうであるならば、アブー・バクルのイマーム位に合意と同意が成立したのである。…〔ウマル、ウスマーン、アリーのイマーム位を確認〕……これらの四人のイマームは、彼らが公正であり優れていることに合意が全面的に成立している。……アリーとズバイルとアーイシャの間で起こったこと〔対立やラクダの戦い〕について言えば、それは解釈とイジュティハード〔独自の判断〕であった。アリーはイマームであったが、彼ら全員がイジュティハードの民である。預言者は彼らに楽園と殉教があることを証言していたのであり、それゆえ彼ら全員がイジュティハードにおいて権限を有していたことが確証される。同様に、アリーとムアーウィヤの間で起こったこと〔対立と戦い〕も解釈とイジュティハードであった。教友たちは全員が宗教において、疑うことなく信頼できる指導者であった。［al-Ash'arī 1977:Vol.2,171-179］

アシュアリーは、このように、ムハンマドと彼の弟子たちを理想像とする歴史解釈をうち立てた。そして、彼らの間で対立があった場合は、イジュティハード（解釈）の範囲であり、解釈内容の正否にかかわらず彼らには解釈権があった、との理解を確立した。最初の時代にウンマの合意があり、ウンマを代表するジャマーアが存在したのであり、それを確信する自分たちこそが今の時代のジャマーアである、という主張をここに見ることができる。

5 思想の市場メカニズムと科学の自立

「スンナとジャマーアの民」＝スンナ派の自己形成は、「沈黙の大多数」が明確な主張を持つ多数派となることであった。アシュアリーは、その神学的な定式化に大きく寄与したが、彼だけがその内容を作ったと考えるのは間違いであろう。すでに明らかなように、彼がムウタズィラ学派から転じてこのような定式化へ進む時には、二世紀に及ぶ営為の結果、スンナ派の内実はおおよそ形成されていた。しかも内実の形成は、法学、神学、ハディース学、啓典解釈学などの多くの分野にわたってなされてきたから、スンナ派として一〇世紀に姿を現した運動は、非常に複雑なものであった。ここで、大きな疑問がわく。なぜ、それが可能だったのであろうか。常識的な想定としては、「大多数」だと思っていたとしても、特定の形で自己形成すれば、もう一つの党派・宗派が生まれるだけに終わる方が自然であろう。言いかえると、多数派形成をうながす仕組みがなければ、このようなことは生じないのではないか。

キリスト教の歴史を見ても、四〜七世紀の公会議によって教義を定めていく過程は、教皇を頂点とする位階秩序があって、時に皇帝の介入も得て、成り立っていた。イスラームには、そのような制度はない。宗教的な組織も正統・異端を判定する権威も存在しないとすれば、さまざまな思想や見解が調整され、それらを護持する学派や宗派が淘汰されていく過程は、何を基盤として展開されたのか。この疑問に答えることは容易ではない。

これまで見たように、学究の旅をするウラマーたちが学派やネットワークを形成し、王朝権力と協調と拮抗の関係を結びながら、一般信徒に対する影響力を増してきたのが、「合意」形成のメカニズムとなっている。これを筆者は、「思想の市場メカニズム」と呼びたい。ウンマが思想の市場となっており、そこで「買い手」に相当する人びとが気に入った思想や解釈、法規定の判断などを自分のものにする、という見方である。人気を博するウラマーや学派は、人気が出るには出るだけの理由があるであろうし、人気があるということでいっそう広まることもありうる。長い期間が過ぎる間に、広範に支持された学派や見解が社会的に確立していくから、「合意」も成立する。

これは言うまでもなく、一つのメタファーであり、理解を助けるための「説明原理」である。「市場」でものを考えることは近年の国際社会でも盛んであり、市場を語ることは、説明原理としては安易な印象を与えるかもしれない。しかし、これは単なる思いつきのメタファーではない。ウンマを「思想の市場」として説明することには、四つの正当な理由がある。

第一に、クルアーンが信仰を「商売」と定義していることである。第2章5でも論じたように、クルアーンは、啓典の信仰・礼拝・喜捨は「必ず成功する商売」であるといい、剣のジハード（聖戦）は「救済を生む商売」であると断言している。クルアーンが商業的・経済的な論理によって信仰を語って、その意義を売買のように説得するのは、商人の町マッカで生まれたイスラームならではのことである。信仰が商売であるならば、「思想の市場」も決して突拍子もない考え方ではない。

第二に、文明形成期のイスラーム帝国は国際的な商業を繁栄の礎としており、純粋に経済的な意味においても、ウンマは「市場」となっていた。商業ネットワークと重なって、巡礼ネットワークも展開していた。ウラマーの学究の旅も、そのネットワークを通ってなされていた。もちろん、その市場と「思想の市場」は質が異なるが、「ワッラーク（紙・書籍商）」となると、バグダードに市場が作られ、まさに知識の書かれた産品を商売の種としていた。ウンマと市場には、親和性がある。

第三は、ウラマーの多くが商業に従事していたことである。もちろん、知識は売り物ではなかったが、それだけに暮らしを成り立たせる生業として、商業や手工業が重要であった。ウラマーが農業よりも商業に従事していたのは、学問が都市を場としていたからである。初期のウラマーの職業として、繊維関係（生産または販売）、糸紡ぎ・織物・仕立て、紙・書籍の販売や筆耕（写本作り）、小麦や米の商人、両替商などがあった。法学派の祖であるアブー・ハニーファは絹商人であったし、イブン・ハンバルは運搬業に従事し、少なくとも店舗を一つ持っていたという。ハディース学者のムスリム・イブン・ハッジャージュは反物商人であった。

王侯・貴顕が文化人を引きつけ、パトロンとして、優れた作品に報奨金を与える事例は、史料でもよくみかける。パトロン・クライアント関係は必ずしも商業的ではないが、著作を献じて褒美を得ることは、文人の「市場価値」を示しているようにも描きうる。異能の文筆家ジャーヒズは、神学的にはムウタズィラ学派に属しており、マアムーンの宮廷で寵を受けた。彼は多才であったため、後にムウタズィラ学派が凋落しても、別な文才によって宮廷で厚遇された。また、宝石商を営むハディース学者がハディースの知識で統治者に気に入られ、三万ディナール分の真珠と宝石が買い上げられた［Cohen 1970:29］というエピソードもある。

第四は、「市場」のメタファーは、ウンマの中で学派や思想がどのように広まるかを描くのに、便利だからである。筆者が意図している「市場」は、経済学でいう、需給関係が価格を通じて均衡するような市場ではない。実際の市場で商品が売れる時は、消費者が特定の商品の愛好者として推奨する、彼らの口コミで情報が広がる、売り手の広報のうまさで売れる、政府による助成がある、といったさまざまな要素がある。

学派の興亡で見たように、学派の成功には、学祖の教説が内容的に優れている、あるいは社会ニーズに応える力が高い、教説を十分に執筆する、弟子を育てる、優秀な弟子が輩出する、活動場所がネットワークの結節点になっていて教説が広まりやすい、競合する学派が少ない、統治者の支援を受ける、といったさまざまな要素が関係していた。一般信徒はウラマーに従わなければいけないが、誰に従うかは選択できるため、彼らの選好が学派の興亡を左右した。

統治者による保護を、学派隆盛の鍵とする見方もあるが、過大に評価することはできない。ただ、私たちが言う市場も、実際には政府と深く結びついている。市場が有効に機能するためには、犯罪を防ぐような仕組みが必要であり、それを提供するのは政治の役割であろう。実際に、イスラーム都市の市場では「ムフタスィブ（市場監督官）」の制度が発展し、法学者たちが監督官として不当な高値、買い占め、不良品の販売などを規制した［村田 1993;1995］。

以上のような理由で、イスラームの体系化の時期は、ウンマが「思想の市場」として成熟していく時期であったと考えたい。イスラームには知的活動に介入する宗教的な権威――キリスト教会における教皇や公会議に相当するような――はないが、「私人」としてのウラマーがそれぞれの信条、知識、解釈を「ウンマ＝思想市場」の中で広め、一般信徒たちの支持を受けた思想が次第に優勢となった。他の宗教を見れば、このような自由な論争や対立、あるいは思想の発展は新しい分派や教派を生むように思われる。キリスト教でも仏教でも、時代とともに教派・宗派の数は増えた。しかし、イスラームの場合、七～一〇世紀の思想市場で覇を競った多くの分派は、競合を経るに従ってしだいに姿を消していくことになった。

このような思想市場の形成にとって、「ミフナ」は非常に象徴的な大きな出来事であった。ミフナの歴史的な重要性は、特筆に値する。本書の前半では文明と国家についての考察を大いにおこない、後半（特に第8・9章）では、宗教的な側面をイスラーム諸学の発展から検討した。これらの議論を総括するためにも、「思想市場」としてのウンマという、大きな観点から見たミフナの評価をおこないたい。

ミフナの経過・帰結・意義として、三つの側面が重要である。第一に、ウンマおよびウラマーと王朝権力・国家の関係、第二に、聖俗関係と宗教権威のあり方、そして第三は、本書のテーマであるイスラーム文明と関わりが最も深い問題、すなわち宗教と科学の関係である。

まず、第一の側面であるウンマと王朝権力の関係を見てみよう。ミフナでは、アッバース朝カリフが特定信条をウラマーに強制することに失敗したため、ウンマの思想的・法学的な主導権がウラマーの手に帰着することになった。それ以前は、カリフ自身が学問的な知識を身につけ、ウラマーの宰領者として振る舞うこともあった。ミフナ自体、複雑な神学的議論を理解するカリフ・マアムーンの存在なしには、ありえなかったであろう。マアムーンは、国家権力を伸張させるだけのためにミフナを始めたわけではなく、理性主義的な神学を自ら信奉し、「無知蒙昧」なウラマーと一般信徒を導こうとしたとも考えられる。

ウラマーが――一般信徒の支持を背景としながら――勝利を収め、ウンマの代表権を握ったことは、ウンマと政治権力の関係において、ウンマが優越することを意味する。国家と市場という関係で考えると、市場が権力の介入をはねのけたと言うことができる。

アッバース朝カリフ・ムタワッキルは、ミフナを終了するにあたって、ハディースの民に代表されるスンナ派的な信条を採用した。しかし、それを誰かに強制する政策や制度を作ることはしなかった。

カリフが採用した信条はすでに社会に普及しているものであったから、強制の必要はなかった。ちなみに、ムタワッキル本人は、社会から強く抵抗を受ける政策をやめただけで宗教政策に興味はなく、あとは自分自身の享楽を追求したという［El-Hibri 1999:122］。

第二の側面は、聖俗関係と宗教権威のあり方である。第一の点で論じたように、ミフナをめぐる闘争は、ウンマの指導権をめぐってカリフとウラマーが争うものであった。その結果、ウラマーが解釈権を握るイスラーム法が政治権力に優先することになった。これを聖俗関係に置きかえて表現するならば、聖俗を分離しない「政教一元論」が、イスラーム法と統治の両方の次元で確立されたということになる。

欧米の研究は、この点を逆に解釈することが多い。すなわち、ミフナの失敗によって、聖俗が分離されたという解釈である。たとえば、I・ラピダスはその著の「イスラーム文化と国家と宗教の分離」という章で、『クルアーン被造物説』をめぐる闘争は、初期イスラームの文化と共同体の二つの形態の分離を確定した。すなわち、国家と宗教制度、宮廷と都市ウラマー、イスラーム文明のコスモポリタンな形態と宗教的な形態の分離であった」［Lapidus 2002:102］と述べている。

アッバース朝という王朝はカリフ制に立脚している以上、単なる俗権ではない。かといって、カリフは教皇のような宗教権威というわけではない。一義的には政治権力であり、それはウンマの統治機能を代表するものである。統治機能の中には狭義の宗教的事項に関与することも含まれているが、その権限を独占しようとしたアッバース朝カリフの試みは、ミフナの敗北とともに失敗した。ウラマーたちはカリフの解釈権を限定的に認めたが、最終的な権威は「ウンマの合意」に置いた。ウンマの合意とは、指導的なウラマーの合意であるから、カリフがその一員に含まれる場合でも、カリフの専横は許されないことになる。このようにして、イスラーム法が一元的な支配権を得たと見るならば、俗権としてのカリフと宗教的権威としてのウラマーが分離したとは言えない。

第三の側面は、本書のテーマであるイスラーム文明と関わりが最も深い問題、すなわち宗教と科学の関係である。前章までで論じたように、イスラームが体系化される三世紀間は、イスラーム文明が形成された時代であった。ミフナを開始したカリフ・マアムーンは、ギリシア語文献の翻訳運動を熱心に推進したカリフでもあった。彼がギリシア的な哲学・論理学の影響が強く感じられるムウタズィラ神学に傾倒した背景には、ギリシア諸科学の導入があった。ミフナの失敗は、ムウタズィラ学派がギリシア的な思考をイスラームの土壌に過度に移植したことの限界性をも露呈した。

しかし、ここで着目すべきことは、ミフナの失敗が科学の導入に否定的な影響を与えなかったことである。ふつうに考えれば、理性主義的な神学が敗北し、クルアーンやハディースに依拠する思潮が優勢となった以上、理性的な諸科学が抑制されることが容易に想像される。少なくとも、宗教と科学の対立に関する「常識」から言えば、クルアーンやハディースの字義を優先させる思潮の勝利は、科学の探求と知見と対立するはずである。

しかし実際には、ミフナの敗北はイスラーム科学の発展に影響を与えなかった。現代のムスリム物理学者の一人は自らイスラーム科学史を著し、「ムウタズィラ学派の敗北と伝統主義者の勝利がイスラーム科学の衰退をもたらした」という議論を展開している［Deen 2007］。しかし、ムウタズィラ学派の衰退後もイスラーム科学は発展を続けたから、このような解釈は歴史的な事実とは合致しない。

ミフナと並行してギリシア科学の導入は続いたし、イスラーム科学が確立され、科学・技術の発展によってイスラーム文明は大きく栄えた。自然科学だけではなく哲学にしても、ギリシア哲学の影響を受けて、神学とは全く異なる地平でイスラーム哲学が発展することになった。この分野はファルサファ（falsafa）と呼ばれるが、この語自体がギリシア語のフィロソフィアの借用である。アラブ系最初の哲学者であったキンディー（八〇一頃～八六六年頃）については第7章で述べたが、その後も多くの哲学者たちがイスラーム文明の中で――時には宗教的信条と拮抗しながら――哲学的思索を展開した。

言うまでもなく、哲学は一般信徒のためのものではなく、これらの知的エリートの思想が広範に受け入れられたわけではない。実際、聖典クルアーンと預言者慣行（スンナ）に準拠することを主張する人びとから見れば、このような外来の思想は無用のものと思われた。そのような哲学批判も、たくさん残されている。しかし、その帰趨を決めるのは思想市場の中の論争であり、それに対する信奉者たちの支持のありかであって、権力による介入や禁圧ではなかった。

大事なことは、両者の思索もそれぞれに対する批判も、どれほど激しい批判だとしても、基本的には学問的営為として自由におこなわれたことである。アフマド・ダッラールによれば、「イスラームは、社会における科学の位置と役割を定めるのに一役買ったが、科学の知的内容を定めたわけではない。科学に関する宗教的な講話では、科学は宗教と別のものであると説かれたが、その結果、科学知識は価値判断の影響を受けず、倫理的に中立であって、どれかひとつの特定の文化に属するのではないという考え方が可能になった。宗教的な知識と区別して、厳密な科学は『すべての民族が共有する科学』と呼ばれることが多かった」［ダッラール 2005:215］。

ダッラールは、イスラーム世界では宗教と科学が分離していたという説に立っている――「宗教は、この変化のプロセスで直接的な役割を演じなかった。科学の知的内容をかたちづくることもなければ、科学の発達を妨害することもなかったのである。科学に関する宗教的な講話の目的は、全体としてみれば、科学を宗教に服従させることではなく、この二つを切り離すことだった。つまり、一方の基準をつかって他方を判断してはならないとしたのだ。中世ムスリム世界における科学の運命を形成する上でイスラームは一役買ったが、それは正確に言うと、この科学と宗教の分離によるものだった」「いろいろな意味で、ムスリム世界の科学は世俗的な事業であり、宗教は科学を敵に回すこともなければ、科学の主張を極端に擁護することもなかった」［ダッラール 2005:281-2］。

ダッラールが「分離」を強調しているのは、中世キリスト教会が科学の内容に介入したことに対して、イスラーム世界の科学者が自立性を有したことを指摘しているのであり、その点については筆者も異論はない。しかし管見では、「分離」よりも「ゆるやかな統合」と見た方が、相互の自立性が理解しやすい。それは、同じイスラーム文明の上に乗って、学問諸分野が自立している状態である。つまり、イスラームは宗教と科学を分離せずに――宗教と政治、社会、経済をも分離しないのと同様に――包括するものであり、自然科学もイスラームの一部をなすものとして、科学者たちがその分野におけるイスラーム（＝イスラーム科学の内容）を措定する権限を有している。

法学、神学、ハディース学などの相互の自立から読み取れるのは、ウラマーの専門性と分業の仕組みである。ウラマーの資格と能力は思想の市場を通じて証明されるものであるから、それぞれの専門領域は専門家による自立性がないとなりたたないであろう。言いかえると、法学者が法の規定であると指定するものが法学となり、ハディース学者が真正のハディースと判断するものがハディースとなり、神学者が信徒の信ずべき義務として論じたことが信仰箇条となったのである。同様に、自然科学の諸分野についても、科学者が科学的な知見と指定するものが科学となった。

つまり、ウンマの「思想の市場メカニズム」は、イスラーム科学にも及んだ。法学者たちが法規定であると言うものが法規定となるのと同じように、自然科学者たちが自然科学の知見とみなしたものがイスラーム科学における知見となった。

「ミフナ」が失敗しても科学が衰えなかったのは、市場の性質による。それはムウタズィラ学派の命運を見ても、わかる。公式神学の座からすべり落ちたからといって、ムウタズィラ学派が権力的に社会から駆逐されたわけではない。彼らも思想の市場に残って、努力を続けた。

後期のムウタズィラ学派の集大成を成し遂げたアブドゥルジャッバールが世を去ったのは、アシュアリーの没後九〇年してからである。アブドゥルジャッバールは、アシュアリーの師であったジュッバーイーの系譜を引き、レイの都（現在のテヘラン南郊）で大法官として勢威を誇った。さらに、クルアーンの文法的解析で歴史に名を残したザマフシャリー（一〇七五〜一一四四年）がいる。彼がおこなった文法学と修辞学の観点からの解釈は、今日に至るスンナ派から高く評価されているが、神学的な解釈の部分は全くのムウタズィラ学派である。彼の存在からわかるように、ムウタズィラ学派は一二世紀までは十分に思想としての有効性を保っていた。さらに付言すれば、同派の神学思想はシーア派の主流派である一二イマーム派およびザイド派に流れ込んで、現代に至る。

科学の自立性について、もう一つ興味深い事例がある。それは、哲学者・医学者ラーズィー（ラテン名ラーゼス）である。医学的な貢献については前章で瞥見したが、哲学において彼は「他のすべての哲学者たちが、哲学とイスラームの教えの一致を信じ、両者を調和させようと努力したのに対し「はっきりとすべての啓示宗教を否定した」［竹下 2000:12］のであり、いわば宗教的には異端的な存在であった。彼はクルアーンより、ギリシアの「エウクレイデス（前三〇〇年頃）やプトレマイオス（二世紀）の著作のほうがはるかに人類にとって有益である」と大胆に言いきった［竹下 2000:12］。しかし、思想史上は異端的であるとの批判を受けはしても、社会的に断罪されることはなく、カリフに仕えるバグダードの病院でも故郷でも、優れた医師として尊敬されて生涯を終えた［Walker 1992:63-71］。その理由は、彼が哲学者としてよりも、医学者として名をなしたためと考えられる。彼の高い社会的評価は思弁を好むエリート向けの小さな哲学の市場ではなく、カリフも一般信徒も治療を受ける大きな医学の市場において与えられた。

終　章……その後のイスラーム文明と国家

1　アッバース朝後期から諸王朝の時代へ

イスラーム文明の形成をめぐる議論を終えるにあたって、その後の時代のイスラーム世界の動きを瞥見しておこう。

これまで論じてきたように、七世紀に誕生したイスラームは、一〇世紀半ばまでに基本的な信条や法学が体系化され、イスラーム世界も確固とした存在となっていた。大征服によって獲得された伝統的なイスラーム世界の中心部——今日の中東・北アフリカから中央アジアにかけての地域——は、住民もほとんどがイスラームに改宗し、それらの地域はその後も一貫してイスラーム地域であり続けた。

これを達成する上で大きな役割を果たしたアッバース朝は、一〇世紀前半に「カリフ制の鼎立」という危機に直面したが、やがてそれを乗り越えることができた。シーア派のブワイフ朝はしばらくバグダードを支配下に置き、アッバース朝を傀儡とするほど勢威を誇ったが、一〇五五年にはトルコ系でスンナ派を奉じるセルジューク朝が、ブワイフ朝を排してバグダードに入城した。アッバース朝はスンナ派を奉じる実権者を認証することができ、カリフの権威を回復することができた。セルジューク朝は、カイロを拠点とするイスマーイール派のファーティマ朝にも対抗した。西方のマグリブ地方でも、ムラービト朝（一〇五六～一一四七年）が興こり、イスラームの版図を南方に拡張した。この王朝が「アッバース朝のカリフ権を認めてマーリク派の法学を支持したこと、および土着の異端的諸勢力を消滅させたことは、マグリブにスンナ派による統一をもたらした」［私市 2002］。

ファーティマ朝は一〇～一一世紀にイスラーム世界の中央をうかがう勢いを見せたが、一二世紀後半に幕を閉じることになった。一一六九年にクルド系のサラーフッディーンが宰相となって実権を握った。彼はスンナ派の信奉者で、翌々年にはファーティマ朝のカリフを廃して、アッバース朝に忠誠を誓うアイユーブ朝を樹立した。

シーア派が優勢の時代は、ここにひとまず幕を下ろした。セルジューク朝やアイユーブ朝などの一連の動きを指して、「シーア派の世紀」に続く「スンナ派の復興」と呼ぶこともある。建築様式にもそれが現れたと、タッバー［Tabbaa 2002］は論じている。

一一世紀末から二世紀近くにわたって、西からも脅威が訪れた。十字軍である。一一世紀末に西欧で組織された十字軍は、イスラーム圏に侵入してパレスチナを占領し、エルサレム王国を建てた。その後も何波もの十字軍が来襲した。分裂していたイスラーム側は数十年にわたって苦戦を続けたが、アイユーブ朝を建てたサラーフッディーンはイスラーム勢を次第に糾合し、エルサレムの奪回に成功した。サラーフッディーンは、イギリスのリチャード獅子心王と戦い、西欧側からも騎士の鑑として称えられた。西欧では「サラディン」として知られる［佐藤 1996］。

ちなみに、十字軍というと、キリスト教とイスラームの軍事的対立が強調されることが多いが、文明の伝播の重要な回路でもあった。イスラーム文明によって東方から光が西欧に及んでいた時代は、イベリア半島のアンダルス、シチリア島と並んで、十字軍による往来が伝播の回路として機能した。たとえば、砂糖（アラビア語の「スッカル」がシュガーの語源）の生産はイスラーム圏で発達した［佐藤 2008］。西洋人を魅了するこの「文明の味」を最初に持ち帰ったのは、十字軍と考えられる。

アッバース朝は、アイユーブ朝などからカリフとして支持され、権威を回復した。アッバース朝はもともとシーア派的心情を動員して、ウマイヤ朝を倒した。その後スンナ派が明確な自己形式をおこない、カリフが「ミフナ」で思想統制を試みた時はまもなくスンナ派として自己確立する勢力がこれを打ち破った。アッバース朝がついに自らをスンナ派としたのは、第二五代カリフ・カーディル（在位九九一～一〇三一年）の時代であった［清水 2002a］。カリフの権威を回復することが、アッバース朝のスンナ派化の狙いであったとすれば、それはかなり成功を収めたと言える。そして、さまざまなイスラーム王朝の支配下で、信徒たちが帰属する社会ではイスラームの実質化が法の施行を通して進んだ。

カリフ政体は、指導権の正統性に重きを置いた国家体制であった。何よりも、預言者ムハンマドの創立したウンマの統治機構として、そのレジティマシーの確保が重視された。カリフ政体のあり方を緻密な法学的論議によって体系化したのは、マーワルディー（一〇五六年没）の『統治の諸規則』［アル＝マーワルディー 2006］であった。それに対して諸王朝の時代には、実権者を認証する政治理論が普及するようになった。それは初めカリフによる認証、やがてイスラーム法の施行とそれに対するウラマー（とりわけ法学者）の支持が基軸となった。つまり、最初はアッバース朝カリフが実権者たちを認証することによって、次いでそれを追認する法学的な理論化によって、彼らの統治にイスラーム的な正当性を付与されるようになった［Ībish and Kosugi 1994］。

この流れを最終的なものとしたのは、アッバース朝カリフ国家が一二五八年に、モンゴル軍の手によって滅びたためであった。この頃には王朝としてはイクラの地方王朝にすぎなかったにしても、ウンマの一体性の象徴として六世紀も続いたカリフ政体であったから、その消滅は大きな時代の節目となった。いよいよ、統治者と法学者の同盟に立脚する実権制の時代に入る。

バグダード陥落の直前、カイロでは王権者がアイユーブ朝からマムルーク朝（一二五〇〜一五一七年）に交替していた。マムルークとは「軍人奴隷」を指すが、奴隷という語感に反して、その力は強かった。彼らが政治を左右するようになった端緒は、アッバース朝カリフ・ムタワッキルの暗殺とその子の擁立（八六一年）にさかのぼる［佐藤 1991:64］。マムルーク朝では、彼らは軍人の支配階層を形成した。若くして軍人奴隷として連れてこられたトルコ系やチュルケス系の者たちが、君主の下で訓練を受け、軍団の中核をなす。彼らは長じて「奴隷身分から解放されて、ムスリム騎士としてのエリートコースを歩みはじめる」［佐藤 1991:150］。そして、やがては彼らの間から次の君主が出現する。一族をなす例外もあったが、常に新人が外部から補給され、その中で力量を持つ者が出世するため、有能な者が軍事権と統治権を握る仕組みができあがった。マムルーク朝がその担い手を替えながら二世紀半以上続き得たのは、この仕組みの功績であろう。

ちなみに、マムルーク朝を樹立したのは女性であった。シャジャルッドゥッル（真珠の木）という名を持つ彼女は、もとはアイユーブ朝最後の君主の側妻であったが、夫の死を隠して十字軍との戦いで勝利を収めた。この功績で、軍人たちから君主として推挙されたのであるから、きわめて有能な女性であったことがわかる。その名で発行された貨幣も残されている［中町 2002］。なお彼女の在位は短く、自分が再婚したマムルーク軍人を次の君主としたため、この王朝の残りの君主たちは男性となった。

マムルーク朝の時代は、カイロがイスラーム世界の中心であった。優れた建築物として現在までカイロに残されているモスクは、この時代のものが非常に多い。

モンゴル軍はバグダードを破壊したが、その指揮者フラグを初代君主とするイル・ハーン朝（一二五六～一三三六年以降まで）は、一三世紀末頃までにイスラーム化した。この王朝はモンゴル的な伝統とイスラームを合体させ、その後、ティムール朝（一三七〇～一五〇七年）、ムガル朝（一五二六～一八五六年）と続くモンゴル系イスラーム王朝の系譜を生み出す。

イル・ハーン朝に仕えた政治家かつ文人であったラシード・ウッディーンは『集史』を残している。ペルシア語で書かれた雄大な世界史であり、中央アジア・西アジアの歴史を知るために欠かせない豊かな史料であり、「イラン史学史上最も重要な著作」［白石 1995:179］となっている。

軍事権と統治権を実際に握る実権者が、イスラーム法の施行を前提として、イスラーム法による正当化（具体的にはイスラーム法の護持者としてのウラマーの認証）を得て支配する体制を、アラビア語では「サルタナ（salṭana スルターン制）」と概括する。「サルタナ」には「スルターン」という称号の職位・機能の意味もあるので、その場合は「スルターン制／スルターン国家」と訳すべきであるが、「スルターン」の原義は「権威」「力」であるから、「実権制」と訳すことができる。実権制という意味では、君主の称号が何であるかは問わない。スルターンであってもシャーであっても、あるいはハーンであっても、実権者の権力という本質は変わりがないからである［Ibish and Kosugi 1994］。

実権制の範疇に含まれるという意味では、シーア派も、同じような新たな展開をみせた。ファーティマ朝が滅びた後、穏健な一二イマーム派が次第に伸張した。シーア派はすべて、正統なイマームがウンマを指導すべき（統治すべき）という観念を共有しているが、一二イマーム派はそのようなイマームを一二人に限定している。そして、第一二代イマームが九四〇年から「大幽隠」に入ったとする。言いかえると、終末まではイマームは不在である。そのため、イマームが不在である（＝正統な統治者がいない）状態において、どうすべきかについて議論が展開された［Ībish 1990a; Ībish and Kosugi 2005］。

イマーム以外の統治者は何らかの意味で不適格者であるが、正統な統治者が不在である以上、実際問題としてはそのような統治者に妥協する以外の道はない。イスラームの教え、イスラーム法を護持するのは、本来はイマームの権限であり義務であるが、これもウラマーが代行するしかない。そしてウラマーは、イマームの不在を前提として、イスラーム法に従う統治者であれば、やむをえず認証することになる。ここに、ウラマーと統治者の同盟が成立する。

それがはっきりした形をとったのは、イランを制覇したサファヴィー朝（一五〇一〜一七三六年）であった。この王朝は、一二イマーム派を国教（王朝が護持する学派）として、その教えを定着させるために、同派の学的な中心であったレバノンからウラマーを招聘した。イラン史の中に「アーミリー（アーミル山地出身）」という出自名を持つ学者がいく人も名を残しているが、アーミル山地とはレバノン南部の山地で、古くからシーア派の拠点であった（現在もシーア派住民が多数派を占める）。このような努力によって、それまでスンナ派が多数であったイランは、次第に一二イマーム・シーア派が優勢となっていく（それが今日にまで続いている）。

スンナ派の実権制も大きく成長する。一三世紀末にアナトリア（小アジア）西部で始まったトルコ系のオスマン朝が、一四五三年にビザンツ帝国を滅ぼし、イスタンブル（旧コンスタンチノープル）を首都として、地中海地域の覇者として勃興したからである。コンスタンチノープルは、ウマイヤ朝が攻略を試み、アッバース朝が攻略をめざし、ついに果たせなかった都である。イスラーム軍による最初の攻勢（六三四年）から、最終的な攻略まで八〇〇年以上かかったことになる。

その後、オスマン朝はシリア、エジプト、アラビア半島を征服し、それ以前のイスラーム王朝をも継承する存在となる。なお、オスマン朝君主がエジプトを征服した際にカリフ位を得た、という伝承が一九世紀になってから流布するようになった。

それは次のような経緯の話である——アッバース朝カリフ国家はモンゴル軍の来襲で終わりを迎えたが、アッバース家の子孫はその直後にカイロに迎えられ、「カリフ」の称号は細々と続くことになった。実態はもはや権力を持つイスラーム世界の代表ではなく、マムルーク朝に仕えて軍人スルターンに正当性を付与する貴人にすぎなかった。とはいえ、古典的なカリフ制論の集大成を著したカルカシャンディー（一四一八年没）は、自分の時代のアッバース家カリフに対して、なおも「当代のカリフ」と敬意を払っていた [al-Qalqashandī 1964]。アッバース朝カリフの残光にすぎないにせよ、正当性の観点からは威光があったということであろう。そして、一五一七年にエジプトを征服したセリム一世が、その時のアッバース家カリフからカリフ位を譲り受けた、という。

この物語はセリム一世の当時に流布したのではなく、一九世紀になってオスマン朝が危機を迎え、イスラーム世界全体からの支持を必要とした時に喧伝された。一六世紀のセリム一世は自己を正当化するのに、カリフの権威を必要としなかったであろう。その時代にはすでに、イスラーム政治論は実権制の理論がしっかりと根を下ろしていたし、オスマン朝スルタンの強大な権力は威光を版図の全域に放つに十分であった。称号という点では、アラビア半島を支配下に収めて「二聖都の守護者」となったことの方が、よほど重要であった。

この時代のスンナ派王朝としては、もう一つ、ムガル朝を加えておかなければならない。これはバーブルが一五二六年に、北インドに樹立したイスラーム王朝である。「ムガル」はペルシア語のモゴール（モンゴル）に由来する呼び名で、バーブルの系譜をたどると、モンゴル系イスラーム王朝としてのティムール朝に発する。

ムガル朝がインド全域を支配下に置くことはなかったが、最盛期にはインドの大半を版図に収め、三世紀以上にわたって南アジアのイスラーム化を進める役割を果たした。スンナ派の王朝としては、オスマン朝の宗主権を認めていた。一六世紀を見ると、このように西から東に向かって、オスマン朝、サファヴィー朝、ムガル朝が鼎立し、いずれも国力が充実する時期を迎えていた。

もう一度まとめて言うならば、七～一〇世紀は、イスラーム帝国の首都がマディーナ（後に一時クーファ）、ダマスカス、バグダード（一時期サーマッラー）に置かれ、アラブ人のカリフが収めるカリフ制の時代であった。本書では、その時代を中心にイスラームの文明と国家を論じた。次いで、地方王朝が確立し、軍人の統治者が勃興し、移行期となる。つまり、正当性を重視するカリフ制から実権制へと、国家と権力の実態が変化していく。そして、一三世紀半ばにカリフ制国家が終焉を迎えると、名実ともに実権制の時代である。イスラーム法と実体的な統治がウンマの一般原則となった。統治者たちの民族的な出自も、トルコ系、チュルケス系、モンゴル系など、多様化する。本書において「ウンマ＝エスニシティ複合体」と呼んだものは、被統治者レベルだけではなく、統治者のレベルでも具体的な内実を持つようになったと言えよう。このような過程を通じて、イスラーム国家の多様化、イスラーム文明の拡散が進んだ。

アッバース朝が巨大な版図を治めていた時代には、そのカリフ制国家を一体的な交流の場として、イスラームの体系化、法学派の構築、ウンマの実体化、東西貿易の市場の発展、科学・技術の移入と新しい文明の形成、「思想の市場」の成熟などがおこなわれた。この段階では、王朝の一体性には、非常に大きな意味があった。しかし、いったんイスラームの体系化や学派の構築がおこなわれ、イスラーム法が実質的に運用されるようになると、地方王朝の分立にもかかわらず、各地域の独自性と多様性を加えながら、イスラーム文明は発展を続けた。あるいは、地方王朝の繁栄によってこそ、それが促進されたと言うべきかもしれない。

2 イスラーム文明の展開

イスラーム文明の黄金期として、しばしばアッバース朝時代があげられるが、科学とテクノロジーの実際の発展は、基礎が置かれたアッバース朝前期から一五〜六世紀まで継続した。諸王朝の時代に、イスラーム文明が輝く数世紀が続いたのである。科学者や文人を保護し、学芸を奨励する君主もたくさんいた。本書では、最初の三世紀にこだわった論議を続けたが、世界的な科学史から言えば、それ以降にいっそう知の巨人たちが出現している。

たとえば、天文学が端的な例であろう。第7章5で一〇世紀までの天文学を見たが、天文台において観測が徹底しておこなわれたのは、トゥースィーがマラーガ（現在のアゼルバイジャン）に天文台（天文観測所）を建設してからである。トゥースィーは、フラグ率いるモンゴル軍がバグダードを陥落させた後に、フラグに仕え、このモンゴル人君主を説いて天文台を建設することに成功した。一二五八年のアッバース朝滅亡は政治史的には大事件であったが、それによってイスラーム文明の歩みが止まったわけではない。科学史から言えば、天文台の建設の方が大事件と言うべきであろう。

トゥースィーは多才な学者で、シーア派神学や哲学にも貢献したが、数学と天文学での業績が大きい［仁子・鈴木 2002］。マラーガの地に一二五九年にトゥースィーが作り出した天文台は、観測施設のほか、多くの優れた科学者集団を擁し、膨大な写本を収めた図書館を持ち、イスラーム天文台の新しい基準を確立した研究施設であった［Sayili 1981:185-223］。

マラーガに拠った学者たちを「マラーガ学派」［仁子・鈴木 2002］と呼ぶことができる。たとえば、その系譜に位置するクトゥブッディーン・シーラーズィー（一三一一年没）は、人文的な諸学と自然科学の諸分野を網羅した知識人であった。彼は哲学や医学を学んだ後に、マラーガの天文台に加わって数学、天文学などの自然科学の知識を深め、また、啓典解釈学、神学を含むイスラーム諸学でも大きな貢献をなしている。ペルシア語とアラビア語での詩作も残されている［Bakar 1998(1992):229-244］。

近年の天文学史において、ジョージ・サリバはイスラーム天文学の役割に新しい光を当て、その再評価に貢献している。彼によれば、シーラーズィーの後にも、ニーサーブーリー（一三二八年没）、イブン・シャーティル（一三七五年没）とその同時代のブハーリー（一三五〇年頃没）、クシュージー（一四七四年没）、シルワーニー（一四五〇年没）、最終的にハフリー（一五五〇年没）へと続くイスラーム天文学の発展があった。これらの天文学者たちはいずれも、ギリシアから継承した天文学を乗り越えるような独創的な知見を示した［Saliba 2007:240］。

この中で特に注目に値するのは、トゥースィーとイブン・シャーティルである。両者がコペルニクスに直接影響を与えていることが、近年の研究によってほぼ疑いのないところとなっている。一九五七年以降の写本の発見やノエル・スワードロウ、オットー・ノイゲバウアーらのコペルニクスの数学的天文学をめぐる研究によって、「コペルニクスも、自分自身が構築した新しい基礎だけに基づいて、新しい天文学を案出した〔先行者から〕全く切り離された存在ではなく、最後のマラーガ天文学者」と考えられる［Saliba 2007:209］。

従来の天文学史では、イスラーム天文学の発展がもっと早くに止まり、コペルニクスらの画期的な発見はそれとは断絶しておこなわれたと考えられていた。しかし今や、トゥースィーやイブン・シャーティルの天文学書をコペルニクスが知っていたことはほぼ明白となっている。ただ、コペルニクスが実際にどこでトゥースィーやイブン・シャーティルの著作を見たかを実証することは、将来に残された課題となっている。コペルニクスがマラーガ天文台（＝イスラーム天文学）の系譜の最後を飾るとすれば、逆に、イブン・シャーティルは「コペルニクス以前のコペルニクス・モデル」（ビクター・ロバーツによる表現）［Saliba 2007:196］を提示したと言えるのである。

ここでは天文学だけを取り上げたが、数学や哲学にしても、医学や工学にしても、あるいは農書が伝える豊かな農業技術［清水 2007］にしても、イスラーム文明の展開はかなり長く続いた。西欧における近代科学は一六世紀以降に大きく隆盛したが、その直前までイスラーム文明は活発な活動を展開していたのである。天文学の例で名前があがった最後のハフリーは、一六世紀半ばに没した。西欧では一六世紀から、望遠鏡に代表される天文学が発達した。ガリレオ・ガリレイたちが傑出する時代である。このあたりの時期に、文明史における科学・技術上の担い手が交替したことが見て取れる。

もっとも、文化面では、その後はイスラーム世界はまだまだ強い光を放っていた。砂糖がイスラーム世界から西欧に伝わった「文明の味」だったことは上述したが、コーヒーとカフェの文化も、文明の味と「社交制度」として西欧に熱狂的に歓迎された。エチオピア原産のコーヒーを飲料として用いたのは、一五世紀頃のアラビア半島東南部であった。これをコーヒーの発明と呼ぶならば、イエメン人がその発明者である。コーヒーとカフェは、アラビア語の「カフワ(qahwa)」を語源とする。コーヒーに覚醒作用があることを知って、イエメンの神秘主義者たちは夜通しの祈念の集会で用いたという。

一六世紀初めにはカイロでカフェが発展し、一六世紀半ばまでにオスマン朝の帝都イスタンブルまで広がった。飲酒をしないイスラーム社会で、コーヒーを飲んで社交する装置としてのカフェが発達したのは理の当然かもしれない。社会運営の技術体系に属する発明であろう。西欧社会でも、パブなどの飲酒の場では近代的なビジネスをするのにはそぐわず、カフェという斬新な仕組みが好評を博することになった。コーヒーハウスの文化は、一七世紀の西欧諸国を席巻した[ハトックス 1993]。

3 イスラーム世界の退勢と「文明の復興」

以下の近現代については、イスラーム文明の「後日談」のように聞こえるかもしれない。過去三世紀の間に、西欧諸国が勃興して列強の手によって世界が一体化し、全体として西洋的な近代文明が世界的に広がる時代となった。イスラーム文明に限らず、前近代の諸文明は、産業革命以降の近代文明の圧倒的な力の前にすっかり影が薄くなった。

しかし、近代的な科学と技術に依拠する物質文明は、現在では多くの地球的問題群を生みだし、私たちが住む地球そのものを危機に陥れるようになった。折りから、二〇世紀後半にはイスラーム世界で、いわゆる「イスラーム復興」の諸現象が顕在化し、その中からイスラーム文明を再生させようとする知的な活動も盛んになった。それは、近代文明へのクリティークのみならず、イスラーム文明が停滞したことへの痛烈な自己批判をも含むものであった［小杉 2007］。

どこから、イスラーム世界が退勢を迎えたのかについては、議論が分かれる。上に触れたように、イスラーム世界が発明したコーヒーとカフェは、政治的な退潮が始まった後でも、文化面で西欧諸国に大きな影響を与えた。イスラーム社会そのものにおいては、イスラーム法もイスラーム的な諸制度もしっかりと機能していた。軍事的な観点から見ると、転換点は一六〜七世紀にあった。

オスマン朝の脅威が西欧にとって極大化したのは、スレイマン大帝が親征した第一次ウィーン包囲（一五二九年）であった。オスマン軍は、きわめて有利な講和の後に撤収した。しかし、一世紀半後の第二次ウィーン包囲（一六八三年）は失敗に終わり、オスマン朝の衰退の始まりを告げるものとなった。一六九九年に締結されたカルロヴィッツ条約によって、オスマン朝はバルカン半島の重要な版図を永久に失うことになった。かつて拡大の一途をたどり、たとえ領土を失っても再獲得してきた帝国も、これ以降は次第に縮小の道を歩む。

一八〜一九世紀のオスマン朝は、洋式軍隊、洋式学校の取り入れなど近代化に腐心したが、退潮を決定的に逆転させることはできなかった。一九世紀になると、イスラーム圏から西欧に留学した知識人たちは、西洋文明の成功の秘密を理解しようと必死になった。日本にとっても同時代的に、身に覚えのある現象であろう。

かつて「光は東から」であったイスラーム文明と西欧の関係は、近代に入って明らかに逆になった。それ以来、非常によく表明される疑問は、かつて文明の黄金期を築いたイスラーム世界は「なぜ没落し、西洋に対して劣勢となったのか」という問いである。これは、イスラーム世界の中でも自己批判として口にされるし、欧米では、しばしば「進歩的な西洋、停滞的なイスラーム」という、オリエンタリズム［サイード 1986］の図式として語られてきた。

回答としてよく語られるのは、宗教改革、政教分離、聖俗革命（科学と宗教の分離）、国民革命などを西欧が達成し、イスラーム世界はそれらを欠いているという歴史的な説明や、イスラームと近代的諸価値が適合しない、という文化的決定論などであった。

天文学の表現で言えば、「なぜ、西洋ではコペルニクス的転回がおこり、あれだけ天文学が発達したイスラーム世界でそれがおきなかったのは、なぜか」という問いとなる［Huff 2007］。このような問いはすべて、コペルニクス的転回を是とし、近代を肯定し、近代化を善とみなす価値観を反映しているが、問いそのものが持つ歴史性を忘れるわけにはいかないであろう。

コペルニクス的転回は、天動説を神学的に強制する教会という歴史的背景があって初めて意味を持っている。神学者や法学者が科学に介入せず、科学者の学説が科学であったイスラーム世界では、天文学の学説が何であれ、「科学が教会に勝利する」転回は起こりえなかった。近代的な発展の背景因としての政教分離も聖俗革命も、西欧の文脈で意味を持つことであって、イスラーム世界に限らず、アジアやアフリカに当てはめて当否を論じることは本来適切ではない。イスラーム文明において、科学が「思想の市場メカニズム」によって自由に発展することができたことは、第9章ですでに論じたところである。実際のところ、近代のイスラーム世界は地動説を受容したが、それは科学者たちが科学的知見として認めたからであって、宗教的な信条とはかかわりのない問題であった。

西洋文明だけがなぜ近代を達成できたのかについては、多くの議論が存在する。西洋だけが近代を用意したわけではないという、梅棹忠夫の「文明の生態史観」は日本的な近代を論じて、西洋的近代を大きく相対化するものであった。本書でも引用したように、村上泰亮はさらに「文明の多系史観」で多元的な文明の相対化を進めた。

諸文明の関係についての筆者の考えは、「諸文明の相関的発展論」と名付けることができるかもしれない。従来の西洋的な文明論では、文明の発展を単系的なものとして、各地で単系的発展がおこるべきと考えた上で、発展をきわめた西洋と後進的な非西洋、という二分法を用いてきた。しかし、比較文明学的に考えるならば、人類の諸文明は互いに影響し合って発展するものであり、補完的・相関的にこそ発展が成し遂げられる。

端的に言って、どこの文明でも、必ずそれぞれに同じものを発明したり発見したりする必要はない。たとえば、どこの文明も自分で鉄を作り、数学を編みだし、紙を発明し、爆薬を考案しなければならないと言えば、それは歴史的な事実にも文明の摂理にも反する議論であろう。どこかで発明がなされれば、他の文明はそれを継受できるし、そうしてきたからである。文字にしても、メソポタミアとエジプトで文字が発明され、「文字」というコンセプトが世界に普及すれば、それで人類は満ち足りる。文明圏によって文字が違うのは、伝播と適用の多様性によるもので、単系的な発展の論理に従ってそれぞれが文字を無から発明したからではない。

交通や通信の手段がどれほど未発達な段階でも、人類は常に何らかの交渉をもって生きてきたのである。したがって、すべての発明は、いったん発明されれば、遅速は別として、必ずや普及し、共有されるようになるものである。文明は、相関的に発展するのであり、それぞれ自力のみで独自に発展することも、同じような要素をそれぞれに発明することもありえない。

科学や技術だけではない。宗教についても同じことが言える。宗教はどこかで成立すれば、他の地域に広がるものであり、それぞれの地域が同じような宗教を生み出す必要もなければ、生み出してきたという事実もない。一神教は主として西アジア――筆者が「セム的一神教の故地」と呼ぶメソポタミア、エジプト、アラビア半島を結ぶ一帯――で生まれ、輪廻転生の概念を共有する仏教やヒンドゥー教は南アジアで生まれた。各地域で多神教から一神教へと「進化」する単系的な発展があったわけではない。

このように諸文明の関係を考えると、そこには、人類は互いに影響し合い、助け合う――あるいは、競争し戦うためにも互いから学び合う――という「文明の摂理」を見いだしうるであろう。また、そのことは、諸文明が並行的に、同時に発展するものでもないことを意味している。いつの時代にも、先進的な文明があり、他の諸地域はその影響を色濃く受けた。少なくとも、技術は容易に伝播する。

生産力にしてもエネルギー制御にしても、科学と技術にしても、人類は古代から次第にその能力を高め、新しい文明ほどその力を強めてきた。時代によって、人類の先端を進む文明は異なる。先端を進もうとする文明は先行文明から学び、創発的発展を遂げ、支配的な時代を築く。人類の生産と科学、技術の力が次第に向上するならば――地球が有限である以上――ある時、どれかの文明が世界制覇する能力を身につける。近代に至った時に、先導的となる順番にあたったのが西洋文明であった。

なぜ西洋であったのかという問いには、上のように考えるならば、答えはないかもしれない。人類の文明が次第に力を増し、順に発展していくならば、必ずどこかの時点で地球制覇の水準に達するであろう。問題は、なぜ西洋が最初にその段階に達したかという問いではない。この問いは、一九世紀以来、近代西洋の偉大さと優越性として論じられるか、アジア・アフリカにおいて、自己批判として論じられてきた。イスラーム復興の思想家として名高いシャキーブ・アルスラーン（一九四六年没）も、『なぜムスリムたちは後進的となり、なぜ他の人びとは進歩したのか』［Arslān 1985 (1930-31)］において、その問題をイスラーム世界の痛切な自己批判と自己再生への希望と共に論じた。しかし、現在において問題にすべきことは、この段階に達した近代文明が自己制御力を欠いている点にある。

近代以前の段階では、地球全体を制覇する能力も、人類を滅亡させるほどのテクノロジーも存在しなかったし、多くの文明において、科学とテクノロジーの水準と社会運営の技術体系は、それなりにバランスを保っていた。ところが、近代以降の文明発展においては、科学とテクノロジーの進歩に対して、社会運営の技術体系が相応しなくなっている。端的に言って、軍事力の増大に対して、国際的な紛争を制御する仕組みは、対応できていない。二次にわたる世界大戦にしても、冷戦期の核軍拡にしても、二〇世紀においてバランスの欠如が大きな悲劇を生み出したものである。

さらに、二一世紀に入った今日、私たちは多くの地球的問題群に直面し、西洋的な近代文明をナイーブに肯定することは、もはやできなくなっている。近代的な西洋文明が達成したものは、便利で快適な生活を実現する力という面と、人類社会――あるいは自然をも含む地球社会――に対する破壊的な力という面を合わせ持っている。科学技術の発展は、社会的な価値や倫理から切り離され、暴走するようになった。そのことに対する警笛はしきりと鳴らされてきたが、その一方で、近代的な産業文明の負の側面をどのように脱却できるのか、道筋は明確には見えていない。

今日の私たちが直面しているのは、このようなアンバランスな文明の発展を制御して、地球社会の生存基盤を持続せしめることが可能な発展径路を見いだすことであろう。そのためには、人類が持っている文明の遺産を総点検する必要がある。管見では、「諸文明の目録」を点検し、そこから学べるものを汲み出す必要がある。その目録の中で、比較的研究されていない文明の筆頭にイスラーム文明があげられる。

私たちは、人類の文明史におけるイスラーム文明の貢献を長い間、忘れてきた。それは西洋文明においてそうであったし、近代において西洋からもっぱら知識を導入してきた日本でも、西洋中心的な文明観や歴史観が引き写されてきた。戦国時代末期から安土桃山時代に日本は西洋と出会い、その文物に熱狂したが、実際には、それは西洋がその少し前にイスラーム文明から導入した科学や技術であることも多かった。そうしたものは、現代人の生活に不可欠な「文明の利器」にも多く見られる。

たとえば、身近なところで、石鹸。「硬石鹸はアラブ人によって最初に作られ、後にヨーロッパに広まった。石鹸製造は多くのイスラム諸国、特にシリアで重要な産業となった」［アルハサン、ヒル 1999:201］。日本に石鹸が到来した時、「シャボン」という名が伝わったが、これはアラビア語のサーブーン（ṣābūn）に由来する。しかし、私たちは何となく、それが舶来の（西洋起源の）ものと思っている。アラブ人が石鹸を作りだした背景には、清潔を重視するイスラーム的な社会運営の技術が見いだされる。

食卓にのる食品の数々がイスラーム時代の農業革命に由来することは前述した（第7章5）。私たちにとって洋食を代表する小麦粉のパンも、イスラーム文明が先導的に広めた。「イスラム世界の農業の顕著な特徴は、主要産物かつ主食であるコムギ（小麦）が優位を占めていることである。北ヨーロッパでは、中世を通じて上流階級も主にライ麦パンを食べており、中世末期になってやっと小麦パンを消費するようになった」［アルハサン、ヒル 1999:267］。

甘味の王様としての砂糖、飲料としてのコーヒー、レモンやライムなどの柑橘類を世界に広めたのも、イスラーム世界であった。アルコールやアルカリも、アラビア語起源である。日本人は、パンもコーヒーも西洋起源のものと思ってきたが、文明史的な認識をもう少しグローバルなものにすべきではないだろうか。

生活に身近ないくつかの例を挙げたが、筆者は決して、文明の利器がどれもイスラーム文明に由来すると言いたいわけではない。文明は互いに影響し合い、互いから学んで発展する。その点では、イスラーム文明も他の文明と同様である。問題は、それぞれの文明の貢献がきちんと知られ正当に評価されているかどうか、という点にある。その観点から見れば、イスラーム文明の歴史が長らく忘れられてきたことは疑いを入れない。

しかし、その一方で——歴史を正しく評価したとして——現代におけるイスラーム文明の再生は可能であろうか。別な言い方をすると、現在の人類文明の再生に向けて、イスラーム文明の遺産からなにがしかを汲み出し、活用することは、可能であろうか。

この点については、二つの面に分けて考えることができる。つまり、本書では文明を「技術体系／テクノロジー」によって特徴付けられるものと考えた上で、技術体系について、科学・技術的な意味でのテクノロジーと、政治・経済を含む社会運営の技術体系の二つの面を考察してきた。したがって、イスラーム文明の科学・技術の面と、社会運営の技術体系の面について、それぞれ別な評価をすることができる。

前者については、イスラーム世界はいまだに先進国の後塵を拝している。一六世紀以前の文明の輝きは、全く回復されていないし、近い将来に回復される見通しもないであろう。その点について、ダッラールの言葉を引用しよう。イスラーム科学史、特に天文学の専門家であるアフマド・ダッラールについては、本書では何度も参照した。最近の著『イスラームと科学と歴史の挑戦』で、彼は将来におけるイスラーム科学の復興は希望であり、まだ現実性はないという厳しい認識の下に、次のように述べている——「近代的な科学文化が引き起こす挑戦は、前近代の社会にはどこにも見られなかったものである。近代科学を考察する上で、今日のムスリムは、古典期には取り組まれたことのない挑戦と向き合わなければならない」[Dallal 2010:176]。

ダッラールは、前近代の科学史については、イスラーム科学を適切に再評価した書き直しを求め、実際に実証的にそれに貢献している。その立場から、現状についてはこの厳しい認識を示している。

イスラーム世界が近代科学の受容において遅れていることは疑いを入れない。仮に自然科学の分野におけるノーベル賞を例とするならば、イスラーム世界からはまだ、パキスタン出身のアブドゥッサラーム博士（物理学賞、一九七九年）、エジプト出身のアフマド・ズワイル博士（化学賞、一九九九年）の二人しか受賞者が出ていない。ノーベル賞が欧米偏重であることを差し引いても、二一世紀初めに世界人口の二三％を占めるイスラーム世界から二人だけという事実は、科学面での遅れを示している。それを克服した上で、さらにイスラーム的なパラダイムに立脚する現代的な科学文化を構築するとなると、迂遠なプロジェクトとならざるをえない。

イスラーム世界の現状について、文明のもう一つの面である社会運営の技術体系から見るならば、それは必ずしも退勢と退歩の物語ではない。おそらく、一九世紀後半から二〇世紀前半にかけては、西欧の側でもイスラーム世界の内部でも、イスラーム的な政治・社会・経済システムは、近代的なそれに太刀打ちすることができず、近代社会を獲得しようとするならば、近代化・世俗化の道を歩むしかない、という見方が有力であった。

当時の軍事と国際政治の現実から見れば、その印象は決して的外れではなかった。第一次世界大戦においてそれまでイスラーム世界の盟主であったオスマン朝は敗戦し、その頃までにイスラーム世界のほとんどが列強の植民地支配下に入っていた。しかも、灰燼に帰しかかったオスマン朝の版図からアナトリアとヨーロッパの一部を救い出し、新生トルコ共和国を作った指導者たちは、西洋的な近代国家建設をめざして脱イスラーム化を進めた。後に植民地から独立した国々でも、西洋的な近代化が推進された。文明としてのイスラームやそのシステムは終わりを迎えた、と判断されるのも当然であった。

この趨勢に立ち向かうかのようなイスラーム復興が顕在化し始めたのは、一九七〇年代であった。その後四〇年にわたって、草の根の復興は広がり続けているし、国際社会において問題とされる政治的なイスラームの再登場もさまざまな形で——急進派も中道派も含めて——各地に現れている。イスラーム復興の背景にあるのは、イスラームを現代において有効な宗教・倫理・価値体系として、あるいは政治・社会・経済制度として、さらには文明として再生しようとする思想と運動である［小杉 1998; 2006a］。

近代化や西洋化が世界を席巻している時代に、なぜ、そのような思想や運動が力を持ち得たのかを考えるならば、本書の文脈からは少なくとも四つのことが指摘できる。第一に、イスラームにおける社会や国家、文明の基盤となっている啓典クルアーンが、聖典としての影響力を保持してきたことであろう。言うまでもなく、古い時代の聖典が実効性を持つのは、章句の解釈者たちがその時代に適合する解釈を展開できる場合だけであるから、現代的な解釈と合わせて、聖典の影響力が継続したことになる。世俗化や政教分離を勧める啓蒙的な近代思想の時代に、聖典の力が継続することは、それ自体が容易ならざる現象であろう。イスラームが、啓典クルアーンの概念の中に「時代を超える言語」

という遊牧文化の特質を織り込み、三項連関の特徴を持つ文明を作りだしたことは、第3章で論じた。

第二の要素として、クルアーンの内容がもともと都市的であることがあげられる。そこには、商業的な考え方をベースにして、人間の平等や契約の公正など、近代的な思想と適合的な要素が見られる。イスラーム経済は、前近代においても市場を基礎としていたし、高度な国際貿易ネットワークを生みだし、それを運営する能力を有していた。また、唯一神を前提として、神が創造した自然の摂理を探究する諸科学が発展したことも、近代文明と邂逅しても、あるいは社会の近代化が進んでも、宗教思想が容易に社会と乖離しないですむ理由と考えられる。

第三は、イスラーム法の継続性である。一九世紀後半以降、「法の近代化」の名の下に、国家の制定法に西洋法を導入してイスラーム法と置きかえる過程が進行したが、家族法などの領域ではイスラーム法が強く残存したし、国家が関与しない領域ではイスラーム法とその倫理が社会を規制し続けることも多かった。イスラーム法は属人的な原理によっているため、主権のおよぶ領域を支配する制定法と摩擦をおこす面と、そのような属地的な法と次元を違えて共存する（すなわちイスラーム法がしぶとく継続する）面を持っている。さらに、二〇世紀半ばから、イスラーム法学ルネサンスが始まり、イスラーム法を現代に適用するための解釈の革新が始まった［小杉 2003］。

第四の要素は、かつてのイスラーム文明の繁栄という歴史事実、あるいはそれをウンマの栄光の過去としてムスリムたちが強く自覚する歴史認識である。今日、「イスラーム文明の復興がありうる」

という信念がイスラーム世界に存在するのは、かつてイスラーム文明の黄金期があったという事実抜きには考えられない。かつて先行文明を吸収して、新しい文明をうち立てることができたのであれば、今日、近代文明を吸収して、もう一度イスラーム文明を再生することも可能ではないかという議論は、多くのイスラーム復興の指導者たちを勇気づけている。

もちろん、この命題は、一つの可能性に過ぎない。かつて、ギリシア科学を吸収して独自の科学を生み出したように、近代科学をわがものとした上でイスラーム的な理念に立脚した科学を生み出しうる、という考えは、それだけでは夢想に終わるであろう。上に引用したダッラールの言葉のように、「近代科学を考察する上で、今日のムスリムは、古典期には取り組まれたことのない挑戦と向き合わなければならない」。それは近代科学に限らず、現代社会の多くの面について言える。

その一方で、現代においてイスラームを実現しようとする意思と努力は、私たちが想像もしなかったような形で姿を現してきた。たとえば、イランにおけるイスラーム革命（一九七九年）とその結果としてのイスラーム共和制があり、また、一九七五年のドバイ・イスラーム銀行を嚆矢とする商業的なイスラーム銀行の設立がある。前者は、「神の主権」を前提とするイスラーム的な政治論を現代国家として実現するという実験であった。そのような考え方は、一九二〇年代にオスマン朝が崩壊する時に新しい代替案として模索されることはあったが、二〇世紀半ばまでには、それも「過ぎ去った歴史」とみなされていた。イランの革命国家はそれを覆す大きな実験をおこなった［小杉 1994］。

後者も、現代世界の文脈ではきわめて革新的であろう。クルアーンが「リバー（利子）」を禁止しているところから、リバーを用いずに非リバー的な利益をあげる金融システムを構想し、それを資本主義の中で実行に移し、しかも商業的な成功を収めるところまで発展した。一九七〇～八〇年代には、「無利子金融」とは言語矛盾か「利子を手数料と言いかえる」類いの言葉の遊びと冷笑されていたが、かつてのキャラバン貿易で用いられていた協業契約や利益を生む売買契約などを金融商品の一部として再活用することによって、イスラーム金融は利子を回避して営業することが可能となった。ここには、現代におけるイスラーム法の革新が反映している［小杉・長岡 2010］。

イスラーム銀行の成功因の一つは、聖典で禁じられた利子を嫌う顧客層が掘り起こしたことであった。言いかえると、イスラーム的な社会運営の技術体系を現代に活用するという実験が金融の分野で一定に成功を収めた一因は、その技術体系の基礎となっている世界観・社会観を保持する顧客がイスラーム世界の中で健在だったことにある。この面を見るならば、イスラーム文明は決して過ぎ去った歴史にだけあるわけではない。

本書では、イスラーム文明の形成期を論じたが、「その後のイスラーム文明」はどこまで続くであろうか。科学・技術については一七世紀以前で終わるのか、現代から未来に向かっても続きがありうるであろうか。社会運営の技術については、これからも再生と再活用の分野が広がっていくのであろうか。広がるとすれば、どのような分野でどれほどの革新がなされることになるのであろうか。さらにグローバルな観点から言えば、これからの人類文明に、イスラーム文明——あるいは、そのほかにもインド文明や中国文明など、前近代に光を放った文明——の遺産やその再生が貢献する道がありうるであろうか。それは、本書の主題を超える設問であるが、イスラーム文明形成期のダイナミズムを見るにつけ、現代における文明再生への実験を見るにつけ、問題意識を刺激する問いとなっている。

〔注〕

第1章

(1) この湾の名称は現代に入ってから、ペルシア湾とアラビア湾の名称が対立することもおこっているが、歴史的にはペルシア湾であろう。アラビア半島側には、湾の名称に影響を及ぼすような大きな国家ないしは文明的な空間は、長らくなかった。

(2) 半島ではなく、「アラブの島 (Jazīra al-ʻArab)」という表現もある。その場合、北方の「海」に相当するのはティグリス川・ユーフラテス川である [Shurrāb 2006:29-30]。

(3) 一九九〇年に設立された日本沙漠学会は、この語を用いている [小堀 2009]。

(4) 地域を生態環境と結びつけて類型化する上で、九〇年代に大きな貢献をなしたのは、東南アジア地域研究から提起された「地域単位論」である。筆者はそれに対して、地域としての中東とメタ地域としてのイスラーム世界からの地域間比較を試みてきた。本書の論議も、その成果の一部を活用している。世界単位論については [高谷 1993; 1996; 2010]、筆者の比較地域論的なレスポンスは [小杉 1999] を参照。

(5) 利用可能な地下水のほか、アラビア半島にしてもサハラ沙漠にしても、豊富な深層地下水がある。ただし、それの利用が可能になったのは、現代に入ってからである。

（6）この湿地帯は、七メートルに達する大葦が繁る恒常的湿地帯や蒲が生育する季節的湿地帯などからなり、少なくともイスラーム時代以前から二〇世紀後半までは存在していた［セシジャー 2009］。

（7）ダマスカスは歴史を通じて現代まで集住地が続いているという意味において、世界最古の都市とされる。それはグータが人口を養う力によるものであった。水源はアンチ・レバノン山脈に発するバラダー川。

（8）クライシュ族のみと言っても、当時の部族制度の一環として、各氏族に保護される「同盟者」や「庇護者」という資格で、クライシュ族に組み込まれた者も少なからず居住していた。イスラームは弱者の権利を主張したから、そのような者たちでイスラームに惹かれる者もいたが、彼らを「保護」する氏族から迫害されることになった。

（9）ビザンツ帝国の中央政府は、キリストの単性論を唱えるエジプトのコプト教会、シリアのヤコブ教会などを抑圧していた。「単性説の立場に立ってエジプトの民族教会を形成していたコプト人たちも、コプト教会のアレクサンドリア総主教ヴェニャミン（六二六～六五年）に率いられてアラブ軍を歓迎し、これがアレクサンドリアとエジプトのビザンツ帝国からの永久の喪失となった」［尚樹 1999:340-341］。イスラーム側は納税と引き替えに自治を売るいわば「商人」であった（第2章4参照）。異端とされていたキリスト教の東方諸教会はイスラーム支配下で保護され、今日まで続くことになった。

（10）現代の地域区分は、第二次世界大戦後（特に冷戦期）の国際関係を反映して、このような中核地帯が中東／西アジアと中央アジア、南アジアの間で分断されている。

（11）現代になってから、「新マアリブ・ダム」が建設され、巨大な人工湖が誕生した。それを実見した筆者にとって、伏流水の合流点を見つけて利水する技術、またそれを堰きとめる巨大なダムを建設する技術力は大きな驚きであった。

(12) ティグリス川・ユーフラテス川が合流して湾岸に流れ込む二〇〇キロ程度の部分は、シャット・アル＝アラブ川と呼ばれる。

(13) いずれも隣接しており、現在は一〇世紀に城壁都市として建設されたカイロ（カーヒラ al-Qāhira）と合わさって、イスラーム的な旧市街をなしている。「カイロ」という名称は、一〇世紀の建都以降、首都全体を指すものとなって今日に至っている［Kamal 2004］。

第2章

(14) 伊東［1995;1996］では、第六段階を「環境革命」としている。

(15) 村上はイスラーム文明を、全体としてはローマ文明の「派生的文明」とする一方で、イスラーム文明の意義を的確に評価して「派生文明の域を超えて、ほとんど文明本体としての役割を果たしたということもできるだろう」としている［村上 1998:117-118］。筆者は、イスラーム文明を独立のものとして見る後者の評価に賛成する。

(16) 以下、【 】はクルアーンからの引用を表し、引用の章・節を表示する。

(17) ミンバル（minbar）は日本語に他の言葉がないので「説教壇」と訳されるが、いわゆる「壇」ではない。階段状になっているのが原則であるから、「説教段」と造語したい誘惑に駆られる。

(18) 今日のチュニジアなどでは、ウマイヤ朝期に起源のあるモスクのほかに、オスマン朝時代に建てられたモスクも散見するが、後者のミナレットは細い円柱形をしている。

(19) ジハードに「内面のジハード」「社会的ジハード」「剣のジハード」の三つの側面があることを無視して、単に「聖戦」と訳することは誤解を招くであろう［小杉 2006b:228-230］。

(20) フナインは、ネストリウス派のキリスト教徒であった。イスラーム帝国は、ビザンツ帝国などで異端とされていたキリスト教諸派も保護した。サービア教徒として、数学・医学・天文学で名を残したサービト・イブン・クッラ（九〇一年没）などが著名。この宗教は中東固有の宗教の一つで、クルアーンでも言及されている。

（21）ペルシア語からの借用語も多い。アラビア語、ペルシア語、ウルドゥー語の語彙が通底している実態は、黒柳恒男［2008］・加賀谷寛［2005］参照。イスラーム圏の諸言語におけるアラビア語からの借用語は、Sallūm *et al.*［2000］に詳しい。

（22）文明圏を使用される文字によって区分することが可能である。それによれば、イスラーム文明圏はアラビア文字で書かれた複数の言語から成る「アラビア文字圏」と規定され、ラテン文字圏、ギリシア・キリル文字圏、梵字圏、漢字圏と並置される［鈴木 2008］。

（23）アルコールが酩酊の原因であることがわかるのは、化学の知見によってである。イスラーム化学の発達によって、アルカリ、アルケミー、アルコール、などの語が西欧語に入った。「al-／アル＝」は定冠詞なので、スペイン語経由で西欧語に入った「al」で始まる単語は、アラビア語起源のものが多い。

（24）制度論からイスラーム社会を考察した先駆的な研究として、al-Dūrī［2008］（初版 1950 英訳 2011）がある。

第3章

（25）現代国家において、遊牧民あるいは遊牧生活が国民の生活の大半を占め、それが国家レベルでも肯定的にとらえられてきたのは、モンゴルとソマリアだけとされる。アラビア半島の「ベドウィン」については、サウディアラビアでさえも二〇世紀初めの建国運動以来、定住策を推進してきた。

（26）農業革命が「革命」というほどの急激な変化ではなく、一〇〇〇年単位の時間をかけて進行したとする「農業プロセス論」も日本では八〇年代末から出されてきた［佐藤（洋一郎）2008:448］。比較文明論的には、長いプロセスがあったとしても、農業革命以前・以後の間で生じた大きな変化は「革命」の名に値する。

(27) 二〇一〇年一二月、イスラーム地域研究の国際会議（京都）において、報告者の考古学者ドリアン・Q・フラー博士との個人的な討議の中で、さまざまな示唆を得た。従来の定説がメソポタミア中心的で、乾燥地とその周辺におけるナツメヤシなどの栽培化が十分検討されていない、と指摘は非常に興味深いものであった。今後の研究の発展に期待したい。

(28) 堀内は「ワファーウ」としているが、ここでは本書の表記法に従い末尾のハムザを音写しない。

(29) 松井健は、家畜飼養に専業化している遊牧民にとって、バザール都市での交換・交易は生存に不可欠であり、「略奪」についても暴力を伴う強制的な交換とみなすことができると指摘している［松井 2011:138-141］。

(30) 現代の例であるが、遊牧民が生活の安全弁確保（旱魃などへの対応）のために農地を購入する場合でさえも、農地を小作人に賃貸して、自らは移動の自由を確保するという［松井 1999:504］。

(31) 伝承およびイスラームの教義によれば、カアバ聖殿を建設したのはイブラーヒーム（旧約聖書のアブラハム）とその子イスマーイール（イシュマエル）であり、イスマーイールがマッカに最初に定住したとされる。そうであれば、ムハンマド時代に二五世紀ほども先行することになる。この説の是非を考古学や史料によって検証することは困難である。

(32) 文科省科学研究費による研究プロジェクト（代表・板垣雄三）。その成果については、板垣・後藤［1992］、後藤［1991］参照。なお、前出の「マダニーヤ」「タマッドゥン」はどちらも都市性を意味するが、同時に文明の意味にも使われる。これを用いると都市性と文明は識別されないため、同研究プロジェクトでは、都市性そのものを指す語として「マディーニーヤ（madīnīya）」という新語が用いられた。

(33) 野町和嘉の写真集［野町 1997］を参照。

（34）現代にいたる多様なイスラーム諸地域の人びとの姿が、シリーズ「イスラム世界の人びと」（全5巻）［上岡 1984; 佐藤・冨岡 1984; 永田・松原 1984; 家島・渡辺 1984; 三木・山形 1984］に描かれている。

第4章

（35）今日のアラブ人はおおまかに、アラブ諸部族の系譜を引く人びとと、イスラームの登場以降にアラブ化した人びとに分けられる（イスラーム化とアラブ化の関係については、第6章3を参照のこと）。現代の人口比は、前者は三分の一程度で、後者の方が多数である。本書では七世紀についても「アラブ人」と呼んでいるが、「アラブの諸部族」が主体であった当時と、イスラーム化に伴ってアラブ化が進行した時代と、さらに民族主義を通じて文化的な「アラブ人」意識が広がった二〇世紀以降では、アラブ人なるものの実体は異なっている。

（36）他の都市と識別する時は、アラビア語では「光照らされたマディーナ（al-Madīna al-Munawwara）」と呼ぶのが標準で、「預言者の町」という表現は用いられない。

（37）固有名詞がいかに少ないかの例をあげてみよう——クルアーンは先行する諸預言者を重視しているが、人類のアーダム（アダム）からムハンマドまで、名前が明示されているのは二五名にすぎない（ハディースでは、諸預言者の総数は最低でも一〇〇〇人、多いバージョンでは一二万四〇〇〇人とされている）。ムハンマドの弟子は、ただ一人しか名前があがっていない。代名詞のみで言及されている弟子も限られている上、クルアーンのテキストからだけでは誰のことかわからない（クルアーンの中の固有名詞については［Marzūq 1995］が詳しい）。

（38）この預言者伝は、師のイブン・イスハークの作品と見ることも、それを独自の視点から編纂・校訂した弟子のイブン・ヒシャームの作品と見ることもできる。筆者は、預言者伝そのものが伝承の集成・編纂によるものなので、現存する版をイブン・ヒシャームのものとして扱っている。

(39) 現代日本の法体系では刑事と民事は別れており、殺人や傷害の刑罰は刑事、その補償に関することは民事となっている。イスラーム法の体系では、刑事と民事は必ずしも一元的に区別されない。

(40) わかりやすく邦訳すれば「親孝行」であろうが、この儒教的な含意のある言葉に訳してよいのか、ためらわれる。「親に対する善行」はあるが、「親不孝」に相当する語は見当たらない。なお、親に対する善行が何かは、イスラーム法上、明確な規定がある。

第5章

(41) アラビア語の縮小形は、「本→冊子」のように、名詞を「小さな〜」と変化させる語形。人名であれば、愛称、謙譲、または卑小さを表現する。ハサンの弟をフサイン(=小さなハサン)とするのは、この表現の一例。

(42) 一九七〇〜八〇年代までの日本では、宗教名は、中国経由の誤称である回教、回回教、欧米経由のマホメット教、神については、多神教的な「アラーの神」、開祖の名はマホメット、モハメッド、聖典はコーラン、聖地はメッカ、メジナなどとされていた。その後、ほぼそれらが払拭されたことは、日本におけるイスラーム理解の進展を物語るであろう。イスラームの後に「教」を付けるかどうかは、文明や政治・経済まで含めて考えるならば「イスラーム教」はおかしいであろうし、狭義の宗教だけを指す時は「イスラーム教」も可能であろう。イスラームが狭義の宗教を超えた性質を持つゆえに「教」を付けない方が適切である、という認識を日本で確立したのは、中村[1977]である。なお、当時は「イスラム」が広く用いられていたが、最近は原音により忠実な「イスラーム」が標準となっている。

(43) 太陽暦であるヒジュラ暦は、一年=一二か月が三五四日となり、太陽暦よりほぼ一一日短い。毎年、一一日ずつ季節がずれていく。このため、農事暦などには、各地の伝統に基づく太陽暦が併用された。たとえば、エジプトのコプト暦、イランのジャラーリー暦がそれにあたる。
(44) なおディーワーンは、アッバース朝期には、詩をまとめて「記録」したものとして「詩集」の意味にもなった。
(45) マディーナのムハンマドは、政略上の理由などもあり、およそ一〇人の妻と結婚した。妻たちの間では競合関係も存在した。
(46) ウマイヤ朝時代になってから、部屋を買い取り、モスクの敷地内に繰り込んだ。

第6章

(47) 現在では廃墟となっており、イスラーム考古学の発掘によって次第にその実態が明らかになりつつある［川床 1992］。
(48) かつて、第二代カリフ・ウマルを「ウマル一世」、このウマルを「ウマル二世」と呼ぶ習慣があったが、望ましいことではない。識別が必要なことはわかるが、二人は同一王朝に属しているわけではなく、アラビア語では史料でも現代の研究書でも、そのような呼称は用いない。両者を区別するためには、前者に「イブン・ハッターブ」、後者に「イブン・アブドゥルアズィーズ」と父親の系譜を足す。
(49) ムアーウィヤはターイフの娼婦スマイヤの子であったズィヤードを、自分の父アブー・スフヤーンが生ませた子と認定した。ズィヤードは破格の恩顧に応えてバスラ総督として、後にはクーファ総督も兼ねて、辣腕を振るった［嶋田 1977:79-80］。
(50) ハッジャージュはターイフの貧しい家に生まれたが、軍人として頭角を現し、ウマイヤ朝の忠臣として活躍した。第二次内乱の征圧後は、イラク総督として君臨した。イラク南部の都市ワースィトの建設、中央アジア征服軍の派遣などでも知られる［Dietrich 1971; 高野 2002］。

(51) ムハンマドは聖典クルアーンをもたらしたこと以外、奇蹟をほとんど主張しなかった。その例外と言えるのが、一夜にしてマッカからエルサレムを訪れ（夜の旅）、そこから七天に昇って、先行する諸預言者と出会い、最果てのスィドラ〔の樹〕の許で神の徴を見た（天への旅）というものである。これは宗教的には、イスラームがユダヤ教、キリスト教を継承するアブラハム的一神教であることを象徴する事績と解釈されている［小杉 2002:80-87］。

(52) アンダルス（イベリア半島）のように、一五世紀までイスラーム時代を続いた後にキリスト教化した地域も一部には生じる。近代におけるイスラームが後退した地域としては、バルカン半島が顕著な例であろう。本書の時代にはイスラーム地域の部分的な後退はまだおこっていない。

(53) バレット仮説の問題点は、このような人名辞典が存在しない地域については同じ方法論を用いることができないという点にある［Wesserstein 2010:192］。もう一つの問題は、バレットは改宗者について研究したが、非改宗者（旧来の宗教のままにいた人口）については計量することができない点にある。

(54) 「コプト」はギリシア語の「エジプト（アイギュプトス）」に由来する語（アイギュプトスの「ギュプト」に対応）で、古代エジプト語を引くエジプト固有の言語を指す。イスラーム到来時は、エジプト人のほとんどがキリスト教コプト教会（聖マルコ以来の教皇を擁する）に属していたが、コプト語はアラブ化／イスラーム化することなく、コプト教会の典礼にのみ使われる古典語として残存し、住民の母語はアラビア語に置き換わった。

(55) イスラームの大征服以上の大きな版図を次に生み出すのは、一三世紀のモンゴルの征服事業である。モンゴルに征服された地域におけるイスラーム文明の新しい展開は、きわめて興味深い問題であろう。三項連関に基づくイスラーム文明の型が、モンゴル文明という、遊牧文化を重要な要素とするもう一つの文明と出会った時に何がおこったかは、筆者にとってきわめて興味深いテーマである。

(56) 農業技術革新によって、多くの栽培作物がイスラーム圏で開発され、後に西欧に導入された（第7章5参照）。

英語のコトン cotton は、このクトゥンを語源としている。

第7章

(57) 第三代カリフ・ウスマーンの命で作成されたクルアーンとされるものがイスタンブル、タシュケントにあるが、当時のものかどうか、学術的な意味で確定されているわけではない。

(58) 二〇〇八年、サウディアラビア政府の申請でユネスコ世界文化遺産に登録された。近年、発掘調査も盛んにおこなわれている [Harrigan 2007]。

(59) 規則性と規範性という点では、現代のアラビア語文法学も、古典を継承する面が強い。

(60) 「イスラーム科学」か「アラビア科学」かという議論は古くから存在する。ダッラールも「九世紀から一六世紀のあいだに生み出された科学的著作の大部分はアラビア語で書かれていたのである。アラビア語による科学書の数が多く、また、その後の科学の発展ではアラビア語が重要な役割を演じたため、イスラーム社会の科学的伝統は、イスラーム科学ではなく『アラビア科学』と呼んだほうが正確かもしれない」[ダッラール 2005:216] と述べている。今や古典的となったジグリト・フンケ『アラビア文化の遺産』[フンケ 1982](原著は 1963 年)の時代には、「アラビア」を付す呼び名の方が一般的であった。筆者はイスラーム科学と呼ぶべきとの立場である。なぜなら、担い手の科学者の多くは元来のアラブ人ではなく、アラビア語はイスラーム文明の世界語として用いられ、広がったからである。イスラーム科学がアラビア語を媒体としたのであって、アラビア的なるものが科学を生んだのではない。

(61) ラテン名アヴィセンナ。『医学典範』の著者。イブン・シーナーは、日本でも比較的研究が進んでいる。

(62) ここでは取り上げなかったが、工学も早くから発展した。たとえば、機械学の先駆者は、ギリシア語文献の翻訳運動に貢献したバヌー・ムーサー兄弟であった。彼らの『機械の書』の現存する写本には一〇三の模式図が描かれており、そのうち九三がバヌー・ムーサー兄弟の貢献によるものであり、先学からの著しい進歩が示されていた［アルハサン、ヒル 1999:85-86］。

（63）現代の水資源の危機を論じたフレッド・ピアスによれば「カナートには、大きな需要が生じるべき水文学的な特質がある。カナートは電動ポンプと違って自然に補充される分だけしか帯水層の水を汲みあげないから、自主調整ができる。その結果、もし正しく設計されて保全されれば、イエメンで呼ばれているように『尽きない泉』となりうる」［ピアス 2008:433］。

第8章

（64）近現代においては、アジア、アフリカに固有の法体系は次第に衰え、ローマ法に発する欧米法が各国で継受された。一九～二〇世紀前半にはイスラーム法圏においても同様の傾向が見られたが、二〇世紀後半のイスラーム復興とともに、イスラームの固有の法規範が根強く継続、あるいは復興していることが判明した［小杉 1994; 1998; 2006a］。七～一九世紀のイスラーム法についても、その後に衰退ないしは途絶する歴史的なものとして見ることは、もはや適切とは言えない。

（65）後には（一一世紀以降）、ウラマーと統治者の同盟が成立し、「ウラマー（学者）とウマラー（umarā'、命令権者＝統治者・権力者）」がウンマのエリートであり、それ以外が一般信徒と考えられるようになる。その場合でも、法学に関する限り、統治者は知者／無知者の二元論で後者とみなされた。ただし、これは統治者を縛るものとは限らなかった。一般信徒はウラマーの複数の見解の中から好みで選択する自由があり、この自由は統治者も行使できた（政策上の都合で任意の見解を採用することが許される）。

（66）法学は実定的な諸規定を扱うものであり、法源学は、法源からどのような解釈によって法規定を導出するを扱う。

法源学をその実質に着目して「法解釈方法論」［両角 2011:12］と呼ぶのは、魅力的な提案である。

(67) 「スンナ派系」とするのは、後のスンナ派が正当な初期法学者と認めているからで、なかにはスンナ派がはっきりとした形で成立する以前に消滅した学派も含まれている。

(68) 出自名のアウザーイーは、父親がダマスカス郊外のアウザー村の生まれだったことに由来する。

(69) アラビア語では「シャーム（al-Shām）」と呼ばれ、地理的には今日のシリア、レバノン、ヨルダン、パレスチナを包摂する。イスラームの大征服までビザンツ領であり、ウマイヤ朝の拠点であった。

(70) 今日でもカイロに墓廟があり、一帯はシャーフィイー地区と呼ばれる。

(71) クルアーンの内容をハディースによって限定することの可否やクルアーンの章句に対して許されうる解釈の幅については、法学でも啓典解釈学でも対立する立場が存在する。しかし、いずれもクルアーンの権威が最も高いことを前提とした上での解釈およびそれをめぐる議論として位置づけることができる。

(72) イスラーム軍の司令官の名から「ジャバル・ターリク（Jabal Ṭāriq ターリクの山）」、転じてジブラルタルとなった。

(73) タバリー学派は、ジャリール学派とも呼ばれる。

(74) 系譜的には、現代に至るまでイマームが続いている。ザイド派では、一九六二年までイエメンにイマーム制国家があった。イスマーイール派は、一九世紀半ばから「アガー・ハーン」をイマームの称号としている。なお、神秘的思想への傾きが強いイスマーイール派は、法学において独自の学派というべきものを形成しなかった。

(75) 現在のザイド派はイエメン北部のみに信徒がいるため、居住地域では多数派となっている。

(76) ただし、イスラームが宗教である以上、預言者言行録の中には不可視界についての言及もあるから、後世の感覚で「宗教性／神秘性」と「荒唐無稽」の境界線を引くことは必ずしもできない。イスラームの教えに照らして「合理性があるかどうか」を判断する場合、ハディースの内容はクルアーンを規準として検討される必要があった。

(77) イブン・ズバイルについては、権力欲と篤信の両方を持ち合わせていたと言われる［Campbell 2009］。

(78) シーア派は彼女のアリーへの敵対を許すことなく、一〇～一一世紀に成立したシーア派のハディース集からは完全に排除されている。

(79) Maghen［2003］は、シャハトがイスラーム法はユダヤ教の影響を受けたと考えた点について、実証面から徹底的に批判している。

(80) 学術的に卓越した日本語訳が作られ、二〇一〇～一一年に本文部分の三巻が刊行された［イブン・イスハーク 2010-11］。第四巻（註・索引）で完結。

(81) 日本語では「神の唯一性」「唯一神信仰」などと訳されるが、筆者は時に「唯一神観」（神は唯一であるという神認識）と訳している。イスラーム独自の概念であるため、「タウヒード」のカタカナ表記も用いられている。

第9章

(82) ルスタム朝（七七七／八～九〇九年）は、ハワーリジュ派王朝の代表例であろう。マグリブ地方でベルベル人の支持を得て成立し、サハラ交易などによっても栄えた。君主（イマーム）がずっとイブン・ルスタムの家系から出たことから、ハワーリジュ派としては現実的であったことがわかる［佐藤健太郎 2002; Talbi 1995a］。ハワーリジュ派は内部に多くの分派があったが、ほとんどすべてが歴史の中で消え、わずかにイバード派がアラビア半島東部のオマーンなどに残っている。一九六〇年代まで、オマーン内陸部ではイバード派イマームが統治をおこなっていた。

(83) ムアーウィヤを支えた主要な教友として、アムル・イブン・アースがいる。彼はエジプト征服の武功があり、ムアーウィヤ支持の結果、エジプト総督に返り咲いた。政治的には重きをなしたと言えるが、入信は遅く、ウマルの代に定められた「サービカ（先行性）」ではそれほど高い位置にはなかった。

(84)「ハナフィーヤ（ハナフィー部族の女性）」は、母親ハウラがハナフィー部族の出身であったことを指す。

(85) 九五一年に返還。なお黒石は、イスラームの儀礼（礼拝や巡礼）において重要な位置を占めるわけではなく、カルマト派がそれを奪ったことは、宗教面よりも、聖地防衛の失敗という点で、政治的にアッバース朝にとって打撃であった。

(86) 今日のテヘラン南郊。一三世紀頃までイスラーム的な知的な中心地であったことは、レイ出身を意味する「ラーズィー（Rāzī）」の出自名を持つ少なからぬ数のウラマーの存在がよく示している。医学に貢献したラーズィー（ラーゼス）については第7章5参照。

(87) シーア派だけがアリーの信奉者であるかのような記述に出会うことがあるが、間違いであろう。スンナ派も、基本的にアリー支持者である。しかし、彼らはアリーがムハンマドから継承したものを政治的指導権とはとらず、神秘的知識や聖者性であるとした。一二世紀以降に組織化が進んだスンナ派のスーフィー教団は、ほぼすべてがアリーを教団の淵源とみなしている。

(88) ザハビー（一三四七／八年没）は『イスラーム王朝史』において、「シャーフィイーが五人を正統カリフと唱えた」[Al-Dhahabī 1974:Vlo.1, 69] としている。

(89) 後のアシュアリー学派の神学では、神の「手」を「全能性」の比喩などに解釈する立場も生まれた。アシュアリーの主張は、ハディースの民と連携しムウタズィラ学派に対抗することに眼目があったが、彼の系譜を引く神学者たちは、この初期条件からは比較的自由となったと言える。

(90) 後のティムール朝の首都。現在は、ウズベキスタン共和国の南部に位置する。

(91) なお、本書では触れなかったが、マイナーな立場としてクルアーンだけに従うべきという考え方も存在した [Musa 2008:17-68]。したがって、スンナ＝ハディースをクルアーンに次ぐ典拠として確立した流れは、クルアーンのみを認めハディースを否定する立場をも克服した。

(92)「ムスリム」は、イスラーム教徒を意味する語であるが、ここでは人名。

(93) 国際的な定評のある『イスラーム百科事典(第二版)』でさえ、「スンナとジャマーアの民」の意義を述べていない。ほとんどの研究はこの名称にある「スンナ」は説明しても、ジャマーアについて分析していない。以下のジャマーア論は管見に基づく。なお、バーキッラーニー(九四〇頃~一〇一三年)がスンナ派の教条を完成させたというのがユースフ・イービシュ[Ibish 1966]がかつて論証し、筆者も従っているところである。本章では、バーキッラーニー以前のスンナ派形成過程を分析してきた。

(94) 他の解釈としてあげているのは、クルアーン、神との契約、神への献身など。

あとがき

イスラーム文明については、いくら書いても書き尽くすことはありえないが、文明の独自性を形成期から論じる本書については、以上をもって筆を擱きたい。「諸文明の起源」というシリーズの趣旨に沿って、どれだけ明晰な議論を展開できたであろうか。読者諸賢のご判断におまかせする次第である。

以下は、少し個人的な感慨となる。イスラーム文明に対して、筆者が若き日からずっと関心を持ってきた背景には、日本にとって非常に縁の薄い世界文明であるという歴史的な実態と、筆者自身がその実態を強く認識した時から、少しでもこの文明と日本との縁を深めたいと強く願ってきた経緯がある。思い返せば、筆者が大学でアラビア語を始めた一九七〇年代初頭は、まだ「回教」「マホメット」といった誤称がふつうの時代であった。イスラームについての日本社会の知識も関心も薄く、イスラームについて学ぶための文献も少なかった。

その一方で、交通革命や経済の国際化によるグローバル化が始まっていた。すでに「成長の限界」

も指摘され、地球的な問題群が姿を現し始めた時代であった。アラビア語を学び始めてまもなく遭遇した第一次石油ショック（一九七三〜四年）では、現代文明のもろさを痛感すると同時に、アラブ・イスラーム世界と日本の経済が一直線に結びついていることを思い知らされた。それは日本社会全体にとっても、筆者個人にとっても大きな発見であった。

右から左に書くアルファベットに対する好奇心から始めたアラブ研究、イスラーム研究であったが、他の文化、他の文明への関心の裏には、常に自分たちの社会や文化に対する関心がある。アラビア語を学ぶことは、日本語の再発見につながるし、イスラームを知ることは、日本文化の再評価につながる面を持っている。それとともに、アラブ圏、非アラブのイスラーム圏の国々で（そして、その合間に欧米を含むその他の国々で）訪問、滞在、研究、交流をおこなう中で、グローバルな視野が広がり、さらに人類史的な意識からのイスラーム文明論に強い関心を持った。

八年におよぶエジプト留学から戻った後には、『エジプト・文明への旅――伝統と現代』（日本放送出版協会）を上梓することができた。これは古代からキリスト教時代、イスラーム時代を経て現代に至るエジプト文明論であった。エジプトを素材とするイスラーム文明論の側面も持っていた。それから二五年がたち、アラビア語を最初に学び始めた時から数えると四〇年を迎えるが、イスラーム文明論はその間ずっと、筆者の関心の根元にあった。

筆者の学術的な専門はイスラーム学と地域研究であるが、地域研究には「三角測量法」になぞらえて語られる認知と研究の方法がある。測量では、単に一点から他の一点を見るだけでは距離が測れず、三つの地点が必要とされる。同じように、自文化と他文化の二点では、実際には比較はできない。自他を比べる確かな視座が確保できないからである。そのため、第三の地点が必要とされる。通常は、それは西洋近代である。近代の日本では、西洋近代を意識し、学び、自他を比較することが、すべての知的分野での基本となってきた。その知的な蓄積は日本で研究をおこなう者にとって、意味ある資産である（世界を回るようになってから、そのことを強く意識するようになった）。本書も、日本・西洋近代・イスラーム世界という三角測量の成果として、ご覧いただければ幸いである。

本シリーズの総括監修者である前川和也先生から、最初にお引き受けしてから、本書を書き上げるまでにずいぶんと長い年月がかかってしまった。粘り強く編集にあたっていただいた小野利家氏には、心より厚く御礼申し上げる次第である。小野氏のご尽力なしには、本書が完成することはなかった。なお、遅れたことは申し訳ない限りであるが、その間に、大きな三つのプロジェクトが成立して、本書の内容を深めることができたことは幸いであった。それは、グローバルCOEの「生存基盤持続型の発展を目指す地域研究拠点」（杉原薫代表）、科学研究費補助金による「環インド洋地域における宗教復興・テクノロジー・生命倫理」（小杉泰代表）、NIHUプログラム「イスラーム地域研究」（佐藤次高代表）である。それぞれのプロジェクトでの研究成果が、本書にさまざまな形で反映されている。

三番目の「イスラーム地域研究」は第一期五年を終え、二〇一一年四月から第二期に入った。地域研究は基本的に現代研究であるが、イスラーム世界は歴史の深層を把握せずには理解しえない。イスラーム地域研究では、歴史と現代を動態的に結びつけることを、一つの特長としている。

イスラーム地域研究は、はじめ一九九七～二〇〇二年に、文部省の新プログラム方式による創成的基礎研究「現代イスラーム世界の動態的研究――イスラーム理解のための情報システムの構築と情報の蓄積」として実施された。そのプロジェクトと新しいイスラーム地域研究の代表をお務めになり、筆者をお誘いくださった佐藤次高先生は、第一期完了後の二〇一一年四月に逝去された。この大先達の学術における貢献を称え、ご冥福をお祈り申し上げたい。

筆者は、これらのプロジェクトを推進すると同時に、初期イスラームのさまざまな側面の研究や、古典から現代に至るイスラーム政治思想史の解析を進めてきた。故ユースフ・イービシュ先生とは、アラビア語原典史資料集である『イスラームにおけるスルターン制』（ベイルート、一九九四年）『イスラーム政治思想を読む』（ベイルート、二〇〇〇年）『イスラーム政治思想の遺産』（京都／ベイルート、二〇〇五年）を一緒に編纂した。日本語では、『ムハンマド――イスラームの源流をたずねて』『イスラーム帝国のジハード』『「クルアーン」――語りかけるイスラーム』などを著してきた。本書ではこのような流れを受けながら、文明論に正面から取り組むことができ、研究者冥利に尽きると心から感じる。

また、大学院での教育をおこない、研究プロジェクトを執行しながら、本書の素材を集め、考察を続ける上では、研究室スタッフのサポートが欠かせない。特に、資料収集やプロジェクト管理を担当いただいている渋谷晴巳氏には、日頃のご助力に深謝申し上げたい。

研究にいそしむ者なら誰でもそうであると思うが、研究者の仲間たちとの語り合いや対話は人生の大きな喜びとなっている。日々、多くの人びとから刺激を受けているが、本書については特に、アッバース朝研究の第一人者で初期イスラームの造詣も深い清水和裕氏、ファーラービーとイブン・スィーナーの研究に精進し、イスラーム哲学やギリシア科学のイスラーム世界への流入についても詳しい仁子寿晴氏から、貴重なアドバイスをいただいた。厚く御礼申し上げたい。

最後に、本書を妻育子にささげたい。筆者の執筆はもっぱら夜から明け方にかけてであり、いったん著述に取りかかると、夜でも昼でも七〜一〇世紀のアラビア半島、西アジアに心を奪われ、家でもアラビア語原典や研究書の話題ばかりするような、我ながら奇妙な生活をしてきた。本書もそのようにして執筆された。大学の仕事や院生の指導の合間をぬって著述を進められるには、建築設計という全く違う世界から転じて、そんな筆者につき合ってくれている妻の働きが大きい。内輪のことながら、記して謝意を表したい。

二〇一一年一〇月

小杉　泰

イスラーム文明への理解をさらに深めるための文献案内

読者の便宜のために、イスラーム文明の全体像を考える上で参考となる文献や最近の新しい研究を、日本語・英語文献の中から紹介したい（日本語には翻訳を含んでいる。アラビア語文献は割愛した）。

和書（翻訳を含む）

● 次は「マニュアル」という題名の通り、使いやすさを重視した研究案内・文献紹介となっている。イスラーム世界を学ぶために、どのような分野でどのような研究がされており、いかなる文献があって、何が現在の課題となっているかを、それぞれの分野の中堅・ベテランが明解に解説している。

小杉泰・林佳世子・東長靖編『イスラーム世界研究マニュアル』名古屋大学出版会、二〇〇八年

● 宗教・文明としてのイスラームの通史として、最新の研究成果を結集した二巻が出されている。イスラーム誕生から現代までが扱われている（一八世紀が二つの巻の時代的な境目）。年表などの付録もあり。

佐藤次高編『イスラームの歴史1　イスラームの創始と展開』（宗教の世界史一一）山川出版社、二〇一〇年

小杉泰編『イスラームの歴史2　イスラームの拡大と変容』（宗教の世界史一二）山川出版社、二〇一〇年

●イスラーム通史として、翻訳では次がもっとも信頼性が高い。第一巻が、初期を扱っている。

ジョン・エスポジト編（坂井定雄監修、小田切勝子訳）『オックスフォード　イスラームの歴史』（全三巻）共同通信社、二〇〇五年

●政治史については、次が、歴史家の立場からイスラーム国家を縦横に論じている。

佐藤次高『イスラームの国家と王権』岩波書店、二〇〇四年

●商業と経済ネットワークという観点からイスラーム世界を広域的に通史的に検証した労作として、次の二冊は欠かせない。

家島彦一『イスラム世界の成立と国際商業——国際商業ネットワークの変動を中心に』岩波書店、一九九一年

家島彦一『海域から見た歴史——インド洋と地中海を結ぶ交流史』名古屋大学出版会、二〇〇六年

●科学・技術の面からは、次の二冊が網羅的で、非常に参考になる。

アフマド・Y・アルハサン、ドナルド・R・ヒル（多田博一・原隆一・斎藤美津子訳、大東文化大学現代アジア研究所監修）『イスラム技術の歴史』平凡社、一九九九年

ハワード・R・ターナー（久保儀明訳）『図説　科学で読むイスラム文化』青土社、二〇〇一年

●イスラームの数学史については、次が画期的。

ロシュディー・ラーシェド（三村太郎訳）『アラビア数学の展開』東京大学出版会、二〇〇四年

●天文学については、次が一般向けで読みやすく、研究の最先端も反映している。
三村太郎『天文学の誕生——イスラーム文化の役割』岩波書店、二〇一〇年
●経済面からの概観として、次が優れている。
加藤博『文明としてのイスラム——多元的社会叙述の試み』東京大学出版会、一九九五年
●建築・美術については、次の二冊で概観を得ることができる。
深見奈緒子『イスラーム建築の見かた——聖なる意匠の歴史』東京堂出版、二〇〇三年
ジョナサン・ブルーム、シーラ・ブレア（桝屋友子訳）『イスラーム美術』岩波書店、二〇〇一年
●次は通史ではないが、さまざまな時代のイスラーム史料を考察する論考が集められている。
林佳世子・桝屋友子編『記録と表象——史料が語るイスラーム世界』東京大学出版会、二〇〇五年
●イスラームの最初の三世紀については、次の三冊を参照いただきたい。
小杉泰『ムハンマド——イスラームの源流をたずねて』山川出版社、二〇〇二年
小杉泰『イスラーム帝国のジハード』講談社、二〇〇六年
清水和裕『軍事奴隷・官僚・民衆——アッバース朝解体期のイラク社会』山川出版社、二〇〇五年
●ギリシア科学の翻訳運動については、次がいまや欧米でも基本書となっている。
ディミトリ・グタス（山本啓二訳）『ギリシア思想とアラビア文化——初期アッバース朝の翻訳運動』勁草書房、二〇〇二年

●イスラーム文明の基調低音としての聖典クルアーンについては、成立史を含む概説は、日本人研究者としては次が初めて。

小杉泰『「クルアーン」——語りかけるイスラーム』岩波書店、二〇〇九年

●イスラームが基本的性格として都市性を持っていることを多角的に論じたものとして、次は広域的・通時的に多くの主題を扱っている。

板垣雄三・後藤明編『事典イスラームの都市性』亜紀書房、一九九二年

欧文献

●欧文献で研究者が誰でも用いるのは、『イスラーム百科事典』であろう。一九一三～三八年に出された第一版は、当時の欧米の東洋学の限界もあって、誤った記述もバイアスもかなりあった。その反省も含めて、より学術的に記述し、また執筆者たちもより国際的になったのが、第二版であった。ただ、一九五四年の第一分冊の刊行から二〇〇五年の完成まで半世紀もかかった。しかもこの時代はイスラーム研究が大きく発展したため、完成時には早い巻のデータや記述が古くなったこともあり、さっそく二〇〇七年には第三版の刊行が始まった。第三版の新しい特徴として、執筆陣のいっそうの国際化がある（日本人も含めて）。また、デジタル化を前提としているため、アルファベットの順が多少前後しても印刷版の分冊に執筆次第収録している。

Encyclopædia of Islam: A Dictionary of the Geography, Ethnography and Biography of the Muhammadan Peoples, 1913–38. E.J. Brill and Luzac.

Encyclopædia of Islam, 2nd Edition.1960–2005. E. J. Brill.

Encyclopædia of Islam, 3rd Edition. 2007–. Brill.

●信頼できる通史として定評のあるケンブリッジ・イスラーム史は、新版が最近出された。最初の版が一九七〇年であったから、四〇年ぶりということになる。巻数も二巻から六巻へ、頁数も倍以上に増えた。新しい知見が多く盛り込まれ、目を引くところが多々ある。

Michael Cook, Chase F. Robinson, Maribel Fierro and David O. Morga, eds., 1970. *New Cambridge History of Islam*, 6 vols. Cambridge University Press.

●次は、後期古典期の地中海世界からイスラームが勃興した初期を扱った労作として、非常に読み応えがある。両サイドの史料を徹底して猟歩して、広い視野から描いている点が高く評価できる。この時期に関する欧米の先行研究について、「彼らはスィーラ〔預言者伝〕やクルアーンを超厳密な史料批判の対象とするという貴重な貢献をなす一方、代替的な歴史を考案する際には自らの想像力を野放しにしている」（五二〇頁）と手厳しいが、この労作の到達点に照らし合わせて見れば、大いに首肯できる。

James Howard-Johnston. 2010. *Witnesses to a World Crisis: Historians and Histories of the Middle East in the Seventh Century*. Oxford University Press.

●イスラーム史を研究することにまつわる固有な課題と問題について、熟練の歴史学者が著した次の一書は、研究者必読文献であろう。なお、著者のハンフリーズは、イスラーム地域研究のプロジェクト参加などを通して、日本にも親しみが深い（『日本中東学会年報』の編集顧問も務めてきた）。

R. Stephen Humphreys. 1991. *Islamic History: A Framework for Inquiry*. Rev. ed. Princeton University Press.

●初期イスラームからアッバース朝の歴史について、ヒュー・ケネディーとフレッド・ドナーの著作をあげておきたい。五番目にあげたドナーの最新の著は、初期の共同体はイスラームだけではなく、広く一神教の信徒共同体をめざしていたが、後に狭義のイスラームへと狭まった、という新しい仮説を述べている。初期の征服史を扱った手堅い研究に比して、史料に対する読み込みがやや主観的に流れていると思われ、残念である。

Hugh Kennedy. 1986. *The Prophet and the Age of the Caliphates*. Longman.

Hugh Kennedy. 2001. *The Armies of the Caliphs: Military and Society in the Early Islamic State*. Routledge.

Hugh Kennedy. 2004. *When Baghdad Ruled the Muslim World: The Rise and Fall of Islam's Greatest Dynasty*. Da Capo Press.

Fred McGrawDonner. 1981. *The Early Islamic Conquests*. Princeton University Press.

Fred McGrawDonner. 2010. *Muhammad and the Believers: At the Origins of Islam*. Belknap Press of Harvard University Press.

●若手女性研究者によるアッバース朝紹介として、次をあげたい。社会や市場を重視した記述などが新鮮。

Amira K. Bennison. 2010. *The Great Caliphs: The Golden Age of the 'Abbasid Empire*. Yale University Press.

●この文献案内にはアラビア語の著作は含めていないが、英訳が出ているドゥーリーは紹介しておきたい。イラク人のアブドゥルアズィーズ・ドゥーリー（一九一九～二〇一〇）は、アラブ史の泰斗としてアラブ世界はもちろんのこと、欧米でも重きをなした。日本の初期イスラーム研究の基礎を作った嶋田襄平氏も、その教えを受けたと記している。

A.A. Duri.1983. *The Rise of Historical Writing among the Arabs*. ed. and tr. by Lawrence I. Conrad. Princeton University Press.

A.A. Duri. 2011. *Early Islamic Institutions: Administration and Taxation from the Caliphate to the Umayyads and Abbasids*. tr. by Razia Ali. I. B. Tauris.

●イスラーム法の歴史は、二〇世紀半ばから欧米の学界を支配したシャハトの通説（本書333～334頁参照）を批判し、書き替える研究が続けられてきた。その先頭に立って成果を上げてきたのは、ワーイル・ハッラークであろう。いくつも著作があるが、次をお勧めしたい。法学派をイスラーム法のきわだった特質と見る点には、全面的に賛成できる。

Wael B. Hallaq. 2005. *The Origins and Evolution of Islamic Law*. Cambridge University Press.

●イスラーム法学派の歴史的な研究において、次の書の貢献は大きい。題名にはハナフィー学派とあるが、各地において誰がカーディーを務めたかの詳細なリストが掲載されており、初期の学派の動向を理解する大きな助けとなる。

Nurit Tsafrir. 2004. *The History of an Islamic School of Law: The Early Spread of Hanafism*. Islamic Legal Studies Program,

Harvard Law School.

●イスラーム都市研究を考察した一書。都市が「イスラーム的」とはどういうことかについて、筆者は編者たちとやや異なる見解を持っているが、この書は当時、日本の研究者の高い水準を世界に知らしめた点で特筆に値する。

Toru Miura and Masashi Haneda, eds. 1995. *Islamic Urban Studies: Historical Review and Perspectives*. Kegan Paul International.

●最新の研究成果に基づいたイスラーム科学史として、次の二書が非常に啓発的である。両者共に天文学史が専門であり、この分野が研究の進展が著しいことを示している。サリバの著者は天文学史に特化しているが、ダッラールの著書は、より広くイスラーム科学全体を視野に入れている。ダッラールによるイスラーム科学の概観が、上記エスポジト編の訳書・第一巻に収録されており、秀逸。

George Saliba. 2007. *Islamic Science and the Making of the European Renaissance*. MIT Press.

Ahmad Dallal. 2010. *Islam, Science, and the Challenge of History*. Yale University Press.

●R・バレットは広い視野を持つ米国の歴史研究者で、本書でもその研究をいくつも紹介した。次の一冊は、老練の歴史家が「西洋とイスラームの対立」が喧伝される現代において、大きな視野から文明論を展開した一書。題名の「ユダヤ・キリスト教的伝統」ならぬ「イスラーム・キリスト教文明」が示すように、西洋文明とイスラーム文明の緊密な相互関係を大胆な議論として提起している。

Richard W. Bulliet. 2006. *The Case for Islamo-Christian Civilization*. Columbia University Press.

引用文献一覧

事典

EI2: *Encyclopaedia of Islam*, 2nd Edition. 1960-2005. E. J. Brill.

EI3: *Encyclopaedia of Islam*, 3rd Edition. 2007-. Brill.

MAA: *Al-Mawsūʿa al-ʿArabīya al-ʿĀlamīya*, 2nd ed., Muʾassasa Aʿmāl al-Mawsūʿa li-l-Nashr wa al-Tawziʿ, 1999.

『岩波イスラーム辞典』：大塚和夫・小杉泰・小松久男・東長靖・羽田正・山内昌之編『岩波イスラーム辞典』岩波書店、二〇〇二年.

『新イスラム事典』：日本イスラム協会・嶋田襄平・板垣雄三・佐藤次高監修『新イスラム事典』平凡社、二〇〇二年.

『沙漠の事典』：日本沙漠学会編『沙漠の事典』丸善、二〇〇九年.

一次資料

Abū Dāwūd, ed. by ʿAbdullāh ibn Muḥammad ibn al-Ṣiddīq al-Ghummārī.（2000）*Sunan Abī Dāwūd*, Thesaurus Islamic Foundation.〔アブー・ダーウード『スンナ集』〕

Abū Ḥanīfa al-Nu‘mān ibn Thābit al-Kūfī, and ‘Alī ibn Sulṭān al-Qārī. (1955) *Sharḥ ‘alā al-Fiqh al-Akbar*, 2nd ed., Muṣṭafā al-Bābī al-Ḥalabī.

Abū ‘Ubayd. (1981) *Kitāb al-Amwāl*, Maktaba al-Kullīyāt al-Azharīya.

Abū Yūsuf, ed. by Ṭāhā ‘Abd al-Ra’ūf Sa‘d and Sa‘d Ḥasan Muḥammad. (1999) *Kitāb al-Kharāj*, al-Maktaba al-Azharīya lil-Turāth.

Arslān, Shakīb. (1985 (1930-31)) *Limādhā Ta’akhkhara al-Muslimūn wa Taqaddama Ghayruhum?* Dār al-Bashīr.

al-Ash‘arī, Abū al-Ḥasan ‘Alī b. Ismā‘īl, ed. by Muḥammad Muḥīy al-Dīn ‘Abd al-Ḥamīd. (1950) *Maqālāt al-Islāmīyīn wa Ikhtilāf al-Muṣallīn*, 2 vols., Maktaba al-Nahḍa al-Miṣrīya.

-------, ed. by Fawqīya Ḥusayn Maḥmūd. (1977) *al-Ibāna ‘an Uṣūl al-Diyāna*, 2 vols., Dār al-Anṣār.

al-Balādhurī, Aḥmad ibn Yaḥyā, ed. by Muḥammad Ḥamīd Allāh. (1959) *Ansāb al-Ashrāf*, Dār al-Ma‘ārif.

al-Bukhārī, ed. by ‘Abdullāh ibn Muḥammad ibn al-Ṣiddīq al-Ghummārī. (2000) *Ṣaḥīḥ al-Bukhārī*, 3 vols., Thesaurus Islamic Foundation. 〔ブハーリー『真正集』〕

al-Dhahabī, Shams al-Dīn, ed. by Fahīm Muḥammad Shaltūt and Muḥammad Muṣṭafā Ibrāhīm. (1974) *Kitāb Duwal al-Islām*, 2 vols., Al-Hay’a al-Miṣrīya al-‘Āmma li-l-Kitāb.

al-Haythamī, Nūr al-Dīn ‘Alī ibn Abī Bakr. (1986) *Majma‘ al-Zawā’id wa Manba‘ al-Fawā’id*, Mu’assasa al-Ma‘ārif. 〔ハイサミー『ハディース補遺集』〕

Ibn Ḥanbal. (2009) *Musnad al-Imām Aḥmad ibn Ḥanbal*, 12 vols., Thesaurus Islamic Foundation. 〔イブン・ハンバル『ム

スナド』〕

Ibn Hishām ʻan Ibn Isḥāq, ed. by F. Wüstenfeld. (1858-60) *Sīra Sayyidinā Muḥammad Rasūl Allāh*, 3 vols., Dieterich.

Ibn Hishām, Abū Muḥammad ʻAbd al-Malik, ed. by Muḥammad Muḥyī al-Dīn ʻAbd al-Ḥamīd. (n.d.) *Sīra al-Nabī*, 4 vols. Dār al-Fikr.

Ibn Kathīr. (1932) *Al-Bidāya wa al-Nihāya*, Maṭbaʻa al-Salafīya.

Ibn Mājah, ed. by ʻAbdullāh ibn Muḥammad ibn al-Ṣiddīq al-Ghummārī. (2000) *Sunan Ibn Mājah*, Thesaurus Islamic Foundation. 〔イブン・マージャ『スンナ集』〕

Ibn al-Nadīm. (n.d.) *Al-Fihrist*, Al-Maktaba al-Tijārīya al-Kubrā.

Ibn Saʻd, ed. by Iḥsān ʻAbbās. (1968) *Al-Ṭabaqāt al-Kubrā*, 9 vols., Dār al-Ṣādir.

Jāḥiẓ, Abū ʻUthmān ʻAmr ibn Baḥr ibn Maḥbūb, ed. by ʻAlī Abū Mulḥim. (1988) *Al-Bayān wa al-Tabyīn*, 2 vols., Dār wa Maktaba al-Hilāl.

al-Kindī, ed. by ʻAbd al-Raḥmān Zakī. (2001) *al-Suyūf wa Ajnāsuhā*, Maktaba al-Thaqāfa al-Dīnīya.

Khalīl ibn Aḥmad al-Farāhīdī, ed. by Mahdī al-Makhzūmī and Ibrāhīm al-Sāmarrāʼī. (1988) *Kitāb al-ʻAyn*, 8 vols., Mu' assasa al-Aʻlamī lil-Maṭbūʻāt.

Mālik ibn Anas, ed. by ʻAbdullāh ibn Muḥammad ibn al-Ṣiddīq al-Ghummārī. (2000) *Al-Muwaṭṭa'*, Thesaurus Islamic Foundation. 〔マーリク・イブン・アナス『ムワッタア』〕

Muslim ibn Ḥajjāj, ed. by ʻAbdullāh ibn Muḥammad ibn al-Ṣiddīq al-Ghummārī. (2000) *Ṣaḥīḥ Muslim*, 2 vols., Thesaurus

Islamic Foundation.〔ムスリム『真正集』〕

al-Nasā'ī, ed. by 'Abdullāh ibn Muḥammad ibn al-Ṣiddīq al-Ghummārī. (2000) *Sunan al-Nasā'ī*, 2 vols., Thesaurus Islamic Foundation.〔ナサーイー『スンナ集』〕

al-Qalqashandī, Aḥmad ibn 'Alī, ed. by 'Abd al-Sattār Aḥmad Farrāj. (1964) *Ma'āthir al-Ināfa fī Ma'ālim al-Khilāfa*, 3 vols., Wizāra al-Irshād wa al-Anbā' (Kuwait).

al-Shāfi'ī, Muḥammad b. Idrīs, ed. by Aḥmad Muḥammad Shākir. (n.d.) *al-Risāla*, Maktaba al-Kutub al-'Ilmīya.

-------, ed. by Muḥammad Zuhrī al-Najjār. (1961). *al-Umm*, 8 vols., Maktaba al-Kullīyāt al-Azharīya.

al-Sijistānī, 'Abdullāh b. Sulaymān (1985) *Kitāb al-Maṣāḥif*, Dār al-Kutub al-'Ilmīya.

al-Ṭabarī, Abū Ja'far Muḥammad ibn Jarīr. (1968) *Jāmi' al-Bayān 'an Ta'wīl Āy al-Qur'ān*, 3rd ed., 30 vols., Muṣṭafā al-Bābī al-Ḥalabī.

-------, ed. by Muḥammad Abū al-Faḍl Ibrāhīm. (1987) *Ta'rīkh al-Ṭabarī: Ta'rīkh al-Rusul wa al-Mulūk*, 10 vols., Dār al-Ma'ārif.

al-Tirmidhī, ed. by 'Abdullāh ibn Muḥammad ibn al-Ṣiddīq al-Ghummārī. (2000) *Sunan al-Tirmidhī*, 2 vols., Thesaurus Islamic Foundation.〔ティルミズィー『スンナ集』〕

al-Wāqidī, Muḥammad ibn 'Umar ibn Wāqid, ed. by Marsden Jones. (1966) *Kitāb al-Maghāzī*, Oxford University Press.

一次資料集

Ḥamīdullāh, Muḥammad. (1985) *Majmū'a al-Wathā'iq al-Siyāsīya li-l-'Ahd al-Nabawī wa al-Khilāfa al-Rāshida*, 5th ed., Dār al-

Nafā'is.
Ībish, Yūsuf (ed.) (1990a) *Al-Imām wa al-Imāma ʻinda al-Shīʻa*, Dār al-Ḥamrā'.
Ībish, Yūsuf. (ed.) (1990b) *Al-Khilāfa wa Shurūṭ al-Zaʻāma ʻinda Ahl al-Sunna wa al-Jamāʻa*, Dār al-Ḥamrā'.
Ībish, Yūsuf, and Yasushi Kosugi. (eds.) (1994) *Al-Salṭana fī al-Fikr al-Islāmī al-Siyāsī*, Dār al-Hamrā'.
———. (2000) *Qirā'a fī al-Fikr al-Islāmī al-Siyāsī*, Amwāj.
———. (2005) *Turāth al-Fikr al-Siyāsī al-Islāmī*, Turāth.

一次資料の翻訳

イブヌ・ル・ムカッファイ、菊池淑子訳（一九七八）『カリーラとディムナ――アラビアの寓話』平凡社.
イブン・イスハーク、イブン・ヒシャーム編註、後藤明・医王秀行・高田康一・高野太輔訳（二〇一〇–一一）『預言者ムハンマド伝』（全四巻）岩波書店.
イブン＝ハルドゥーン、森本公誠訳（二〇〇一）『歴史序説』（全四巻）岩波文庫.
バラーズリー、花田宇秋訳（一九八七–二〇〇一）『諸国征服史』一〜二二『明治学院論叢　総合科学研究』四〇六〜六六八
イブン・アル＝カルビィー、池田修訳（一九七四）『偶像の書』『東洋文化』五四.
イブン・ハズム、黒田壽郎訳（一九七八）『鳩の頸飾り――愛と愛する人々に関する論攷』（イスラーム古典叢書）岩波書店.

ジャーヒズ、前嶋信次訳（一九六四）『けちんぼども』『筑摩世界文學体系　九』筑摩書房.
アル＝マーワルディー、湯川武訳（二〇〇六）『統治の諸規則』慶應義塾大学出版会.
Abū Ḥanīfa, Abū al-Muntahā al-Maghnīsāwī and ʻAlī al-Qārī, ed. and tr. by Abdur-Rahman Ibn Yusuf.（2007）*Imām Abū Ḥanīfa's Al-Fiqh al-Akbar Explained*, White Thread Press.
Abū ʻUbayd al-Qāsim ibn Sallūm, tr. by Imran Ahsan Khan Nyazee.（2003）*The Book of Revenue*, Garnet.
al-Fārābī, Abū Naṣr, ed. and tr. by Richard Walzer.（1985）*Al-Farabi on the Perfect State / Abū Naṣr al-Fārābī's Mabādi' Ahl al-Madīna al-Fāḍila*, Clarendon Press.
Ibn al-Nadīm, ed. and tr. by Bayard Dodge.（1970）*The Fihrist of al-Nadīm: A Tenth-century Survey of Muslim Culture*, 2vols., Columbia University Press.
Imam Zayn al-ʻĀbidīn ʻAlī ibn al-Ḥusayn, tr. by William C. Chittick.（1988）*The Psalms of Islam: al-Ṣaḥīfat al-Kāmilat al-Sajjādiyya*, Muhammadi Trust of Great Britain and Northern Ireland.
Sābūr Ibn Sahl, tr. by by Oliver Kahl.（2003）*The Small Dispensatory*, Brill.

二次資料（日本語・英語・アラビア語）

赤木祥彦（一九九〇）『沙漠の自然と生活』地人書房.
――（一九九四）『沙漠ガイドブック』丸善.
阿部齊・内田満・高柳先男編（一九九九）『現代政治学小辞典（新版）』有斐閣.

新井和広（二〇〇二）「旅する系図——南アラビア、ハドラマウト出身のサイイドの事例より」歴史学研究会編『系図が語る世界史』青木書店．

アフマド・Y・アルハサン、ドナルド・R・ヒル、多田博一・原隆一・斎藤美津子訳（一九九九）『イスラム技術の歴史』平凡社．

医王秀行（一九八九）「初期アッバース朝のカーディー職」『オリエント』三二／一．

——（一九九三）「カリフ・マームーンのミフナとハディースの徒」『イスラム世界』三九・四〇．

——（二〇〇四）「メッカ貿易再考」『東京女学館大学紀要』一．

池田修（一九八二）「バスラ学派とクーファ学派」前嶋信次・杉勇・護雅夫編『オリエント史講座４カリフの世界』學生社．

板垣雄三・後藤明編（一九九二）『事典イスラームの都市性』亜紀書房．

井筒俊彦（一九七五）『イスラーム思想史』岩波書店．

伊東俊太郎（一九八五）『比較文明』東京大学出版会．

——（一九九五）「文明の変遷と地球環境の変動」伊東俊太郎・安田喜憲編『文明と環境』日本学術振興会．

——（一九九六）「総論１　文明の画期と環境変動」伊東俊太郎・安田喜憲編『地球と文明の画期』（講座「文明と環境」二）朝倉書店．

——（二〇〇六（一九九三））『一二世紀ルネサンス』講談社．

稲葉穣（一九九五）「アラブ・ムスリムの東方進出」堀川徹編『世界に広がるイスラーム』栄光教育文化研究所．

応地利明（二〇〇九）「文化・文明・『近代化』」川添信介・高橋康夫・吉澤健吉編『こころの謎 kokoro の未来』京都大学学術出版会．

大島圭子・西牧隆壮・堀田朋樹（二〇〇五）「モロッコにおける伝統的水利施設ハッターラの灌漑システム――ハッターラ水の有効利用にむけた課題と解決方法」『沙漠研究』一五／二．

太田敬子（二〇〇九）『ジハードの町タルスース――イスラーム世界とキリスト教世界の狭間』刀水書房．

大塚和夫（一九九二）「後藤明著『メッカ』における〈部族〉概念をめぐって」『日本中東学会年報』七．

――（一九九三）「民族・部族・宗派」『民族に関する基礎研究――国家と民族』総合研究開発機構．

――（一九九八）「部族・宗派・民族――北スーダンの事例から」原尻英樹編『世界の民族――「民族」形成と近代』放送大学教育振興会．

大稔哲也「サイイダ・ナフィーサ」『岩波イスラーム辞典』．

岡崎英樹（二〇〇八）「アラブ文法学における「学派」とマスダル masdar の位置づけ」『アラブ・イスラム研究』六．

岡崎正孝（一九八八）『カナート――イランの地下水路』論創社
奥野克己（一九九五）「オマーンのファラジ（カナート）――J. C. Wilkinson（一九七七）の研究を中心に」『インド考古研究』一七．

加賀谷寛（二〇〇五）『ウルドゥー語辞典』大学書林．

加藤博（一九九五）『文明としてのイスラム――多元的社会叙述の試み』東京大学出版会．

上岡弘二編（一九八四）『イスラム世界の人びと』東洋経済新報社.
亀谷学（二〇〇六）「七世紀中葉におけるアラブ・サーサーン銀貨の発行――アラブ戦士に対する俸給との関係から」『史学雑誌』一一五／九.
――（二〇〇八）「ウマイヤ朝期におけるカリフの称号――銘文・碑文・パピルス文書からの再検討」『日本中東学会年報』二四／一.
川瀬豊子（二〇〇四）「アケメネス朝」日本オリエント学会編『古代オリエント事典』岩波書店.
川床睦夫編（一九九二）『「イスラームの都市生活」――アル＝フスタート遺蹟出土品を中心として』中近東文化センター.
菊地達也（二〇〇五）『イスマーイール派の神話と哲学――イスラーム少数派の思想史的研究』岩波書店.
――（二〇〇九）『イスラーム教「異端」と「正統」の思想史』講談社.
私市正年「ムワッヒド朝」『新イスラム事典』平凡社.
北村義信（二〇〇九）「ワジ」『沙漠の事典』.
ハミルトン・A・R・ギブ、加賀谷寛・内記良一・中岡三益・林武訳（一九六八）『イスラーム文明史――政治・宗教・文学にわたる七章』みすず書房.
デヴィッド・キング、山本啓二訳（二〇〇八）「イスラーム世界の天文学」クリストファー・ウォーカー編『望遠鏡以前の天文学――古代からケプラーまで』恒星社厚生閣.
ディミトリ・グタス、山本啓二訳（二〇〇二）『ギリシア思想とアラビア文化――初期アッバース朝の翻訳運動』

勁草書房.
マイケル・クック、千葉喜久枝訳（二〇〇五）『世界文明一万年の歴史』柏書房.
黒柳恒男（二〇〇八）『アラビア語・ペルシア語・ウルドゥー語対照辞典』大学書林.
高野太輔（二〇〇二）「ハッジャージュ」『岩波イスラーム辞典』.
――（二〇〇八）『アラブ系譜体系の誕生と発展』山川出版社.
小杉泰（一九八五）「イスラーム法――研究領域と原典資料」『イスラム世界』二三・二四.
――（一九八六）「『初期イスラーム』の規範性をめぐる考察――『共存の原理』の原型としての『マディーナ憲章』」『国際大学中東研究所紀要』二.
――（一九八七）『イスラーム・文明への旅――伝統と現代』日本放送出版協会.
――（一九九四）「イスラームにおける啓典解釈学の分類区分――タフスィール研究序説」『東洋学報』七六／一―二.
――（一九九四）『現代中東とイスラーム政治』昭和堂.
――（一九九七）「民族・言語・宗教――中東・イスラームからの照射」濱下武志・辛島昇編『地域史とは何か』山川出版社.
――（一九九八）『イスラーム世界』筑摩書房.
――（一九九九）「東南アジアをどうとらえるか――イスラーム世界から」坪内良博編『総合的地域研究』京都大学学術出版会.

――（二〇〇一）「イスラームの『教経統合論』――イスラーム法と経済の関係をめぐって」『アジア・アフリカ地域研究』一．

――（二〇〇二）『ムハンマド――イスラームの源流をたずねて』山川出版社．

――（二〇〇三）「未来を紡ぐ糸――新しい時代のイスラーム思想」小松久男・小杉泰編『現代のイスラーム思想と政治運動』（イスラーム地域研究叢書二）東京大学出版会．

――（二〇〇六a）『現代イスラーム世界論』名古屋大学出版会．

――（二〇〇六b）『イスラーム帝国のジハード』講談社．

――（二〇〇七）「イスラーム世界における文理融合論――『宗教と科学』の関係をめぐる考察」『イスラーム世界研究』一／二．

――（二〇〇九）『「クルアーン」――語りかけるイスラーム』岩波書店．

――・長岡慎介（二〇一〇）『イスラーム銀行――金融と国際経済』山川出版社．

後藤晃（明）（一九八〇）『ムハンマドとアラブ』東京新聞出版局．

後藤明（一九九一）『メッカ――イスラームの都市社会』中公新書．

――（二〇〇四）「クライシュ族再考」『東洋大学文学部紀要　史学科篇』三〇．

後藤裕加子（一九九二）「イスラム世界における紙の伝播と書籍業――バグダードのワッラークを中心として」『日本中東学会年報』七．

小堀巌（一九七三）『沙漠――遺された乾燥の世界』日本放送出版協会．

――（一九九六）『乾燥地帯の水利体系――カナートの形成と展開』大明堂．

――（二〇〇九）「刊行に寄せて」『沙漠の事典』．

エドワード・W・サイード、今沢紀子訳、板垣雄三・杉田英明監修（一九八六）『オリエンタリズム』平凡社．

佐藤健太郎（二〇〇二）「ルスタム朝」『岩波イスラーム辞典』．

佐藤次高（一九九一）『マムルーク――異教の世界からきたイスラムの支配者たち』東京大学出版会．

――（一九九六）『イスラームの「英雄」サラディン――十字軍と戦った男』講談社．

――（一九九七）『イスラーム世界の興隆』中央公論社．

――（二〇〇〇）「アラブ・イスラーム世界の拡大」高山博・辛島昇編『地域の成り立ち』山川出版社．

――（二〇〇四）『イスラームの国家と王権』岩波書店．

――（二〇〇五）「歴史を伝える」林佳世子・桝屋友子編『記録と表象――史料が語るイスラーム世界』東京大学出版会．

――（二〇〇八）『砂糖のイスラーム生活史』岩波書店．

――・冨岡倍雄編（一九八四）『農民』（イスラム世界の人びと2）東洋経済新報社．

佐藤洋一郎（二〇〇八）「解題――おもに農学、遺伝学の分野から」ピーター・ベルウッド、長田俊樹・佐藤洋一郎訳『農耕起源の人類史』京都大学学術出版会．

眞田芳憲（二〇〇〇）『イスラーム法の精神（改訂増補版）』中央大学出版部．

塩尻和子（二〇〇一）『イスラームの倫理――アブドゥル・ジャッバール研究』未來社．

――「ワースィル・イブン・アターー」『岩波イスラーム辞典』.
篠田雅人（二〇〇九）『砂漠と気候（改訂版）』成山堂書店.
嶋田襄平（一九七七）『イスラムの国家と社会』岩波書店.
――（一九九六）『初期イスラーム国家の研究』中央大学出版部.
嶋田義仁（二〇〇九）「砂漠が育んだ文明――アフロ・ユーラシアの乾燥地」池谷和信編『地球環境史からの問い――ヒトと自然の共生とは何か』岩波書店.
白岩一彦（一九九五）「『集史』研究の現状と課題」『日本中東学会年報』一〇.
清水和裕（二〇〇二a）「カーディル」『岩波イスラーム辞典』.
――（二〇〇二b）「バグダード」『岩波イスラーム辞典』.
――（二〇〇四）「裏切るクーファ市民――ウマイヤ朝末期ザイドの反乱にみる民衆の政治意識の結末」私市正年・栗田禎子編『イスラーム地域の民衆運動と民主化』東京大学出版会.
――（二〇〇五）『軍事奴隷・官僚・民衆――アッバース朝解体期のイラク社会』山川出版社.
――（二〇〇六）「中世バグダードのサービア教徒とイスラーム的学術」『アジア遊学』八六.
――（二〇〇八）「ヤズデギルドの娘たち――シャフルバーヌー伝承の形成と初期イスラーム世界」『東洋史研究』六七／二.
清水宏祐（二〇〇七）『イスラーム農書の世界』山川出版社.
尚樹敬太郎（一九九九）『ビザンツ帝国史』東海大学出版会.

陣内秀信（二〇〇七）『地中海世界の都市と住居』山川出版社．

杉田英明（二〇〇二）「アストロラーブ」『岩波イスラーム辞典』．

杉山正明（二〇一一）『遊牧民から見た世界史――民族も国境もこえて』日本経済新聞社．

鈴木孝典（一九八七）「アラビアの三角法」伊東俊太郎編『中世の数学』共立出版．

――（二〇〇二）「フワーリズミー」『岩波イスラーム辞典』．

鈴木董（二〇〇八）「比較文明論」小杉泰・林佳世子・東長靖編『イスラーム世界研究マニュアル』名古屋大学出版会．

ウィルフレッド・セシジャー、白須英子訳（二〇〇九）『湿原のアラブ人』白水社．

鷹木恵子「オアシス」『沙漠の事典』．

高谷好一（一九九三）『新世界秩序を求めて――二一世紀への生態史観』中央公論社（中公新書）．

――（一九九六）『「世界単位」から世界を見る――地域研究の視座』京都大学学術出版会．

――（二〇一〇）『世界単位論』京都大学学術出版会．

竹下政孝（二〇〇〇）「総序」上智大学中世思想研究所・竹下政孝編訳・監修『イスラーム哲学』（中世思想原典集成一一）平凡社．

谷口淳一（二〇一一）『聖なる学問、俗なる人生――中世のイスラーム学者』山川出版社．

ムハンマド＝ホセイン・タバータバーイー、森本一夫訳（二〇〇七）『シーア派の自画像――歴史・思想・教義』慶應義塾大学出版会．

ハワード・R・ターナー（二〇〇一）『図説　科学で読むイスラム文化』青土社.
ブライアン・S・ターナー、香西純一・筑紫建彦・樋口辰雄訳（一九九四）『ウェーバーとイスラーム（新版）』第三書館.
アフマド・ダッラール、坂井定雄監修・小田切勝子訳（二〇〇五）「科学、医学、技術――科学文化の発展」ジョン・エスポジト編『オックスフォード　イスラームの歴史1――新文明の淵源』共同通信社.
谷泰（一九九七）『神・人・家畜――牧畜文化と聖書世界』平凡社.
中江加津彦（二〇〇二）「アラブ伝統文法学史構築の試み」『言語文化学会論集』一九.
永田雄三・松原正毅編（一九八四）『牧畜民』（イスラム世界の人びと3）東洋経済新報社.
中町信孝（二〇〇二）「シャジャルッドゥッル」『岩波イスラーム辞典』.
中村廣治郎（一九七七）『イスラム――思想と歴史』東京大学出版会（UP選書）.
縄田鉄男（一九九八）「現代ペルシア語におけるアラビア語の重層性」『語学研究所論集』三.
仁子寿晴（二〇〇二）「ファーラービー」『岩波イスラーム辞典』.
――・鈴木孝典（二〇〇二）「トゥースィー」『岩波イスラーム辞典』.
野町和嘉（一九九七）『メッカ巡礼』集英社.
ベシーム・S・ハキーム、佐藤次高監修・佐藤次高・私市正年・小杉泰ほか訳（一九九〇）『イスラーム都市――アラブのまちづくりの原理』第三書館.
ラルフ・S・ハトックス、斎藤富美子・田村愛理訳（一九九三）『コーヒーとコーヒーハウス――中世中東における社交飲料の起源』同文舘出版．

花田宇秋（一九八三）「初期イスラム時代のシュルタ」護雅夫編『内陸アジア・西アジアの社会と文化』山川出版社．

――（一九九九）「イスラームの少数派とジャマーアの成立」樺山紘一ほか編『イスラーム世界の発展　七―一六世紀』（岩波講座世界歴史一〇）岩波書店．

羽田正（二〇〇五）「ムスリムの地理的知見と世界像」林佳世子・桝屋友子編『記録と表象――史料が語るイスラーム世界』東京大学出版会．

濱田正美（二〇〇八）『中央アジアのイスラーム』山川出版社．

原隆一（一九九七）『イランの水と社会』古今書院．

春田晴郎（一九九八）「イラン系王朝の時代」『オリエント世界　―七世紀』（岩波講座世界歴史２）岩波書店．

フレッド・ピアス、沖大幹監修・古草秀子訳（二〇〇八）『水の未来――世界の川が干上がるときあるいは人類最大の環境問題』日経ＢＰ社．

マージド・ファフリー、坂井定雄監修・小田切勝子訳（二〇〇五）「哲学と神学――西暦八世紀から現代まで」ジョン・エスポジト編『オックスフォード　イスラームの歴史　２――拡大する帝国』共同通信社．

深見奈緒子（二〇〇三）『イスラーム建築の見かた――聖なる意匠の歴史』東京堂出版．

――（二〇〇四）「円城都市バグダッドの再現」ＮＨＫ「文明の道」プロジェクトほか『イスラムと十字軍』日本放送出版協会．

藤井純夫（一九九八）「肥沃な三日月地帯の外側――ヒツジ以前・ヒツジ以後の内陸部乾燥地帯」『オリエント世界　―七世紀』（岩波講座世界歴史2）岩波書店.
――（二〇〇一）『ムギとヒツジの考古学』同成社.
ジョナサン・ブルーム、シーラ・ブレア、桝屋友子訳（二〇〇一）『イスラーム美術』岩波書店.
ジクリト・フンケ、高尾利数訳（一九八二）『アラビア文化の遺産』みすず書房
ピーター・ベルウッド、長田俊樹・佐藤洋一郎訳（二〇〇八）『農耕起源の人類史』京都大学学術出版会.
堀井聡江（二〇〇四）『イスラーム法通史』山川出版社.
堀内勝（一九七九）『砂漠の文化――アラブ遊牧民の世界』教育社.
――（一九八六）『ラクダの文化誌――アラブ家畜文化考』リブロポート.
本田孝一（二〇〇二）「イブン・ムクラ」『岩波イスラーム辞典』.
前川和也（一九九八）「古代メソポタミアとシリア・パレスティナ」『オリエント世界　―七世紀』（岩波講座世界歴史2）岩波書店.
前田徹（一九九六）『都市国家の誕生』山川出版社.
松井健（一九八九）『セミ・ドメスティケイション――農耕と遊牧の起源再考』海鳴社.
――（一九九九）「遊牧の文化的特質についての試論――西南アジア遊牧民を中心として」『国立民族学博物館研究報告別冊』二〇.
――（二〇〇一）『遊牧という文化――移動の生活戦略』吉川弘文館.

――（二〇一一）『西南アジアの砂漠文化――生業のエートスから争乱の現在へ』人文書院.
松本耿郎（一九八五）「イスラムの神学と哲学」中村廣治郎編『イスラム・思想の営み』（講座イスラム1）筑摩書房.
――（一九八九）「後期イスラーム神学とスコラ哲学」『イスラーム思想1』（岩波講座東洋思想3）岩波書店.
三木亘・山形孝夫編（一九八四）『都市民』（イスラム世界の人びと5）東洋経済新報社.
三村太郎（二〇〇一）「クーシュヤールの『アストロラーベ書』写本の校訂研究」『哲学・科学史論叢』三.
――（二〇一〇）『天文学の誕生――イスラーム文化の役割』岩波書店.
村上泰亮（一九九八）『文明の多系史観――世界史再解釈の試み』中央公論社.
村上陽一郎（二〇〇二）『近代科学と聖俗革命〈新版〉』新曜社.
村田靖子（一九九三）「ヒスバの手引書に見るムフタシブ――おもにアンダルスを中心として」『西南アジア研究』三九.
――（一九九五）「中世イスラム世界における都市内の穀物流通――ヒスバの手引書より」『史林』七八／三.
森本一夫（二〇〇二）「ターリブ家系譜学の専門用語と記号――用語集史料の記述から」歴史学研究会編『系図が語る世界史』青木書店.
――（二〇一〇）『聖なる家族――ムハンマド一族』山川出版社.
両角吉晃（二〇一一）『イスラーム法における信用と「利息」禁止』羽鳥書店.
家島彦一（一九九一）『イスラム世界の成立と国際商業――国際商業ネットワークの変動を中心に』岩波書店.

——（二〇〇六）『海域から見た歴史——インド洋と地中海を結ぶ交流史』名古屋大学出版会.
——・渡辺金一編（一九八四）『海上民』（イスラム世界の人びと4）東洋経済新報社.
柳沢謙次（一九九八）「神権政治」大学教育社編『新訂版現代政治学事典』ブレーン出版.
柳橋博之（二〇〇二）「サフヌーン・タヌーヒー」『岩波イスラーム辞典』.
山岸智子（二〇〇二）「ザイヌルアービディーン」『岩波イスラーム辞典』.
湯川武（二〇〇九）『イスラーム社会の知の伝達』山川出版社.
ロシュディー・ラーシェド、三村太郎訳（二〇〇四）『アラビア数学の展開』東京大学出版会.
W・モンゴメリ・ワット、久保儀明・牧野信也訳（一九七〇）『ムハンマド——預言者と政治家』みすず書房.
——、黒田壽郎・柏木英彦訳（一九七六）『イスラーム・スペイン史』岩波書店.
——、三木亘訳（一九八四）『地中海世界のイスラム——ヨーロッパとの出会い』筑摩書房.

Abbott, Nadia. (1985 (1942)) *Aishah: The Beloved of Mohammed*, Al Saqi Books.
Adamson, Peter (2006a). "Vision, Light and Color in Al-Kindī, Ptolemy and the Ancient Commentators" *Arabic Sciences and Philosophy*, 16/2.
------. (2006b) *Al-Kindī*, Oxford University Press.
Adang, Camilla. (2005) "The Beginnings of the Zahiri Madhhab in al-Andalus," in Peri Bearman, Rudolph Peters and Frank E. Vogel (eds.), *The Islamic School of Law: Evolution, Devolution, and Progress*, Islamic Legal Studies Program, Harvard Law

School.

Afsaruddin, Asma. (2002) *Excellence and Precedence: Medieval Islamic Discourse on Legitimate Leadership*, Brill.

Agha, Saleh Said. (2003) *The Revolution which Toppled the Umayyads: Neither Arab nor ʻAbbāsid*, Brill.

Allen, Roger. (2000) *An Introduction to Arabic Literature*, Cambridge University Press.

Arjomand, Saïd Amir. (2009) "The Constitution of Medina: A Socio-legal Interpretation of Muhammad's Acts of Foundation of the Umma," *International Journal of Middle East Studies* 41/4.

Atieh, George N. (1966) *Al-Kindī: The Philosopher of the Arabs*, Islamic Research Institute.

Badawi, Elsaid M. and Muhammad Abdel Haleem. (2008) *Arabic-English Dictionary of Qur'anic Usage*, Brill.

Bakar, Osman. (1998 (1992)) *Classification of Knowledge in Islam: A Study in Islamic Philosophies of Science*, Islamic Texts Society.

Bennison, Amira K. (2010) *The Great Caliphs: The Golden Age of the ʻAbbasid Empire*, Yale University Press.

Berkey, Jonathan. (2003) *The Formation of Islam: Religion and Society in the Near East, 600-1800*, Cambridge University Press.

Blankinship, Khalid. (2008) "The Early Creed," in Tim Winter (ed.), *Cambridge Companion to Classical Islamic Theology*, Cambridge University Press.

Bloom, Jonathan M. (2001) *Paper before Print: The History and Impact of Paper in the Islamic World*, Yale University Press.

Bos, Gerrit. (1992) *Qusṭā Ibn Lūqā's Medical Regime for the Pilgrims to Mecca: The Risāla fī Tadbīr Safar al-Ḥajj*, E.J. Brill.

Bray, Julis. (2010) "Arabic Literature," in Robert Irwin (ed.), *The New Cambridge History of Islam*, Vol.4, Cambridge University Press.

Brown, Jonathan A. C. (2007) *The Canonization of al-Bukhārī and Muslim: The Formation and Function of the Sunnī Ḥadīth Canon*, Brill.

-------. (2009) *Hadith: Muhammad's Legacy in the Medieval and Modern World*, Oneworld.

Bulliet, Richard W. (1972) *The Patricians of Nishapur: A Study in Medieval Islamic Social History*, Harvard University Press.

-------. (1979) *Conversion to Islam in the Medieval Period: An Essay in Quantitative History*, Harvard University Press.

--------. (2009) *Cotton, Climate, and Camels in Early Islamic Iran: A Moment in World History*, Columbia University Press.

Burckhardt, Titus, tr. by Peter J. Hobson. (1976) *Art of Islam: Language and Meaning*, World of Islam Festival Publishing.

Campbell, Sandra. (2009) "'Abdallāh b. al-Zubayr," *EI3*.

Cohen, Hayyim J. (1970) "The Economic Background and the Secular Occupations of Muslim Jurisprudents and Traditionalists in the Classical Period of Islam (Until the Middle of the Eleventh Century)," *Journal of the Economic and Social History of the Orient* 13/1.

Coulson, N.J. (1964) *A History of Islamic Law*, Edinburgh University Press.

Crone, Patricia. (1980) *Slaves on Horses: The Evolution of the Islamic Polity*, Cambridge University Press.

-------. (1987) *Meccan Trade and the Rise of Islam*, Princeton University Press.

Dallal, Ahmad. (2010) *Islam, Science, and the Challenge of History*, Yale University Press.

Deen, S.M. (2007) *Science under Islam: Rise, Decline and Revival*, Lulu Edition.

Dignas, Beate and Engelbert Winter. (2007) *Rome and Persia in Late Antiquity: Neighbours and Rivals*, Cambridge University

Press.

Dietrich, A. (1971) "al-Ḥadjdjādj b. Yūsuf." *EI2.*

Donner, Fred McGraw. (1981) *The Early Islamic Conquests*, Princeton University Press.

Duncan, Alistair. (1972) *The Noble Sanctuary: Portrait of a Holy Place in Arab Jerusalem*, Longman.

Duri, A.A. (1999) "Dīwān,"*EI2.*

Dutton, Yasin. (2007) *Original Islam: Mālik and the Madhhab of Madina*, Routledge.

El-Hibri, Tayeb. (1999) *Reinterpreting Islamic Historiography: Hārūn al-Rashīd and the Narrative of the 'Abbāsid Caliphate*, Cambridge University Press.

--------. (2010) "The Empire in Iraq, 763-861," in Robert Irwin ed.,*The New Cambridge History of Islam*, Vol.4, Cambridge University Press.

al-Faḍlī, 'Abd al-Hādī, tr. by Nazmina Virjee. (2002) *Introduction to Ḥadīth*, ICAS Press.

Frishman, Martin, and Hasan-Uddin Khan. (eds.) (1994) *The Mosque: History, Architectural Development and Regional Diversity*, Thames and Hudson.

Gauthier-Pilters, Hilde, and Anne Innis Dagg. (1981) *The Camel, its Evolution, Ecology, Behavior, and Relationship to Man*, University of Chicago Press.

Gibb, Hamilton Alexander Rosskeen, ed. by Stanford J. Shaw and William R. Polk. (1962) *Studies on the Civilization of Islam*, Beacon Press.

Görke, Andreas. (2009) "'Abdallāh b. 'Umar b. al-Khaṭṭāb," *EI3*.

Gottschalk, H. L. (1960) "Abū 'Ubayd al-Ḳāsim b. Sallām," *EI2*.

Gruendler, Beatrice. (1993) *The Development of the Arabic Scripts: From the Nabatean Era to the First Islamic Century According to Dated Texts*, Scholars Press.

Halevi, Leor. (2007) *Muhammad's Grave: Death Rites and the Making of Islamic Society*, Columbia University Press.

Hallaq, Wael B. (2005) *The Origins and Evolution of Islamic Law*, Cambridge University Press.

Harrigan, Peter. (2007) "New Pieces of Mada'in Salih's Puzzul,"*Aramco World* 58/4.

Hodgson, Marshall G.S. (1974) *The Venture of Islam*, 3 vols., University of Chicago Press.

Holtzman, Livnat (2009) "Aḥmad b. Ḥanbal," *EI3*.

Howard-Johnston, James. (2010) *Witnesses to a World Crisis: Historians and Histories of the Middle East in the Seventh Century*, Oxford University Press.

Hoyland, Robert. (2008) "Arabian Peninsula," *EI3*.

Huff, Toby E. (2007). *The Rise of Early Modern Science: Islam, China, and the West*, 2nd ed., Cambridge University Press.

Humphreys, R. Stephen. (1991) *Islamic History: A Framework for Inquiry*, rev. ed., Princeton University Press.

Hurvitz, Nimrod. (2002) *The Formation of Ḥanbalism: Piety into Power*, Routledge Curzon.

Ibish, Yusuf. (1966) *The Political Doctrine of al-Baqillani*, American University of Beirut, Faculty of Arts and Sciences.

Ibn Yusuf, Abdur-Rahman. (2007) "Translator's Introduction," in Abū Ḥanīfa *et al. al-Fiqh al-Akbar Explained*, White Thred

Press.

Jabali, Fu'ad. (2003) *The Companions of the Prophet: A Study of Geographical Distribution and Political Alignments*, Brill.

Jiwa, Shainool. (2009) "Introduction," in al-Maqrīzī, tr. by Shainool Jiwa, *Towards a Shi'i Mediterranean Empire: Fatimid Egypt and the Founding of Cairo*, I.B. Tauris.

Jones, J.M.B. (1983) "The Maghazi literature," in A.F.L. Beeston, *et al.* (eds.), *Arabic Literature to the End of the Umayyad Period*, Cambridge University Press.

Judd, Steven C. (2002) "Competitive Hagiography in Biographies of al-Awza'i and Sufyan al-Thawri," *Journal of the American Oriental Society* 122/1.

-------. (2005) "Al-Awzā'ī and Suyān al-Thawrī: The Umayyad Madhhab?," in Peri Bearman, Rudolph Peters and Frank E. Vogel (eds.), *The Islamic School of Law: Evolution, Devolution, and Progress*, Islamic Legal Studies Program, Harvard Law School.

Kahl, Oliver. (2003) "Introduction," in Sābūr Ibn Sahl, tr. by Kahl, *The Small Dispensatory*, Brill.

Kamali, Mohammad Hashim. (2008) *Shari'ah Law: An Introduction*, Oneword.

Karabacek, Joseph von, tr. by Don Baker and Suzy Dittmar. (2001 (1991)) *Arab Paper*, Archetype Publications.

Kennedy, Hugh. (1986) *The Prophet and the Age of the Caliphates*, Longman.

-------. (2001) *The Armies of the Caliphs: Military and Society in the Early Islamic State*, Routledge.

-------. (2004) *When Baghdad Ruled the Muslim World: The Rise and Fall of Islam's Greatest Dynasty*, Da Capo Press.

Kennedy-Day, Kiki. (2003) *Books of Definition in Islamic Philosophy: The Limits of Words*, RoutledgeCurzon.

Khalili, Nasser D. (2005) *Islamic Art and Culture: A Visual History*, Overlook Press.

King, David A. (2004) *In Synchrony with the Heavens: Studies in Astronomical Timekeeping and Instrumentation in Medieval Islamic Civilization: Vol.1, The Call of the Muezzin*, Brill.

Kunitzsch, Paul. (2003) "The Transmission of Hindu-Arabic Numerals Reconsidered," in Jan P. Hogendijk and Abdelhamid I. Sabra (eds.), *The Enterprise of Science in Islam: New Perspectives*, MIT Press.

Lalani, Arzina R. (2000) *Early Shīʿī Thought: The Teachings of Imam Muḥammad al-Bāqir*, I.B. Tauris.

Lapidus, Ira M. (2002) *A History of Islamic Societies*, 2nd ed., Cambridge University Press

Lecker, Michael. (2004) *Constitution of Medina*, Darwin Press.

-------. (2005) "Was Arabian Idol Worship Declining on the Eve of Islam?" in his *People, Tribes and Society in Arabia Around the Time of Muḥammad*, Ashgate.

Lindsay, James E. (2005) *Daily Life in the Medieval Islamic World*, Greenwood Press.

Lucas, Scott C. (2004) *Constructive Critics, Ḥadīth Literature, and the Articulation of Sunnī Islam: The Legacy of the Generation of Ibn Saʿd, Ibn Maʿīn, and Ibn Ḥanbal*, Brill.

Madelung, Wilferd. (1997) *The Succession to Muḥammad: A Study of the Early Caliphate*, Cambridge University Press.

Maghen, Ze'ev. (2003) "Dead Tradition: Joseph Schacht and the Origins of 'Popular Practice'," *Islamic Law and Society* 10/3.

Makdisi, George. (1962) "Ashʿarī and the Ashʿarites in Islamic Religious History I," *Studia Islamica* 17.

-------. (1979). "The Significance of the Sunni Schools of Law in Islamic Religious History," *International Journal of Middle East Studies* 10/1.

Mansour, Mansour H. (1995) *The Maliki School of Law: Spread and Domination in North and West Africa 8th to 14th Centuries C.E.*, Austin and Winfield.

Melchert, Christopher. (1997) *The Formation of the Sunni Schools of Law, 9th-10th Centuries C.E.*, Brill.

Merad, A. (1986) "al-Layth b. Sa'd," *EI2*.

Momen, Moojan. (1985) *An Introduction to Shi'i Islam: The History and Doctrines of Twelver Shi'ism*, Yale University Press.

Montada, Josep Puig. (2001) "Reason and Reasoning in Ibn Ḥazm of Cordova (d. 1064)," *Studia Islamica* 92.

Montgomery, James E. (2005) "al-Jahiz," in Michael Cooperson and Shawkat M. Toorawa (eds.), *Dictionary of Literary Biography, Vol.311: Arabic Literary Culture, 500-925*, Thomson Gale.

Motzki, Harald. (1991) "The Muṣannaf of 'Abd al-Razzāq al-San'ānī as a Source of Authentic Aḥādīth of the First Century A. H.," *Journal of Near Eastern Studies* 50/1.

-------. (2005) "Dating Muslim Traditions: A Survey," *Arabica* 52/2.

------- (with Nicolet Boekhoff-van der Voort and Sean W. Anthony). (2010) *Analysing Muslim Traditions: Studies in Legal, Exegetical and* Magāzī Ḥadīth, Brill.

Mousa, Issam S. (2001) "The Arabs in the First Communication Revolution: The Development of the Arabic Script," *Canadian Journal of Communication* 26/4.

Musa, Aisha Y. (2008) *Ḥadīth as Scripture: Discussions on the Authority of Prophetic Traditions in Islam*, Palgrave.

Nadwi, Mohammed Akram. (2010) *Abu Hanifa*, I.B. Tauris.

Nasr, Seyyed Hossein. (1968) *Science and Civilization in Islam*, Harvard University Press.

-----. (1976) *Islamic Science: An Illustrated Study*, World of Islam Festival Publishing.

Numani, Shibli. (2004) *'Umar*, I.B. Tauris and Oxford University Press India.

Nurit Tsafrir. (2004) *The History of an Islamic School of Law: The Early Spread of Hanafism*, Islamic Legal Studies Program, Harvard Law School.

Pedersen, Johannes, tr. by Geoffrey French. (1984) *The Arabic Book*, Princeton University Press.

Pormann, Peter E., and Emilie Savage-Smith. (2007) *Medieval Islamic Medicine*, Georgetown University Press.

Rahman, Afzalur. (1981) *Muhammad: Encyclopaedia of Seerah*, Vol.1, Muslim Schools Trust.

Rashed, Roshdi. (ed.) (1996) *Encyclopedia of the History of Arabic Science*, 3 vols., Routledge.

-------. (2002) *Science in Islam and Classical Modernity*, Al-Furqan Islamic Heritage Foundation.

Robinson, Chase F. (2005) *'Abd al-Malik*, Oneworld.

Rodenbeck, Max. (1999) *Cairo: The City Victorious*, American University in Cairo Press.

Saliba, George. (2007) *Islamic Science and the Making of the European Renaissance*, MIT Press.

Sayili, Aydin. (1981) *The Observatory in Islam*, Arno Press.

Schacht, Joseph. (1950) *The Origins of Muhammadan Jurisprudence*, Clarendon Press.

Schoeler, Gregor. (2000) "'Urwa b. al-Zubayr," *EI2*.

-------. (2009) *The Genesis of Literature in Islam: From the Aural to the Read*, rev. ed., Edinburgh University Press.

Sergeant, R.B. (1978) "The Sunnah Jami'ah, Pacts with Yathrib Jews, and the Tahrim ofYathrib: Analysis and Translation of the Documents Comprised in the So-called 'Constitution of Medina' ," *Bulletin of the School of Oriental and African Studies* 41.

Shaban, M. A. (1970) The '*Abbāsid Revolution*, Cambridge University Press.

-------. (1971) Islamic History: *A New Interpretation*, Cambridge University Press.

Ṣiddīqī, Muḥammad Zubayr, ed. and rev. by Abdal Hakim Murad. (1993) *Ḥadīth Literature: Its Origin, Development and Special Features*, Islamic Text Society.

Silverstein, Adam J. (2007) *Postal Systems in the Pre-Modern Islamic World*, Cambridge University Press.

Surty, Muhammad Ibrahim Hafiz Ismail. (1996) *Muslims' Contribution to the Development of Hospitals*, QAF (Qur'ānic Arabic Foundation).

Tabbaa, Yasser. (2002) *The Transformation of Islamic Art During the Sunni Revival*, University of Washington Press.

Talbi, M. (1995a) "Rustamids," *EI2*.

-------. (1995b) "Saḥnūn," *EI2*.

Toorawa, Shawkat M. (2005) *Ibn Abī Ṭāhir Ṭāyfūr and Arabic Writerly Culture: A Ninth-century Bookman in Baghdad,* RoutledgeCurzon.

Walker, Paul E. (1992) "The Political Implications of al-Rāzī's Pholosophy," in Charles E. Butterworth (ed.), *The Political*

Aspects of Islamic Philosophy: Essays in Honor of Muhsin S. Mahdi, Harvard University Press.

Wasserstein, David J. (2010) "Conversion and the *Ahl al-Dhimma*," in Robert Irwin (ed.), *The New Cambridge History of Islam*, Vol.4, Cambridge University Press.

Watson, Andrew M. (1983) *Agricultural Innovation in the Early Islamic World: The Diffusion of Crops and Farming Techniques, 700-1100*, Cambridge University Press.

Watt, W. Montgomery. (1956) *Muhammad at Medina,* Clarendon Press.

Weiss, Bernard. (2005) "The Madhhab in Islamic Legal Thoery," in Peri Bearman, Rudolph Peters and Frank E. Vogel (eds.), *The Islamic School of Law: Evolution, Devolution, and Progress,* Islamic Legal Studies Program, Harvard Law School.

Weiss, Bernard G. and Arnold H. Green. (1985) *A Survey of Arab History*, American University in Cairo Press.

Wensinck, A. J. (1965) *The Muslim Creed: Its Genesis and Historical Development,* 2nd imp., Frank Cass.

Yanagihashi, H. (2007) "Abū Ḥanīfa," *EI3*.

Zaman, Muhammad Qasim. (1997) *Religion and Politics Under the Early 'Abbasids: The Emergence of the Proto-Sunni Elite*, Brill.

'Abd al-Ḥamīd, Ṣā'ib. (1997) *Tārīkh al-Islām al-Thaqāfī wa al-Siyāsī: Masār al-Islām ba'da al-Rasūl wa Nash'a al-Madhāhib*, al-Ghadīr.

Abū 'Alam, Tawfīq. (2006) "Al-Sayyida Nafīsa," in Hādī Khusrawshāhī (ed.), *Ahl al-Bayt fī Miṣr*, Markaz al-Taḥqīqāt wa al-Dirāsāt al-'Ilmīya.

Abū Zahra, Muḥammad. (n.d.) *al-Imām al-Ṣādiq: Ḥayātuhu wa ʻAṣruhu, Ārāʼuhu wa Fiqhuhu*, Dār al-Fikr al-ʻArabī.

-------. (n.d. [1947]) *Ibn Ḥanbal: Ḥayātuhu wa ʻAṣruhu, Ārāʼuhu wa Fiqhuhu*, Dār al-Fikr al-ʻArabī.

-------. (n.d. [1959]) *al-Imām Zayd: Ḥayātuhu wa ʻAṣruhu, Ārāʼuhu wa Fiqhuhu*, Dār al-Fikr al-ʻArabī.

-------. (1976) *Abū Ḥanīfa: Ḥayātuhu wa ʻAṣruhu, Ārāʼuhu wa Fiqhuhu*, 2nd ed., Dār al-Fikr al-ʻArabī.

-------. (1978) *Mālik: Ḥayātuhu wa ʻAṣruhu, Ārāʼuhu wa Fiqhuhu*, 2nd ed., Dār al-Fikr al-ʻArabī.

al-ʻAjamī, Abū al-Yazīd Abū Zayd. (2008) *Al-ʻAqīda al-Islāmīya ʻinda al-Fuqhāʼ al-Arbaʻa*, 2nd ed., Dār al-Salām.

al-Amīnī, Nūr ʻĀlam Khalīl. (1989) *Al-Ṣaḥāba wa Makānatuhum fī al-Islām*, Dār al-Ṣaḥwa.

ʻĀmir, Maḥmūd ʻAlī. (1997) *Al-Makāyīl wa al-Awzān wa al-Nuqūd mundh Fajr al-Islām wa-ḥattā al-ʻAhd al-ʻUthmānī: Dirāsa Wathāʼiqīya*, Maṭbaʻa Ibn Khaldūn.

ʻArābī, Manṣūr ʼAlī. (2008) *Mawsūʻa al-Shuhūr al-ʻArabīya: Faḍluhā wa Ahamm Aḥdāthuhā*, Dār al-Fārūq.

ʻAṭwān, Ḥusayn. (1986) *Al-Umawīyūn wa al-Khilāfa*, Dār al-Jīl.

Ayyūb, Ibrāhīm. (2001) *al-Tārīkh al-ʻAbbāsī al-Siyāsī wa al-Ḥaḍārī,* al-Sharika al-ʻĀlamīya li-l-Kitāb.

al-Aʻẓamī, al-Khaṭṭāṭ Walīd. (1999) *Tārīkh al-Aʻẓamīya: Madīna al-Imām al-Aʻẓam Abī Ḥanīfa al-Nuʻmān*, Dār al-Bashāʼir.

al-Badrī, ʻAbd al-ʻAzīz. (2005) *Al-Islām bayna al-ʻUlamāʼ wa al-Ḥukkām*, Dār al-Ṣarwa.

al-Baltājī, Muḥammad. (2002) *Manhaj ʻUmar b. al-Khaṭṭāb fī al-Tashrīʻ: Dirāsa Mustawʻiba li-Fiqh ʻUmar wa Tanẓīmātihi,* Dār al-Salām.

Bayḍūn, Ibrāhīm. (1983) *Al-Ḥijāz wa al-Dawla al-Islāmīya: Dirāsa fī Ishkālīya al-ʻAlāqa maʻa al-Sulṭa al-Markazīya fī al-Qarn al-*

Awwal al-Hijrī, Al-Mu'assasa al-Jāmi'īya li-l-Dirāsāt wa al-Nashr wa al-Tawzī'.

--------, (1989) *Al-Anṣār wa al-Rasūl: Ishkālīyāt al-Hijra wa al-Mu'āraḍa fī al-Dawla al-Islāmīya al-Ūlā*, Ma'had al-Inmā' al-'Arabī.

al-Bustānī, 'Abdllāh. (1992) *Al-Bustān: Mu'jam Lughwī Muṭawwal*, Maktaba Lubnān

al-Dūrī, 'Abd al-'Azīz. (1962) *Al-Judhūr al-Tārīkhīya li-l-Shu'ūbīya*, Dār al-Ṭalī'a.

-------. (2008) *Al-Nuẓum al-Islāmīya*, Markaz Dirāsāt al-Waḥda al-'Arabīya.

al-Faḍlī, 'Abd al-Hādī. (1998) "al-Madhhab al-Imāmī," in *al-Madhāhib al-Islāmīya al-Khamsa: Tārīkh wa Wathā'iq,* al-Ghadīr.

Fākhūr, Maḥmūd, and Ṣalāḥ al-Dīn Khawwām. (2002) *Mawsū'a Waḥdāt al-Qiyās al-'Arabīya wa al-Islāmīya wa Mā Yu'ādiluhā bi-l-Maqādīr al-Ḥadītha*, Maktaba Lubnān.

Farāj, 'Izz al-Dīn. (1978) *Faḍl 'Ulamā' al-Muslimīn 'alā al-Ḥaḍāra al-Ūrubbīya*, Dār al-Fikr al-'Arabī.

Fayṣal, Aḥmad Muṣṭafā. (2005) *Aṣḥāb al-Rasūl: Isti'rāḍ Tārīkhī wa Dirāsa Muwaththaqa li-Mashāhīr Ṣaḥāba al-Rasūl*, Dār al-Ṣābūnī.

Fayyūmī, Muḥammad Ibrāhīm. (1998) *Al-Firaq al-Islāmīya wa Ḥaqq al-Umma al-Siyāsī*, Dār al-Sharūq.

Ḥallāq, Ḥassān. (1988) *Ta'rīb al-Nuqūd wa al-Dawāwīn fī al-'Aṣr al-Umawī*, Dār al-Nahḍa al-'Arabīya.

Ḥasan, Ḥusayn al-Ḥājj. (1985) *A'lām fī al-'Aṣr al-'Abbāsī*, al-Mu'assasa al-Jāmi'īya lil-Dirāsāt wa al-Nashr wa al-Tawzī'.

al-Ḥasan, Khalīfa Bābakr. (1997) *al-Ijtihād bi-l-Ra'y fī Madrasa al-Ḥijāz al-Fiqhīya*, Maktaba al-Zahrā'.

Ismā'īl, Sha'bān Muḥammad. (1981) *Uṣūl al-Fiqh: Tārīkhuhu wa Rijāluhu*, Dār al-Marīkh.

Ismā'īl, Yaḥyā. (1986) *Manhaj al-Sunna fī al-'Alāqa bayna al-Ḥākim wa al-Maḥkūm*, Dār al-Wafā'.

Jum‘a, ‘Alī. (2007) *al-Madkhal ilā Dirāsā al-Madhāhib al-Fiqhīya,* 2nd ed., Dār al-Salām.

Kamāl, Aḥmad ‘Ādil. (2004) *Aṭlas Tārīkh al-Qāhira*, Dār al-Salām.

al-Kaylānī, ‘Abd al-Razzāq Ashraf. (1994) *Min Mawāqif ‘Uẓamā’ al-Muslimīn*, Dār al-Nafā’is.

al-Khaṭīb, Muammad ‘Ajāj. (1981) *al-Sunna qabla al-Tadwīn*, 5th ed., Dār al-Fikr.

al-Maḥallāwī, Ḥanafī. (2006) “al-Sayyida al-Nafīsa Ḥafīda al-Rasūl,” in Sayyid Ḥadī Khusrawshāhī (ed.), *Ahl al-Bayt fī Miṣr,* Markaz al-Taḥqīqāt wa al-Dirāsāt al-‘Ilmīya.

Ma’mūn, Ḥasan, *et al.* (1966/67) “Ta‘rīf bi-l-Faqh al-Islāmī,” *Mawsū‘a Jamāl ‘Abd al-Nāṣir fī al-Faqh al-Islāmī*, Vol.1, Al-Majlis al-A‘lā li-l-Shu’ūn al-Islāmīya.

Marzūq, ‘Abd al-Ṣabbūr. (1995) *Ma‘jam al-A‘lām wa al-Mawḍū‘āt fī al-Qur’ān*, 3 vols., Dār al-Shurūq.

Mu’nis, Ḥusayn. (2002) *Tārīkh Qaraysh*, Dār al-Manāhil.

Muṣṭafā, Ṣāliḥ Lam‘ī. (1981) *Al-Madīna al-Munawwara: Taṭawwuruhā al-‘Umrānī wa Turāthuhā al-Ma‘mārī*, Dār al-Nahḍa al-‘Arabīya.

al-Nadawī, Taqī al-Dīn. (2002) *Al-Imām Mālik wa Makāna Kitābihi al-Muwaṭṭa’*, 4th ed., Dār al-Bashā’ir al-Islāmīya.

al-Nadwī, ‘Alī Aḥmad. (1994) *Al-Imām Muḥammad ibn al-Ḥasan al-Shaybānī: Nābigha al-Fiqh al-Islāmī*, Dār al-Qalam.

Qal‘ajī, Muḥammad Rawās. (1986) *Mawsū‘a Fiqh Ibrāhīm al-Nakh‘ī: ‘Aṣruhu wa Ḥayātuhu,* 2nd ed., 2vols., Dār al-Nafā’is.

-------. (1990) *Mawsū‘a Fiqh Sufyān al-Thawrī*, Dār al-Nafā’is.

al-Qaṭṭān Mannā‘. (1989) *Tārīkh al-Tashrī‘ al-Islāmī*, 4th ed., Maktaba Wahba.

al-Quḍā, Amīn. (2004) *Al-Khulafā' al-Rāshidūn: A'māl wa Aḥdāth*, 3rd ed., Dār al-Furqān.

al-Qurashī, Ghālib 'Abd al-Kāfī. (1990) *Awwalīyāt al-Fārūq al-Siyāsīya*, Dār al-Wafā'.

al-Rāfi'ī, Anwar. (n.d. [1973]) *al-Nuẓum al-Islāmīya*, Dār al-Fikr.

Sa'd al-Dīn, Muḥammad Munīr. (1992) *Al-'Ulamā' 'inda al-Muslimīn: Makānatuhum wa Dawruhum fī al-Mujtama'*, Dār al-Manāhil.

al-Ṣāliḥ, Ṣubḥī. (1980) *Ma'ālim al-Sharī'a al-Islāmīya*, 3rd ed., Dār al-'Ilm li-l-Malāyīn.

Sallūm, Dāwūd, *et al.* (2000) *Mu'jamāt al-Lugha al-'Arabīya al-Musta'āra fī al-Lughāt al-Ajnabīya*, 2 vols., Dār al-Kutub.

al-Sāmarrā'ī, Khalīl Ibrāhīm, *et al.* (2004) *Tārīkh al-'Arab wa Ḥaḍāratuhum fī al-Andalus*, Dār al-Midār al-Islāmī.

al-Sha''ār, Marwān Muḥammad. (1993) *Sunan al-Awzā'ī: Aḥādīth wa Āthār wa Fatāwā*, Dār al-Nafā'is.

Sharaf al-Dīn, 'Alī b. 'Abd al-Karīm al-Faḍīl. (1991) *Al-Zaydīya: Naẓarīya wa Taṭbīq*, 2nd ed., al-'Aṣr al-Ḥadīth.

al-Sharīf, Aḥmad Ibrāhīm. (1985) *Makka wa al-Madīna fī al-Jāhilīya wa 'Ahd al-Rasūl*, Dār al-Fikr al-'Arabī.

al-Shaybānī, Muḥammad 'Abd al-Hādī. (2009) *Mawāqif al-Mu'āraḍa fī 'Ahd Yazīd ibn Mu'āwiya (60-64 AH)*, 2nd ed., Dār Ṭayba.

Shurrāb, Muḥammad Muḥammad Ḥasan. (2006) *al-Judhūr al-Tārīkhīya li-l-'Arab: Bilād al-Shām min Jazīra al-'Arab,* Dār al-Ma'mūn li-l-Turāth and Dār Qutayba.

al-Ṭāhir, Salwā Mūsā. (1995) *Bidāyāt al-Kitāba al-Tārīkhīya 'inda al-'Arab: Awwal Sīra fī al-Islām 'Urwa ibn al-Zubayr ibn al-'Awwām,* al-Mu'assasa al-'Arabīya li-l-Dirāsāt waal-Nashr.

al-Ṭamāwī, Sulaymān Muḥammad. (n.d. [1976]) *'Umar ibn al-Khaṭṭāb wa Uṣūl al-Siyāsa wa al-Idāra al-Ḥadītha: Dirāsa Muqārana*, 2nd ed., Dār al-Fikr al-'Arabī.

Ṭarāwa, Ḥijāzī Ḥasan 'Alī. (2002) *Dawr al-Ḥajj fī Ithrā' al-Ḥaraka al-'Ilmīya fī al-Ḥaramayn al-Sharīfayn fī al-'Aṣr al-Rāshidīn wa al-Umawīyīn*, Maktaba Zahrā' al-Sharq.

-------. (2003) *Maẓāhir al-Ihtimām bi-l-Ḥajj wa al-Ḥaramayn al-Sharīfayn fī al-'Aṣr al-Umawī*, Maktaba Zahrā' al-Sharq.

al-'Ushsh, Yūsuf. (1985) *Al-Dawla al-Umawīya wa Aḥdāth allatī Sabaqathā wa Mahhadat lahā Ibtidā'an min Fitna 'Uthmān*, 2nd ed., Dār al-Fikr.

Wafārīshī, Muḥammad. (1998) "al-Madhhab al-Ḥanafī," in *al-Madhāhib al-Islāmīya al-Khamsa: Tārīkh wa Wathā'iq,* al-Ghadīr.

Yāghī, Ismā'īl Aḥmad. (1997) *Athar al-Ḥaḍāra al-Islāmīya fī al-Gharb*, Maktaba al-'Ubaykān.

索　引

＊各項目の掲載頁は有意なものに限定し、網羅的にはとっていない。
＊書名索引は、原則として著者名の下位項目とした。

事項・地名索引

人名・書名索引

小杉　泰（こすぎ　やすし）

京都大学大学院アジア・アフリカ地域研究研究科教授。専門は、イスラーム学、中東地域研究、比較政治学、国際関係学、比較文明学。

1953年生まれ。北海道夕張市出身。1983年エジプト国立アズハル大学イスラーム学部卒業。1984年国際大学大学院国際関係学研究科助手、1985年国際大学中東研究所主任研究員・主幹、1990年英国ケンブリッジ大学中東研究センター客員研究員、1997年国際大学大学院国際関係学研究科教授などを経て、1998年から現職。2006年より同研究科附属イスラーム地域研究センター長併任。京都大学・法学博士。1986年流沙海西奨学会賞、1994年サントリー学芸賞、2002年毎日出版文化賞、2005年大同生命地域研究奨励賞を受賞。2005～2011年日本学術会議会員。

思想史においては7世紀から現代に至るアラビア語で書かれた史資料を用いた研究をおこない、現代に関してはアラブ諸国とアラブ域内政治を中心に中東を研究し、さらに近年は広域的なイスラーム世界論を展開してきた。また、日本からの発信として「イスラーム地域研究」を歴史研究・原典研究と現代的な地域研究を架橋する新領域として確立することをめざしている。

【主な著書】

『現代中東とイスラーム政治』（単著、昭和堂）、『イスラームとは何か――その宗教・社会・文化』（単著、講談社現代新書）、『ムハンマド――イスラームの源流をたずねて』（単著、山川出版社）、『「クルアーン」――語りかけるイスラーム』（単著、岩波書店）、『イスラーム帝国のジハード』（単著、講談社）、『現代イスラーム世界論』（単著、名古屋大学出版会）、『イスラームに何がおきているのか――現代世界とイスラーム復興』（編著、平凡社）、『現代イスラーム思想と政治運動』（共編著、東京大学出版会）、『イスラーム銀行――金融と国際経済』（共著、山川出版社）、『岩波イスラーム辞典』（共編、岩波書店）、『ワードマップ イスラーム――社会生活・思想・歴史』（共編、新曜社）、『京大式 アラビア語実践マニュアル』（共著、京都大学イスラーム地域研究センター）、*Intellectuals in the Modern Islamic World: Transmission, Transformation, Communication*（共編著、Routledge）、*Al-Manar 1898-1935*（監修、京都大学COEプロジェクト、アラビア語『マナール』誌・CD-ROM復刻版）他。

シリーズ：諸文明の起源 4
イスラーム　文明と国家の形成　学術選書 054

平成 23(2011)年 12 月 15 日　初版第 1 刷発行

著　　者…………小杉 泰

発 行 人…………檜山 爲次郎
発 行 所…………京都大学学術出版会
京都市左京区吉田近衛町 69
京都大学吉田南構内（〒 606-8315）
電話（075）761-6182
FAX（075）761-6190
振替 01000-8-64677
URL http://www.kyoto-up.or.jp

印刷・製本…………㈱太洋社

カバー写真…………マディーナ・モスク（提供：A.A.Ammar 氏）

装　　幀…………鷺草デザイン事務所

ISBN 978-4-87698-854-9
定価はカバーに表示してあります

学術選書 [既刊一覧]

＊サブシリーズ 「心の宇宙」→ [心] 「宇宙と物質の神秘に迫る」→ [宇] 「諸文明の起源」→ [諸]

001 土とは何だろうか？ 久馬一剛
002 子どもの脳を育てる栄養学 中川八郎・葛西奈津子
003 前頭葉の謎を解く 船橋新太郎 [心] 1
004 古代マヤ 石器の都市文明 青山和夫 [諸] 11
005 コミュニティのグループ・ダイナミックス 杉万俊夫 編著 [心] 2
006 古代アンデス 権力の考古学 関 雄二 [諸] 12
007 見えないもので宇宙を観る 小山勝二ほか 編著 [宇] 1
008 地域研究から自分学へ 高谷好一
009 ヴァイキング時代 角谷英則 [諸] 9
010 GADV仮説 生命起源を問い直す 池原健二
011 ヒト 家をつくるサル 榎本知郎
012 古代エジプト 文明社会の形成 高宮いづみ [諸] 2
013 心理臨床学のコア 山中康裕 [心] 3
014 古代中国 天命と青銅器 小南一郎 [諸] 5
015 恋愛の誕生 12世紀フランス文学散歩 水野 尚
016 古代ギリシア 地中海への展開 周藤芳幸 [諸] 7
018 紙とパルプの科学 山内龍男
019 量子の世界 川合・佐々木・前野ほか編著 [宇] 2
020 乗っ取られた聖書 秦 剛平
021 熱帯林の恵み 渡辺弘之
022 動物たちのゆたかな心 藤田和生 [心] 4
023 シーア派イスラーム 神話と歴史 嶋本隆光
024 旅の地中海 古典文学周航 丹下和彦
025 古代日本 国家形成の考古学 菱田哲郎 [諸] 14
026 人間性はどこから来たか サル学からのアプローチ 西田利貞
027 生物の多様性ってなんだろう？ 生命のジグソーパズル 京都大学総合博物館 京都大学生態学研究センター編
028 心を発見する心の発達 板倉昭二 [心] 5
029 光と色の宇宙 福江 純
030 脳の情報表現を見る 櫻井芳雄 [心] 6
031 アメリカ南部小説を旅する ユードラ・ウェルティを訪ねて 中村紘一
032 究極の森林 梶原幹弘
033 大気と微粒子の話 エアロゾルと地球環境 笠原三紀夫 東野 達 監修
034 脳科学のテーブル 日本神経回路学会監修／外山敬介・甘利俊一・篠本滋編
035 ヒトゲノムマップ 加納 圭